DROIT COMMERCIAL

Actes de commerce
Commerçants
Fonds de commerce
Concurrence
Consommation

COURS DALLOZ

Série Droit privé

Sous la direction de Marie-Anne Frison-Roche
Professeur à Sciences Po (Paris)

DROIT COMMERCIAL

Actes de commerce
Commerçants
Fonds de commerce
Concurrence
Consommation

10e édition

2015

Stéphane Piedelièvre
Professeur à l'Université Paris XII

DALLOZ

DALLOZ

31-35, rue Froidevaux - 75685 Paris Cedex 14

ISBN 978-2-247-15172-1

Abréviations

AJDA	*Actualité juridique Droit administratif*
Ann. dr. com.	*Annales de droit commercial et industriel*
Banque	*Revue Banque*
Bull. civ.	*Bulletin des arrêts des chambres civiles de la Cour de cassation*
Bull. Joly	*Bulletin Joly Sociétés*
CCE	*Communication Commerce électronique*
CE	Conseil d'État
Civ.	Chambre civile de la Cour de cassation
CJCE	Cour de justice des Communautés européennes
Com.	Chambre commercial de la Cour de cassation
D.	*Dalloz*
D. Affaires	*Dalloz Affaires*
DH	*Recueil hebdomadaire de jurisprudence Dalloz (avant 1941)*
DP	*Dalloz périodique*
Dr. et patr.	*Droit et patrimoine*
Dr. et proc.	*Droit et procédures*
Gaz. Pal.	*La Gazette du Palais*
IR	Informations rapides
JCP	*Juris-Classeur périodique, édition Générale*
JCP E	*Juris-Classeur périodique, édition Entreprise*
JCP N	*Juris-Classeur périodique, édition Notariale*

JO	*Journal officiel*
Loyers et copr.	*Loyers et copropriété*
LPA	*Les Petites affiches*
RD banc. fin.	*Revue de droit bancaire et financier*
RDC	*Revue des contrats*
Req.	Requête
Rev. arb.	*Revue de l'arbitrage*
Rev. sociétés	Revue des sociétés
RID éco.	*Revue internationale de droit économique*
RJ com.	*Revue de jurisprudence commerciale*
RJDA	*Revue de jurisprudence de droit des affaires*
RLDA	*Revue Lamy droit des affaires*
RTD com.	Revue trimestrielle de droit commercial
RTD civ.	*Revue trimestrielle de droit civil*
RTD eur.	*Revue trimestrielle de droit européen*
S.	*Sirey*

INTRODUCTION

1 Dans une première approche, le droit commercial se définit comme le droit applicable aux opérations commerciales effectuées par les commerçants. Il apparaît donc comme un droit professionnel et comme un droit d'exception. Il se subdivise en plusieurs matières, par exemple le droit des sociétés, le droit de la sauvegarde des entreprises, le droit des baux commerciaux, le droit des instruments de paiement, le droit des entreprises en difficultés, le droit du fonds de commerce... Malgré son particularisme, il est dépendant du droit civil. Pour comprendre la plupart des règles commerciales, il est nécessaire de se référer aux principes généraux civils, notamment à ceux issus du droit des obligations que ce soit le droit des contrats ou celui de la responsabilité civile.

De nombreuses techniques commerciales ont été rendues possibles grâce à des institutions civiles[1]. La subrogation personnelle de l'article 1250 du Code civil a permis le développement de l'affacturage. En tout état de cause, le droit civil conserve une vocation de droit commun s'appliquant à défaut de dispositions commerciales inconciliables.

Les règles civiles sont souvent infléchies pour répondre aux impératifs de rapidité du commerce. La preuve entre commerçants

1. Thaller, « De l'attraction exercée par le Code civil et par sa méthode sur le droit commercial », *Livre du centenaire du Code civil,* 1905, p. 226.

pour les actes de commerce est libre. Les procédés de transmission des créances sont allégés. Le formalisme de l'article 1690 du Code civil pour la cession de créances est écarté au profit de modes simplifiés de transmission, par exemple l'endossement translatif en matière d'effets de commerce. L'apparence joue un grand rôle. Le droit commercial est aussi un droit qui doit s'adapter rapidement aux évolutions économiques. De nombreux contrats ont été créés par la pratique, comme la franchise, le crédit-bail, la garantie à première demande. Avant la réforme du droit de la preuve, la jurisprudence avait admis la validité d'une télécopie pour l'acceptation d'une cession de créances professionnelles[1].

Le droit civil est aussi parfois influencé par le droit commercial[2]. Le droit de la sauvegarde des entreprises s'applique désormais aux artisans, aux agriculteurs et aux personnes morales civiles. La procédure de rétablissement personnel, créée par la loi du 1er août 2003, fait de nombreux emprunts à la technique de la liquidation judiciaire. La réglementation des sociétés civiles s'est inspirée des dispositions relatives aux sociétés commerciales. De même, le droit commercial a permis le développement des biens incorporels qui se retrouvent désormais dans la majorité des autres branches du droit. Il apparaît alors comme une sorte de laboratoire d'essai. Les droits de propriétés intellectuelles et le fonds de commerce en ont été les premières manifestations. Puis les instruments financiers se sont dématérialisés.

Actuellement, on assiste au développement du commerce électronique qui suscite l'apparition de nouvelles techniques, comme la monnaie électronique. Il est certain que le développement du commerce électronique[3] entraînera sans doute un recours fréquent à cette monnaie qui aura comme caractéristique principale d'être entièrement dématérialisée. La matière a été modifiée par une loi du 28 janvier 2013 en raison de l'adoption d'une directive

1. Com. 2 déc. 1997, *RTD com.* 1998. 187, obs. Cabrillac ; *D.* 1998. 192, note Martin ; *JCP E* 1998. 178, note Bonneau.
2. Ripert, *Aspects juridiques du capitalisme moderne,* 1946, n° 54 s. ; Jauffret, « L'extension du droit commercial à des activités traditionnellement civiles », *Études Kayser,* t. II, p. 59.
3. Selon l'article 14 de la loi du 21 juin 2004 pour la confiance dans l'économie numérique, « le commerce électronique est l'activité économique par laquelle une personne propose ou assure à distance et par voie électronique la fourniture de biens ou services ».

du 16 septembre 2009 concernant l'accès à l'activité des établissements de monnaie électronique et son exercice ainsi que la surveillance prudentielle de ces établissements. Selon l'article L. 315-1 du Code monétaire et financier, « la monnaie électronique est composée d'unités de valeur, dites unités de monnaie électronique, chacune constituant un titre de créance sur l'émetteur, stockées sous une forme électronique, y compris magnétique, et acceptée comme moyen de paiement, au sens de l'article L. 311-3 du Code monétaire et financier, par des tiers autres que l'établissement émetteur »[1].

À terme, le visage du commerce sera sans doute modifié par ce mouvement de dématérialisation. On verra peut-être apparaître des fonds de commerce virtuels, même si pour le moment leur existence n'est pas reconnue.

Il faut commencer par envisager le domaine du droit commercial (SECTION 1), avant de voir son histoire (SECTION 2), ses sources (SECTION 3) et son organisation (SECTION 4).

SECTION 1
LE DOMAINE DU DROIT COMMERCIAL

2 Depuis longtemps, on se demande si le droit commercial se définit par son objet ou par la qualité de ses acteurs. La question présente une grande importance pratique, car étant un droit d'exception, le droit civil constituant le droit commun, son domaine doit être délimité.

La conception subjective limite l'application du droit commercial aux seuls commerçants[2], le restreignant à un droit professionnel. Elle peut se prévaloir de la tradition historique. Le droit commercial est apparu en raison d'usages et de réglementations existant dans les corporations. Cette idée se retrouve encore fré-

1. Piedelièvre et Lair, « La monnaie électronique après la loi du 28 janvier 2013 », *JCP* E 2013. 1108.
2. V. Giverdon, « Le droit commercial, droit des commerçants », *JCP* 1949. I. 770.

quemment en droit positif. De nombreux actes juridiques passés par les commerçants sont identiques à ceux passés par des non-commerçants. La vente en fournit le meilleur exemple. La commercialité résultera alors de la qualité de commerçant.

La conception objective considère l'acte passé qui, en lui-même, justifie l'application du droit commercial. Comme l'avait relevé Pardessus, le commerce « consiste dans les diverses négociations qui ont pour objet d'opérer ou de faciliter les échanges des produits de la nature ou de l'industrie, dans la vue d'en tirer quelque profit. Le droit commercial se compose de toutes les règles relatives à ces transactions et à la manière de juger les contestations qui en résultent[1] ». Les règles commerciales s'appliqueront donc parfois à des non-commerçants.

3 Aucune de ces deux conceptions n'est en soi satisfaisante, même si chacune d'elle compte encore des partisans[2]. La conception subjective ne supprime pas toujours la nécessité de qualifier l'acte effectué par le commerçant. Ce dernier exerce à la fois une activité professionnelle et une activité domestique. Le droit commercial et le droit civil ont vocation à s'appliquer. Pour résoudre cette difficulté, il sera nécessaire d'étudier la nature des actes effectués.

La conception objective se révèle également parfois insuffisante : en effet de nombreux contrats sont utilisés aussi bien dans une activité civile que dans une activité commerciale : si l'aménagement peut en être différent, la typologie reste identique. Certains actes de commerce nécessitent, pour l'application de règles commerciales, d'être accomplis par des commerçants. L'article L. 110-3 du Code de commerce prévoit la liberté de la preuve pour les actes de commerce accomplis par les commerçants. La qualité de la personne apparaît donc souvent fondamentale.

Pour cela, le plus souvent ces deux conceptions sont combinées. L'article L. 121-1 du Code de commerce en fait de même en indiquant que « sont commerçants ceux qui exercent des actes de

1. Pardessus, *Cours de droit commercial*, 1814, n° 1.
2. En faveur de l'importance du commerçant, Ripert et Roblot, par Vogel, n° 5 ; plutôt favorable à la notion d'acte de commerce, Chartier, p. 82.

commerce et en font leur profession habituelle ». Cette combinaison d'une activité et d'une profession correspond, sans doute, à l'aspect général d'ensemble du droit commercial actuel, même s'il existe toujours des actes de commerce effectués à titre isolé[1]. Pour rendre compte de ce phénomène, on recourt de plus en plus fréquemment à la notion d'entreprise qui est pour le moins incertaine[2].

4 Pour certains, la dénomination de droit commercial ne répondrait plus à la réalité économique actuelle[3]. La réalisation de certaines opérations commerciales nécessite l'intervention d'autres branches du droit, par exemple le droit fiscal, le droit social ou le droit administratif. On parle donc de plus en plus fréquemment de droit économique[4] et surtout de droit des affaires[5]. Ce droit se caractériserait par l'apparition de la notion de professionnel. Celle-ci se rencontre principalement dans le droit de la consommation où elle sert essentiellement à désigner le cocontractant du consommateur, c'est-à-dire la partie en état de supériorité dans la relation contractuelle. Mais elle se développe également en droit commercial où le législateur emploie fréquemment ce terme de professionnel.

Ces nouvelles appellations correspondent-elles à une réalité ou, comme l'avait jadis remarqué Hamel, leur succès est-il dû à leur connotation moderne et anglo-saxonne ? Le mot affaire est défini comme les « opérations de toute nature liées à l'exercice d'une activité industrielle, commerciale ou financière[6] », il correspond à la définition même du droit commercial. Il existe effectivement un phénomène de mode qui est accru par l'impossibilité, aux dires des tenants de cette expression, de véritablement donner le contenu de cette matière, lui donnant la saveur du mystère.

1. Ils démontrent une certaine survivance de la conception objective, en ce sens de Juglart et Ippolito, par du Pontavice et Dupichot, n° 78-4.
2. V. les importants développements consacrés à cette notion par P. et Ph. Didier, n° 223 s.
3. M. Cabrillac, « Vers la disparition du droit commercial », *Études Foyer*, p. 329.
4. V. Farjat, *Le droit économique*, 2e éd., 1982 ; Champaud, « Contribution à la définition du droit économique », *D.* 1967. 215 ; Jeantet, « Aspect du droit économique », *Mélanges Hamel*, p. 33 ; Leroy, « Réflexions sur l'autonomie et la suprématie du droit économique », *RID éco* 2000. 377.
5. *Cf.* les titres des ouvrages de MM. Alfandari, Chartier, Guyon, Guével, Blaise, Mestre, Putman et Vidal. Comp. Viandier et Vallensan, n° 2 s. qui utilisent l'expression de droit commercial des affaires.
6. *Vocabulaire juridique Capitant*, dir. Cornu, 3e éd., 1992.

L'avantage de cette expression est de montrer que le droit commercial est souvent tributaire d'autres matières, principalement du droit fiscal, du droit pénal et du droit public de l'économie. Les montages commerciaux recherchent, par exemple, le coût fiscal le plus intéressant. Mais l'utilisation de l'expression de droit commercial doit être conservée, même si l'on ne peut nier qu'elle est parfois imparfaite et qu'elle ne correspond plus toujours à la réalité économique actuelle où de nombreuses règles issues du droit commercial n'ont plus pour seul domaine d'application les commerçants.

Section 2
L'histoire du droit commercial

5 Il est nécessaire, pour ce bref survol historique[1], de distinguer la période antérieure au Code de commerce (**§ 1**), d'envisager le Code de commerce de 1807 (**§ 2**) et de voir l'évolution ultérieure au Code de commerce de 1807 (**§ 3**).

§ 1. La période antérieure au Code de commerce

6 L'Antiquité fournit peu de renseignements sur les règles commerciales. Le droit romain et le droit grec n'ont, sans doute, pas connu de règles spécifiques aux opérations commerciales ou en tout cas elles n'ont pas existé en tant que matière autonome. Les renseignements les plus intéressants sont relatifs au commerce maritime qui s'effectuait dans la Méditerranée et qui, en raison des risques alors encourus, a nécessité l'adoption de règles particulières. Le droit grec et le droit romain ont ainsi seulement connu le prêt à la grosse aventure et l'avarie commune.

1. Sur l'histoire du droit commercial : Hilaire, *Introduction historique au droit des affaires*, 1re éd. ; Szramkiewitch, *Histoire du droit des affaires*, 1re éd. ; v. également P. et Ph. Didier, n° 9 s.

La véritable apparition du droit commercial date du Moyen Âge avec la renaissance du commerce. Il s'est développé dans les Républiques du Nord de l'Italie (Gênes, Milan, Venise), aux XIIe et XIIIe siècles, en Flandres (Bruges, Anvers) et en Allemagne (Francfort, Brême, Lübeck), et il s'est appliqué dans les différentes foires, et notamment celles de Champagne (Troyes, Provins). Les lettres de change, certaines opérations de banque et la faillite datent de cette époque. La comptabilité en partie double apparaît. On assiste à la création de sociétés qui permettent de tourner la prohibition du prêt à intérêt, puisque le prêteur était associé aux résultats de l'entreprise. L'avantage de ces règles consistait souvent dans l'absence de formalisme ; elles correspondaient aux besoins de la pratique. Mais leur trait caractéristique tient à son caractère général tant interne qu'international. Alors que le droit civil connaissait une multitude de coutumes et de règles, il s'est créé un véritable droit des marchands.

À partir du XIIe siècle, le commerce s'est fixé dans de nombreuses villes. Les marchands se sont regroupés par professions dans des corporations, des communautés et des jurandes qui ont édicté leurs propres règles et qui ont obtenu du pouvoir royal de nombreux privilèges et monopoles. Les croisades ont été l'occasion de créer des relations commerciales entre l'occident et l'orient.

Au fur et à mesure du développement du commerce et de l'affermissement du pouvoir royal, les réglementations royales se sont développées. On peut citer l'Édit de 1563 créant la juridiction des juges commerciaux et des consuls. Ces juridictions sont apparues antérieurement à l'instauration d'un véritable droit commercial. Sur l'initiative de Colbert, Louis XIV prit deux ordonnances, l'une de 1673 sur le commerce terrestre dite Code Savary, et l'autre de 1681 sur la marine. Un projet de révision de l'ordonnance de 1673 a été entrepris sur l'ordre de Miromesnil. Mais il n'aboutit pas. On a vu également apparaître une sorte de secteur public avec les manufactures royales et notamment la manufacture des Gobelins qui était entièrement placée sous l'autorité de l'État qui réglait l'ensemble des dépenses. Ce secteur se développera également avec les compagnies royales.

Le droit révolutionnaire a supprimé les corporations, maîtrises et jurandes et toute la réglementation qui en résultait par la loi Le Chapellier des 14-17 juin 1791. Il a posé le principe de la liberté du commerce et de l'industrie par la loi des 2-17 mars 1791 dite décret *d'Allarde*. Mais les révolutionnaires n'ont pas touché aux lois commerciales de droit privé. Ils ont conservé les tribunaux de commerce, mais ils ont supprimé les tribunaux d'amirauté. Ils ont pris deux mesures en réalité très importantes dans le but d'unifier le marché intérieur en réglementant les poids et les mesures avec une définition du mètre et du gramme.

§ 2. Le Code de commerce de 1807

7 En raison de certaines spéculations et de nombreuses faillites, Napoléon, en 1806, exigea la confection d'un Code de commerce. Le corps législatif vota cinq lois distinctes réunies en un Code par une loi du 15 septembre 1807. Il comportait six cent quarante-huit articles. Son livre Ier était consacré au commerce en général, son livre II au commerce maritime, son livre III à la faillite et à la banqueroute et son livre IV à la juridiction commerciale. Il ne traitait donc pas des banques et des sociétés.

Le Code de commerce n'a jamais eu le prestige du Code civil. Comme l'avait indiqué Treilhard, « on ne peut comparer le Code civil, qui établit des règles universelles, avec le Code de commerce, qui ne concerne qu'un certain genre d'affaires et de personnes »[1]. Sa rédaction était insuffisante. On lui a notamment reproché d'avoir uniquement recopié le droit du passé et de ne pas avoir prévu la révolution industrielle qui se préparait[2]. Il s'est beaucoup inspiré des Ordonnances de Colbert tant sur le plan que dans le contenu et il n'a que peu utilisé le projet de Miromesnil. Cela explique qu'avant sa recodification, il ne subsistait que trente-trois articles dans leur rédaction originaire[3].

1. Cité par Reinhard, Thomasset-Pierre et Nourissat, n° 18.
2. Ripert et Roblot, par Vogel, n° 21.
3. Oppetit, « La décodification du droit commercial français », *Études Rodière*, p. 197 ; « L'expérience française de la codification en matière commerciale », *D.* 1996. 33.

§ 3. La période postérieure au Code de commerce de 1807

8 Depuis 1807, le droit commercial a fortement subi les bouleversements économiques et politiques. La première période couvre le XIXe siècle et le début du XXe siècle qui se caractérise déjà par une décodification du droit commercial. On assiste à un fort essor du commerce, lié au libéralisme économique. Quelques grandes lois commerciales ont été promulguées à cette époque, comme celle du 5 juillet 1844 sur les brevets d'invention, celle du 24 juin 1865 sur les chèques, celle du 24 juillet 1867 accordant la liberté de constitution aux sociétés anonymes et celle du 17 mars 1909 sur la vente et le nantissement du fonds de commerce. À la fin de cette période, l'interventionnisme étatique devient plus important, notamment pour limiter certains excès du libéralisme. On peut citer la loi du 1er août 1905 sur la répression des fraudes ou celle du 1er août 1893 protégeant l'épargne.

La période de l'entre-deux-guerres s'est caractérisée par le développement de l'interventionnisme étatique et par une politique dirigiste et de protection de certaines parties faibles. Des nationalisations importantes interviendront en 1936. La loi du 29 juin 1935 sur le fonds de commerce est destinée à protéger les petits commerçants. À cette époque, on a également assisté à un développement du contrôle du crédit avec par exemple la nationalisation de la Banque de France.

Ce phénomène s'est accentué après la Seconde Guerre mondiale, avant de régresser ces dernières années. Dès cette époque, de nouvelles nationalisations ont été effectuées et le gouvernement a pris, le 30 juin 1945, des ordonnances relatives au prix. Ce phénomène est toujours très présent, même s'il existe certains cycles dus aux alternances politiques qui conduisent à des périodes de forts dirigismes et à d'autres où le libéralisme est plus présent. Les nationalisations effectuées après 1981 et les dénationalisations opérées dans les années 1986, 1988 et depuis 1993 le démontrent. Le souci de protection des parties réputées en situation d'infériorité a amené d'importantes lois, comme le décret du 30 septembre

1953 sur les baux commerciaux, la loi du 27 décembre 1973 protégeant les petits commerces qui a été renforcée par la loi du 5 juillet 1996 relative au développement, à la promotion du commerce et de l'artisanat ou celles de protection des consommateurs. Deux lois ont permis un certain renouveau du libéralisme. La loi dite bancaire du 24 janvier 1984 a décloisonné le système bancaire en mettant en quelque sorte l'ensemble des établissements de crédit sur un même pied d'égalité. L'ordonnance du 1er décembre 1986 a supprimé le contrôle des prix en posant dans son article 1er le principe suivant lequel « les prix des biens et des services... sont librement déterminés par le jeu de la concurrence ». Seules quelques restrictions ont été prévues.

La rénovation de certaines institutions commerciales s'est aussi avérée nécessaire. Pour cela, la loi du 24 juillet 1966 a refondu le droit des sociétés. Depuis cette époque, le droit commercial français est également influencé par le droit communautaire, depuis l'instauration du traité de Rome du 25 mars 1957. De nombreuses dispositions doivent tenir compte de règles européennes.

9 On assiste également depuis quelques années à une volonté de modernisation de certaines institutions commerciales. La loi du 3 janvier 1994 a introduit dans notre droit la société par actions simplifiée (SAS) qui permet à des sociétés importantes de s'associer dans une entreprise commune, en leur offrant une structure souple. Cette souplesse a été accentuée par la loi du 12 juillet 1999 qui prévoit la possibilité de constitution d'une SAS par une personne physique et qui a instauré une SAS unipersonnelle.

Une partie du droit des sociétés a été rénovée. La loi sur les nouvelles régulations économiques du 15 mai 2001, intégrée dans le Code de commerce, tend à instaurer une meilleure efficacité des organes dirigeants, une plus grande transparence et un renforcement des droits des associés minoritaires. Cette loi apparaît particulièrement complexe et en partie irréaliste, en raison principalement d'une mauvaise rédaction. Le statut des mandataires judiciaires au redressement et à la liquidation judiciaire a été réformé par la loi du 3 janvier 2003 et par le décret du 26 mai 2003. Le droit des entreprises en difficultés a été fortement modifié par la loi du 26 juillet 2005 sur la sauvegarde des entreprises et par les décrets du 28 décembre 2005 et 31 décembre 2005, par l'ordonnance du 18 décembre 2008 et par le décret du 12 février 2009, puis par l'ordonnance du 12 mars 2014 et par le décret du 30 juin 2014. La loi du 2 août 2005 en faveur des petites et moyennes entreprises a modifié de nombreuses règles aussi bien civiles que commerciales. La loi sur la modernisation de l'économie du 4 août 2008 a également retouché de nombreuses règles du droit des affaires ; elle a notamment introduit dans notre droit le statut de l'auto-entrepreneur qui est soumis à un régime simplifié. Ce statut permet de créer une activité pour compléter ses revenus. L'ordonnance du 15 juillet 2009 a fortement modifié le droit des instruments de paiement, hormis le chèque.

10 L'idée d'une recodification du Code de commerce est ancienne. En 1947, une commission de réforme du Code de commerce avait été constituée. Mais ses travaux n'aboutirent pas à une refonte de la matière qui était pourtant nécessaire.

La plupart des dispositions relatives au droit commercial a fait l'objet, du moins pour la partie législative, d'une codification de nature administrative par une ordonnance du 18 septembre 2000[1]. En principe, aucune modification au fond n'était apportée aux textes préexistants. Cependant, cette règle comporte des nuances. D'une part, le plan adopté n'est pas toujours neutre. Un exemple suffit à le démontrer. Le Code de commerce de 1807 s'ouvrait par la définition du commerçant et l'énumération des actes de commerce se situait dans un titre relatif à la compétence de la juridiction commerciale. Désormais le nouveau Code de commerce commence par l'énumération des actes de commerce dans ses articles L. 110-1 et suivants, avant de définir le commerçant dans un article L. 121-1. D'autre part certaines dispositions ont été modifiées pour tenir compte de décisions de la Cour de cassation (v. pour l'assistance des rapporteurs au délibéré du Conseil de la concurrence la modification de l'article 25 de

1. V. le rapport au président de la République du 18 sept. 2000 relatif à la partie législative du Code de commerce, *JO* 21 sept. 2000. 14777 ; v. Bureau et Molfessis, « Le nouveau Code de commerce ? Une mystification », *D.* 2001. 361 ; Derruppé, « Le nouveau Code de commerce est arrivé », *RTD com.* 2000. 847 ; Revet, « Le nouveau Code de commerce et la codification », *Dr. et patr.* juill.-août 2001. 100.

l'ordonnance du 1er décembre 1986 devenu l'article 463-7 du Code de commerce).

Le décret nº 2007-431 du 25 mars 2007 relatif à la partie réglementaire du Code de commerce a permis d'achever la codification et ainsi d'abroger environ 90 décrets[1]. Les textes codifiés sont principalement des dispositions appliquant la partie législative de ce code, ce qui explique que la partie réglementaire se compose de neuf livres. Ne figurent dans cette codification ni les arrêtés, nombreux pour la matière commerciale, qui relèvent d'une éventuelle codification ultérieure, pas plus que les règlements pris par des autorités dotées d'un pouvoir réglementaire, comme le comité de réglementation comptable, ou que les textes relevant de traités ou de conventions internationales. Il s'agit d'une codification à droit constant. On retrouve seulement certaines modifications de vocabulaire.

Le plan du Code de commerce est très descriptif. Il comporte neuf livres qui se divisent en titres qui comportent eux-mêmes des chapitres (Livre Ier : du commerce en général ; Livre II : des sociétés commerciales et des groupements d'intérêt économique ; Livre III : de certaines formes de ventes et clauses d'exclusivité ; Livre IV : de la liberté des prix et de la concurrence ; Livre V : des effets de commerce et des garanties ; Livre VI : des difficultés des entreprises ; Livre VII : des juridictions commerciales et de l'organisation du commerce ; Livre VIII : des professions réglementées ; Livre IX : de l'outre-mer). Certains regroupements n'emportent pas la conviction, comme le livre V qui traite des effets de commerce et des garanties. D'autres apparaissent trop étroits, par exemple le livre III intitulé : « De certaines formes de ventes et des clauses d'exclusivité ». Il aurait peut-être été plus judicieux de mieux regrouper certains contrats spécifiques à l'activité commerciale. Le Code traite successivement du commerce en général, des sociétés commerciales et des groupements d'intérêt économique, de certaines formes de vente et des clauses d'exclusivité, de la liberté des prix et de la concurrence, des effets

1. De Casnova et Thery-Schultz, « Élaboration de la partie réglementaire du Code de commerce », *D.* 2007. 1221 ; Notte, « Partie réglementaire du Code de commerce », *JCP E* 2007. act. 163.

de commerce et des garanties, des difficultés des entreprises, de l'organisation du commerce, de quelques professions réglementées et des dispositions relatives à l'outre-mer.

11 Le jugement à porter sur cette codification est assez mitigé. Incontestablement, ce nouveau Code de commerce amène une simplification pour l'utilisateur, puisqu'il réunit en un corps unique de nombreuses dispositions qui étaient jusque-là éparses. Elle a permis une modernisation de la terminologie en remplaçant certains termes devenus obsolètes, comme les références aux agents de change.

Mais il ne comprend aucune unité, car les textes qui le composent sont d'inspirations diverses. On peut même s'interroger sur l'opportunité de cette compilation à une époque où l'on parle de rénover une partie importante du droit commercial, ce qui reviendrait à devoir fortement modifier ce nouveau Code dans un très proche avenir. Il aurait sans doute été préférable d'abord de réformer, puis de codifier. On a pu être surpris par certaines absences. Il était ainsi paradoxal de ne trouver aucune disposition relative à la compétence des juridictions commerciales. Les dispositions qui s'y rapportent avaient été intégrées dans le Code de l'organisation judiciaire avant d'être retransférées dans le Code de commerce.

Certaines matières, classiquement rattachées au droit commercial, figurent désormais dans le Code monétaire et financier. Il en est ainsi par exemple du droit du chèque, de celui des nouveaux instruments de paiement ou de celui de la cession de créances professionnelles. On constate donc un éclatement de la codification, ce qui est regrettable. Le Code monétaire et financier comporte 1 300 articles qui régissent la monnaie et les activités bancaires et financières. Il comporte sept livres portant sur la monnaie, les produits, les services, les marchés, les prestataires de services, les institutions bancaires et financières et l'outre-mer. Le Code de la consommation comporte de nombreuses dispositions qui intéressent directement les commerçants.

Section 3
Les sources du droit commercial

12 Le droit commercial comporte trois catégories de sources : celles nationales (**§ 1**), celles internationales (**§ 2**) et celles communautaires (**§ 3**). Ces différentes sources ne paraissent pas présenter une grande originalité par rapport au droit civil. Toutefois, leur utilisation et leur importance pratique respectives présentent parfois un certain particularisme.

§ 1. Les sources nationales

13 Les sources nationales du droit commercial comprennent la loi, la jurisprudence et les usages. Sauf pour cette dernière catégorie, elles présentent peu de particularismes par rapport au droit civil. Il existe une source plus spécifique qui tient aux réglementations professionnelles.

A. La loi

14 Depuis la Constitution de la Ve République, la loi et le décret se partagent la compétence pour réglementer le droit commercial. L'article 34 donne compétence à la loi pour déterminer « les principes fondamentaux... du régime de la propriété, des droits réels et des obligations civiles et commerciales ». Elle fixe aussi les règles relatives aux garanties fondamentales accordées aux citoyens pour l'exercice des libertés fondamentales au nombre desquelles figure la liberté du commerce et de l'industrie. Les principes fondamentaux du droit commercial relèvent par conséquent du domaine de la loi.

Le pouvoir réglementaire a donc un rôle important en cette matière, en vertu de l'article 37 de la Constitution. Il en use tant par des décrets que par divers arrêtés. Les décrets sont parfois autonomes. Ils peuvent aussi être pris pour l'exécution des lois.

Pour cela, certaines réformes, comme celle du droit de la sauvegarde des entreprises, sont rédigées à la fois par le pouvoir législatif et par le pouvoir réglementaire, ce qui nuit parfois à l'homogénéité des matières.

Les arrêtés ministériels, préfectoraux ou municipaux présentent une grande importance pratique. Par exemple, l'article L. 410-2 du Code de commerce prévoit la possibilité de réglementation de certains prix par des arrêtés. Leur rôle en matière de commerce extérieur n'est pas négligeable. Mais surtout, les arrêtés homologuent les règlements émanant d'organismes professionnels, comme l'Autorité des marchés financiers. Il existe également des règles déontologiques qui s'appliquent aux membres d'une profession.

B. La jurisprudence

15 Comme désormais pour l'ensemble des matières du droit privé, la jurisprudence, en droit commercial, présente une grande importance dans la formation du droit[1]. Elle répond à la nécessité d'une intervention rapide des juridictions dans la vie commerciale. Son pouvoir créateur s'est notamment manifesté par les constructions de la théorie du compte-courant et celle de la concurrence déloyale. Elle permet également l'adaptation de certaines institutions aux évolutions économiques. Sa spécificité tient au particularisme de la composition des tribunaux de commerce. On admet que les juges consulaires peuvent se servir d'un usage dont ils ont une connaissance personnelle[2], contrairement à la solution existant pour les juges civils. Malgré tout, ce propos doit être nuancé dans la mesure où l'essentiel de la jurisprudence connue émane de la Cour de cassation et à un degré moindre de certaines cours d'appel, donc de juridictions composées de magistrats professionnels.

Aujourd'hui, la jurisprudence résulte aussi de certaines décisions des juridictions administratives, notamment pour la plupart

1. Haehl, « L'apport des tribunaux de commerce à la jurisprudence et à la législation », *RJ com.* 1999. 32 ; Schmidt, « À propos de la jurisprudence source du droit des affaires », *D.* 2004. 2130.
2. Req. 22 déc. 1903, *DP* 1903. 1. 149.

des litiges relevant du droit fiscal ou résultant de l'intervention de l'État dans le domaine commercial, de la Cour de justice des Communautés européennes ou de l'Autorité de la concurrence. On assiste également au développement que ce que l'on appelle souvent la magistrature économique. Le point de départ a été la réforme du 25 janvier 1985 sur le redressement et la liquidation judiciaires des entreprises où le tribunal joue un rôle économique non négligeable, afin d'essayer de redresser l'entreprise en difficultés.

C. Les usages

16 Les usages revêtent, en droit commercial, du moins dans l'opinion commune, une importance supérieure à celle existant en droit civil[1]. Lors de la promulgation du Code de commerce de 1807, il n'y a pas eu abrogation des anciens usages du commerce, contrairement à ce qui s'était passé en 1804. Malgré tout, leur rôle est en diminution, compte tenu de l'inflation législative que connaît le droit commercial. Des usages, il faut rapprocher certaines réglementations professionnelles et notamment les contrats types[2] ainsi que les principes généraux du droit, par exemple l'adage *fraus omnia corrumpit*. Ces règles naissent des besoins de la pratique qui finit par les répéter et ainsi leur donner une valeur juridique. Les usages existent parfois par renvoi de la loi *(secundum legem)* ou ils tirent leur force de la volonté des parties *(praeter legem)*.

On considère que les usages se répartissent en deux grandes catégories, avec d'une part les usages conventionnels et d'autre part les usages de droit. La difficulté est alors de répartir les usages dans chacune de ces catégories. Les premiers résultent de la

1. Escarra, « Valeur de l'usage en droit commercial », *Annales de droit commercial* 1910. 97 ; Tanaka, « Fonction de la coutume en droit commercial », *Études Gény*, III, p. 247 ; Pédamon, « Y a-t-il lieu de distinguer les usages et les coutumes en droit commercial », *RTD com.* 1959. 335 ; Boucourehliev, « Usages commerciaux, usages professionnels ; élaboration et formulation », dans *Dix ans de droit de l'entreprise*, 1978, p. 19 ; Kassis, *Théorie générale des usages du commerce*, 1984.

2. Léauté, « Les contrats-types », *RTD civ.* 1953. 430 ; Rieg, *Contrats types et contrats d'adhésion. Études de droit contemporain*, 1970, p. 105 ; Seube, « Les conditions générales des contrats », *Études Jauffret*, p. 621.

volonté des parties à un contrat qui, en cas de silence de ce dernier, sont réputées avoir accepté l'usage. Ils n'auraient pas une véritable force obligatoire, en ce sens que la convention des parties peut toujours y déroger[1]. L'usage de droit tire sa force du fait que les professionnels sont convaincus de sa force obligatoire.

Le juge doit vérifier l'existence de ces usages. À partir du moment où l'on considère qu'ils sont une règle de droit, on devrait en déduire que le juge est réputé les connaître, ce qui serait le cas des seuls usages de droit. Lorsque leur preuve est exigée par un plaideur, elle s'effectue souvent au moyen de parères, c'est-à-dire d'attestations délivrées principalement par les chambres de commerce. Le juge doit aussi s'assurer que les deux parties au litige connaissaient l'existence de l'usage et son contenu. Certains usages ont une portée générale, comme celui suivant lequel les prix sont indiqués hors taxes[2] ; d'autres ont une portée limitée[3]. En tout état de cause, le juge n'est pas nécessairement tenu par l'usage invoqué par l'une des parties. Le droit bancaire en fournit plusieurs illustrations. Les intérêts se calculent par référence à un pourcentage annuel. Le taux annuel de l'intérêt se détermine par référence à l'année civile qui comporte 365 ou 366 jours et non par rapport à l'année bancaire qui en comporte seulement 360, en vertu de l'usage lombard invoqué depuis longtemps par les banquiers[4]. L'usage dit des dates de valeurs a été partiellement condamné par la Cour de cassation avant de l'être par la réforme des instruments de paiement[5].

On s'interroge souvent sur la question de savoir si la méconnaissance par un juge d'un usage est un cas d'ouverture à cassation. Pendant longtemps, la jurisprudence ne l'a pas admis[6].

1. Req. 23 mai 1900, *S.* 1900. 1. 269.
2. Com. 9 janv. 2001, *D.* 2001. 550, note Lienhard.
3. Com. 13 mai 1993, *D.* 2004. 414, note Bahans et Menjucq pour des usages relatifs au courtage en vins dans le bordelais.
4. Com. 10 janv. 1995, *Bull. civ.* IV, n° 8 ; *Banque* 1995. 93, obs. Guillot ; *Gaz. Pal.* 29 août 1995, p. 10, note A. Piedelièvre ; *D.* 1995. 229, note Gavalda ; *D.* 1996. Somm. 114, note Libchaber ; *JCP* 1995. II. 22475, Auckenthaler
5. Com. 6 avr. 1993, *Bull. civ.* IV, n° 138 ; *JCP* 1993. II. 22062, note Stoufflet ; *D.* 1993. 310, note Gavalda.
6. Req. 13 nov. 1901, *DP* 1902. 1. 94 ; Req. 15 mars 1944, *S.* 1945. 1. 40.

Une partie importante de la doctrine propose de distinguer entre les usages de droit et les usages conventionnels. Seuls les premiers devraient être contrôlés par la Cour de cassation[1]. La Cour de cassation a semblé adopter cette position dans ses dernières décisions[2].

La question est également controversée de savoir si un usage peut aller contre la loi (*contra legem*). La jurisprudence commerciale permet de répondre par l'affirmative. Ainsi l'article 1154 du Code civil prévoit que les intérêts échus des capitaux ne pourront produire eux-mêmes intérêts que pour les intérêts dus pour une année. À l'inverse en matière de compte-courant, ils sont capitalisés tous les trois mois[3]. De même, l'article 1202 du Code civil prévoit que la solidarité ne se présume pas, alors qu'elle est présumée en matière commerciale[4]. Enfin, contrairement à l'article 1184 du Code civil, la réfaction du contrat est admise pour certaines ventes commerciales.

§ 2. Les sources internationales

17 L'activité commerciale n'est pas seulement interne. À l'époque dite de la mondialisation, les échanges internationaux croissent et ils sont facilités par le développement des nouvelles technologies. Le développement d'internet a donné naissance au commerce électronique qui multiple les échanges internationaux et qui conduira sans doute à l'adoption de certaines règles communes.

Il existe depuis la signature des accords de Marrakech du 15 avril 1994 une Organisation mondiale du commerce (OMC) regroupant 146 États. Elle a pris la place du GATT. Même si elle ne bénéficie pas d'un pouvoir normatif propre, son rôle est très important, car elle suscite de nombreux accords multilatéraux qui s'imposent aux différents membres. Elle comporte deux orga-

1. Blaise, n° 51 ; Ripert et Roblot par Vogel, n° 44.
2. Com. 14 oct. 1981, *Bull. civ.* IV, n° 357 ; *JCP* 1982. II. 19815, note Gavalda et Stoufflet ; *D.* 1982. 301, note Vasseur ; *RTD com.* 1982. 280, obs Cabrillac et Teyssié ; *RJ com.* 1982. 233, note Sortais.
3. Civ. 14 mai 1850, *DP* 1850. 1. 157.
4. Req. 20 oct. 1920, *D.* 1920. 1. 161, note Matter ; *S.* 1922.1.201, note Hamel.

nismes : la Conférence ministérielle comprenant tous les ministres du Commerce des États membres dont le rôle est de définir la politique générale de l'organisation et de prendre les décisions sur les accords commerciaux multilatéraux et le Conseil général qui est en charge des affaires courantes. Le Fonds monétaire international (FMI) et la Banque internationale pour la reconstruction et le développement (BIRD) jouent également un rôle commercial non négligeable. Les sources internationales classiques du droit commercial résultent de traités internationaux ou d'usages du commerce international.

A. Les traités internationaux

18 Les traités internationaux, qu'ils se superposent à la législation interne existante, comme la convention de Vienne du 11 octobre 1980 sur les contrats de vente internationale de marchandises, ou qu'ils uniformisent le droit applicable dans les pays signataires, comme les conventions de Genève des 7 juin 1930 et 19 mars 1931 sur la lettre de change, le billet à ordre ou le chèque, représentent une source importante du droit commercial. Ils permettent un développement du commerce international, même si souvent les unifications demeurent partielles. Pour prendre le seul exemple des conventions de Genève, on relèvera que les pays de droit anglo-saxons ne les ont pas adoptées.

Selon l'article 55 de la Constitution de 1958, « les traités ou accords régulièrement ratifiés ont, dès leur publication, une autorité supérieure à celle des lois, sous réserve, pour chaque accord ou traité, de son application par l'autre partie ». Ils ont donc une valeur supérieure à celle des lois, mêmes postérieures au traité[1].

Certains traités prévoient la création d'organismes internationaux qui édictent des normes commerciales. Sans prétendre à l'exhaustivité, on peut citer la Commission des Nations unies pour le développement du commerce international ou l'institut international pour l'unification du droit privé (Unidroit). En 1994, ce

1. Ch. mixte 24 mai 1975, *D.* 1975. 497, concl. Touffait ; CE 20 oct. 1989, *Nicolo, JCP* 1989. II. 21371, concl. Frydman.

dernier a publié des *Principes relatifs aux contrats du commerce international.* Malgré tout, leur rôle demeure pour le moment faible, car il est limité à des domaines commerciaux très spécialisés.

B. Les usages du commerce international

19 Les usages commerciaux jouent un rôle prépondérant dans le commerce international. La situation, même s'il ne faut pas forcer le trait, ressemble parfois à celle qui existait dans les foires du Moyen Âge. Ils résultent pour la plupart d'organismes internationaux ayant une connaissance importante du droit du commerce international, comme la commission des Nations unies pour le commerce international, l'*International Law Association*, les contrats types de la *London Corn Trade Association* ou la chambre de commerce internationale[1]. Les *Incoterms (International commercial terms)* jouent un rôle très important. Ils furent publiés pour la première fois en 1936 sous l'égide de la Chambre de commerce internationale avec l'objectif de préciser le sens des termes fréquemment utilisés lors des échanges internationaux. La dernière version date de 2010 et elle est entrée en vigueur le 1er janvier 2011. Elle poursuit son œuvre de définition, tout en précisant les différentes obligations pesant sur les parties.

Ces usages, encore parfois dénommés *lex mercatoria*, doivent-ils être considérés comme de véritables règles de droit, autonomes et donc indépendantes de tout droit étatique[2] ? La doctrine est divisée sur cette question. Selon la jurisprudence, l'arbitre statue en droit s'il se réfère « à l'ensemble des règles du commerce international dégagées par la pratique et ayant reçu la sanction des jurisprudences nationales[3] ».

1. V. Stoufflet, « L'œuvre normative de la chambre de commerce internationale dans le domaine bancaire », *Mélanges Goldman*, p. 361 ; pour une illustration de cette activité, Piedelièvre, « Remarques sur les règles uniformes de la chambre de commerce internationale relatives aux garanties sur demande », *RTD com.* 1993. 615.

2. En faveur de leur assimilation à des règles de droit, Goldman, « Frontières du droit et *lex mercatoria* », *Arch. phil. droit* 1964. 177 ; « La *lex mercatoria* dans les contrats et l'arbitrage internationaux », *JDI* 1979. 465 ; contre cette assimilation : Lagarde, « Approche critique de la *lex mercatoria* », *Mélanges Goldman*, p. 125.

3. Civ. 1re, 22 oct. 1991, *Bull. civ.* I, n° 275.

§ 3. Les sources européennes

20 Selon l'article 3 § 3 du Traité sur l'Union européenne, « l'Union établit un marché intérieur. Elle œuvre pour le développement durable de l'Europe fondé sur une croissance économique équilibrée et sur la stabilité des prix, une économie sociale de marché hautement compétitive, qui tend au plein-emploi et au progrès social, et un niveau élevé de protection et d'amélioration de la qualité de l'environnement. Elle promeut le progrès scientifique et technique ».

Il n'est donc pas étonnant que le droit de l'Union européenne prenne une place de plus en plus prépondérante en droit commercial[1]. Son rôle sera encore plus grand si un Code européen des obligations est adopté. Les traités fondateurs ont prévu la libre circulation des marchandises et des capitaux. Il comporte un droit originaire prévu par les traités instituant la communauté économique européenne et ceux ultérieurs, comme l'Acte unique européen signé le 28 février 1986 et celui sur l'Union européenne du 7 février 1992 dit traité de Maastricht. Le droit dérivé résulte des règlements et des directives. Les règlements sont automatiquement obligatoires dans les différents États. Les directives lient les États quant au résultat à atteindre, tout en les laissant libres des moyens pour y parvenir. Elles doivent être transcrites en droit interne.

La primauté du droit de l'Union européenne sur les droits nationaux des États membres est affirmée tant par la Cour de justice de l'Union européenne[2] que par la Cour de cassation[3] et le Conseil d'État[4].

De nombreuses branches du droit commercial sont influencées par le droit de l'Union. Tel est le cas du droit de la concurrence.

1. *Cf.* Vogel, *Droit européen des affaires*, 1re éd. ; Gavalda, Parléani et Lecourt, *Droit des affaires de l'Union européenne*, 7e éd. ; Schapira, Le Tallec, Blaise et Idot, *Droit européen des affaires*, 5e éd. ; Vogel, « Droit européen des affaires : du mythe à la réalité », *Études Catala*, p. 919.

2. CJCE 15 juill. 1964, *Costa*, *Rec. CJCE* 1964. 1141, concl. Lagrange.

3. Civ. 1re, 22 oct. 1970, *JCP* 1971. II. 16671 ; Ch. mixte 24 mai 1975, préc. ; Com. 15 mai 1985, *Bull. civ.* IV, no 154, 155, 156, 157.

4. CE 14 sept. 1990, *Boisdet*, *Lebon* 250 ; CE 28 févr. 1992, *Sté Rothmans et sté Philip Morris*, *AJDA* 1992. 210.

Le meilleur exemple de l'importance des sources européennes résulte de l'adoption de l'euro comme monnaie unique. Depuis le 1er janvier 1999, il est devenu la monnaie unique de onze États, dont la France, de l'Union européenne. Depuis le 1er janvier 2002 les monnaies nationales ont disparu. Ainsi la comptabilité des entreprises est tenue en euro à compter du 1er janvier 2002.

L'ordonnance du 15 juillet 2009 relative aux conditions régissant la fourniture de services et de paiement en fournit un exemple supplémentaire. Elle a transposé dans notre système juridique la directive 2007/64/CE du Parlement européen et du Conseil du 13 novembre 2007 concernant les services de paiement dans le marché intérieur. La directive est partie du constat que pour réaliser le marché intérieur, il est essentiel d'abolir toutes les frontières intérieures de la Communauté, de façon à permettre la libre circulation des biens, des personnes, des services et des capitaux. Le bon fonctionnement du marché unique des services de paiement revêt donc une grande importance. Or, actuellement, le fonctionnement de ce marché manque totalement d'harmonisation. Les marchés des services de paiement des États membres étaient jusqu'alors organisés séparément, dans un cadre national, et le cadre juridique applicable aux services de paiement est fragmenté. Une unification est aujourd'hui apportée.

21 Il est aussi nécessaire de tenir compte du rôle joué par la Cour de justice de l'Union européenne qui a pour fonction d'interpréter et de faire respecter les traités et les normes européennes. Elle est composée de vingt-sept juges et de huit avocats généraux. Les juges et les avocats généraux sont désignés d'un commun accord par les gouvernements des États membres, après consultation d'un comité chargé de donner un avis sur chaque nomination. Les avocats généraux assistent la Cour. Ils sont chargés de présenter, en toute impartialité et en toute indépendance, un avis juridique, dénommé « conclusions », dans les affaires dont ils sont saisis.

Son influence sur le droit commercial est croissante. Elle permet une unité de la jurisprudence. Elle a une triple fonction. Elle est juge de la légalité des actes adoptés par le Conseil ou par la Commission. En cas de difficultés d'interprétation, les juridictions des différents membres ont la possibilité de l'interroger avant de statuer sur la difficulté résultant de l'interprétation du droit de l'Union. Elles sont tenues de le faire dès lors que leurs décisions ne sont pas susceptibles d'un recours juridictionnel de droit interne, ce qui est le cas des arrêts de la Cour de cassation et du Conseil d'État. L'interprétation donnée par le juge de l'Union s'impose alors. Elle examine les recours formés contre les décisions de condamnation prononcée par une autorité communautaire.

Depuis le 24 octobre 1988, il existe un tribunal de première instance de l'Union européenne dont la compétence a été peu à peu élargie. Le Tribunal est composé d'au moins un juge par État membre. Les juges sont nommés d'un commun accord par les gouvernements des États membres, après consultation d'un comité chargé de donner un avis sur l'adéquation des candidats. Leur mandat est de six ans renouvelable. Ils désignent parmi eux, pour trois ans, leur président. Ils nomment un greffier pour un mandat de six ans. Contrairement à la Cour de justice, le Tribunal ne dispose pas d'avocats généraux permanents. Il est notamment compétent pour connaître des recours directs introduits par les personnes physiques ou morales et dirigés contre les actes des institutions et des organes et organismes de l'Union européenne ainsi que contre les actes réglementaires qui les concernent directement et qui ne comportent pas de mesures d'exécution.

Section 4
L'organisation du commerce

22 L'un des particularismes de l'activité commerciale tient à ce qu'elle s'exerce dans un cadre particulier et qu'elle est régie par des institutions spécifiques. Les commerçants ont toujours voulu avoir des institutions qui répondent à leurs exigences de rapidité et de sécurité. L'existence d'une organisation judiciaire spécifique est fort ancienne (**§ 1**). Il en va de même des organisations professionnelles, même si celles-ci se sont transformées depuis les corporations de l'Ancien Régime (**§ 2**). En outre, l'État est très présent dans la vie des affaires, ce qui explique l'importance de l'organisation administrative (**§ 3**).

§ 1. L'organisation judiciaire

23 L'organisation judiciaire du commerce se caractérise par l'existence, en première instance, d'une juridiction spécialisée les tribunaux de commerce (**A**), par l'importance de l'arbitrage (**B**) et par le développement des autorités administratives indépendantes (**C**).

A. Les tribunaux de commerce

24 Les juridictions commerciales datent d'un édit de novembre 1563 pris par Charles IX. D'abord limitées à Paris, ces juridictions s'étendirent à de nombreuses autres villes. La Révolution les conserva, sans doute en raison de leur mode de recrutement, l'élection, alors fort en vogue. Depuis lors, elles se sont maintenues dans l'ordre judiciaire. Leur avantage, plus théorique que réel, tiendrait à la connaissance technique des juges, à leur esprit commercial, à la procédure plus simple et à la représentation judiciaire simplifiée. Malgré tout, il demeure l'une des spécificités de cette matière. On peut se demander s'ils ont toujours une légitimité à une époque où le droit devient de plus en plus complexe. Or certains juges consulaires, surtout dans les petits tribunaux peuvent être dépourvus de connaissance juridique. Le droit des procédures collectives démontre d'ailleurs ce phénomène, puisque seuls certains tribunaux de commerce connaissent de cette matière. Désormais, il existe des tribunaux de commerce en quelque sorte à deux vitesses. On peut se demander, compte tenu de l'apparition d'un véritable droit professionnel, s'il ne serait pas opportun de réfléchir sur l'instauration non pas de juridictions professionnelles, mais de chambres spécialisées à l'intérieur des juridictions de droit commun.

Pour cette raison régulièrement, on propose de recourir à l'échevinage en introduisant au sein de ces juridictions commerciales des magistrats professionnels[1]. L'Alsace-Lorraine et les départements d'outre-mer connaissent déjà cette situation. Un projet de loi en ce sens avait été présenté en Conseil des ministres. Mais il ne paraît pas devoir aboutir, du moins dans un proche avenir. La chancellerie a récemment fait part de son intention de réformer les tribunaux de commerce. Une consultation a été engagée à l'Assemblée nationale sur le rôle de la justice commerciale[2].

Un décret du 23 septembre 2005 a institué un Conseil national des tribunaux de commerce présidé par le garde des Sceaux. Il est composé du directeur des services judiciaires, du directeur des affaires civiles et du sceau et du directeur des affaires criminelles et des grâces ainsi que de seize membres désignés par le garde des Sceaux, dont dix juges consulaires. Le garde des Sceaux a la faculté de la consulter pour la formation et la déontologie des juges des tribunaux de commerce, l'organisation, le fonctionnement et l'activité des tribunaux de commerce, leur compétence et leur implantation.

Plus récemment, la question a été posée au Conseil constitutionnel de la conformité des tribunaux de commerce à la Constitution. La question était rédigée de la manière suivante : « les articles L. 722-6 à L. 722-16 et L. 724-1 à L. 724-6 du Code de commerce sont-ils conformes à la constitution pris sous l'angle des principes d'indépendance et de compétences professionnelles ? »[3].

Par une décision du 4 mai 2012, le Conseil constitutionnel a considéré que ces tribunaux n'étaient contraires à aucun droit et à aucune liberté que la Constitution garantit. Ce faisant, elle a le mérite de valider l'existence et le statut des juges consulaires. L'une des questions posée au Conseil avait trait au mode de recrutement des juges qui ne ferait pas d'eux des juges suffisamment indépendants. Pour lui, le mode de recrutement comporte en lui-même les garanties d'indépendance et d'impartialité des juges.

1. Le phénomène est ancien, v. Thaller, « De l'avenir des tribunaux de commerce », *in Annales de droit commercial* 1889, p. 201.
2. Teboul, « Réforme des tribunaux de commerce : pistes et perspectives », *Gaz. Pal.* 17-19 févr. 2013. 7.
3. Com. 6 mars 2012, *Leden* 2012 n° 63, obs. Lucas.

En tout état de cause, il est toujours possible pour le législateur de renforcer leur capacité à juger sans que leur statut soit remis en cause[1].

Les tribunaux de commerce sont des tribunaux d'exception qui n'existent qu'en première instance. Les appels sont portés devant une cour d'appel et les arrêts des cours d'appel pourront faire l'objet d'un pourvoi en cassation. Avant d'envisager leur compétence et leur procédure, il faut voir leur organisation. Il faudra également envisager les modifications prévues par le dernier projet de réforme des tribunaux de commerce.

1. L'organisation des tribunaux de commerce

25 Les tribunaux de commerce sont créés par un décret en Conseil d'État qui indique leur siège et leur ressort. Il en existe un peu plus de 150. Ils sont composés de juges élus. Leur fonction est gratuite. Aucune formation juridique n'est requise des candidats. Sur le mode associatif, il a été créé un Centre d'études et de formation des juridictions commerciales. Les conférences et les séminaires qu'il organise sont suivis sur la seule base du volontariat.

La procédure de leur élection est prévue par les articles L. 723-1 et suivants et R. 723-1 et suivants du Code de commerce. Les juges sont élus pour deux ans lors de leur première élection et pour quatre ans lors des élections suivantes. Après quatorze années où ils ont siégé sans interruption dans un même tribunal, ils ne sont plus éligibles pendant un an.

Le scrutin fonctionne à deux degrés. L'ensemble des électeurs est convoqué tous les trois ans pour désigner des délégués consulaires qui se répartissent pour chaque circonscription en trois catégories : les activités commerciales, celles industrielles et celles de services. Ces délégués consulaires ainsi que les membres du tribunal de commerce et les magistrats consulaires honoraires élisent les juges. Le président du tribunal de commerce est élu par l'ensemble des magistrats parmi les juges ayant siégé pendant déjà

1. Cons. const. 4 mai 2012, *JCP* E 2012. 1365, note Vallansan ; également Fricero, « Le tribunal de commerce : une juridiction conforme aux exigences constitutionnelles », *D.* 2012. 1626 ; Vallens, « L'honneur est sauf : les tribunaux de commerce ne sont pas contraires à la constitution », *D.* 2012. 1413.

au moins six ans. Avant d'entrer en fonction, les juges prêtent le serment suivant : « je jure de bien et fidèlement remplir mes fonctions, de garder religieusement le secret des délibérations et de me conduire en tout comme un juge digne et loyal ».

Dans l'hypothèse où une circonscription territoriale ne comporte pas de tribunal de commerce, la compétence pour statuer en matière commerciale appartient alors au tribunal de grande instance. Les départements d'Alsace-Moselle ont conservé un système issu du droit allemand, celui dit de l'échevinage. Pour cette raison, il existe des chambres commerciales du tribunal de grande instance qui comportent un juge professionnel et deux juges commerçants. Ce système a été également adopté outre-mer.

26 Il convient de relever l'importance des greffes des tribunaux de commerce. Les greffiers des tribunaux de commerce sont des officiers publics et ministériels. Outre leur rôle de secrétariat, ils tiennent de nombreux registres qui sont des rouages essentiels de l'activité commerciale.

2. La compétence des tribunaux de commerce

27 La compétence matérielle et la compétence territoriale devront être envisagées successivement.

Le tribunal de commerce étant une juridiction d'exception, compétence doit lui être donnée par un texte que ce soit le Code de l'organisation judiciaire ou une loi demeurée extérieure à ce Code. L'article L. 721-3 du Code de commerce prévoit que les tribunaux de commerce connaîtront des contestations relatives aux engagements et transactions entre négociants, marchands et banquiers, de celles entre associés, pour raison de commerce et de celles relatives aux actes de commerce entre toutes personnes. Selon l'article L. 721-3-1, « ils connaissent, dans les limites de leur compétence d'attribution, des demandes formées en application du règlement du Parlement européen et du Conseil du 11 juillet 2007 instituant une procédure européenne de règlement des petits litiges ». L'article L. 621-2 du Code de commerce leur donne compétence en matière de redressement et de liquidation judiciaires des entreprises commerciales ou artisanales. Le tribunal de grande instance est compétent pour les autres entreprises soumises à une procédure collective. En vertu de l'article L. 721-4 du Code de commerce, le tribunal de commerce est compétent pour les billets à ordre portant la signature d'un commerçant et d'un non-commerçant. En revanche, si les billets à ordre portent uniquement la signature de non-commerçants, la compétence appartient au tribunal de grande instance. Enfin, les tribunaux de commerce connaîtront les litiges relatifs à la vente et au nantissement du fonds de commerce et ceux relatifs à la tenue du registre du commerce.

Les articles L. 721-5 et L. 721-6 du Code de commerce opèrent deux exclusions. Selon la première disposition, les tribunaux civils sont seuls compétents pour connaître des actions en justice dans lesquelles l'une des parties est une société constituée conformément à la loi du 31 décembre 1990 relative à l'exercice sous forme de sociétés des professions libérales soumises à un statut législatif ou réglementaire ou dont le titre est protégé, ainsi que des contestations survenant entre associés d'une telle société. Selon la seconde, les tribunaux de commerce ne connaissent pas des actions intentées contre un propriétaire, cultivateur ou vigneron, pour vente de denrées provenant de son cru, ni les actions intentées contre un commerçant, pour paiement de denrées et marchandises achetées pour son usage particulier.

28 Les règles de compétence territoriale sont prévues par les articles 42 et suivants, du Code de procédure civile. Le principe est celui de la compétence du tribunal du domicile du défendeur. En vertu de la jurisprudence dite des gares principales, il pourra s'agir du siège social d'une succursale. En matière contractuelle, le défendeur pourra aussi être assigné devant le tribunal du lieu de livraison de la chose, du lieu d'exécution de la prestation de service ou de situation de l'immeuble concerné par le litige. En matière délictuelle, compétence pourra être donnée au tribunal du lieu de survenance du dommage ou celui du fait dommageable.

L'article 48 du Code de procédure civile annule toute clause attributive de compétence à moins qu'elle n'ait été convenue « entre des personnes ayant toutes contracté en qualité de commerçant et qu'elle n'ait été spécifiée de façon très apparente dans l'engagement de la partie à qui elle est opposée ».

3. La procédure devant les tribunaux de commerce

29 La procédure est simplifiée par rapport à celle existant devant les juridictions civiles et ce le plus souvent dans un but de rapidité ; elle a été retouchée par un décret du 29 décembre 2009. On retrouve les grands principes, comme celui du contradictoire ou celui de la publicité des débats. Mais il existe également des spécificités. Selon l'article 854 du Code de procédure civile, « la demande en justice est formée par assignation, par la remise au greffe d'une requête conjointe ou par la présentation volontaire des parties devant le tribunal ».

Normalement, le tribunal de commerce est saisi par une assignation qui doit comporter certaines mentions énumérées par l'article 855 du Code de procédure civile. L'assignation doit être délivrée quinze jours au moins avant la date de l'audience. Le tribunal est saisi, à la diligence de l'une ou l'autre partie, par la remise au greffe d'une copie de l'assignation. Cette remise doit avoir lieu au plus tard huit jours avant la date de l'audience, sous peine de caducité de l'assignation. Il peut également être saisi par une requête conjointe ou par présentation des deux parties. Le tribunal est alors saisi par la remise de la requête conjointe, ou par la signature d'un procès-verbal constatant que les parties se présentent volontairement pour faire juger leurs prétentions.

La procédure est en grande partie orale dans le but d'accroître sa rapidité. L'article 860-2 du Code de procédure civile prévoit que si une conciliation entre les parties apparaît envisageable, la formation de jugement peut, avec l'accord des parties, désigner un conciliateur de justice à cette fin. Il n'y a pas de mise en état. Si l'affaire n'est pas en état d'être jugée, la formation de jugement la renvoie à une prochaine audience où elle confie à l'un de ses membres le soin de l'instruire en qualité de juge rapporteur. Le juge rapporteur peut, si les parties ne s'y opposent pas, tenir seul l'audience pour entendre les plaidoiries. Il en rend compte au tribunal dans son délibéré. Pour cette raison, les débats ont souvent lieu devant un juge unique.

La représentation est libre, même si, de fait, il existe toujours des avocats spécialisés dans la procédure des tribunaux de commerce. Depuis la disparition des agréés, les auxiliaires de justice spécifiques sont les administrateurs judiciaires, les mandataires liquidateurs. Depuis la loi du 10 juillet 1970, le ministère public est représenté devant les juridictions commerciales. Son rôle ne cesse d'augmenter.

30 Le président du tribunal de commerce, ou le juge qu'il se délègue, bénéficie de pouvoirs propres. Il est juge des référés, qu'il s'agisse du référé classique, du référé provision ou du référé sauvegarde. Dans le cas où l'existence de l'obligation n'est pas sérieusement contestée, il peut accorder une provision au créancier ou ordonner l'exécution de l'obligation.

Les articles 874 et suivants du Code de procédure civile lui donnent compétence pour la procédure sur requête. Il s'agit d'une procédure non contradictoire, car il est inutile d'assigner et même d'informer le défendeur de la procédure. Saisi par une requête motivée, le président statue aux seuls vus des pièces fournies par le requérant. S'il accepte la requête, il la signe, la transformant en une ordonnance exécutoire de plein droit. La procédure d'injonction de payer, prévue par les articles 1405 et suivants du Code de procédure civile a été créée pour les petites créances commerciales et les créances cambiaires. Elle a été ultérieurement étendue aux petites créances civiles. Là encore, la demande est formulée par requête. Si elle est fondée, le président rend une ordonnance qui est signifiée au débiteur et qui contient une sommation de payer ou de faire opposition. Depuis peu, dans quelques rares hypothèses prévues par les articles L. 238-1 et suivants du Code de commerce, le président du tribunal de commerce bénéficie d'un pouvoir d'injonction de faire.

Toutes les décisions des tribunaux de commerce peuvent faire l'objet d'un recours en application des principes généraux. Il est donc possible en principe d'interjeter appel. L'article R. 721-6 du Code de commerce prévoit que le tribunal de commerce connaît en dernier ressort des demandes jusqu'à la valeur de 4 000 euros.

4. Le projet de réforme des tribunaux de commerce

31 Depuis plusieurs années, les tribunaux de commerce font l'objet de critiques qui sont d'ailleurs assez souvent justifiées. Dès la fin

du XIXe siècle Thaller relevait que l'on devait « considérer la disparition des tribunaux de commerce comme une éventualité probable, comme une loi presque inévitable de la marche des sociétés modernes »[1]. Récemment, certains tribunaux se sont vus reprochés des dysfonctionnements. Désormais de nombreux litiges portés devant ces juridictions concernent des non-commerçants. En outre, le droit commercial depuis plusieurs années s'est fortement complexifié ; il est devenu un droit souvent très technique. Pour renforcer leur impartialité et pour éviter les risques de corporatisme, un projet de loi, prévoyait l'instauration partielle d'un système d'échevinage, ce qui serait sans doute la meilleure solution. Mais il existe une forte résistance des tribunaux de commerce qui ont pour le moment réussi à empêcher toute réforme. « De fait, l'un des vœux essentiels du justiciable commercial, hier comme aujourd'hui, c'est tout à la fois d'avoir un juge qui comprenne son problème mais également et surtout, point peut être moins avouable, d'avoir un bon juge, c'est-à-dire d'avoir en principe son juge »[2].

L'un des derniers projets de réforme prévoyait l'instauration d'une mixité qui aurait concerné aussi bien les tribunaux de commerce que les cours d'appel. À l'intérieur des tribunaux, il aurait été créé des chambres mixtes composées de deux magistrats consulaires et présidées par des magistrats de l'ordre judiciaire, désignés pour trois ans parmi les magistrats du tribunal de grande instance. Ces chambres seraient compétentes pour les litiges intéressant l'ordre public économique, c'est-à-dire pour les procédures collectives, pour les litiges relatifs au contrat de société commerciale ou de groupement économique à objet commercial, pour les contentieux relatifs aux instruments financiers et pour les litiges relatifs à l'application des articles L. 410-2 et suivants et L. 461-1 et suivants du Code de commerce relatifs à la liberté des prix et de la concurrence. Il aurait sans doute été préférable d'instaurer l'échevinage pour toutes les affaires relevant de la juridiction

1. Thaller, « De l'avenir des tribunaux de commerce », *Ann. dr. com.* 1889. 200.
2. Dupichot, « De quelques observations sur la compétence "commerciale" au regard du concept de droit commercial », *Mélanges Guyon*, p. 365, n° 20.

commerciale. La mixité aurait dû s'appliquer également dans les chambres commerciales des cours d'appel. Pour essayer de faire admettre cette mixité au juge consulaire, on avait créé une réciprocité. Les juges consulaires auraient siégé dans les formations de jugement ayant à connaître des appels interjetés contre des décisions rendues dans des matières relevant des tribunaux de commerce.

Le mode d'élection des juges consulaires aurait été également réformé pour élargir le nombre d'électeurs. Par exemple, tous les artisans seraient électeurs et éligibles ce qui conduirait d'ailleurs à l'instauration d'une sorte de juridiction professionnelle. On augmenterait également la déontologie et la discipline des juges consulaires. Devant l'hostilité des milieux commerciaux, ce projet n'a pas abouti.

Mais régulièrement la question du rôle des tribunaux de commerce revient sur le devant de la scène juridique. À l'occasion de sa participation au Congrès national des tribunaux de commerce, à Nice, le ministre de la Justice a annoncé que la réforme de la justice commerciale sera pleinement intégrée au projet de loi sur la Justice du XXIe siècle. Cette réforme a vocation à s'inscrire dans les objectifs gouvernementaux d'accompagnement des entreprises fragilisées par la crise économique, notamment celles dont les difficultés nécessitent l'intervention de la justice commerciale. Cette réforme mettrait en oeuvre un nouveau statut des juges consulaires et des administrateurs et mandataires judiciaires, et elle créerait des juridictions spécialisées pour les affaires les plus importantes. On délocaliserait certaines affaires en fonction de la taille de l'entreprise ou de la nature du dossier pour les confier à des tribunaux spécialisés à compétence exclusive.

B. L'arbitrage

32 Par l'arbitrage, les parties décident de faire trancher leur litige par une ou plusieurs personnes privées. Selon l'article 1442 du Code de procédure civile, « la convention d'arbitrage prend la forme d'une clause compromissoire ou d'un compromis ». Cette conven-

tion est nécessairement écrite. La matière a été partiellement réformée par un décret du 13 janvier 2011[1].

Les arbitres doivent être des personnes physiques et le tribunal se compose d'un nombre impair de membres. Il appartient aux parties de désigner les arbitres une fois le litige né. Assez fréquemment chacune des parties désigne un arbitre et les deux arbitres en désignent un troisième qui présidera souvent le tribunal arbitral. Il est possible que la nomination soit faite par l'organisme chargé d'organiser la procédure, comme la Cour d'arbitrage de la chambre de commerce international. Enfin, l'article 1451 du Code de procédure civile prévoit la possibilité d'une désignation par le président du tribunal de grande instance, en cas de carence des parties.

Le compromis est la convention par laquelle les parties à un litige né soumettent celui-ci à l'arbitrage. Le compromis détermine l'objet du litige. Selon l'article 1446 du Code de procédure civile, les parties peuvent compromettre même au cours d'une instance déjà engagée devant une juridiction.

L'arbitrage est favorisé en matière commerciale par la possibilité de stipuler une clause compromissoire, c'est-à-dire la clause par laquelle les parties à un contrat décident, par avance, de soumettre leurs litiges à venir à cette forme de justice, ce qui est prohibé dans les contrats civils et dans les actes mixtes. En droit civil, l'article 2061 du Code civil admet la validité de la clause compromissoire uniquement dans les contrats conclus à raison d'une activité professionnelle[2]. Il existe une autonomie de la clause compromissoire par rapport au contrat principal. Cette clause se détache en quelque sorte du contrat dont elle est pourtant une stipulation. Elle subsistera donc, même si le contrat est nul[3].

Malgré tout, la justice étatique n'est pas totalement mise à l'écart. L'article 1449 du Code de procédure civil prévoit que

1. Gaillard et de Lapasse, « Le nouveau droit français de l'arbitrage interne et international », *D.* 2011. 175.

2. Jarrosson, « Arbitrage. Le nouvel essor de la clause compromissoire après la loi du 15 mai 2001 », *JCP E* 2001. 1371.

3. En droit international, Civ. 1re, 7 mai 1963, *D.* 1963. 545, note Robert ; en droit interne, Civ. 2e, 4 avr. 2002 et Com. 9 avr. 2002, *D.* 2003. 1117, note Degos ; *Rev. arb.* 2003. 103, note Didier.

l'existence d'une convention d'arbitrage ne fait pas obstacle, tant que le tribunal arbitral n'est pas constitué, à ce qu'une partie saisisse une juridiction de l'État aux fins d'obtenir une mesure d'instruction ou une mesure provisoire ou conservatoire. De plus, lorsqu'un litige relevant d'une convention d'arbitrage est porté devant une juridiction de l'État, celle-ci se déclare incompétente sauf si le tribunal arbitral n'est pas encore saisi et si la convention d'arbitrage est manifestement nulle ou manifestement inapplicable.

33 Cette justice présenterait l'avantage d'être discrète et de permettre de choisir des personnes réputées pour leur connaissance dans un domaine particulier. Mais elle présente l'inconvénient d'être onéreuse, puisque les parties paient les arbitres. En outre, on assiste depuis quelques années à une multiplication des recours contre les sentences arbitrales, ce qui rend la procédure souvent plus longue que devant les juridictions étatiques.

La mission d'arbitre ne peut être confiée qu'à une personne physique. Si la convention d'arbitrage désigne une personne morale, celle-ci ne dispose que du pouvoir d'organiser l'arbitrage. L'indépendance est de l'essence de la fonction d'arbitre. Il est impossible pour une personne ayant eu des liens avec l'une des parties de devenir arbitre[1].

L'arbitrage donne aussi la possibilité aux parties de s'affranchir de certaines normes étatiques, en confiant aux arbitres une mission d'amiable compositeur, donc de statuer éventuellement en équité. Les arbitres fixent eux-mêmes la procédure arbitrale. Mais cette forme de justice privée n'est pas laissée à la seule initiative des parties ; elle est réglementée par le livre IV du Code de procédure civile. Les principes généraux de la procédure, comme le principe du contradictoire, l'obligation pour les parties de se communiquer les pièces ou l'obligation pour les arbitres de motiver la sentence, doivent être respectés. La sentence arbitrale est rendue à la majorité des voix. Elle doit exposer succinctement les prétentions respectives des parties et leurs moyens et elle doit être motivée.

1. Civ. 1re, 16 mars 1999, *D.* 1999. 497, note Courbe.

La sentence s'analyse en une véritable décision : les arbitres sont dessaisis ; ils ont néanmoins le pouvoir d'interpréter la sentence, de réparer les erreurs et omissions matérielles qui l'affectent et de la compléter lorsqu'ils ont omis de statuer sur un chef de demande. Elle bénéficie de l'autorité de la chose jugée. Toutefois, son exécution dépend de la bonne volonté des parties. Pour pouvoir faire l'objet d'une mesure d'exécution forcée, il est nécessaire que la sentence soit exequaturée par le juge de l'exécution du tribunal de grande instance dans le ressort duquel elle a été rendue. Il vérifiera seulement la régularité de cette sentence, sans examiner le fond de l'affaire.

34 La question des recours a été modifiée par le décret du 13 janvier 2011. Il convient de dissocier l'appel et le recours en annulation. L'article 1489 du Code de procédure civile prévoit que la sentence n'est pas susceptible d'appel sauf volonté contraire des parties. Cet appel tend à la réformation ou à l'annulation de la sentence.

Les parties ont toujours la possibilité d'effectuer un recours en annulation, sauf si la voie de l'appel est ouverte conformément à l'accord des parties. Les hypothèses d'ouverture de ce recours sont strictement énumérées par l'article 1492. Tel est le cas si le tribunal arbitral s'est déclaré à tort compétent ou incompétent, s'il a été irrégulièrement constitué, s'il a statué sans se conformer à la mission qui lui avait été confiée, si le principe de la contradiction n'a pas été respecté, si la sentence est contraire à l'ordre public ou si la sentence n'est pas motivée ou n'indique pas la date à laquelle elle a été rendue ou le nom du ou des arbitres qui l'ont rendue ou ne comporte pas la ou les signatures requises ou n'a pas été rendue à la majorité des voix. Lorsque la juridiction annule la sentence arbitrale, elle statue sur le fond dans les limites de la mission de l'arbitre, sauf volonté contraire des parties. La France a ratifié les conventions de New York du 10 juin 1958 et de Genève du 21 avril 1961 qui posent quelques règles uniformes sur l'arbitrage international.

C. Les autorités administratives indépendantes

35 Depuis quelques années, l'État délègue une partie de ses pouvoirs à des autorités administratives indépendantes. On assiste au développement de ce que l'on dénomme parfois des « parajuridictions »[1]. Ce phénomène n'est d'ailleurs pas propre au droit commercial. Il se retrouve dans de nombreux autres domaines, par exemple dans le droit de la consommation, avec la commission des clauses abusives. Elles ne présentent pas véritablement d'unité. Elles ont une mission strictement définie et elles bénéficient de garanties d'indépendance. Elles sont le plus souvent titulaires de pouvoirs juridictionnels. Elles entrent en concours avec la juridiction commerciale. Les plus connues sont sans doute la Commission des opérations de bourse (COB) qui a été remplacée depuis la loi du 1er août 2003 sur la sécurité financière par l'Autorité des marchés financiers (AMF) et le Conseil de la concurrence qui a été remplacé depuis la loi du 4 août 2008 par l'Autorité de la concurrence.

La COB avait été créée par une ordonnance du 28 septembre 1967 pour devenir l'organe régulateur du marché boursier. Elle a fait l'objet de nombreuses réformes qui le plus souvent ont augmenté ses pouvoirs. Son rôle consistait à surveiller le fonctionnement des bourses de valeurs, à veiller à la qualité des informations données par les sociétés cotées au public et plus particulièrement au porteur de valeurs mobilières et à surveiller certains appels publics à l'épargne. Ses attributions sont désormais exercées par l'Autorité des marchés financiers. Selon l'article L. 621-1 du Code monétaire et financier, l'AMF, autorité publique indépendante dotée de la personnalité morale, veille à la protection de l'épargne investie dans les instruments financiers et tous autres placements donnant lieu à l'appel public à l'épargne, à l'information des investisseurs et au bon fonctionnement des marchés financiers. Elle apporte son concours à la régulation de ces marchés aux échelons européens et internationaux.

1. V. Guével, n° 49 ; également J. Chevallier, « Les autorités administratives indépendantes et la régulation des marchés », *Revue Justices* 1995-1, p. 81.

Afin d'assurer l'exécution de sa mission, l'Autorité des marchés financiers effectue des contrôles et des enquêtes. Elle bénéficie de pouvoirs très importants. Le secret professionnel ne peut pas lui être opposé. Les enquêteurs ont la faculté de se faire communiquer tous documents quel qu'en soit le support. Sur autorisation du président du tribunal d'instance du lieu des locaux à visiter, les enquêteurs ont la possibilité d'effectuer des visites en tout lieu et de procéder à des saisies de documents. Son pouvoir de sanction est également considérable, puisqu'elle a la faculté de prononcer des interdictions d'exercice à l'encontre des professionnels ayant manqué à leurs obligations ou de les condamner à des amendes dont le montant ne peut être supérieur à 100 millions d'euros ou au décuple du montant des profits éventuellement réalisés.

36 Le Conseil de la concurrence était l'organe régulateur de la concurrence. Son origine remonte à 1955 avec la création de la Commission technique des ententes et des positions dominantes. Il est remplacé depuis la loi du 4 août 2008 par l'Autorité de la concurrence. Elle se présente comme « une autorité administrative indépendante, spécialisée dans le contrôle des pratiques anticoncurrentielles, l'expertise du fonctionnement des marchés et le contrôle des opérations de concentration. Au service du consommateur, elle a pour objectif de veiller au libre jeu de la concurrence et d'apporter son concours au fonctionnement concurrentiel des marchés aux échelons européen et international »[1]. La loi sur la modernisation de l'économie a accru ses pouvoirs. Elle succède au ministre de l'Économie pour contrôler les opérations de concentration.

L'ordonnance du 13 novembre 2008 portant modernisation de la régulation de la concurrence a augmenté ses moyens. Elle est désormais dotée d'un pôle d'instruction qui regroupe les anciens enquêteurs nationaux de la Direction Générale de la concurrence, de la consommation et de la répression des fraudes (DGCCRF) du ministère de l'Économie ainsi que les rapporteurs du Conseil de la

1. V. le site internet de l'Autorité de la concurrence : www.autoritedelaconcurrence.fr.

concurrence. Lorsque des agissements faussent le jeu de la concurrence, l'Autorité à un pouvoir d'injonction et elle prononce des sanctions pécuniaires. Ces sanctions doivent être proportionnées notamment à la gravité des faits reprochés. Un recours est toujours possible devant la Cour d'appel de Paris.

Ce phénomène s'accentue avec ce que l'on dénomme la régulation. Il est apparu avec l'apparition de la concurrence dans certains domaines économiques, comme l'audiovisuel ou les télécommunications. La régulation « constitue une forme d'organisation du marché destinée à organiser le déséquilibre entre l'opérateur historique et les nouveaux entrants, notamment en imposant des asymétriques, c'est en favorisant ces derniers par rapport aux premiers »[1]. Elle bénéficie de son propre corps de règles, de sa propre procédure et de ses propres institutions.

37 L'ordonnance du 21 janvier 2010 portant création de l'Autorité de contrôle prudentiel (ACP) modifie fortement l'encadrement des établissements de crédit[2]. Cette réforme dote la France d'une autorité de supervision capable de surveiller les risques dans l'ensemble du secteur financier ; qu'il s'agisse de banques ou d'assurances. L'originalité du système tient à ce que l'on a confié à une autorité unique, ce qui relevait jusque-là de plusieurs autorités. Jusqu'alors, l'accès au marché bancaire relevait du Comité des établissements de crédit et des entreprises d'investissement et la surveillance de l'activité bancaire était dévolue à la commission bancaire.

Selon l'article L. 612-1 du Code monétaire et financier, « l'Autorité de contrôle prudentiel, autorité administrative indépendante, veille à la préservation de la stabilité du système finan-

1. Ripert et Roblot, par Vogel, n° 38 ; Frison-Roche, « Le droit de la régulation », *D.* 2001. 610.
2. Astaix, « Banque-assurance : une nouvelle autorité de contrôle », *D.* 2010. 196 ; Bigot et Bellando, « La nouvelle Autorité de contrôle prudentiel et l'assurance : aspects structurels », *JCP* 2010. 364 ; Bonneau, « Commentaire de l'ordonnance n° 2010-76 du 21 janvier 2010 portant fusion des autorités d'agrément et de contrôle de la banque et de l'assurance », *JCP* E 2010. 1140 ; Causse et Maymont, « L'autorité de contrôle prudentiel », *RD bancaire* mai-juin 2010. 11 ; Marly, « Regard sur l'Autorité de contrôle prudentiel », *Bull. Joly bourse* 2010. 206 ; Notté, « Création de l'Autorité de contrôle prudentiel », *JCP* E 2010. Act. 71 ; Ruol, « Création de l'ACP », *Banque et droit* juin 2010. 3 ; « Création de l'ACP : premières leçons entre continuité et contraste », *Banque* juin 2010. 63 ; Samuélian et Léger, « Ordonnance du 21 janvier 2010 », *Banque* avr. 2010. 52 ; Sauge, « Banque et assurance : une nouvelle autorité commune », *RD bancaire* mars 2010. 66.

cier et à la protection des clients, assurés, adhérents et bénéficiaires des personnes soumises à son contrôle ». Les pouvoirs de l'Autorité de contrôle prudentiel sont assez importants, ce qui ne surprend pas, dans la mesure où elle prend la suite de deux organismes, à savoir le Comité des établissements de crédit et des entreprises d'investissement et la commission bancaire qui avaient déjà d'importantes prérogatives. Ils sont aussi la conséquence du fait que sa mission est de veiller à la préservation et à la stabilité du secteur financier et à la protection des clients. Pourtant contrairement à d'autres autorités, comme l'autorité des marchés financiers, elle ne bénéficie pas d'un pouvoir normatif autonome qui est exercé par le ministre de l'économie. Elle est titulaire d'un pouvoir de contrôle sur pièces et sur place, d'un pouvoir de police administrative et d'un pouvoir disciplinaire.

§ 2. L'organisation professionnelle

38 Sous l'Ancien Régime, les commerçants étaient groupés au sein des corporations qui ont été supprimées par la Révolution de 1789, en raison de leur puissance économique et du risque politique qui en résultait. Malgré tout, la nécessité d'une organisation professionnelle est assez vite réapparue. Les chambres de commerce et d'industrie jouent en cette matière un rôle prépondérant. Pour cette raison, elles doivent être distinguées des autres organisations.

A. Les chambres de commerce et d'industrie

39 Les chambres de commerce et d'industrie (CCI) sont auprès des pouvoirs publics ou des autorités étrangères les organes des intérêts commerciaux et industriels de leur circonscription. Elles sont des établissements publics économiques[1]. Parmi leurs activités, les CCI forment chaque année 500 000 étudiants, apprentis,

1. Elles sont des établissements publics administratifs, Cons. const. 28 janv. 1999, *D.* 2000. Somm. 195, obs. Ghevontian.

stagiaires, des premiers niveaux de qualification aux écoles supérieures de commerce ou d'ingénieurs (540 établissements de formation). Elles gèrent de nombreux équipements : 90 aéroports, 121 ports, 24 plates-formes multimodales, 18 complexes routiers, 28 entrepôts ou parcs à vocation logistique, 18 palais des congrès et parcs d'expositions... Elles enregistrent encore plus de 800 000 formalités liées à la création, reprise ou transmission d'entreprises dans leurs Centres de Formalités d'Entreprises (soit environ 60 % des formalités effectuées en France).

Leur réglementation remonte à la loi du 9 avril 1898, modifiée à plusieurs reprises et notamment par la loi du 2 août 2005 et plus récemment par celle du 23 juillet 2010. Le but de cette dernière loi est de reconnaître et de conforter les chambres consulaires dans leur rôle d'acteurs territoriaux de référence pour les entreprises françaises, et, d'amorcer une réorganisation d'ampleur pour tenir compte des évolutions économiques, institutionnelles et territoriales de notre pays.

Leur réglementation figure actuellement aux articles L. 710-1 et suivants du Code de commerce. Les chambres de commerce et d'industrie départementales deviennent des chambres territoriales, au nombre de 170, rattachées à une chambre de région, au nombre de 21. En Île-de-France, les chambres départementales demeurent et elles sont rattachées à la chambre de commerce et d'industrie de la région Paris Île-de-France. À la tête du réseau, est réaffirmé le rôle de l'Assemblée des chambres françaises de commerce et d'industrie (ACFCI) comme interlocuteur unique, au niveau national, des pouvoirs publics.

Les CCI sont composées de commerçants et d'industriels élus pour cinq ans. Sont électeurs aux élections des membres des chambres de commerce et d'industrie territoriales et de région à titre personnel les commerçants immatriculés au registre du commerce et des sociétés, les chefs d'entreprise inscrits au répertoire des métiers et immatriculés au registre du commerce et des sociétés, les conjoints des commerçants ou des chefs d'entreprise ayant déclaré au registre du commerce et des sociétés qu'ils collaborent à l'activité de leur époux sans autre activité professionnelle et les capitaines de la marine marchande exerçant le commandement d'un navire immatriculé en France dont le port d'attache est situé dans la circonscription, les pilotes maritimes exerçant leurs fonctions dans un port situé dans la circonscription et les pilotes de l'aéronautique civile domiciliés dans la circonscription et exerçant le commandement d'un aéronef immatriculé en France. Sont électeurs par l'intermédiaire d'un représentant les sociétés commerciales, les établissements publics à caractère industriel et commercial et les sociétés à caractère commercial dont le siège est situé hors du territoire national et qui disposent dans la circonscription d'un établissement immatriculé au registre du commerce et des sociétés.

Ce même corps électoral désigne les membres des CCI et les délégués consulaires qui élisent les juges des tribunaux de commerce. Les chambres comportent trois collèges : le commerce, l'industrie et les services. Les membres élus nomment un bureau comportant au minimum un président, un vice-président, un secrétaire et un trésorier. Les différentes chambres de commerce sont regroupées de manière pyramidale. À la base, on trouve des chambres locales, puis des chambres régionales. Il existe au sommet une Assemblée permanente des chambres de commerce et d'industrie dont le rôle est de coordonner les positions des différentes chambres régionales et locales.

40 Les CCI ont pour attributions de donner au gouvernement ou aux collectivités locales les avis et les renseignements qui leur sont demandés sur les questions industrielles et commerciales et de présenter leurs vues sur les moyens d'accroître la prospérité de l'industrie et du commerce. Leur avis est parfois obligatoire. Tel est le cas notamment pour les règlements relatifs aux usages commerciaux, pour la création dans leur circonscription des nouvelles chambres de commerce et d'industrie, de tribunaux de commerce ou de conseil de prud'hommes ou sur les taxes destinées à rémunérer les concessions de services de transport.

Les CCI ont beaucoup d'autres attributions. Elles peuvent être autorisées à fonder et à administrer des établissements à l'usage du commerce ; elles administrent les bourses de valeur. Elles ont le droit d'exploiter l'outillage des ponts et des aéroports. Elles délivrent des parères, c'est-à-dire des certificats attestant de l'existence d'un usage. Elles ont le droit de créer des écoles de commerce, des établissements de formation initiale ou continue. Depuis la loi du 27 décembre 1973, elles jouent un certain rôle en matière d'urbanisme qui est prévu par l'article L. 121-4 du Code de l'urbanisme.

B. Les autres organismes professionnels

41 Parmi les autres organismes, une place particulière doit être faite aux syndicats professionnels. Leur constitution est possible depuis la proclamation de la liberté syndicale par la loi du 21 mars 1884. Ils sont regroupés en deux fédérations nationales : le mouvement des entreprises de France (MEDEF) et la confédération générale des petites et moyennes entreprises (CGPME). En vertu de l'article L. 411-1 du Code du travail, leur mission consiste dans « l'étude et la défense des droits ainsi que des intérêts matériels et moraux tant collectifs qu'individuels des personnes visées par leurs statuts ». Ils participent activement à l'élaboration d'un droit professionnel. Ils le font par l'élaboration de contrats types. Ils fournissent de nombreux renseignements juridiques à leurs adhérents. Enfin, ils négocient et ils concluent avec les syndicats de salariés de nombreuses conventions collectives.

§ 3. L'organisation administrative

42 Même à l'époque où les gouvernements veulent conduire une politique libérale, l'État ne se désintéresse jamais de l'activité commerciale qui est essentielle pour la bonne marche de l'économie nationale. Ses moyens d'intervention sont nombreux et variés. Parmi ceux-ci figure la possibilité de doter le droit commercial d'une organisation administrative qui ne cesse de se développer depuis des années. On assiste à la multiplication des conseils, des commissions et des autorités qui sont sans doute des freins à l'activité économique et dont l'existence démontre une certaine défiance à l'égard des juges. Il n'est pas question de tous les énumérer, mais seulement d'indiquer le rôle des principaux.

Leurs fonctions sont très variables. Schématiquement, il est possible de dissocier ceux qui n'ont pas de fonction normative de ceux qui ont une fonction normative.

A. Les organismes sans fonction normative

43 L'organisme consultatif le plus important est sans conteste le Conseil économique et social qui a été créé par la constitution de 1958. Il réunit des représentants de l'ensemble des catégories socioprofessionnelles, nommés par leurs organisations professionnelles ou par décret. Sa compétence s'étend à l'ensemble des phénomènes économiques et sociaux. L'article 70 de la Constitution rend parfois son avis obligatoire. Selon cette disposition, « tout plan ou tout projet de loi de programme à caractère économique et social lui est soumis pour avis ». Mais le plus souvent sa consultation est facultative. Il peut s'autosaisir sur les questions économiques et sociales ou informer le gouvernement des réformes qu'il juge nécessaires ou souhaitables. On peut également citer la création par le décret du 6 mars 2006 du Centre d'analyse stratégique qui se substitue à l'ancien commissariat général au plan.

La loi du 15 mai 2001 sur les nouvelles régulations économiques a créé une Commission d'examen des pratiques commerciales. Sa composition est prévue par l'article L. 440-1 du Code de commerce. Elle peut être saisie par toute une série de personnes : le ministre chargé de l'Économie, le président du conseil de la concurrence, toute personne morale et tout producteur, fournisseur ou revendeur s'estimant lésé par une pratique commerciale. La commission a pour mission de donner des avis ou de formuler des recommandations sur les questions, les documents commerciaux ou publicitaires, y compris les factures et les contrats couverts par un secret industriel et sur les pratiques concernant les relations commerciales entre les producteurs, les fournisseurs et les revendeurs.

44 L'Autorité de la concurrence peut être consultée dans un certain nombre d'hypothèses énumérées par les articles L. 462-1 et suivants du Code de commerce. Elle peut l'être par les commissions parlementaires sur les propositions de loi ainsi que sur toute ques-

tion concernant la concurrence. Elle donne son avis sur toute question de concurrence à la demande du Gouvernement. Elle peut également donner son avis sur les mêmes questions à la demande des collectivités territoriales, des organisations professionnelles et syndicales, des organisations de consommateurs agréées, des chambres d'agriculture, des chambres de métiers ou des chambres de commerce et d'industrie, pour les intérêts dont elles ont la charge.

B. Les organismes avec fonction normative

45 Les organismes dotés d'un pouvoir réglementaire sont variés. On les retrouve dans de nombreux domaines. Dans celui des marchés financiers, l'Autorité des marchés financiers bénéficie d'un important pouvoir normatif. Elle prend un règlement général qui est publié au *Journal officiel*, après homologation par un arrêté du ministre chargé de l'Économie. Ce règlement pose des règles assurant le bon fonctionnement du marché boursier. Il existe en ce domaine une technique spécifique, celle dite du rescrit boursier. Il est possible de consulter l'autorité des marchés financiers sur l'interprétation de ses règlements avant la réalisation d'une opération. Si elle considère que l'opération n'est pas conforme à ses règlements, elle met l'intéressé à l'abri des poursuites. On se trouve en présence d'une technique d'interprétation.

La loi du 6 avril 1998 avait créé un Comité de la réglementation comptable qui était chargé d'établir les règles comptables générales et sectorielles que devaient respecter toutes les personnes physiques ou morales astreintes à l'obligation légale d'établir des documents comptables. L'ordonnance du 22 janvier 2009 a créé l'Autorité des normes comptables qui opère la fusion du Conseil national de la comptabilité et du Comité de la réglementation comptable et qui reprend toutes leurs compétences[1].

46 **Plan.** Cet ouvrage sera divisé en deux parties : la PREMIÈRE PARTIE est consacrée à la commercialité et la SECONDE PARTIE à l'activité commerciale.

1. Delpech, « Création de l'Autorité des normes comptables », *D.* 2009. 221 ; Notté, « Ordonnance n° 2009-79 du 22 janvier 2009 créant l'autorité des normes comptables », *JCP* E 2009. Act. 48.

Première partie

La commercialité

47 Il est classique de se demander si le droit commercial est le droit des commerçants ou celui des actes de commerce. Si l'on adopte une conception subjective, la qualité de commerçant suffira pour appliquer les règles de droit commercial. À l'inverse, par une conception objective, seules certaines opérations, appelées actes de commerce, sont soumises aux règles du droit commercial. Dans un cas, la commercialité tient à la qualité de la personne, et dans l'autre, elle résulte de l'activité. Le droit comparé démontre que certains droits adoptent de manière exclusive une de ces conceptions, comme le droit allemand la conception subjective et le droit espagnol la conception objective.

Dans l'ancien droit français, la conception subjective l'avait emportée, en raison du système des corporations. Cette conception n'a pas été reprise par le Code de commerce de 1807, pas plus d'ailleurs qu'il n'a consacré la conception objective. Selon son article 1er, devenu l'article L. 121-1 de l'actuel Code, « sont commerçants ceux qui exercent des actes de commerce et en font leur profession habituelle ». La qualité de la personne et l'activité sont mises au même plan par cette disposition. Cette position intermédiaire, qui s'est maintenue depuis lors, est sans doute la meilleure, même si elle est parfois source d'ambiguïté et si elle empêche toute possibilité de systématisation. La qualité de commerçant, sans activité habituelle, donc sans acte de commerce ne signifie rien. De même, l'acte de commerce isolé ne permet pas, en principe, d'appliquer à une personne un corps de règles dérogatoire du droit commun.

En conséquence, la commercialité résulte à la fois de l'activité (TITRE 1) et de la qualité de la personne (TITRE 2).

Titre 1

La commercialité par l'activité

48 La commercialité par l'activité suppose l'accomplissement d'un ou de plusieurs actes de commerce. Le Code de commerce ne définit pas cette notion. Les articles L. 110-1 et L. 110-2 du Code de commerce énumèrent certains actes que la loi répute acte de commerce. Mais il n'existe pas de définition générale de cette notion. Or, il est important de connaître les différents actes de commerce (Chapitre 1). En effet ces actes ne vont pas être soumis, en totalité, au droit commun, mais ils vont bénéficier, en grande part, de la réglementation spécifique du droit commercial (Chapitre 2).

À côté des actes de commerce et des actes civils, il existe une catégorie intermédiaire, dénommée actes mixtes. En ce cas, un acte sera réputé commercial pour l'une des parties et civil pour l'autre. Le particularisme de cette situation, débouche sur une spécificité de ces actes mixtes (Chapitre 3).

CHAPITRE 1

Les différents actes de commerce

49 Le Code de commerce énumère certains actes de commerce dans son article L. 110-1[1]. La méthode de l'énumération, utilisée par les rédacteurs du Code de 1807, qui n'a pas été remise en cause depuis lors, ne convainc pas. Elle ne permet pas de connaître l'ensemble des actes de commerce. Depuis 1807 d'importantes activités, comme l'hôtellerie et l'assurance terrestre, sont apparues. Elles sont considérées comme commerciales, bien qu'elles ne soient pas visées par l'article L. 110-1. La liste ainsi énoncée n'a donc pas un caractère limitatif[2]. La jurisprudence a procédé à certaines extensions. Tel est le cas par exemple des actes juridiques portant sur un fonds de commerce, lorsqu'ils sont le fait de non-commerçants[3] ou la souscription de parts ou de sociétés ou leur cession si elle emporte transfert du contrôle de la société[4]. L'absence de critère général de l'acte de commerce fait de cette catégorie une notion fuyante, voire contradictoire. Une réécriture

1. On laissera de côté l'énumération donnée par l'article L. 110-2 du Code de commerce qui concerne le droit maritime.
2. Calais-Auloy, « Grandeur et décadence de l'article 632 du Code de commerce », *Études à la mémoire d'H. Cabrillac*, p. 37 ; *cf.* égal. Pirovano, « Introduction critique au droit commercial », *RTD com.* 1985. 219.
3. Com. 19 juin 1972, *JCP* 1973. II. 17356, note Calais-Auloy ; Com. 8 janv. 1991, *Bull. civ.* IV, n° 27.
4. Com. 28 nov. 1978, *D.* 1980. 316, note Bousquet.

de l'article L. 110-1 serait nécessaire, pour l'adapter à la réalité économique actuelle.

Les différents actes de commerce doivent être classés. Plusieurs possibilités de classification sont envisageables. On peut réputer actes de commerce certains mécanismes propres au droit commercial et utilisés quasiment exclusivement par des commerçants. Les actes sont commerciaux à titre principal (SECTION 1). D'autres actes ne sont pas en eux-mêmes commerciaux. Ils n'empruntent, en principe, cette qualité que dans la mesure où ils sont effectués par des commerçants pour les besoins de leurs professions. La qualité de la personne colore l'acte qui devient commercial à titre accessoire (SECTION 2).

SECTION 1
LES ACTES DE COMMERCE À TITRE PRINCIPAL

50 Les actes de commerce à titre principal tirent leur qualification de leur forme (**§ 1**) ou de leur nature[1] (**§ 2**).

§ 1. Les actes de commerce par la forme

51 La justification des actes de commerce par la forme tient à ce que le droit commercial utilise parfois des mécanismes qui lui sont propres et qui sont, *a priori*, réservés à des commerçants, même si pratiquement on s'aperçoit que parfois des non-commerçants les utilisent[2]. Il en existe deux : la lettre de change et les sociétés commerciales par la forme. Cette catégorie s'explique en grande partie pour des raisons historiques et elle n'a plus actuellement de véritable utilité. Dans certains cas, elle devient même un inconvénient économique, principalement d'ailleurs pour les sociétés où il serait préférable de revenir aux règles de la commercialité par l'objet.

1. Certains ont parlé à leur égard d'actes « essentiellement commerciaux » (Tunc, note *D.* 1946. 233).
2. Pirovano, « L'ambiguïté des actes de commerce par la forme », *D.* 1976. 249.

A. La lettre de change

52 Selon l'article L. 110-1 du Code de commerce, « la loi répute acte de commerce : entre toutes personnes, les lettres de change ». La lettre de change, ou traite, appartient à la catégorie des effets de commerce. Mais pour les autres effets de commerce, par exemple le chèque, le titre à ordre ou le billet à ordre, la solution est différente, car il n'existe pas de commercialité par la forme. Tout dépend alors de la nature de l'obligation principale en vertu de laquelle ils ont été émis. Ils seront donc tantôt civils et tantôt commerciaux.

La lettre de change se définit comme un écrit en vertu duquel une personne, dite tireur, donne ordre à une autre personne, dite tiré, de payer une somme déterminée à l'ordre d'une troisième personne, dite bénéficiaire ou porteur. Elle se reconnaît facilement, car l'article L. 511-1 du Code de commerce fait de sa dénomination un élément obligatoire. La formule de l'article L. 110-1 signifie que toute personne apposant sa signature sur la traite effectue un acte de commerce. Il en est ainsi du tireur signant l'ordre, du tiré acceptant cet ordre, du porteur l'endossant à un autre bénéficiaire ou d'un avaliste garantissant le paiement, même s'il s'agit d'un aval par acte séparé. Peu importe qu'elle soit ou non commerçante et sa signature ne lui conférera pas la qualité de commerçant[1].

On justifie cette solution par deux raisons principales. La première tient à ce qu'historiquement la lettre de change a toujours eu un caractère commercial, puisqu'elle servait à constater un contrat de change d'une place sur une autre, ce qui n'était pratiqué que par des commerçants. Selon la seconde, ce caractère permet pratiquement d'appliquer un même corps de règles à l'ensemble des signataires. On s'aperçoit qu'aucune de ces justifications ne démontre véritablement la nécessité de la qualification d'acte de commerce par la forme pour la lettre de change.

Cette qualification produit pourtant d'importantes conséquences pratiques. Comme on l'a fait remarquer, « en signant une

1. Pour l'acceptation de lettres de change par un artisan qui ne lui confère pas la qualité de commerçant, Com. 11 mai 1993, *Bull. civ.* IV, n° 179.

lettre de change, un non-commerçant entre dans une opération commerciale, se soumet à la loi qui la régit et aux tribunaux qui la jugent[1] ». Il sera notamment soumis aux rigueurs d'exécution du droit cambiaire. Afin de protéger les consommateurs contre les dangers des lettres de change (et des billets à ordre), l'article L. 313-13 du Code de la consommation prévoit leur nullité ainsi que celle de leur aval, si elles sont souscrites pour des opérations de crédit à la consommation ou de crédit immobilier, au sens qui leur est donné par ce Code.

B. Les sociétés commerciales

53 En vertu de l'article L. 210-1 du Code de commerce, « sont commerciales à raison de leur forme et quel que soit leur objet, les sociétés en nom collectif, les sociétés en commandite simple, les sociétés à responsabilité limitée et les sociétés par actions ». La forme et non l'activité conditionne la commercialité. Ces sociétés seront toujours commerciales, même si leur activité est civile[2]. Selon la Cour de Paris, la forme adoptée par les sociétés « a pour effet de conférer aux actes accomplis par elles dans les limites de leur objet le caractère commercial[3] ». Les sociétés non prévues dans cette énumération, comme les sociétés en participation et les groupements d'intérêt économique seront civils ou commerciaux selon leur activité.

Cette solution s'explique par l'histoire. Dans le Code de commerce de 1807, la commercialité des sociétés dépendait de leur objet et seuls les commerçants pouvaient être mis en faillite. Lors de la déconfiture de la Société du Canal de Panama, la procédure de faillite ne put lui être appliquée en raison de son objet civil. Les tiers ayant contracté avec elle subirent d'importants préjudices. Aussi la loi du 1er août 1893 décida que les sociétés ano-

1. Ripert et Roblot, par Vogel, n° 363.
2. V. Daigre, « Objet passe forme, de la nature des sociétés d'exercice libéral », *JCP* E 1998. 213 ; Jeandidier, « L'imparfaite commercialité des sociétés à objet civil et à forme commercial », *D.* 1979. 7 ; A. Dekeuver, « Le problème entre la forme et l'objet des sociétés », *JCP* CI 1977. 12392 ; pour la compétence du tribunal de commerce pour un litige opposant deux sociétés anonymes d'expertise comptable, Com. 18 févr. 1975, *Bull. civ.* IV, n° 48.
3. Paris, 1er févr. 1936, *DP* 1936. 2. 73, note Picard.

nymes étaient nécessairement commerciales. La règle a été ensuite étendue à d'autres formes de sociétés. La solution actuelle date de la loi du 24 juillet 1966. Elle se justifie moins aujourd'hui, puisque l'article L. 620-2 du Code de commerce prévoit l'application du droit de la sauvegarde des entreprises à toute personne morale de droit privé.

La société, personne morale, est alors considérée comme commerçante. Les actes qu'elle passe au cours de son existence, sont qualifiés d'actes de commerce. Cette commercialité s'étend aux actes de constitution et de dissolution de la société[1]. Cette société, du moins en principe, aura tous les droits et elle sera soumise à toutes les obligations des commerçants.

Ce principe supporte quelques limites. Certaines se justifient, comme les actes civils par nature. Par exemple, la loi civile et les juridictions civiles sont seules compétentes pour l'acquisition et le transfert de la propriété commerciale[2]. De même, les cessions de parts sociales ou d'actions restent des actes civils[3], sauf si elles ont pour but d'opérer un transfert de contrôle[4].

D'autres apparaissent beaucoup plus critiquables. Elles concernent les sociétés à forme commerciale et à objet civil qui apparaissent d'ailleurs de plus en plus comme une anomalie. Ainsi, la jurisprudence considère-t-elle que ces sociétés ne possèdent pas de fonds de commerce et qu'elles n'ont pas droit à la propriété commerciale[5]. Dans le même ordre d'idée, depuis la loi du 31 décembre 1990, compétence a été donnée aux juridictions civiles pour connaître des litiges où est partie une société d'exercice libéral, même si elle est commerciale par la forme. La commercialité par la forme des sociétés apparaît de plus en plus comme une anomalie juridique.

1. Req. 25 oct. 1899, *S.* 1900.1.65, note Lyon-Caen.
2. Com. 21 oct. 1963, *JCP* 1964. II. 13519.
3. Com. 5 déc. 1966, *D.* 1967. 409, note Schmidt.
4. Com. 28 nov. 1978, *D.* 1980. 316, note Bousquet.
5. Civ. 3e, 5 mars 1971, *Bull. civ.* III, n° 168, *RTD com.* 1971. 1034, obs. Houin ; Civ. 2e, 6 mai 1997, *JCP* E 1997. II. 983, note Bonneau.

§ 2. Les actes de commerce par nature

54 Les actes de commerce par nature sont énumérés à l'article L. 110-1 du Code de commerce ; il n'existe pas véritablement de cohérence en ce domaine. Comme la liste donnée n'a pas un caractère limitatif, il faut se demander s'il existe un critère de l'acte de commerce par nature. Divers critères ont été proposés par la doctrine. Mais la jurisprudence a refusé de se laisser enfermer dans un système rigide. Elle préfère combiner les différents critères, ce qui apparaît comme la meilleure solution, car aucun d'entre eux n'est en soi déterminant.

Certains sont qualifiés d'économiques. Traditionnellement, on considère que la recherche d'un bénéfice est le critère classique de la commercialité. Il est vrai que les opérations désintéressées ne sont pas du domaine du droit commercial, ce qui est souvent le cas des actes passés par des associations. Mais cette recherche du profit anime également quelques professions civiles, comme l'agriculture et sous des formes plus ou moins voilées certaines professions libérales. On a aussi avancé l'idée de circulation des richesses. L'acte de commerce se situerait entre la production et la consommation. Il permet d'inclure dans le domaine de la commercialité les différents actes se situant dans la chaîne allant de la production à la consommation. Mais plusieurs actes d'intermédiaire ont un caractère civil, comme les actes effectués par les agents commerciaux.

D'autres sont qualifiés de juridiques. L'entreprise permettrait une organisation professionnelle des actes débouchant sur une répétition d'actes identiques vers une clientèle. L'acte est entrepris par une structure organisée. Mais la trop grande imprécision de cette notion[1], le fait qu'il existe des entreprises civiles, et l'existence d'actes de commerce à l'état isolé empêche toute possibilité de généralisation. On a également proposé le critère du fonds de commerce. Ce fonds suppose un rapport entre un commerçant et sa clientèle. Le commerçant accomplit des actes de commerce s'il

1. *Cf.* Ripert et Roblot, par Vogel, n° 100.

achète, produit ou rend service pour se constituer et conserver sa clientèle. Mais, il existe des clientèles civiles et l'accomplissement d'actes de commerce isolés ne nécessite pas un tel fonds.

Les actes de commerce se retrouvent donc dans l'ensemble de l'activité économique, qu'il s'agisse de la production, de la distribution ou des services. Certains de ces actes sont commerciaux en raison de leur objet ; d'autres doivent être effectués dans le cadre d'une entreprise.

A. Les actes de commerce en raison de leur objet

55 Les actes de commerce en raison de leur objet ne supposent pas pour leur accomplissement une organisation professionnelle[1]. En théorie, ils pourraient être effectués à l'état isolé, même si cette qualification est pratiquement toujours retenue en cas de répétition de ces actes. Ils se répartissent en trois catégories : l'achat pour revendre, les opérations financières et le courtage.

1. L'achat pour revendre

56 Selon l'article L. 110-1, alinéas 2 et 3 du Code de commerce, sont actes de commerce « tout achat de biens meubles pour les revendre soit en nature, soit après les avoir travaillés et mis en œuvre ; tout achat de biens immeubles aux fins de les revendre, à moins que l'acquéreur n'ait agi en vue d'édifier un ou plusieurs bâtiments et de les revendre en bloc ou par locaux ». L'acheteur a une volonté de spéculation au moment de son acquisition qui débouchera sur une revente avec un profit.

Le domaine de l'achat pour revendre apparaît particulièrement large. L'article L. 110-1, alinéa 2, vise les meubles dans leur généralité. Les meubles corporels et les meubles incorporels, par exemple les droits de propriété industrielle, les droits sociaux ou les fonds de commerce sont inclus. Pour les immeubles, la loi du 13 juillet 1967 a aligné leur statut sur les meubles. Puis en raison des inquiétudes des milieux de la promotion immobilière, par une

1. V. pour une théorie de l'acte civil par accessoire, Civ. 30 avr. 1931, *DH* 1931. 314, pour un achat pour revendre des fournitures scolaires par un maître considéré comme civil en raison de son activité civile.

loi du 9 juillet 1970, le législateur a écarté de la commercialité les achats pour revente d'immeubles, si l'acquéreur a « agi en vue d'édifier un ou plusieurs bâtiments et de les revendre en bloc ou par locaux [1] ». La solution est peu logique ; elle se justifie essentiellement par des arguments historiques. Au XIXe siècle, l'immeuble, objet de toutes les richesses, avait un caractère essentiellement familial qui excluait la commercialité.

Le premier élément consiste dans un achat. Cette nécessité exclut, en principe, du domaine de la commercialité les activités d'extraction des matières premières qui demeurent civiles. Mais il existe d'importantes exceptions, comme l'article 23 du Code minier indiquant que l'exploitation des mines est considérée comme un acte de commerce.

Les difficultés les plus importantes, désormais résolues par le législateur, concernaient l'agriculture, et principalement l'élevage. Avant la loi du 30 décembre 1988, la jurisprudence distinguait suivant la proportion entre les achats pour revendre et l'activité proprement agricole. Si les achats prédominaient, les agriculteurs étaient réputés effectuer des actes de commerce [2].

Cette solution est modifiée par l'article 2, alinéa 2, de la loi du 30 décembre 1988, devenu l'article L. 311-1, alinéa 1er du Code rural, qui répute civiles les activités agricoles. Son article L. 311-1, alinéa 1er, répute comme telle, « toutes les activités correspondant à la maîtrise et à l'exploitation d'un cycle biologique de caractère végétal ou animal et constituant une ou plusieurs étapes nécessaires au déroulement de ce cycle ainsi que les activités exercées par un exploitant agricole qui sont dans le prolongement de l'acte de production ou qui ont pour support l'exploitation ».

Cette loi a étendu aux agriculteurs la procédure de sauvegarde des entreprises, amenuisant les conséquences du caractère civil de l'activité agricole. Elle a également prévu une immatriculation obligatoire à un registre de l'agriculture. On constate que le légis-

1. Steinmetz, « Les ventes immobilières et le droit commercial à la suite des lois du 13 juillet 1967 et du 9 juillet 1970 », *RTD com.* 1973. 471.

2. V. Com. 3 mars 1969, *D.* 1969. 439 ; Com. 10 juill. 1985, *Bull. civ.* IV, n° 210 ; égal. Chesne et Martine, « Le caractère civil ou commercial des exploitations d'élevage », *D.* 1970. 171 ; Cozian, « Le statut de l'élevage industriel », *JCP* 1971. I. 2381.

lateur soumet « les professions agricoles à un statut semblable ou même identique à celui des commerçants »[1]. L'agriculteur conserve la possibilité d'exercer une activité commerciale à côté de son activité agricole. Ce caractère civil a été réaffirmé par une loi du 23 février 2005 et par une ordonnance du 8 septembre 2005. Depuis une loi du 5 janvier 2006, l'article L. 311-3 du Code rural et de la pêche maritime reconnaît l'existence d'un fonds agricole qui est de nature civile. Mais là encore, le droit commercial exerce une certaine influence, puisqu'il est prévu que le nantissement de ce fonds est soumis aux règles du nantissement du fonds de commerce. Par exception, l'agriculture pourrait devenir commerciale. Tel est le cas de l'agriculteur qui vend les produits de son exploitation et des produits achetés auprès de tiers. Si les produits achetés auprès des tiers ne constituent pas une activité marginale, une double inscription est possible, l'une auprès du registre de l'agriculture et l'autre auprès du registre du commerce et des sociétés.

En revanche, selon l'article 14 de la loi du 18 novembre 1997, « toute activité de pêche maritime pratiquée à titre professionnel, à bord d'un navire et en vue de la commercialisation des produits, est réputée commerciale ». Mais l'article L. 311-1 du Code rural et de la pêche maritime, indique que les activités de cultures marines sont agricoles.

57 Les activités intellectuelles demeurent civiles. Cette solution concerne, d'abord, les membres des professions libérales, par exemple des avocats, des médecins, des vétérinaires ou des officiers ministériels, car leur déontologie, tout du moins au plan des principes, exclut l'esprit de lucre[2]. Selon l'article 29 de la loi du 22 mars 2012, « les professions libérales groupent les personnes exerçant à titre habituel, de manière indépendante et sous leur responsabilité, une activité de nature généralement civile ayant pour objet d'assurer, dans l'intérêt du client ou du public, des prestations principalement intellectuelles, techniques ou de soins

1. Blaise, n° 195.
2. En revanche, les pharmaciens sont considérés comme effectuant des actes de commerce, Aix 22 janv. 1947, *JCP* 1947. II. 3876, note Savatier.

mises en œuvre au moyen de qualifications professionnelles appropriées et dans le respect de principes éthiques ou d'une déontologie professionnelle, sans préjudice des dispositions législatives applicables aux autres formes de travail indépendant ».

Ces activités nécessitent des efforts intellectuels et une absence de spéculation sur les marchandises. Il existe en outre un lien fondé sur la confiance entre l'entrepreneur libéral et son client. Pour cette raison, pendant de nombreuses années la jurisprudence avait déclaré illicite les cessions de clientèle civile. La pratique avait contourné cette prohibition en créant des conventions de présentation de clientèle qui avaient été validées. Cette solution évoquait le bourgeois gentilhomme où le père de Monsieur Jourdain n'était pas commerçant, mais échangeait de l'étoffe contre de l'argent. La Cour de cassation a admis la licéité de la cession d'une clientèle médicale, à condition que la liberté de choix du patient soit sauvegardée[1]. Cette solution s'applique à l'ensemble des clientèles civiles. Les professions libérales sont désormais soumises au droit des procédures collectives. Toutefois, la procédure se déroule devant le tribunal de grande instance. On assiste également à l'apparition d'une idée de fonds libérale, proche d'un fonds de commerce.

Sont également civiles, les activités d'enseignement[2]. Enfin, cette règle s'applique aux auteurs, compositeurs et inventeurs qui exploitent leurs œuvres de l'esprit.

58 L'achat doit être effectué avec l'intention de revendre, intention qui doit se manifester lors de l'achat. Peu importe qu'ultérieurement une revente effective ne se produise pas, car il arrive souvent qu'un commerçant n'épuise pas l'intégralité de son stock. L'échec ne modifie pas la qualification. Peu importe également que le bien acquis soit ou non modifié. Aucune difficulté de preuve ne se pose, lorsque cette opération est effectuée par un commerçant qui recherche, par définition, à dégager un bénéfice.

---

1. Civ. 1re, 7 nov. 2000, *Bull. civ.* I, n° 289 ; *Defrénois* 2001. 431, obs. Libchaber ; *RTD civ.* 2001. 130, obs. Mestre et Fages ; *JCP* 2001. II. 10452, note Vialla.

2. Civ. 20 avr. 1931, *DH* 1931. 314 ; Com. 3 juin 1986, *D.* 1986. IR 417, obs. Honorat.

Cette recherche d'un bénéfice constitue un élément important de qualification de l'acte de commerce, lorsque de tels actes résultent de non-commerçants. Elle permet notamment d'exclure les achats pour revente opérés à prix coûtant, notamment ceux réalisés par des coopératives.

2. Les opérations financières

59 Il faut ici distinguer les opérations de banque, les assurances et la bourse.

L'article L. 110-1 du Code de commerce indique deux fois que les opérations de banque sont réputées actes de commerce. Selon l'article L. 311-1 du Code monétaire et financier, « les opérations de banque comprennent la réception de fonds remboursables du public, les opérations de crédit, ainsi que les services bancaires de paiement ». Ces activités sont le plus souvent exercées par des établissements de crédit. Mais les opérations bancaires demeurent des actes de commerce, si elles sont effectuées occasionnellement par un particulier[1].

D'importantes difficultés se sont posées pour les banques mutualistes ou coopératives, en raison de leur forme particulière. Dans un premier temps, la jurisprudence faisant ressortir le caractère non spéculatif de leurs formes leur a dénié tout caractère commercial[2]. Puis dans un second temps, elle a fait prédominer, de manière plus justifiée, leur activité pour leur conférer ce caractère[3]. Toutefois, les services financiers du Trésor demeurent civils[4]. Une difficulté similaire s'est posée pour la Caisse des dépôts et consignations qui est définie par l'article L. 518-2 du Code monétaire et financier comme un groupe public au service de l'intérêt général et du développement économique du pays.

1. Pour un notaire recevant de l'argent de ses clients et leur versant un intérêt qui s'est vu appliquer les règles du droit des procédures collectives, Com. 2 févr. 1970, *JCP* 1970. II. 16313, note J.A.
2. Civ. 3e, 26 janv. 1982, *Gaz. Pal.* 1982. 2. Pan. 207, obs. Dupichot ; *D.* 1983. IR 185, obs. Vasseur.
3. Com. 24 janv. 1984, *Bull. civ.* IV, n° 27 ; *RTD com.* 1984. 471, obs. Derruppé ; *D.* 1984. IR 262, obs. Vasseur ; v. également Vallensan, « Observations sur le caractère commercial des banques mutualistes », *RJ com.* 2002. 243.
4. Pour le service des chèques postaux avant qu'il ne soit aligné sur le droit commun des chèques, Com. 20 oct. 1981, *D.* 1982. IR 121, obs. Vasseur ; *Gaz. Pal.* 1981. 2. Pan. 113, obs. A. Piedelièvre ; *RTD com.* 1982. 274, obs. Cabrillac et Teyssié.

Mais elle est considérée comme commerçante pour les opérations de banque qu'elle est autorisée à accomplir[1].

Pour les assurances, le Code de commerce, dans son article L. 110-2, n'envisage que les assurances maritimes. Employant un raisonnement par analogie, la jurisprudence a déclaré les assurances terrestres commerciales. Toutefois, ce principe de solution doit être nuancé. L'extension de la commercialité s'appliquait aux sociétés d'assurances à prime fixe[2]. En revanche, les compagnies d'assurances mutuelles, sans but lucratif, conservaient un caractère civil et les opérations qu'elles concluaient s'analysaient[3] en des actes civils. Cette solution est actuellement prévue par l'article L. 322-26-1 du Code des assurances qui confirme l'objet non commercial des sociétés d'assurance mutuelles.

60 Il est plus étonnant de ne pas voir citer par l'article L. 110-1 du Code de commerce les activités boursières. En la matière plusieurs distinctions s'imposent. Les intervenants sur ce marché fournissent des services d'investissement. Les sociétés de bourse sont commerçantes et elles effectuent des actes de commerce[4].

Pour les particuliers intervenant sur le marché boursier, la jurisprudence opère une distinction entre le spéculateur et la personne qui gère son portefeuille de manière raisonnable, puisque l'on ne peut plus dire « en bon père de famille ». Le premier voit ses actes réputés commerciaux « en raison de leur multiplicité, de leur fréquence et de leur importance[5] » et il est considéré comme un commerçant[6]. À l'inverse, cette activité sera considérée comme civile pour celui qui agit de manière raisonnable, car on considère qu'il n'est pas animé par un esprit de spéculation. Cette distinction apparaît artificielle, ne serait-ce qu'en raison de la difficulté de placer une ligne de démarcation. De plus, tout intervenant sur le marché boursier est animé par une recherche du profit, et en tout état de cause le spéculateur ne possède aucun attribut du commerçant.

1. Com. 22 janv. 2013, *Gaz. Pal.* 20-21 févr. 2013 9, avis Le Mesle.
2. Civ. 5 févr. 1894, *DP* 1894. 1. 134.
3. Civ. 3 août 1921, *DP* 1925. 1. 75 ; Paris 2 mars 1974, *RTD com.* 1975. 266, obs. Jauffret.
4. V. déclarant les agents de change commerçants, Civ. 25 juill. 1864, *DP* 1864. 1. 489.
5. Paris, 17 juin 1971, *D.* 1971. 620.
6. Req. 22 janv. 1936, *Gaz. Pal.* 1936. 1. 292 ; Com. 1er nov. 1947, *Bull. civ.* II, n° 30 ; Paris 13 janv. 1976, *JCP* 1977. II. 18576, note Boitard ; *RTD com.* 1977. 73, obs. Jauffret.

3. Le courtage

61 Le courtage se définit comme l'opération par laquelle, une personne, nommée courtier, rapproche deux autres personnes en vue de la conclusion d'un contrat. Elle se distingue des opérations voisines que sont la commission et le mandat. Par le contrat de commission, le commissionnaire fait des opérations commerciales pour le compte d'autrui, mais en son propre nom. Par le contrat de mandat, une personne, dénommée mandant, charge une autre personne, dite mandataire, d'accomplir des actes juridiques pour son compte et en son nom.

Les courtiers se retrouvent dans la plupart des branches d'activité, puisque l'on trouve par exemple des courtiers d'assurance, des courtiers maritimes ou des courtiers matrimoniaux. Tous les courtiers auront le statut de commerçant, même si leur activité a un objet civil[1]. L'opération de courtage immobilière est également commerciale. De manière générale selon l'article L. 110-1 du Code de commerce, sont réputées commerciales, « toutes opérations d'intermédiaire pour l'achat, la souscription ou la vente d'immeubles, de fonds de commerce, d'actions ou parts de sociétés immobilières ».

B. Les actes de commerce effectués dans le cadre d'une entreprise

62 L'article L. 110-1 du Code de commerce répute acte de commerce, toute entreprise de location de meubles, de manufactures, de transport par terre ou par eau, de fournitures, de commission d'agence et les bureaux d'agence, les établissements de vente à l'encan et ceux de spectacles publics. L'accomplissement des actes de commerce suppose l'existence d'une entreprise, c'est-à-dire la présence d'une organisation professionnelle destinée à offrir certains services au public. En aucun cas, un acte de commerce à l'état isolé ne pourra exister. La répétition apparaît en soi également insuffisante. Seule une organisation leur confère ce caractère.

1. Com. 11 oct. 1982, *RTD com.* 1982. 85, obs. Derruppé ; Com. 3 avr. 1984, *Gaz. Pal.* 1984. 2. 708, note Dupichot.

1. Les entreprises de location de meubles

63 L'article L. 110-1, alinéa 4, du Code de commerce répute actes de commerce toute entreprise de location de meubles. Peu importe que cette location soit effectuée au profit de commerçants ou de non-commerçants. Ce secteur est en plein développement dans la vie économique. À l'inverse, la location d'immeuble est, en principe, écartée du statut de la commercialité, même si elle est effectuée par une entreprise. La raison tient à ce que l'on considère toujours, à tort sans doute, que les immeubles ne sont pas objet de commerce.

2. Les entreprises de manufacture

64 Les entreprises de manufacture englobent une grande partie de l'activité industrielle. Elles se définissent comme des entreprises qui achètent des matières premières pour les transformer, avec l'intention de vendre avec profit les produits finis. Mais on inclut également les activités se limitant à transformer les matériaux ou les produits d'autrui. Elles supposent « une spéculation habituelle sur le travail d'autrui[1] », soit le recours à des machines[2]. Parfois ces entreprises sont artisanales, ce qui exclut alors la qualification de commerçant. Le critère de distinction tient principalement dans le nombre de salariés employés. L'enjeu essentiel de cette qualification est de déterminer le tribunal compétent[3]. Pendant un temps, la question a été discutée de savoir si les entreprises de construction ou de réparation d'immeubles étaient ou non commerciales. La jurisprudence a fini par répondre par l'affirmative[4]. La même solution a été donnée pour les activités d'édition.

1. Pour reprendre la formule de Req. 20 oct. 1908, *DP* 1909. 1. 246.
2. Req. 11 déc. 1944, *D.* 1945. 213, note Gabolde.
3. Pour une illustration récente Com, 11 mars 2008, *D.* 2008. 980, note Chevrier qui relève que « dès lors qu'il est constaté que la personne contre qui l'action en concurrence déloyale est intentée travaillait seule, sans l'apport d'une main d'œuvre interne ou externe, qu'elle exerçait de manière prépondérante une activité de production, transformation et prestation de services dont elle tire l'essentiel de sa rémunération, et que l'achat pour revendre des marchandises représentait pour elle seulement l'équivalent d'environ 5 % de son résultat d'exploitation, c'est-à-dire était accessoire et marginale, une cour d'appel a fait ressortir que cette personne était un travailleur indépendant dont les gains provenaient essentiellement du produit de son travail personnel et qu'elle ne spéculait ni sur les marchandises ni sur la main d'œuvre, de telle sorte que le litige ressortissait de la compétence du tribunal de grande instance ».
4. Civ. 3 févr. 1869, *S.* 1869. 1. 160 ; Req. 20 oct. 1908, préc.

3. Les entreprises de transport

65 L'article L. 110-1, alinéa 5, du Code de commerce répute actes de commerce, les entreprises de transport par terre ou par eaux. L'article L. 110-2 du Code de commerce donne une règle identique pour les transports par mer. En réalité, on peut étendre cette solution à toutes les entreprises de transport par chemin de fer, ou à celle de transport aérien. Peu importe qu'il s'agisse d'un transport de personnes ou de marchandises. La notion d'entreprise suscite parfois certaines difficultés. La jurisprudence a considéré qu'était artisan le conducteur de taxi qui utilise seul le véhicule dont il est propriétaire[1].

4. Les entreprises de fourniture

66 Il s'agit d'entreprises qui assurent des livraisons successives de marchandises ou de services. Elles apparaissent parfois comme une variété de l'achat pour revendre, mais en quelque sorte par anticipation, puisqu'une personne s'engage à fournir pendant un certain délai des marchandises qu'elle se procurera au fur et à mesure des besoins de son client.

5. Les entreprises de commission, d'agence et les bureaux d'agence

67 Ces trois catégories d'entreprises ont pour caractère commun d'être des activités d'intermédiaire. Les contrats de commission se retrouvent notamment pour la vente de marchandises, pour l'achat de marchandises, pour les transports. Il existe également des commissionnaires en douane. Les sociétés de bourse, en exécutant les ordres de leurs clients, agissent en commissionnaire. Elles traitent en leur propre nom, mais pour le compte d'autrui. Pour être commerciale, la commission doit être effectuée dans le cadre d'une entreprise et non de manière isolée.

Les agents et les bureaux d'affaires ont pour fonction de gérer les affaires d'autrui. Cette catégorie n'est pas homogène, expliquant certaines décisions jurisprudentielles apparemment peu fondées[2]. À titre d'illustration, on peut citer les généalogistes, les cabinets de recouvrement de créances, les agences de publicité,

1. Com. 4 déc. 1968, *D.* 1969. 200.
2. Excluant la commercialité pour les agents commerciaux chargés de prospecter la clientèle d'une entreprise, Com. 29 oct. 1979, *D.* 1980. 69.

les agences de voyages... Peu importe que l'activité qu'elles exercent soit civile ou commerciale. L'appartenance à cette catégorie juridique suffit pour appliquer les règles de la commercialité.

6. Les établissements de vente à l'encan

68 Les établissements de vente à l'encan permettent la vente publique, le plus souvent aux enchères, de denrées ou de marchandises, dans un lieu autre qu'une salle publique. Le local est généralement affecté à cet usage spécifique. La matière a été profondément modifiée par une loi du 20 juillet 2011. Elles font intervenir un tiers qui agit comme mandataire du propriétaire. Le mieux disant des enchérisseurs acquiert le bien adjugé. Ces ventes volontaires de meubles aux enchères publiques ne peuvent porter que sur des biens d'occasion ou sur des biens neufs issus directement de la production du vendeur si celui-ci n'est ni commerçant ni artisan. Le législateur a également réglementé un secteur en pleine extension ; la vente aux enchères sur internet. De telles enchères sont soumises aux règles de droit commun si elles sont le fait d'un mandataire du propriétaire vendeur.

7. Les établissements de spectacles publics

69 Les établissements de spectacles publics sont considérés comme commerciaux, en raison de l'importance de certains moyens mis en œuvre et plus probablement pour pouvoir leur appliquer, en cas de défaillance, les règles issues du droit du redressement et de la liquidation judiciaires. Certaines difficultés se posent parfois pour les clubs de football professionnel qui sont parfois qualifiés d'organisateurs publics de spectacle[1]. Toutefois ce principe supporte une dérogation pour les spectacles à but non lucratif organisés par des associations, des syndicats et des clubs sportifs ; leur activité demeure civile.

1. Sur le particularisme des clubs professionnels de football et sur les lois des 16 juillet 1984, 7 décembre 1987 et du 13 juillet 1992, Ripert et Roblot, par Vogel, n° 242 ; Pédamon et Kenfack, n° 70 ; v. en jurisprudence en faveur de la qualification d'entreprises de spectacles publics, Rennes 30 mai 1978, *RTD com.* 1979. 488 ; *contra* Reims 19 févr. 1980, *JCP* 1981. II. 19496, note Guyon.

SECTION 2
LES ACTES DE COMMERCE À TITRE ACCESSOIRE

70 Les actes de commerce par accessoire sont des actes civils, mais qui deviennent commerciaux en raison de leur utilisation par un commerçant pour les besoins de leur commerce. La qualité de la personne colore, en application de l'accessoire, l'acte[1]. Cette théorie trouve certaines applications particulières dans le Code de commerce. L'article L. 110-1, alinéa 9, du Code de commerce répute acte de commerce toutes les obligations entre commerçants. De même, l'article L. 721-3 du Code de commerce donne compétence aux juridictions consulaires pour les « contestations relatives aux engagements entre commerçants, entre établissements de crédit ou entre eux ». Enfin, l'article L. 721-6 de ce même Code exclut la compétence de ces tribunaux pour les actions intentées contre un commerçant pour le paiement de marchandises ou de denrées achetées pour son usage personnel.

À partir de ces dispositions fragmentaires, la jurisprudence a essayé de dégager un principe général. De tels actes doivent être passés par des commerçants pour les besoins de leur commerce. Deux conditions doivent être réunies, l'une relative à l'auteur de l'acte et l'autre relative à l'acte. De ce principe, on en a aussi déduit, à l'inverse, l'existence d'actes civils par accessoire, lorsqu'un acte normalement commercial est effectué par une personne exerçant une activité civile pour les besoins de sa profession. Cette commercialité présente le mérite pratique d'éviter de multiplier les questions de qualification d'un acte pour savoir s'il est civil ou commercial.

Il est parfois difficile de savoir si un acte relève ou non de l'activité professionnelle du commerçant. Se fondant sur l'article L. 721-6 du Code de commerce, la jurisprudence présume, de manière simple leur caractère commercial par accessoire. Cette commercialité accessoire s'applique aussi bien aux actes juridiques (**§ 1**) qu'aux faits juridiques[2] (**§ 2**).

---

1. V. de manière générale, Goubeaux, *La règle de l'accessoire en droit privé*, 1969.
2. Certains auteurs (Dekeuwer-Défossez et Blary-Clément, n° 43 s.) préfèrent distinguer entre l'accessoire commercial subjectif et l'accessoire commercial objectif.

§ 1. Les actes juridiques

71 Certains actes juridiques, normalement civils, deviennent commerciaux par accessoire, en raison de la qualité professionnelle de leur auteur. D'autres, plus exceptionnellement, acquièrent cette qualité en raison de leur rattachement à un acte de commerce.

A. La commercialité due à la qualité de l'auteur

72 L'acte doit être passé par un commerçant. Il importe peu qu'il s'agisse d'un commerçant personne physique ou d'un commerçant personne morale. Il arrive également que le contrat soit considéré comme un acte de commerce pour le commerçant et un acte civil pour l'autre partie. Il doit également se rattacher à son activité professionnelle, ce qui exclut les contrats passés par le commerçant relatif à sa vie civile et ceux conclus à titre gratuit, sauf dans les rares hypothèses où il est possible de les rattacher à une forme d'exploitation de la clientèle.

De nombreux exemples de commercialité par accessoire peuvent être cités. Tel est, par exemple le cas des achats de matériels et d'outillage, des opérations de transports des marchandises, des contrats de travail conclus avec les salariés, de la cession de fonds de commerce. La jurisprudence a étendu cette solution aux baux commerciaux pour les preneurs[1], même si la compétence en cas de litige appartient ou au juge des loyers ou au tribunal de grande instance. À l'inverse, demeurent civils les dettes fiscales, même dues en raison de l'activité commerciale[2] et les actes juridiques constitutifs de droits réels sur un immeuble, comme des achats ou des ventes[3].

1. Com. 14 févr. 1956, *RTD com.* 1956. 413, obs. Jauffret ; Com. 25 avr. 1983, *D.* 1984. 1, note Jourdain.
2. Com. 17 mars 1958, *JCP* 1959. II. 10915.
3. Civ. 3e, 14 juin 1989, *Bull. civ.* III, n° 141.

B. La commercialité due à un rattachement à un acte de commerce

73 En cas de commercialité par un rattachement à un acte de commerce, l'activité professionnelle de l'auteur de l'acte importe peu. Il n'est plus nécessaire qu'il ait la qualité de commerçant et qu'il exerce une activité commerciale. La commercialité résultera du lien existant entre cet acte et un acte de commerce.

Les meilleures illustrations sont fournies par les sûretés. L'article L. 521-1 du Code de commerce prévoit expressément cette règle pour le gage garantissant une dette commerciale. La même solution a été étendue par la jurisprudence au cautionnement, c'est-à-dire au contrat par lequel une personne, dite caution, s'engage à payer un créancier, si le débiteur n'exécute pas lui-même son obligation. L'hypothèse la plus fréquente est celle du cautionnement donné par un dirigeant social pour couvrir les engagements de sa société. De manière générale, la commercialité de l'engagement principal couvert déteindra sur le cautionnement, si « la caution a un intérêt personnel dans l'affaire à l'occasion de laquelle elle est intervenue[1] ». Cette solution est critiquable en raison de l'incertitude de la notion d'intérêt personnel et de l'absence d'esprit de lucre qui caractérise pourtant la commercialité.

Malgré tout, même en ce domaine on assiste à une certaine pénétration des règles du droit de la consommation. Le cautionnement donné par le chef d'entreprise est certes commercial, mais il doit respecter les mentions manuscrites prévues par les articles L. 341-2 et suivants du Code de la consommation. La garantie devient alors formaliste. Cette solution conduit d'ailleurs parfois à la mise à l'écart de certaines règles classiques du droit commercial. Puisque la solidarité se présume en matière commerciale, le cautionnement commercial est nécessairement solidaire. Mais si la caution est une personne physique, la stipulation de solidarité nécessite à peine de nullité le recopiage d'une mention manuscrite.

1. Com. 28 oct. 1968, *JCP* 1969. II. 15884, note Prieur ; Com. 16 mars 1993, *Bull. civ.* IV, n° 110.

Le même principe de solution peut être donné en cas de vente d'un fonds de commerce. Si le vendeur est commerçant, la qualification d'acte de commerce est incontestable. Mais on considère également la cession comme un acte de commerce, même si le vendeur n'est pas commerçant, par exemple dans l'hypothèse où il s'agit des héritiers d'un commerçant décédé[1]. Malgré tout, la jurisprudence nuance parfois cette solution. La Cour de cassation a ainsi considéré que l'emprunt contracté par des époux en vu de l'acquisition d'un fonds de commerce était commercial uniquement à l'égard de celui qui exploitait personnellement le fonds[2].

§ 2. Les faits juridiques

74 Les faits juridiques deviennent commerciaux par accessoire, si leur survenance découle de l'activité commerciale de l'auteur du fait. Tous les engagements extra-contractuels pourront se voir appliquer la commercialité par accessoire, à de rares exceptions près, comme les amendes pénales, même si elles sont dues à une activité commerciale. Il en est ainsi de la gestion d'affaires, de la répétition de l'indu ou de l'enrichissement sans cause.

La jurisprudence a commencé par appliquer la commercialité par accessoire aux délits et aux quasi-délits spécifiques au droit commercial, et notamment pour réparer certains agissements de concurrence déloyale. Puis, la solution a été étendue à l'ensemble du droit de la responsabilité[3]. Toutefois, depuis la loi du 22 décembre 1958, les dommages causés par les véhicules sont de la compétence exclusive du tribunal de grande instance. Il en va de même, en vertu des articles L. 615-19 et L. 716-3 du Code de la propriété industrielle, des actions en contrefaçon des brevets d'invention ou des marques de fabrique. Elle l'a également appliquée à d'autres formes de responsabilité, par exemple celle des maîtres et des commettants du fait de leurs préposés dès lors que

1. En ce sens par ex. Dekeuwer-Défossez et Blary-Clément, n° 52 ; Balise, n° 237 ; *contra* Houtcieff, n° 139.
2. Com. 15 nov. 2005, *JCP* E 2006. 1385, note Reifegerste.
3. Pour des dommages corporels et moraux, Civ. 11 juill. 1900, *DP* 1900. 1. 508.

ces derniers ont agi dans l'exercice de fonctions commerciales ou pour la responsabilité du fait des produits défectueux.

Pour les obligations légales du commerçant, il existe des distinctions qui ne se justifient pas. Les dettes fiscales ont une nature civile[1] et les dettes de cotisations sociales ont une nature commerciale[2].

1. Com. 17 mars 1958, *JCP* 1959. II. 10915.
2. Com. 27 mai 1957, *JCP* 1957. II. 10075, note Nectout.

Synthèse

Les actes de commerce apparaissent comme le reflet de la **diversité de l'activité commerciale.** Le Code de commerce n'a pas fixé de **critère général** permettant de les déterminer. Il a préféré procéder dans son article L. 110-1 par une **énumération** qui n'est plus toujours aujourd'hui adaptée à la réalité économique. Il est possible de les **classer en deux catégories principales.** Certains sont dits **actes de commerce à titre principal**, car ils apparaissent comme des **mécanismes propres au droit commercial** et ils sont utilisés, quasi exclusivement par des commerçants. D'autres ne sont pas **en eux-mêmes commerciaux**, mais ils le deviennent lorsqu'un **commerçant les utilise pour les besoins de sa profession.** On parle alors d'**actes de commerce à titre accessoire.**

Les actes de commerce à titre principal

Ces actes tirent leur **qualification de leur forme ou de leur nature.** Il existe deux actes de commerce par la forme : **la lettre de change et les sociétés commerciales.** La justification de cette catégorie tient à ce que le droit commercial utilise parfois des **mécanismes qui lui sont propres** et qui sont **réservés à des commerçants**, même si parfois des non-commerçants s'en servent.

Les actes de commerce par nature se définissent comme les activités exercées et en général réservées aux commerçants. Certains d'entre eux ne nécessitent pas pour leur accomplissement une organisation professionnelle. L'achat pour revendre en est la principale illustration. L'acheteur a une volonté de spéculation au moment de l'acquisition du bien qui débouchera sur une revente avec profit. D'autres supposent pour leur accomplissement l'existence d'une entreprise, c'est-à-dire la présence d'une organisation professionnelle destinée à offrir certains services au public. Les entreprises de manufacture en sont un bon exemple. Elles englobent une grande partie de l'activité industrielle. Elles se définissent comme des entreprises achetant des matières premières pour les transformer, pour les revendre avec profit.

Les actes de commerce à titre accessoire

Ces actes sont normalement **civils**, mais ils deviennent **commerciaux** en raison de leur **utilisation par un commerçant pour les besoins de son commerce**. Deux conditions doivent être réunies, l'une sur **l'auteur de l'acte**, qui doit avoir la qualité de commerçant et l'autre relative à **l'acte qui normalement est civil**. On applique la **théorie de l'accessoire**. Tel est le cas par exemple des opérations de transport de marchandises.

CHAPITRE 2

Le régime des actes de commerce

75 La qualification d'acte de commerce permet parfois d'attribuer la qualité de commerçant. Mais ce n'est pas là son seul intérêt. Les actes de commerce bénéficient de règles spécifiques, même si celles-ci deviennent de plus en plus rares. En effet, certaines règles du droit commun des actes civils apparaissent inadaptées aux besoins du commerce. Il était nécessaire de les infléchir. Toutefois, il n'existe pas d'unité en cette matière, car, si de nombreux actes de commerce sont passés par des commerçants, certains sont souscrits par des non-commerçants. Parfois certaines solutions apparaissent plus strictes que celles du droit commun, alors que d'autres moins. En l'absence de dispositions spécifiques, les règles du droit commun des obligations reçoivent application. Ce particularisme se trouvera tant pour la formation de ces actes (SECTION 1) que pour leur exécution (SECTION 2) ou qu'en cas de litige (SECTION 3).

Section 1
La formation des actes de commerce

76 Le particularisme des actes de commerce, lors de leur formation, conduit à envisager l'aptitude à passer des actes de commerce (**§ 1**), le consentement (**§ 2**) et la preuve (**§ 3**).

§ 1. L'aptitude à passer des actes de commerce

77 Traditionnellement, on affirme que le commerce, fondé sur la spéculation, présente certains dangers et qu'il convient d'en écarter les personnes inexpérimentées en raison de leur jeune âge. Selon l'article 414 du Code civil, « la majorité est fixée à 18 ans accomplis ; à cet âge on est capable de tous les actes de la vie civile ». Toute personne peut donc, en principe, à compter de sa majorité devenir commerçante et accomplir des actes de commerce. Mais de manière assez surprenante, le législateur a modifié la solution qui existait jusque-là pour le mineur émancipé. Désormais, l'article L. 121-2 du Code de commerce dispose que « le mineur émancipé peut être commerçant sur autorisation du juge des tutelles au moment de la décision d'émancipation et du président du tribunal de grande instance s'il formule cette demande après avoir été émancipé ». La règle n'a toutefois pas une grande portée pratique, compte tenu du faible rôle de l'émancipation.

Les actes de commerce ne semblent pas pouvoir être effectués par un mineur. Par exemple, l'article L. 511-5 du Code de commerce prévoit la nullité des lettres de change souscrites par des mineurs[1], même s'ils ne subissent aucun préjudice[2]. Avant son abrogation par la loi du 5 juillet 1974, l'article 3 de l'ancien Code

1. Cette incapacité est opposable même au tiers porteur de bonne foi : Civ. 19 févr. 1856, *DP* 1856. 1. 86 ; Paris 17 juill. 1894, *DP* 1895. 2. 25, note Thaller.
2. Civ. 7 mars 1922, *DP* 1922. 1. 169.

de commerce traitait différemment le mineur émancipé et le mineur non émancipé. Le premier avait la faculté d'accomplir certains actes de commerce, à titre isolé, sous certaines conditions dont notamment une autorisation familiale. Le second, en revanche, ne pouvait jamais effectuer de tels actes.

Malgré tout, on considère que le mineur émancipé a toujours la possibilité d'effectuer des actes de commerce à titre isolé, sauf ceux que la loi lui interdit expressément de faire ; l'autorisation familiale a d'ailleurs disparu. Pour le mineur non émancipé, sa situation reste identique. Il ne peut pas effectuer de nombreux actes civils et donc *a fortiori* des actes de commerce. Il est frappé d'une incapacité de jouissance qui empêche son représentant légal de faire, en son nom et pour son compte, de tels actes, contrairement à la solution existant pour la plupart des actes civils.

Dans l'hypothèse où le mineur passerait néanmoins de tels actes, la sanction consisterait dans la nullité de l'acte ou dans sa rescision pour lésion, prévue par les articles 1305 et suivants du Code civil.

§ 2. Le consentement pour passer des actes de commerce

78 Comme tous les actes juridiques, l'acte de commerce nécessite un consentement de son auteur exempt de vices. Le particularisme tient à l'expression de ce consentement et au rôle spécifique des règles de forme.

A. L'expression du consentement

79 Pour les actes civils, le silence ne vaut pas acceptation. Selon la Cour de cassation, « en droit le silence de celui qu'on prétend obliger ne peut suffire, en l'absence de toute autre circonstance, pour faire preuve contre lui de l'obligation alléguée[1] », sauf si l'offre

1. Civ. 25 mai 1870, *DP* 1870. 1. 257 ; *S.* 1870. 1. 341 ; Civ. 1re, 23 mai 1979, *D.* 1979. IR 488.

est faite dans l'intérêt exclusif de son destinataire[1] où il peut valoir acceptation. Pour les actes de commerce, le principe, même s'il n'est pas aussi absolu qu'on le dit parfois, est que le silence vaut acceptation, si certaines conditions sont réunies. Il existe certaines exceptions légales, comme l'article L. 511-17, alinéa 1er, du Code de commerce prévoyant, en matière de lettre de change, que l'acceptation du tiré doit être écrite sur l'effet de commerce.

Deux éléments permettent généralement de déduire une acceptation d'un silence. Le premier consiste dans les relations d'affaires existant entre les parties à l'acte de commerce. D'une certaine façon, la répétition d'actes antérieurs identiques fait présumer l'acceptation du destinataire de l'offre. Il devra alors la refuser expressément pour ne pas être engagé. On a indiqué que, dans ce cas, le silence devient un signe valant acceptation[2].

Le second consiste dans l'appartenance de l'émetteur de l'offre et du destinataire à un même milieu professionnel, dont les usages professionnels prévoient que le silence vaut acceptation. Tel est le cas notamment, entre commerçants, du silence gardé à la suite d'une réception d'une lettre de confirmation[3]. Il en va de même pour l'acceptation d'une clause de réserve de propriété résultant de l'absence de protestation lors de la réception d'une facture[4].

Le droit commercial a assez rapidement mis à la charge du commerçant une obligation d'information vis-à-vis du non-commerçant, donc en réalité du consommateur. Celle-ci a trouvé une assise légale dans l'article L. 111-1 du Code de la consommation en vertu duquel, « avant que le consommateur ne soit lié par un contrat de vente de biens ou de fourniture de services, le professionnel communique au consommateur, de manière lisible et compréhensible » certaines informations énumérées par la suite de cette disposition. Le droit de la consommation multiplie en outre les obligations spécifiques d'information mises à la charge des commerçants et plus largement des professionnels. Ces obligations d'information sont d'ailleurs en quelque sorte consolidées

1. Req. 29 mars 1938 ; *DP* 1939. 1. 5, note Voirin.
2. Godé, *Volonté et manifestations tacites*, 1977, n° 229.
3. Com. 21 oct. 1958, *Bull. civ.* III, n° 355.
4. Com. 11 mai 1984, *RTD com.* 1985. 560, obs. Hémard.

par l'obligation, prévue à l'article L. 134-1 du Code de la consommation faite aux professionnels de remettre à toute personne intéressée qui en fait la demande un exemplaire des conventions qu'ils proposent habituellement. La jurisprudence a également fréquemment utilisé la réticence dolosive dans des domaines où il n'existe pas d'obligation générale d'information, pour essayer de faire triompher une certaine sincérité contractuelle.

B. Le rôle spécifique des règles de forme

80 Traditionnellement, on affirme que le droit commercial est hostile à toute règle de forme. La nécessité de conclure rapidement les actes de commerce et les nécessités de les faire circuler excluraient le formalisme. Cette solution présenterait en outre l'avantage de se concilier avec le principe de la liberté de la preuve existant en cette matière[1]. La règle serait identique à celle existant pour les contrats civils régis par le principe du consensualisme.

En réalité, le droit commercial est fréquemment formaliste. La forme apparaît, tout du moins quand elle est bien adaptée et utilisée à bon escient, souvent comme le meilleur moyen de protéger les parties à l'acte ou les tiers, tout en ne nuisant pas à la nécessité de rapidité nécessaire à cette matière. Il renforce la sécurité des partenaires à une opération commerciale. Ce formalisme consiste le plus souvent dans la nécessité de rédiger un écrit comportant certaines mentions prescrites. Pour certains actes, des formalités supplémentaires de publicité sont exigées pour permettre à l'acte de produire une totale efficacité. La confiance des commerçants dans l'acte respectant une forme prescrite devient un gage d'efficacité et de sécurité. Plusieurs exemples de ce formalisme peuvent être donnés.

81 L'article L. 511-1 du Code de commerce prévoit que la lettre de change doit comporter huit mentions obligatoires : la dénomination de lettre de change, le mandat pur et simple de payer une somme déterminée, le nom du tiré, l'indication de l'échéance, le lieu du paiement, le nom de celui à qui le paiement doit être fait,

1. Viandier et Vallansan, n° 102.

l'indication de la date et du lieu où la lettre est créée et la signature du tireur. La suite de cette disposition indique que le titre sur lequel il manque une de ces énonciations ne vaut pas comme lettre de change[1].

Les sociétés commerciales doivent avoir des statuts rédigés par écrit et être immatriculées au registre du commerce et des sociétés. Selon l'article L. 210-6, alinéa 1er, du Code de commerce, à défaut de respect de ces prescriptions, elles ne bénéficieront pas de la personnalité morale. La sanction ne consiste donc pas dans la nullité de la société[2].

Les opérations portant sur le fonds de commerce nécessitent également le respect de certaines mentions obligatoires. Ainsi l'article L. 141-1 du Code de commerce prescrit, à peine de nullité de l'acte, que soient énoncés : le nom du précédent vendeur, la date et la nature de son acte d'acquisition, l'état des privilèges et nantissements grevant le fonds, le chiffre d'affaires réalisé au cours des trois derniers exercices comptables, les bénéfices commerciaux réalisés pendant la même durée, le bail, sa date, sa durée, le nom et l'adresse du bailleur.

§ 3. La preuve des actes de commerce

82 Les actes civils sont soumis au système de la preuve préconstituée, prévu par les articles 1341 et suivants du Code civil. L'article 1341 du Code civil prévoit que les contrats excédant une somme fixée par décret, le décret du 20 août 2004 la fixe à 1 500 euros, devront être prouvés par écrit. Classiquement, on considérait que cette règle ne s'appliquait pas aux actes de commerce qui étaient gouvernés par le système de la liberté de la preuve. Plusieurs raisons, sans doute en réalité peu pertinentes pour certaines d'entre elles, justifiaient cette solution. On indiquait d'une part que, comme les

1. V. Lescot, « De l'omission des mentions essentielles de la lettre de change », *Ann. dr. com.* 1928. 275 ; Crionnet, « De l'omission des mentions obligatoires de la lettre de change », *D.* 1989. 129 ; en jurisprudence, Com. 13 mai 1986, *Bull. civ.* IV, n° 216. Un tel titre incomplet vaudra parfois comme engagement civil ou commercial, mais le droit de la lettre de change ne s'appliquera pas à lui.
2. Com. 4 mai 1981, *Rev. sociétés* 1982. 277, note Philippe.

commerçants étaient des professionnels, l'écrit était inutile, car ils connaissaient le contenu des contrats et d'autre part que l'écrit était un frein à la rapidité nécessaire du commerce.

L'article L. 110-3 du Code de commerce reprend partiellement cette règle en indiquant qu'« à l'égard des commerçants, les actes de commerce peuvent se prouver par tous moyens à moins qu'il n'en soit autrement disposé par la loi[1] ». Désormais, la loi distingue entre les actes de commerce passés par des non-commerçants qui sont soumis au droit commun de la preuve des actes juridiques et les actes de commerce passés par des commerçants pour les besoins de leur commerce[2] qui sont régis par la liberté de la preuve. La fin de l'article L. 110-1 du Code de commerce prévoit qu'il peut en être disposé autrement par la loi. Tel est le cas par exemple de la vente du fonds de commerce ou du nantissement du fonds de commerce.

83 Plusieurs conséquences découlent de ce principe de la liberté de la preuve pour les actes de commerce entre commerçants.

Il n'est pas nécessaire que la preuve d'un contrat soit faite par écrit ou qu'il existe un commencement de preuve par écrit, et ce quel que soit son montant. Dans l'hypothèse où un écrit aurait été dressé, on pourra prouver contre ses mentions par tous moyens[3]. À l'égard des tiers, la question essentielle est celle de l'opposabilité de la date. En effet, des modifications fictives pourraient leur être préjudiciables. L'article 1328 du Code civil dispose que la date n'est pas opposable aux tiers, sauf si l'acte a acquis date certaine. La date sera certaine dans trois hypothèses : le décès de l'une des parties (la date devient certaine au jour du décès), l'enregistrement de l'acte (la date devient certaine lors de l'enregistrement par un fonctionnaire public) et la mention de l'acte sous seing privé dans un acte authentique (la date devient certaine le jour de l'acte authentique). L'article 1328 du Code civil sur la date certaine à

1. Parléani, « Un texte anachronique : le nouvel article 109 du Code de commerce », *D.* 1983. 65 ; Chartier, « La preuve commerciale après la loi du 12 juillet 1980 », *Mélanges de Juglart*, p. 95.
2. Com. 19 janv. 1993, *Bull. civ.* IV, n° 21.
3. Com. 3 mai 1984, *Bull. civ.* IV, n° 145, où malgré l'existence d'un bon de commande, un acheteur a réussi à prouver que le vendeur lui avait verbalement consenti une remise.

l'égard des tiers ne s'applique également pas, tout du moins si le tiers a la qualité de commerçant[1].

En cas de contrat synallagmatique, la formalité du double prévue par l'article 1325 du Code civil n'est pas nécessaire. De même, si le contrat prévoit qu'une seule partie s'engage envers une autre à lui payer une somme d'argent ou à lui livrer une somme d'argent, l'article 1326 du Code civil, prévoyant que le titre doit comporter la mention, écrite de la main de celui qui souscrit, de la somme ou de la quantité en toutes lettres et en chiffres, ne s'applique pas.

Cette solution revêtait une grande importance en matière de cautionnement, lorsque celui-ci s'analyse en un acte de commerce. La caution commerçante, effectuant un acte de commerce, n'est pas soumise à cette disposition[2]. En revanche, ceux conclus par des non-commerçants, même s'ils s'analysent comme des actes de commerce, ce qui est le cas notamment des cautionnements donnés par les dirigeants de sociétés, pour garantir les dettes de leur société, devront respecter les prescriptions de l'article 1326 du Code civil[3]. Les données du problème sont aujourd'hui différentes en raison des mentions manuscrites prévues par le Code de la consommation pour les cautions personnes physiques.

Antérieurement à la réforme du 12 juillet 1980, l'article L. 110-3 du Code de commerce énumérait les divers modes de preuve possibles. Cette énumération n'a pas été reprise, permettant ainsi d'utiliser des modes traditionnels de preuve et des modes plus modernes.

Parmi les premiers, la correspondance, les livres de comptes et les factures présentaient, et présentent d'ailleurs toujours, une grande importance pratique[4]. Le commerçant pouvait par

1. Com. 25 avr. 1983, *D.* 1984. 1, note Jourdain ; Com. 17 mars 1992, *RTD com.* 1993. 147, obs. Bouloc.
2. Com. 11 déc. 1990, *Bull. civ.* IV, n° 315 ; *D.* 1991. Somm. 382, obs. Aynès.
3. Com. 21 juin 1988, *Bull. civ.* IV, n° 212 ; *JCP* 1989. II. 21170, note Delebecque ; *RTD civ.* 1989. 113, obs. Bandrac.
4. Com. 2 juin 1980, *Bull. civ.* IV, n° 226.

exemple se voir opposer ses propres livres de comptes[1]. Les présomptions et la preuve par témoins sont également admissibles.

À côté de ces procédés traditionnels, se développent de nouveaux modes de preuve, liés notamment au développement de l'informatique et de la télématique dont certains suscitent des interrogations sur leur fiabilité[2]. La Cour de cassation a semblé les admettre, comme le démontre un arrêt du 2 décembre 1997. La question consistait à savoir si l'acceptation par un débiteur d'une cession de créances professionnelles pouvait valablement être donnée par télécopie. Selon elle, l'écrit constituant « l'acte d'acceptation de la cession ou du nantissement d'une créance professionnelle peut être établi et conservé sur tout support, y compris par télécopies, dès lors que son intégrité et l'imputabilité de son contenu à l'auteur désigné ont été vérifiées ou ne sont pas contestées »[3].

84 Par une loi du 13 mars 2000, le législateur a modifié le droit de la preuve pour l'adapter aux nouvelles techniques et pour permettre un développement du commerce dit électronique[4]. Jusqu'à présent, ce nouveau mode de commerce suscitait deux difficultés majeures, celle de la preuve de l'opération commerciale et celle de la sécurisation des procédés de paiement. Ce mouvement de réglementation se retrouve en droit communautaire et en droit international. Une directive sur la signature électronique du 13 décembre 1999 a été adoptée. Elle a été transposée par la loi du 13 mars 2000. L'article 1316-4 du Code civil dispose désormais que « lorsqu'elle est électronique, elle consiste en l'usage d'un procédé fiable d'identification garantissant son lien avec l'acte auquel elle s'attache. La fiabilité de ce procédé est présumée, jusqu'à preuve contraire, lorsque la signature électronique est créée, l'identité du signataire assurée et l'intégrité de l'acte garan-

1. Com. 17 mars 1981, *Rev. sociétés* 1982. 124, note Sousi.
2. V. par ex., Chamoux, « Le microfilm au regard du droit des affaires », *JCP* 1975. I. 2725 ; Huet, « Formalisme et preuve en informatique et télématique », *JCP* 1989. I. 3406 ; « Aspects juridiques de l'EDI (échange de données informatisées) », *D.* 1991. 181 ; « La valeur juridique de la télécopie (ou fax) comparée au télex », *D.* 1992. 23.
3. Com. 2 déc. 1997, *D.* 1998. 192, note Martin ; *JCP* E 1998. 178, note Bonneau.
4. V. Raynouard, « Droit de la preuve, nouvelles technologies et signature électronique », *Defrénois* 2000. 593.

tie, dans des conditions fixées par décret en Conseil d'État ». Ces conditions sont fixées par un décret du 30 mars 2001.

L'article 1316-4 du Code civil indique également que la signature est nécessaire à la perfection d'un acte juridique et qu'elle identifie celui qui l'appose. Elle manifeste également le consentement des parties aux obligations qui découlent de cet acte. La loi du 13 mars 2000 a instauré le document électronique. Le nouvel article 1316 du Code civil dispose que « la preuve littérale ou par écrit résulte d'une suite de lettres, de caractères, de chiffres ou symboles dotés d'une signification intelligible, quels que soient leur support et leurs modalités de transmission ». Il en résulte qu'un écrit sous forme électronique sera admis comme preuve au même titre qu'un écrit sur support papier, sous réserve que puisse être dûment identifiée la personne dont il émane et qu'il soit établi et conservé dans des conditions de nature à en garantir l'intégrité.

La sécurité et la fiabilité du commerce électronique passent par le développement de la cryptologie. Elle permet de rendre illisible ou infalsifiable le message adressé par voie électronique. La matière est réglementée par deux décrets du 24 février 1998 dont le premier a été partiellement modifié par deux décrets du 17 mars 1999 et par un arrêté du même jour. Il existe également une directive, pour le moment non transcrite, du 20 novembre 1998 sur la protection des services d'accès conditionnel.

Section 2
L'exécution des actes de commerce

85 L'exécution des actes de commerce se caractérise par une rigueur apparente, même si la conciliation est souvent, en fait, plus présente qu'en droit civil. On cite souvent, à titre d'illustration, la rigueur de l'échéance qui empêcherait tout délai de grâce. Il est vrai que les articles L. 511-81, alinéa 2, du Code de commerce, pour la lettre de change, l'article L. 512-3 de ce même Code pour les billets à ordre, et L. 131-66 du Code monétaire et financier

pour les chèques, excluent toute possibilité d'accorder un délai de grâce. Mais en dehors de ces dispositions, rien n'interdit au juge d'appliquer l'article 1244-1 du Code civil et de reporter ou échelonner le paiement des sommes dues.

Mais la tendance actuelle est au rapprochement. Depuis la modification de l'article 1146 du Code civil, la mise en demeure « peut résulter d'une lettre missive s'il en ressort une interpellation suffisante ». De même, la jurisprudence semble désormais admettre l'application des règles du droit civil pour l'imputation des paiements[1]. Les différences actuelles concernent la solidarité (**§ 1**), les intérêts (**§ 2**), l'inexécution des actes de commerce (**§ 3**). Mais tel n'est plus le cas de la prescription extinctive (**§ 4**).

§ 1. La solidarité

86 Selon l'article 1202, alinéa 2, du Code civil, « la solidarité ne se présume point ; il faut qu'elle soit expressément stipulée ». Cette règle s'applique, en droit civil, pour la solidarité active, c'est-à-dire du côté des créanciers, rare en pratique, et pour la solidarité passive, c'est-à-dire du côté des débiteurs.

En revanche, la solidarité passive est présumée pour les actes de commerce, si plusieurs débiteurs ont souscrit une dette identique envers un même créancier. Selon la Cour de cassation, « selon un usage antérieur à la rédaction du Code de commerce et maintenu depuis, les tribunaux de commerce sont conduits à considérer que la solidarité entre débiteurs se justifie par l'intérêt commun du créancier, qu'il incite à contracter et des débiteurs, dont il augmente le crédit[2] ». On se trouve en présence d'une coutume *contra legem*. Les codébiteurs solidaires sont donc censés avoir un intérêt commun, et le créancier pourra s'adresser à n'importe lequel d'entre eux pour lui réclamer l'intégralité du

1. Com. 22 juill. 1986, *Bull. civ.* IV, n° 180 ; antérieurement en sens contraire Req. 5 août 1929, *S.* 1930. 1. 212.

2. Req. 20 oct. 1920, *DP* 1920. 1. 1961, note P.M. ; *S.* 1922. 1. 201, note Hamel ; Civ. 18 juill. 1929, *DH* 1929. 556 ; pour un acte de commerce souscrit par un non-commerçant, Com. 16 janv. 1990, *JCP* 1991. II. 21748 ; sur cette question : Derrida, « De la solidarité commerciale », *RTD com.* 1953. 329.

paiement. L'avantage est important. Lorsque l'obligation est seulement conjointe, le créancier ne peut pas demander plus à un débiteur que ce à quoi il est tenu personnellement. Même si la question est discutée, il existe un mécanisme de représentation mutuelle des codébiteurs solidaires. Cela signifie que chacun des codébiteurs est censé représenter les autres à l'égard du créancier.

Cette présomption de solidarité est simple, car elle est fondée sur une interprétation de volonté, et elle peut être écartée par la volonté des parties[1]. « Par exemple dans les contrats d'assurance les assureurs qui prennent ensemble le même risque écartent la solidarité en s'engageant chacun pour une somme qu'ils fixent dans le contrat[2] ». Cette solution, initialement prévue pour les contrats, a été étendue aux obligations quasi contractuelles et délictuelles.

§ 2. Les intérêts

87 Pendant de nombreuses années, le particularisme du droit commercial pour la réglementation des intérêts consistait dans la solution prévue en matière d'anatocisme. Désormais, il existe également une mise à l'écart partielle de la réglementation sur l'usure.

L'anatocisme se définit comme la capitalisation des intérêts. Les intérêts dus par un débiteur, s'ils ne sont pas payés par lui, vont se joindre et devenir eux-mêmes productifs d'intérêts dans les mêmes conditions. La conséquence en est un accroissement rapide de la dette[3]. Afin de protéger le débiteur, l'article 1154 du Code civil réglemente strictement l'anatocisme, en indiquant que « les intérêts échus des capitaux peuvent produire des intérêts, ou par demande judiciaire, ou par convention spéciale, pourvu que,

1. Civ. 7 janv. 1946, *D.* 1946. 132.
2. Ripert et Roblot, par Vogel, n° 350.
3. On a calculé qu'un débiteur ayant emprunté une somme pour dix ans avec des intérêts payables tous les trois mois au taux de 6 % l'an et qui reste dix ans sans les payer devra une somme double de celle qu'il a empruntée, v. Terré, Simler et Lequette, *Les obligations*, 10e éd., n° 606.

soit dans la demande, soit dans la convention, il s'agisse d'intérêts dus au moins pour une année entière ».

En matière commerciale, il est admis, par la jurisprudence, pour les comptes courants que des intérêts échus deviennent eux-mêmes productifs d'intérêts, à chaque arrêté de compte, donc tous les trois ou six mois[1]. La capitalisation se produit pour des intervalles inférieurs à un an. Cette règle ne s'applique, en revanche, pas pour les comptes de dépôt[2].

88 L'article L. 313-3 du Code de la consommation comporte un nouvel alinéa prévoyant que les règles relatives à l'usure « ne sont pas applicables aux prêts accordés à une personne morale se livrant à une activité industrielle, commerciale, artisanale, agricole ou professionnelle non commerciale »[3]. Cette règle a été ultérieurement étendue aux personnes physiques exerçant de telles activités. Le déplafonnement de certains prêts est possible, lorsque sont réunis deux éléments relatifs à l'activité financée et à la technique de financement. La clarté de rédaction de ce texte laisse à désirer.

L'emprunteur doit être une personne morale ou physique se livrant à une activité industrielle, commerciale, artisanale, agricole ou professionnelle non commerciale. Les crédits accordés aux personnes physiques, pour une activité domestique, seront toujours soumis aux règles sur l'usure. Cette disposition vise les prêts et non les opérations de crédit, ce qui est assez maladroit. Or, le législateur englobe nécessairement une catégorie plus vaste, puisqu'il prévoit une dérogation pour les découverts en compte qui ne peuvent pas être qualifiés de prêt. Le déplafonnement concerne toutes les opérations qui comportent une avance de fonds. La forme de cette avance importe peu.

Le législateur a toutefois prévu une exception pour les ouvertures de crédit. Selon le nouvel article L. 313-5 1° du Code de la consommation, « pour les découverts en compte, constitue un prêt usuraire à une personne morale se livrant à une activité industrielle, commerciale, artisanale, agricole ou professionnelle non

1. Civ. 14 mars 1850, *DP* 1850. 1. 157 ; Civ. 21 juill. 1931, *DP* 1932. 49, note Hamel ; Com. 22 mai 1991, *Bull. civ.* IV, n° 168.
2. Com. 11 janv. 1984, *Bull. civ.* IV, n° 15 ; *RTD com.* 1984. 703, obs. Cabrillac et Teyssié.
3. S. Piedelièvre, « Le déplafonnement de certains taux d'intérêts », *JCP* E 2003. 1466.

commerciale tout prêt conventionnel consenti à un taux effectif global qui excède, au moment où il est accordé, de plus du tiers, le taux effectif moyen pratiqué au cours du trimestre précédent par les établissements de crédit pour les opérations de même nature comportant des risques analogues telles que définies par l'autorité administrative après avis du comité consultatif du secteur financier ».

Depuis le 1er janvier 2015, le taux légal diffère suivant la qualité du créancier. Selon l'article L. 312-2 alinéa 2 du Code de la consommation, « il comprend un taux applicable lorsque le créancier est une personne physique n'agissant pas pour des besoins professionnels et un taux applicable dans tous les autres cas ».

§ 3. L'inexécution des actes de commerce

89 L'inexécution des actes de commerce ne fait l'objet d'aucune disposition spécifique. La pratique commerciale essaie de minimiser ce risque, en utilisant le principe de la liberté contractuelle, par l'insertion de nombreuses stipulations contractuelles[1]. Mais malgré une efficacité certaine, elles n'empêchent pas les inexécutions. En droit civil, l'article 1184 du Code civil prévoit en ce cas la résolution judiciaire. Pour les actes de commerce, on tente de trouver des solutions aussi bien en cas d'inexécution partielle qu'en cas d'inexécution totale.

En cas d'inexécution partielle, le juge saisi a la possibilité d'effectuer une réfaction du contrat. Elle se définit comme une diminution du prix dont le nouveau montant correspondra à la prestation effectivement fournie. Le juge, contrairement aux principes contractuels classiques, refait le contrat, puisqu'il modifie le prix initialement prévu, pour sauver ce qui peut l'être. Les juges du fond disposent d'un pouvoir souverain pour fixer cette

1. Sur lesquelles par ex., Mousseron, « La gestion des risques par le contrat », *RTD civ.* 1988. 481 ; *Les principales clauses des contrats conclus entre professionnels*, colloque de l'IDA d'Aix-en-Provence des 17 et 18 mai 1990, PUAM 1990.

diminution[1]. D'abord appliquée au contrat de vente, la réfaction a été étendue aux contrats de prestation de service[2] et aux cessions de fonds de commerce. Malgré tout, il s'opère un rapprochement entre le droit civil et le droit commercial, car le juge civil s'immisce de plus en plus souvent dans les relations commerciales.

En cas de défaillance totale d'un vendeur, l'acheteur bénéficie d'une faculté de remplacement aux frais du vendeur[3]. Cette procédure ne nécessite pas obligatoirement un recours au juge. L'acheteur doit commencer par mettre en demeure le vendeur de lui livrer les marchandises. Si le vendeur ne s'exécute pas, il achète alors auprès d'un tiers des marchandises en même quantité et de même qualité. Le vendeur devra lui en payer le prix ; mais il n'est aucunement tenu envers le nouveau vendeur. On a indiqué qu'il « ne s'agit donc que d'un mode de calcul des dommages-intérêts dus par le vendeur[4] ». Le prix semble se calculer d'après le cours des marchandises au jour de la mise en demeure.

§ 4. La prescription extinctive

90 La prescription extinctive se définit comme la libération d'un débiteur du fait de l'écoulement du temps et de l'inaction du créancier. Pendant longtemps en l'absence de délai contraire, l'article 2262 du Code civil l'avait fixée à trente ans en matière civile. De son côté, l'article L. 110-4 du Code de commerce prévoyait que, « les obligations nées à l'occasion de leur commerce entre commerçants ou entre commerçants et non-commerçants se prescrivent par dix ans si elles ne sont pas soumises à des prescriptions spéciales plus courtes »[5]. Cette règle faisait coïncider le délai de prescription des actes de commerce avec le délai de dix ans imposé, par l'article L. 123-22, alinéa 2, du Code de

1. Com. 23 mars 1971, *D.* 1974. 40, note Alter ; Com. 15 déc. 1993, *Bull. civ.* IV, n° 421.
2. Paris, 17 mars 1987, *D.* 1988. 219, note Mirbeau-Gauvin ; *RTD civ.* 1988. 535, obs. Mestre.
3. Com. 1er juin 1959, *JCP* 1959. II. 11206, note Hémard.
4. Ripert et Roblot, par Delebecque et Germain, *Traité de droit commercial,* t. 2, 16e éd., n° 2536.
5. Brenner, « La prescription commerciale », in *Code de commerce 1807-2007, livre du bicentenaire,* Dalloz, 2007, p. 501.

commerce, au commerçant pour la conservation de ses livres de commerce[1]. Il importait peu, pour l'application de cette disposition, qu'il s'agisse d'obligations contractuelles, quasi contractuelles ou délictuelles[2].

La durée de la prescription extinctive a été modifiée avec la loi du 17 juin 2008 qui a intégralement refondu cette matière[3]. L'article 2224 du Code civil prévoit désormais que « les actions personnelles ou mobilières se prescrivent par cinq ans du jour où le titulaire d'un droit a connu ou aurait dû connaître les faits lui permettant de l'exercer ». De son côté, l'article L. 110-4 du Code de commerce dispose que « les obligations nées à l'occasion de leur commerce entre commerçants ou entre commerçants et non-commerçants se prescrivent par cinq ans si elles ne sont pas soumises à des prescriptions spéciales plus courtes »[4]. On a assisté à une unification des prescriptions en matière civile et commerciale. Reprenant une solution jurisprudentielle antérieure[5], l'article 2254 du Code civil qui s'applique également en matière commerciale, prévoit que la durée de la prescription peut être abrégée ou allongée par accord des parties. Elle ne peut toutefois être réduite à moins d'un an ni étendue à plus de dix ans. Les parties peuvent également, d'un commun accord, ajouter aux causes de suspension ou d'interruption de la prescription prévues par la loi.

L'article L. 110-4 réserve la possibilité d'édicter des prescriptions plus courtes. D'ailleurs la suite de cette disposition en fournit trois illustrations. La loi du 17 juin 2008 a également modifié la prescription jusque-là prévue par l'article 2272, alinéa 4, du Code civil pour l'action des marchands pour les marchandises qu'ils vendent. L'article L. 137-2 du Code de la consommation prévoit

1. Com. 24 avr. 2007, *D.* 2007. 1344.
2. Pour des obligations quasi contractuelles, Com. 7 avr. 1967, *D.* 1967. 511 ; pour des obligations délictuelles, Com. 14 mai 1979, *Bull. civ.* IV, n° 152.
3. Amrani-Mekki, « Liberté, simplicité, efficacité de la nouvelle prescription ? À propos de la loi du 17 juin 2008 », *JCP* 2008. 160 ; Brenner et Lécuyer, « La réforme de la prescription », *JCP* E 2009. 1118 ; Fauvarque-Cosson et François, « Commentaire de la loi du 17 juin 2008 portant réforme de la prescription en matière civile », *D.* 2008. 2512.
4. M. Storck, « La prescription commerciale et la réforme du 17 juin 2008 », *in* « La réforme du droit de la prescription », *LPA* 2 avr. 2009. 37.
5. Com. 21 mars 1995, *Bull. civ.* IV, n° 92.

désormais que l'action des professionnels, pour les biens ou les services qu'ils fournissent aux consommateurs, se prescrit par deux ans.

Cette disposition est relativement imprécise dans la mesure où elle ne précise pas son point de départ ; on peut hésiter entre deux solutions. On peut appliquer l'article 2224 du Code civil qui fait courir le délai « à compter du jour où le titulaire d'un droit a connu ou aurait dû connaître les faits lui permettant de l'exercer ». Mais on peut également tirer argument des articles L. 311-52 et L. 114-1 du Code des assurances qui font courir la prescription à compter de l'événement qui y donne naissance. L'esprit du droit de la consommation paraît être plutôt en faveur de la seconde solution qui est plus favorable pour le consommateur. Mais une certaine logique juridique conduit à appliquer la première qui constitue le droit commun en la matière.

Section 3
Les litiges relatifs aux actes de commerce

91 Les litiges relatifs aux actes de commerce seront, en principe, soumis à la juridiction commerciale. Originairement, cette compétence figurait dans l'article 631 de l'ancien Code de commerce. Or cette disposition avait été abrogée sans que personne ne se rende véritablement compte, avec l'adoption du nouveau Code de commerce. Leur compétence a été rétablie par l'article 127 de la loi du 15 mai 2001 sur les nouvelles régulations économiques. Elle relève désormais des articles L. 721-3 et suivants du Code de commerce, l'essentiel des règles qui existaient auparavant. La juridiction commerciale aura donc parfois compétence pour des litiges opposant des non-commerçants. Par exemple, tel sera le cas pour les contestations entre toutes personnes pour des actes de commerce par la forme.

La fin de l'article L. 721-3 du Code de commerce indique que : « Toutefois, les parties pourront, au moment où elles contractent, convenir de soumettre à des arbitres les contestations ci-dessus énumérées, lorsqu'elles viendront à se produire. » Les parties ont la faculté de stipuler des clauses compromissoires, alors que pour les actes civils, elles ne sont pas toujours admises. Selon l'article 2061 du Code civil, ces clauses sont valables uniquement dans les contrats conclus à raison d'une activité professionnelle. En revanche, tant en droit civil qu'en droit commercial, les parties peuvent toujours valablement stipuler un compromis d'arbitrage, c'est-à-dire décider, une fois le litige né, de le soumettre à un arbitre.

92 La clause compromissoire, à peine de nullité, doit être stipulée par écrit dans la convention principale ou dans un document auquel elle se réfère ; elle doit aussi désigner le ou les arbitres, ou tout au moins prévoir les conditions de leur désignation.

Elle oblige les parties à régler leurs différends, en utilisant cette procédure. Selon l'article 1448 du Code de procédure civile, si un litige, dont un tribunal arbitral est saisi, est porté devant une juridiction étatique, celle-ci doit se déclarer incompétente. Il en va de même si le tribunal arbitral n'est pas encore saisi, sauf si la convention d'arbitrage est manifestement nulle.

L'exécution de la clause compromissoire suscite parfois quelques difficultés. Pour en résoudre certaines, l'article 1444 du Code de procédure civile prévoit que si, une fois le litige né, la constitution du tribunal arbitral se heurte à une difficulté du fait de l'une des parties ou dans la mise en œuvre des modalités de désignation, le président du tribunal de grande instance désigne le ou les arbitres. De manière plus générale, la partie résistant de manière injustifiée pourrait se voir condamnée à une astreinte.

Le contrat, contenant la clause, doit être valable. En cas de contestation sur la validité dudit contrat, il fallait attendre que les tribunaux étatiques aient statué sur cette question pour connaître par contrecoup le sort de la clause[1]. L'article 1477 du Code de procédure civile prévoit que la convention d'arbitrage est indépendante du contrat auquel elle se rapporte. En cas d'arbitrage

1. Com. 6 oct. 1953, *S.* 1954. 1. 149, note Robert ; Com. 19 mai 1969, *JCP* 1969. II. 16032, note Level.

international, la jurisprudence a posé le principe de l'autonomie de la clause compromissoire, en vertu duquel la nullité du contrat est sans influence sur elle[1].

93 Selon l'article 1478 du Code de procédure civile, « le tribunal arbitral tranche le litige conformément aux règles de droit, à moins que les parties lui aient confié la mission de statuer en amiable composition ». La sentence arbitrale est rendue à la majorité des voix. Elle expose succinctement les prétentions respectives des parties et leurs moyens. Elle a, dès qu'elle est rendue, l'autorité de la chose jugée relativement à la contestation qu'elle tranche. Elle peut être assortie de l'exécution provisoire. Elle est notifiée par voie de signification à moins que les parties en conviennent autrement.

L'article 1484 du Code de procédure civile dispose que « la sentence arbitrale a, dès qu'elle est rendue, l'autorité de la chose jugée relativement à la contestation qu'elle tranche ». Mais elle n'est susceptible d'exécution forcée qu'en vertu d'une ordonnance d'*exequatur* émanant du tribunal de grande instance dans le ressort duquel cette sentence a été rendue.

La sentence n'est pas susceptible d'appel sauf volonté contraire des parties. Si tel est le cas, La cour, dans le ressort de laquelle la sentence a été rendue, statue en droit ou en amiable composition dans les limites de la mission du tribunal arbitral. Si l'appel n'est pas possible, la sentence pourra faire l'objet d'un recours en annulation dans l'un des six cas énumérés par l'article 1492 du Code de procédure civile. Le recours en annulation est également devant la cour d'appel.

1. Civ. 1re, 7 mai 1963, *JCP* 1963. II. 13405, note Goldman ; *D.* 1963. 545, note Robert ; *Rev. crit. DIP* 1963. 615, note Motulsky ; *JDI* 1964. 82, note Bredin. Il s'agirait même d'une règle internationale matérielle : Civ. 1re, 20 déc. 1993, *RTD com.* 1994. 254, note Dubarry et Loquin.

Synthèse

Les actes de commerce permettent parfois **d'attribuer la qualité de commerçant.** Ils bénéficient de règles spécifiques **dérogatoires par rapport à celles du droit commun des actes civils.** Ce particularisme existe aussi bien pour **la formation** que pour **l'exécution** de ces actes ou en cas de **litige.**

La formation des actes de commerce

On a toujours considéré que le commerce, fondé sur l'idée de spéculation, présentait certains **dangers** et qu'il fallait **empêcher certaines catégories de personnes d'accéder à cette activité.** Pour cette raison, l'**aptitude à passer des actes de commerce** est appréciée plus sévèrement que dans le droit commun. Le **mineur** n'a pas **la capacité** pour passer des actes de commerce.

Le consentement pour passer des actes de commerce est **semblable à celui du droit commun des contrats.** Il existe cependant un particularisme pour son **expression.** En droit commun, **le silence ne vaut pas acceptation,** du moins en principe. Pour les actes de commerce, le principe est inverse et normalement il **vaut acceptation.** Les **règles de formes jouent un rôle spécifique.** Le droit commercial est fréquemment **formaliste.** La forme apparaît souvent comme le meilleur moyen de **protéger les parties ou les tiers.**

La preuve des actes de commerce est parfois **plus facile à rapporter** que celles des actes civils. Dans le droit commun, les contrats se prouvent le plus souvent **par écrit.** L'article L. 110-3 du Code de commerce prévoit que les **actes de commerces passés par des commerçants** se prouvent par **tous moyens.** Afin de favoriser le **développement du commerce électronique,** la loi du 13 mars 2000 a instauré le **document électronique** qui a la même valeur probatoire qu'un écrit et elle a admis la **validité de la signature électronique.**

L'exécution des actes de commerce

L'exécution des actes de commerce se caractérise par une **rigueur accrue** par rapport à celle existant en droit civil. La **solidarité passive est présumée**. La **capitalisation des intérêts** est plus facilement admise. En cas **d'inexécution partielle**, le juge à la faculté de procéder à une **réfaction** du contrat, c'est-à-dire qu'il **modifie le prix initialement prévu**. En cas de **défaillance totale d'un vendeur**, l'acquéreur bénéficie d'une **faculté de remplacement** aux frais du vendeur. Les actes de commerce se **prescrivent par cinq ans**.

Les litiges relatifs aux actes de commerce

Les litiges relatifs aux actes de commerce sont en principe de la **compétence des tribunaux de commerce**. En cas **d'arbitrage**, les parties ont la possibilité de stipuler une **clause compromissoire**, c'est-à-dire qu'elles conviennent de soumettre à des arbitres **toutes les contestations qui viendraient à naître**.

CHAPITRE 3

Les actes mixtes

94 Les actes mixtes se définissent comme des actes présentant un caractère civil à l'encontre de l'une partie et un caractère commercial à l'encontre de l'autre. Par exemple, un commerçant achète une marchandise à un fabriquant et la revend à un consommateur. Pour le commerçant, on se trouve en présence d'un achat pour revendre, donc d'un acte de commerce. Pour le consommateur, acquéreur, il n'y a pas un acte de commerce, mais un acte civil. La mixité se retrouve principalement pour les contrats ; elle est aussi envisageable pour des délits et des quasi-contrats. Elle est, en revanche, impossible pour les actes de commerce par la forme. Par exemple, tous les signataires d'une lettre de change effectuent des actes de commerce. Cette mixité doit désormais se combiner avec les règles de protection des consommateurs. Il arrive de plus en plus fréquemment qu'un acte juridique échappe à la fois au droit civil et au droit commercial pour se voir appliquer les règles du Code de la consommation. Par exemple, l'article L. 141-5 du Code de la consommation, dû à la loi du 12 mai 2009, prévoit pour les règles de compétence territoriale qu'outre les règles de l'article 46 du Code de procédure civile, le consommateur peut saisir la juridiction où il demeurait au moment de la conclusion du contrat ou de la survenance du fait dommageable.

Cette catégorie assez particulière est liée à la conception du droit commercial français, liant la commercialité à la fois à l'acte et à la qualité professionnelle. L'application de deux corps de règles à un même acte n'est pas toujours satisfaisante et elle assure une protection assez illusoire. On peut se demander si elle ne diminue pas actuellement, en raison du développement du droit de la consommation qui s'érige de plus en plus souvent en un droit autonome et qui s'applique en tout état de cause.

Fréquemment, le législateur intervient de manière impérative pour fixer des règles pour les contrats conclus entre un professionnel, assez souvent un commerçant, et un consommateur profane, dans le but de mieux protéger ce dernier. La réglementation ainsi édictée est unique et elle s'applique aux deux parties. Son but consiste à corriger l'inégalité existant entre les deux parties, en tentant de protéger la partie faible contre des engagements irréfléchis. Mais surtout, la théorie de l'acte mixte est devenue le domaine d'élection du droit de la consommation. On assiste à l'émergence d'un corps de règles spécifiques applicables à la relation entre un commerçant, et plus largement un professionnel, avec un consommateur.

La question des actes mixtes n'a pas été envisagée par le Code de commerce. La jurisprudence s'est contentée de résoudre au coup par coup les différentes difficultés qu'ils suscitent, sans chercher à poser un critère général de cet acte. Dans la mesure du possible, on appliquera de manière distributive les règles du droit commercial au commerçant et celles du droit civil au non-commerçant (SECTION 1). Mais dans certains cas et par exception, l'application d'un corps unique de règles s'impose, parce qu'elle est commandée par la nature des choses (SECTION 2).

SECTION 1

L'APPLICATION DISTRIBUTIVE DES RÈGLES CIVILES ET DES RÈGLES COMMERCIALES

95 L'application distributive des règles civiles et des règles commerciales apparaît pour certaines modalités d'exécution des engagements souscrits. On présumera donc la solidarité pour le débiteur commerçant, ou plutôt pour qui l'acte s'analyse en un acte de commerce, mais non pour le débiteur civil. Dans le même ordre d'idée, les règles relatives à l'anatocisme et à l'imputation des paiements s'appliqueront différemment suivant que l'acte sera commercial ou civil. Mais la distributivité est surtout apparente pour les règles de preuve (**§ 1**) et pour celles de compétence judiciaire (**§ 2**).

§ 1. Les règles de preuve

96 Le particulier qui cherche à prouver contre le débiteur pour qui l'acte est commercial bénéficie de la liberté de la preuve, à la condition que ce dernier ait la qualité de commerçant[1]. Il pourra utiliser tous les modes de preuve du droit commercial, comme les livres de compte, la correspondance, les factures[2]. À l'inverse, l'action intentée contre le non-commerçant, pour qui l'acte est civil, sera soumise au droit commun de la preuve des actes juridiques prévue par les articles 1341 et suivants, du Code civil[3].

Cette dualité des modes de preuve a été justement critiquée, même si on voit difficilement comment on pourrait modifier cette règle sans refondre intégralement le droit de la preuve. On a indi-

1. Pour le retour au droit commun de la preuve des actes juridiques, si le commerçant a agi hors de sa sphère d'activité professionnelle : Civ. 1re, 23 mai 1977, *Bull. civ.* I, n° 246. Il en irait de même en cas de preuve d'un acte de commerce souscrit par un non-commerçant.

2. Par ex., Com. 20 mai 1980, *Bull. civ.* IV, n° 210 ; Civ. 1re, 8 févr. 2000, *RTD com.* 2000. 326, obs. Derruppé ; Civ. 1re, 2 mai 2001, *RTD com.* 2001. 867, obs. Saintourens.

3. Civ. 19 nov. 1862, *D.* 1862. 1. 472 ; Soc. 11 janv. 1994, *Bull. civ.* V, n° 16.

qué que « pratiquement, elle est de nature à gêner les relations des commerçants avec leur clientèle, parce que les commerçants devraient se réserver une preuve écrite des opérations conclues avec les non-commerçants. Logiquement il n'est pas satisfaisant d'établir des régimes de preuve différents pour deux parties à un même contrat[1] ».

D'ailleurs pendant un temps, la Cour de cassation avait généralisé la liberté de la preuve à l'égard des deux parties[2], avant d'abandonner cette position, dans un but de protection de la partie civile. Pour contrebalancer cette dualité, désormais légale, et les inconvénients pratiques qui en résultent parfois, la jurisprudence admet de manière assez large des exceptions à la preuve par écrit.

Elle l'a fait en admettant la validité des conventions sur les modes de preuve[3]. Certaines difficultés étaient nées pour les signatures informatiques, résultant de l'utilisation d'une carte de paiement ou d'une carte de crédit et de la composition d'un code confidentiel. Devant les risques de développement de litiges dus à certains clients qui déniaient à cette signature magnétique la valeur d'un écrit au sens du Code civil, en particulier pour les sommes supérieures à 1 500 euros, les sociétés émettrices de telles cartes ont inséré dans les contrats-cadres une clause indiquant qu'elle valait preuve des engagements souscrits. La Cour de cassation a admis, en des termes très généraux, la validité de telles conventions dérogatoires au droit commun.

Elle admet également assez facilement certaines dérogations au principe de la preuve par écrit. L'impossibilité de prouver par écrit est parfois retenue, notamment en cas d'usages commerciaux en ce sens[4]. Mais il appartiendra à celui qui s'en prévaut d'en démontrer l'existence et la connaissance qu'en avait l'autre partie. Dans le même ordre d'idée, elle considère parfois que le commerçant est dans l'impossibilité morale de faire signer un document

1. Ripert et Roblot, par Vogel, n° 394.
2. Req. 4 juill. 1935, *DH* 1935. 490.
3. Civ. 1re, 8 nov. 1989, *D.* 1990. 179, note Gavalda ; *JCP* 1990. II. 21576, note Virassamy ; *RTD com.* 1990. 79, obs. Cabrillac et Teyssié ; *RTD civ.* 1990. 80, obs. Mestre ; *D.* 1990. Somm. 327, obs. Huet.
4. Pour la vente d'animaux sur un champ de foire, Civ. 1re, 15 avr. 1980, *Bull. civ.* I, n° 113.

écrit à chacun de ses clients[1]. Elle fait aussi assez souvent large usage du commencement de preuve par écrit[2].

Le législateur intervient fréquemment actuellement pour faciliter la preuve à rapporter par le non-professionnel. L'Ordonnance du 15 juillet 2009 sur les nouveaux instruments de paiement en fournit un bon exemple. L'ordre de paiement nécessite le consentement du payeur. L'absence de consentement du payeur est sanctionnée simplement : l'opération de paiement est réputée ne jamais avoir été donnée. À partir du moment où ce dernier émet une contestation, l'article L. 133-23 du Code monétaire et financier prévoit qu'il incombe à son prestataire de services de paiement de prouver que l'opération en question a été authentifiée, dûment enregistrée et comptabilisée et qu'elle n'a pas été affectée par une déficience technique ou autre. La difficulté probatoire est renforcée par l'alinéa 2 de l'article L. 133-23 qui dispose que « l'utilisation de l'instrument de paiement telle qu'enregistrée par le prestataire de services de paiement ne suffit pas nécessairement en tant que telle à prouver que l'opération a été autorisée par le payeur ou que celui-ci n'a pas satisfait intentionnellement ou par négligence grave aux obligations lui incombant en la matière ».

§ 2. La compétence judiciaire

97 La juridiction compétente dépend de la qualité de défendeur à l'action ou à l'exception. La partie pour qui l'acte s'analyse en un acte de commerce ne peut assigner la partie pour qui l'acte est civil uniquement devant un tribunal civil[3]. La partie civile bénéficiera d'une option et elle a la possibilité d'assigner à son choix l'auteur de l'acte de commerce soit devant les juridictions civiles soit devant le tribunal de commerce[4]. On peut douter de l'intérêt et de la valeur protectrice de cette option qui permet une extension de la compétence des tribunaux de commerce. Il serait, sans doute, préférable de donner compétence exclusive aux juridictions civiles.

1. Com. 12 oct. 1982, *Bull. civ.* IV, n° 312 ; *RTD com.* 1984. 324, obs. Hémard et Bouloc.
2. Civ. 1re, 27 mai 1986, *Bull. civ.* I, n° 141 ; *RTD civ.* 1987. 765, obs. Mestre.
3. Civ. 22 juin 1943, *DC* 1944. 83.
4. Civ. 16 mai 1930, *DH* 1930. 363 ; Com. 6 juill. 1960, *D.* 1960. Somm. 114.

Cette règle de compétence n'est pas d'ordre public et la jurisprudence admet que l'acte mixte contienne une stipulation contraire, donc donnant dans toutes les hypothèses compétence au tribunal de commerce[1]. Cette clause s'imposera à la partie non commerçante, qu'elle soit demandeur ou défendeur[2]. Cette solution surprend en ce qu'elle permet aux parties de déroger aux règles relatives à la compétence d'attribution.

En revanche, l'article 48 du Code de procédure civile, indiquant que « toute clause qui, directement ou indirectement, déroge aux règles de compétence territoriale est réputée non écrite... », s'applique aux actes mixtes. Cette incompétence *rationae loci* doit être soulevée avant toute défense au fond.

98 La procédure d'injonction de payer est d'abord apparue en matière commerciale, puis elle a été étendue en matière civile. Son but est de permettre le recouvrement des petites créances dont l'existence et le montant ne suscitent pas véritablement de contestations. Elle consiste, selon l'article 1425-1 du Code de procédure civile, à obtenir l'exécution en nature d'une obligation, née d'un contrat dont toutes les parties ne sont pas commerçantes, lorsque la valeur de la prestation ne dépasse pas le taux de compétence du tribunal d'instance fixé actuellement à 10 000 euros. Cette procédure ne s'applique pas aux engagements strictement commerciaux qui seront réglés par le tribunal de commerce[3].

Le tribunal d'instance compétent est, au choix du demandeur, celui du lieu où il demeure ou celui du lieu d'exécution de l'obligation. Une requête, comportant certaines énonciations prévues par l'article 1425-3 du Code de procédure civile et notamment celle de l'indication de la nature de l'obligation dont l'exécution est demandée, est déposée au greffe du tribunal, accompagnée de documents justificatifs. Si la demande paraît fondée au juge, il rend une ordonnance portant injonction de faire non susceptible

1. Plantamp, « La clause attributive de compétence matérielle et le demandeur non commerçant dans le contentieux des actes mixtes », *RTD com.*, 2013. 429.
2. Com. 20 juill. 1965, *RTD com.* 1965. 817, obs. Jauffret ; Civ. 2e, 3 oct. 1958, *RTD civ.* 1959. 150, obs. Hébraud et Raynaud.
3. Christianos, « Injonction de faire et protection judiciaire du consommateur », *D.* 1990. 91.

de recours. Il fixe aussi l'objet de l'obligation ainsi que les délais et les conditions dans lesquels celle-ci doit être exécutée.

L'ordonnance doit être signifiée, à l'initiative du créancier, à chacun des débiteurs ; elle sera non avenue si elle n'a pas été signifiée dans les six mois de sa date. À défaut d'opposition dans le délai d'un mois, l'ordonnance peut être revêtue de la formule exécutoire.

Le débiteur a alors deux possibilités. Il peut payer le montant de la somme fixée par l'ordonnance et, dans ce cas, le litige est terminé. Il lui est également possible de faire opposition. Le débat devient alors contradictoire. L'opposition est formée au greffe du tribunal qui a rendu l'ordonnance portant injonction de payer par déclaration ou par lettre recommandée avec avis de réception ; elle n'a pas à être motivée.

Section 2
Les exceptions à l'application distributive des règles civiles et des règles commerciales

99 Les exceptions à l'application distributive des règles civiles apparaissent, lorsqu'il est impossible d'appliquer deux séries de règles différentes à un même acte juridique ou si les conséquences apparaissent inadaptées au but recherché. Il faut alors choisir si l'on applique les règles des actes civils ou celles des actes de commerce. La logique voudrait que l'on utilise les règles civiles, en raison de leur vocation de droit commun. Mais en raison de l'inadaptation de certaines d'entre elles, on recourra aux règles spécifiques des actes de commerce.

Tel était le cas pour la prescription extinctive, lorsque la prescription de droit commun était de trente ans et celle prévue en matière commerciale de dix ans. Elle ne se pose plus depuis l'unification des prescriptions réalisée par la loi du 17 juin 2008. Il convient toutefois de relever la règle prévue par l'article L. 137-1 du Code de la consommation suivant laquelle par dérogation au principe posé par l'article 2254 du Code civil les parties au contrat entre un professionnel et un consommateur ne peuvent, même d'un commun accord, ni modifier la durée de la prescription, ni ajouter aux causes de suspension ou d'interruption de celle-ci. Une clause compromissoire ne peut pas être insérée dans un acte mixte[1]. Cependant, les termes de l'article L. 411-4 *in fine* du Code de l'organisation judiciaire ne semblent pas exclure cette possibilité de manière formelle, du moins dans une interprétation purement exégétique. Pourtant, désormais, et de manière justifiée, la jurisprudence a admis la nullité d'une telle clause en deux temps. Elle a d'abord admis que la prohibition était édictée dans l'intérêt exclusif du non-commerçant qui pouvait donc renoncer à se prévaloir de la nullité de la clause[2]. Puis, elle a indiqué que cette nullité était absolue et qu'elle pouvait être soulevée aussi bien par le non-commerçant que par le commerçant[3]. Il est cependant nécessaire de tenir compte de la nouvelle rédaction de l'article 2061 du Code civil qui déclare valable la clause compromissoire dans les contrats conclus à raison d'une activité professionnelle. Si la partie non commerçante conclut un contrat en raison de son activité professionnelle avec un commerçant, une telle clause pourra être stipulée dans un acte mixte.

1. Sur l'ensemble de la question, Fouchard, « La clause compromissoire insérée dans un acte mixte », *Rev. arb.* 1971. 3.
2. Par ex., Paris 29 juin 1956, *JCP* 1956. II. 9526, note Motulsky.
3. Com. 2 déc. 1964, *Gaz. Pal.* 1965. 1. 79 ; Civ. 1re, 7 oct. 1980, *JCP* 1980. II. 19480, concl. Gulphe.

Synthèse

Les **actes mixtes** se définissent comme des actes présentant un **caractère civil** à l'égard de l'une des parties et un **caractère commercial** à l'égard de l'autre. La question se pose alors de savoir s'il faut appliquer à cette catégorie d'actes les **règles du droit commercial** ou celles du **droit civil**. Le principe est celui d'une **application distributive**. Mais dans certains cas, l'application **d'un corps unique de règles** s'imposera en raison de la nature des choses.

L'application distributive des règles civiles et des règles commerciales

L'application distributive des règles civiles et des règles commerciales conduit à **appliquer celles de droit commercial au commerçant et celles de droit civil au non-commerçant.** On présumera la **solidarité** pour le débiteur commerçant mais non pour le débiteur civil. Le particulier peut prouver un acte mixte à l'encontre d'un commerçant par **tous moyens**. À l'inverse, l'action intentée à l'encontre d'un particulier sera **soumise au droit commun des actes juridiques**. La **juridiction compétente** dépend de la qualité de **défendeur**. Le commerçant peut **assigner** le non-commerçant uniquement devant les **juridictions civiles**, alors que le non-commerçant bénéficie d'une **option** et peut **assigner** le commerçant devant les **juridictions civiles ou devant le tribunal de commerce**.

Les exceptions à l'application distributive des règles civiles et des règles commerciales

Il est parfois impossible d'appliquer à un même acte juridique **deux séries de règles différentes**. Par exemple, une **clause compromissoire** ne peut pas toujours être insérée dans un acte mixte.

TITRE 2

LA COMMERCIALITÉ PAR LA QUALITÉ DE LA PERSONNE

100 Selon l'article L. 121-1 du Code de commerce, « sont commerçants ceux qui exercent des actes de commerce et en font leur profession habituelle ». Cette définition n'est pas en elle-même explicite. Le critère essentiel semble être celui de la profession habituelle. Or, le droit moderne, s'il utilise fréquemment la notion de profession et celle de professionnel, surtout dans les lois de protection des consommateurs, n'a jamais défini ces notions pourtant fort importantes et sources de nombreuses difficultés.

Le Code de commerce n'indique pas, après cette ébauche de définition, de liste de ces professions ou de moyens pour les identifier, contrairement par exemple au Code de commerce allemand. On trouvera seulement, mêlées avec la liste des actes de commerce, quelques hypothèses de ces professions dans les articles L. 110-1 et L. 110-2 du Code de commerce. Il est donc nécessaire de commencer par voir la qualité de commerçant (CHAPITRE 1), avant d'envisager le principe de la liberté d'entreprendre (CHAPITRE 2) et les obligations résultant de ce statut (CHAPITRE 3).

CHAPITRE 1

La qualité de commerçant

101 La difficulté de donner une définition des commerçants tient, en partie, à la diversité des situations que recouvre cette notion. Le commerçant personne physique et la société anonyme multinationale ont-ils beaucoup de points communs ? Tous deux recherchent le profit et ils ont la volonté de spéculer. On peut également se demander, si une définition du commerçant a encore la même importance qu'autrefois, puisque désormais les artisans, les agriculteurs et l'ensemble des personnes morales de droit privé sont soumis à la procédure de sauvegarde des entreprises. Ce phénomène ne doit pas être exagéré, car la qualité de commerçant entraîne toujours de nombreuses conséquences commerciales, comptables, sociales ou fiscales.

Le statut de commerçant produit d'importants effets qui justifient une tentative de définition. Celle-ci s'effectuera en distinguant suivant que le commerçant est une personne physique (SECTION 1) ou une personne morale (SECTION 2). Cette dernière catégorie suscite d'ailleurs des difficultés moindres en raison de l'importance de la forme.

SECTION 1
LE COMMERÇANT, PERSONNE PHYSIQUE

102 Il existe actuellement une tendance au rapprochement entre les professionnels commerçants et les professionnels non commerçants qui ne sont pas soumis en principe aux règles du droit commercial. Ce mouvement a reçu une forme de consécration légale avec la loi sur la sauvegarde des entreprises qui s'applique désormais aussi bien aux commerçants, qu'aux artisans, aux agriculteurs ou aux membres des professions libérales. Le critère de séparation est celui de la spéculation qui n'est pas absolu. Pour déterminer les personnes physiques ayant la qualité de commerçant, il faut partir de la définition donnée par l'article L. 121-1 du Code de commerce et de son interprétation jurisprudentielle (**§ 1**), ce qui permettra de le distinguer de la catégorie voisine des artisans (**§ 2**), même si cette différenciation comporte une grande part d'arbitraire et si elle ne correspond à aucune nécessité pratique absolue.

§ 1. La définition du commerçant

103 Il faut commencer par envisager les éléments constitutifs de la définition du commerçant, avant d'en envisager les hypothèses particulières du conjoint du commerçant ou du partenaire du commerçant et les conséquences sur le statut privé du commerçant.

A. Les éléments constitutifs de la définition du commerçant

104 De la définition donnée par l'article L. 121-1 du Code de commerce, disposant que « sont commerçants ceux qui exercent des actes de commerce et en font leur profession habituelle », et de l'interprétation qui en a été donnée par la jurisprudence, trois conditions cumulatives doivent être réunies pour que l'on puisse qualifier une personne de commerçant : l'accomplissement d'actes de commerce, à titre professionnel et de manière indépendante[1]. Aucune autre condition ne peut les remplacer[2].

1. L'accomplissement d'actes de commerce

105 La nécessité d'accomplir des actes de commerce pour avoir la qualité de commerçant démontre de nouveau le dualisme de la conception du Code de commerce et de la commercialité. Par définition, il ne s'agit pas d'actes de commerce par accessoire qui nécessitent au préalable la qualité de commerçant de leur auteur. Il devrait en aller de même pour les actes de commerce par la forme[3], ce qui ne concerne d'ailleurs que la lettre de change. Normalement le fait pour une personne de signer régulièrement des traites ne devrait pas faire d'elle un commerçant. Pourtant, il existe parfois une certaine tendance jurisprudentielle en ce cas à lui attribuer la valeur d'un indice permettant de déclarer une personne commerçante[4].

En réalité, les actes permettant, avec une quasi-certitude, d'attribuer la qualité de commerçant sont les actes de commerce par nature quels qu'ils soient, car ils constituent la raison d'être du commerce. Ils démontrent également la recherche d'un profit personnel. D'ailleurs, ils se retrouvent dans la plupart des activités économiques, comme la production, la distribution ou les services.

Par exception, la qualité de commerçant est reconnue à certaines personnes qui n'effectuent pourtant pas des actes de commerce. En vertu de l'article L. 221-1 du Code de commerce, les associés en nom collectif ont tous la qualité de commerçant. Ce même article indique que les associés commandités ont le statut des associés en nom collectif.

1. Com. 14 févr. 2006, *Bull. civ.* IV, n° 35 ; *D.* 2006. 783, note Chevrier ; *CCE* 2006. n° 113, obs. Lécuyer.
2. V. Pédamon et Kenfack, n° 103 indiquant que la qualité de commerçant ne résulte ni de l'affirmation ou de la déclaration qu'une personne est commerçante ; ni de l'immatriculation au registre du commerce et des sociétés ; ni de l'inscription sur les listes électorales professionnelles ; ni de la possession de certaines cartes professionnelles et ni du paiement des impôts propres aux commerçants ; *cf.* Dekeuwer-Défossez et Blary-Clément, n° 39 qui considèrent que la réunion de deux conditions, l'exercice d'actes de commerce à titre de profession habituelle suffit.
3. *Cf.* Viandier et Vallensan, n° 131.
4. Com. 6 févr. 1979, *Gaz. Pal.* 1979. 1. Pan. 226 ; Com. 9 juin 1987, *JCP* 1987. IV. 283 ; toutefois en sens contraire, Com. 11 mai 1993, *Bull. civ.* IV, n° 179.

2. L'accomplissement d'actes de commerce à titre de profession

106 L'accomplissement d'actes de commerce à titre de profession suppose une certaine habitude[1] et une certaine organisation professionnelle. La difficulté consiste à savoir, s'il existe un seuil minimum pour la répétition des actes de commerce et quelle organisation professionnelle est nécessaire. En revanche, l'activité professionnelle commerciale n'a pas à être exclusive ; elle peut se cumuler avec une autre activité commerciale ou civile[2]. Ainsi par exemple, la jurisprudence a considéré comme commerçant et elle a appliqué les règles du droit des procédures collectives à un notaire qui, contrairement à ses fonctions, avait exercé un rôle de banquier en consentant des prêts avec des fonds reçus de ses clients ou empruntés à des tiers[3].

La répétition des actes de commerce permet, en réalité, de vérifier, si l'accomplissement d'un acte n'a pas été l'accessoire d'une activité civile, ce qui lui conférerait alors la qualification d'acte civil par accessoire et ne pourrait bien entendu pas attribuer à son auteur la qualité de commerçant. En aucun cas, l'acte isolé ne permettra de considérer qu'il y a eu habitude, même pour un acte de pure spéculation[4].

L'organisation professionnelle consiste dans la mise en œuvre de plusieurs moyens nécessaires pour l'activité envisagée. Pour certains, cela nécessiterait une entreprise, au sens large du terme, ou tout au moins un fonds de commerce[5], ne serait-ce que pour révéler aux tiers l'existence de la profession. De plus, le commerce se caractérise par l'existence d'une clientèle. Malgré la pertinence de cette proposition, la jurisprudence décide régulièrement que le spéculateur en bourse est un commerçant qui se voit donc appliquer certaines règles spécifiques à cette catégorie[6]. Il est pourtant difficile de considérer que spéculer constitue une profession.

1. Endréo, « L'habitude », *D.* 1981. 313 ; Pollaud-Dulian, « L'habitude en droit des affaires », *Mélanges Sayag*, p. 349.
2. Pousson-Petit, « Pluri-activité et activité mixte en quête de statut », *RTD com.* 1984. 15.
3. Com. 2 févr. 1970, *D.* 1970. 430.
4. Com. 2 oct. 1985, *Bull. civ.* IV, n° 227.
5. Ripert et Roblot, par Vogel, n° 118 s.
6. Req. 22 janv. 1936, *Gaz. Pal.* 1936. 1. 292 ; Paris 13 janv. 1976, *JCP* 1977. II. 18576, note Boizard ; *RTD com.* 1977. 73, obs. Jauffret.

3. L'accomplissement d'actes de commerce à titre professionnel pour son compte

107 Le commerçant effectue les actes de commerce en son nom et pour lui-même[1]. Par définition, il est indépendant. Les personnes faisant le commerce pour autrui ne bénéficieront jamais de cette qualité. Par exemple, les salariés, quels qu'ils soient, ne seront jamais des commerçants, puisque, par le contrat de travail, ils sont subordonnés à leur employeur. Il en va de même pour les mandataires sociaux des sociétés commerciales qui agissent pour le compte de la société qu'ils représentent.

À l'inverse, en cas de fonds de commerce indivis, chaque indivisaire est commerçant[2]. Il en est de même en cas de coexploitation, c'est-à-dire en cas d'exploitation d'un même fonds par plusieurs personnes. Chacun des exploitants ayant effectué des actes de commerce aura la qualité de commerçant[3]. Mais certaines hypothèses prêtent parfois plus à discussion.

108 Parmi les intermédiaires de commerce, on doit d'abord envisager le statut des voyageurs représentants placiers (VRP). Leurs fonctions consistent à rechercher une clientèle pour une entreprise. Leur mission leur confère une certaine autonomie, ne serait-ce qu'en raison de leur éloignement de l'entreprise ; pourtant ils sont considérés comme des salariés. Leur statut et les conditions pour en bénéficier sont actuellement réglementés par les articles L. 7311-1 et suivants du Code du travail. Ils bénéficient d'un accord interprofessionnel du 3 octobre 1975. Leur rémunération est pour partie fixe et pour partie proportionnelle au montant des commandes qu'ils ont négociées. En cas de licenciement, les indemnités qu'ils reçoivent tiennent compte de la spécificité de leur rémunération

Ils doivent travailler pour le compte d'un ou de plusieurs employeurs. Dans cette dernière hypothèse, ils sont dits multicartes. En aucune façon, il ne doit faire d'opérations commerciales pour leur compte. Le contrat de représentation doit préciser la

1. Com. 30 mars 1993, *Bull. civ.* IV, n° 126.
2. Com. 18 mars 1986, *D.* 1987. 143, note Romani.
3. Pour une responsabilité solidaire en raison des dettes d'exploitation, Com. 25 mars 1984, *JCP* 1986. II. 20530, note Défossez.

nature des prestations de services ou des marchandises offertes à la vente ou à l'achat, la région dans laquelle ils exercent leur activité ou les catégories de clients qu'ils sont chargés de visiter et le taux des rémunérations.

109 À côté des VRP, existent les agents commerciaux. Leur statut date d'une loi du 25 juin 1991[1]. Ils sont désormais régis par les articles L. 134-1 et suivants du Code de commerce. Selon l'article L. 134-1, il « est un mandataire qui, à titre de profession indépendante, sans être lié par un contrat de louage de services, est chargé, de façon permanente, de négocier et, éventuellement, de conclure des contrats de vente, d'achat, de location ou de prestation de services, au nom et pour le compte de producteurs, d'industriels, de commerçants ou d'autres agents commerciaux. Il peut être une personne physique ou une personne morale ». Leur fonction consiste donc à recueillir des commandes pour le compte d'une entreprise[2]. Ils sont liés à cette dernière par un contrat de mandat et non par un contrat de travail qui leur laisse une large autonomie. Ce mandat est réputé être d'intérêt commun[3], ce qui présente un avantage important pour ce professionnel. Le mandant ne peut plus révoquer unilatéralement le contrat. La résiliation du contrat de mandat, comme la survenance du terme pour les mandats à durée déterminée ouvre droit pour l'agent commercial à une indemnité que la jurisprudence fixe généralement à deux années de commissions brutes[4]. Ce droit à indemnité cède en cas de faute grave de l'agent commercial[5]. Celle-ci se définit comme celle « qui porte atteinte à la finalité commune du mandat d'intérêt commun et rend impossible le maintien du lien contractuel »[6].

En tant qu'intermédiaire de commerce, on s'est demandé s'ils ne devaient pas être considérés comme des commerçants. Mais la

1. Cette loi a harmonisé le droit français avec une directive communautaire du 18 décembre 1986 ; v. Leloup, « La directive européenne sur les agents commerciaux », *JCP* 1987. I. 3308 ; El Hage, « La nouvelle réglementation du contrat d'agence commerciale », *RTD com.* 1994. 197.
2. Leloup, « Les traits fondamentaux de l'agence commerciale », *AJCA*, 2014. 356.
3. Selon l'article L. 134-4 du Code de commerce, « les contrats intervenus entre les agents commerciaux et leurs mandants sont conclus dans l'intérêt commun des parties ».
4. Paris 27 oct. 2000, *D.* 2001. 477, note Chevrier.
5. Par ex. Com. 15 mai 2007, *RTD com.* 2008. 172, obs. Bouloc.
6. Com., 15 oct. 2002, *CDE*, 2003. 3. 24, obs. Grignon.

nécessité pour eux de s'immatriculer sur un registre spécial tenu au greffe du tribunal de commerce amène à les distinguer des commerçants, ce qui est d'ailleurs la position de la jurisprudence[1]. Cette dernière considère que l'exploitation d'une clientèle propre est incompatible avec le statut d'agent commercial[2]. À l'inverse, les commissionnaires, les courtiers et les prête-noms sont des commerçants.

110 Pour les personnes dénommées gérantes, certaines distinctions sont à opérer. Par définition, le gérant salarié qui exerce le commerce pour autrui n'aura jamais la qualité de commerçant, en raison de son absence d'indépendance. La question était plus discutable pour les gérants succursalistes qui cumulent les qualités de mandataires et de salariés. Ils bénéficient d'une assez grande indépendance, compatible avec la qualification de commerçant. Ils sont rémunérés par un montant fixe qui ne peut pas être inférieur au SMIC et par un pourcentage sur les ventes. Mais comme ils n'agissent pas en toute indépendance, ils sont considérés comme des salariés. Ils profitent d'ailleurs de la plupart des avantages attachés à cette catégorie.

La loi du 2 août 2005 sur les petites et moyennes entreprises a créé le statut de gérant mandataire qui figure aux articles L. 146-1 et suivants du Code de commerce. Les personnes physiques ou morales qui gèrent un fonds de commerce ou un fonds artisanal, moyennant le versement d'une commission proportionnelle au chiffre d'affaires, sont qualifiées de gérants mandataires, lorsque le contrat conclu avec le mandant, pour le compte duquel, y compris dans le cadre d'un réseau, elles gèrent ce fonds, qui en reste propriétaire et qui en supporte les risques d'exploitation. Le mandat fixe une mission à ce gérant mandataire, tout en lui laissant les moyens d'exercer cette activité. L'article D. 146-1 du Code de commerce précise le contenu du document précontractuel qui doit être remis à ce dernier et qui lui permet de bénéficier d'information sur le mandat, sur le fonds et sur les conditions d'exécution du contrat.

1. Com. 29 oct. 1979, *Gaz. Pal.* 1980. 1. 87, note Dupichot ; *RTD com.* 1980. 68, obs. Derruppé.
2. Com. 10 juill. 2007, *RTD com.* 2008. 45, obs. Saintourens.

Ce mandataire est immatriculé au registre du commerce et des sociétés ou au répertoire des métiers. Le contrat sera mentionné sur ce registre et il devra être publié auprès d'un journal habilité à recevoir les annonces légales. Une convention cadre fixera notamment le montant minimal de la rémunération. En cas de résiliation du contrat par le mandant, sauf faute grave du gérant mandataire, celui-ci verse à ce dernier, hormis un accord plus favorable, au montant des commissions acquises ou à la commission minimale garantie pendant les six mois précédant la résiliation du contrat, ou pendant la durée d'exécution du contrat si celle-ci a été inférieure à six mois.

En revanche, le locataire gérant, encore appelé gérant libre, a la qualité de commerçant, puisqu'il exploite le fonds de commerce loué en toute indépendance. Il en va de même en cas d'appartenance à un réseau commercial, qu'il s'agisse d'un réseau de distribution, de franchise ou de concession. Chacun des membres exerce le commerce en son nom propre et en toute indépendance.

B. Le particularisme de la situation du conjoint du commerçant

111 Pendant de nombreuses années, la situation de l'époux étranger à l'activité commerciale de son conjoint ne faisait l'objet d'aucune mesure spécifique. Cette situation n'est plus totalement exacte. Le droit de la sauvegarde des entreprises a eu d'importantes répercussions sur cet époux. Mais surtout, il existe désormais certaines obligations d'information du conjoint dans le but de le protéger. Cette protection est prévue lorsque l'entrepreneur est marié sous un régime communautaire. Selon l'article L. 526-4 du Code de commerce, lors de sa demande d'immatriculation à un registre de publicité légale, l'entrepreneur doit justifier que son conjoint a été informé des conséquences sur les biens communs des dettes contractées dans l'exercice de sa profession[1]. Un décret du 9 mai 2007 a inséré un article R. 123-121-1 dans le Code de commerce prévoyant que lors de sa demande d'immatriculation, la personne

1. Dagot, « L'information du conjoint du commerçant », *JCP* N 2004. 561.

physique dépose sous sa responsabilité (dans les formes prévues à l'article R. 123-102) une attestation de délivrance de l'information donnée à son conjoint commun en biens sur les conséquences des dettes contractées dans l'exercice de sa profession sur les biens communs, établie conformément à un modèle défini par arrêté du garde des Sceaux.

En tout état de cause, chacun des époux a la possibilité d'être commerçant, s'il en remplit les conditions, avec tous les droits et toutes les obligations qui en résultent. Mais il arrive fréquemment qu'un époux se contente de participer à l'activité professionnelle de son conjoint commerçant. La matière a été modifiée en grande partie par une loi du 10 juillet 1982 partiellement intégrée dans le Code de commerce[1]. Quatre hypothèses doivent être distinguées, celle du conjoint salarié, celle du conjoint associé, celle du conjoint collaborateur et celle du conjoint coexploitant. Dans les trois premières hypothèses, le conjoint ne sera pas, en principe, considéré comme commerçant, alors qu'il le sera plus facilement dans la quatrième. Dans toutes les hypothèses où un conjoint aura participé sans être rémunéré à l'activité commerciale de l'autre pendant au moins dix ans, il bénéficiera d'un droit de créance dans la succession de ce dernier. L'article 14 de la loi du 31 décembre 1989 lui octroi un droit de créance égal à trois années de salaire minimum interprofessionnel de croissance en vigueur au jour du décès, sans pouvoir excéder 25 % de l'actif successoral.

1. Le conjoint non commerçant

112 Le statut du conjoint de l'entrepreneur a été partiellement modifié par la loi du 2 août 2005. L'article L. 121-4 du Code de commerce dispose que : « Le conjoint du chef d'une entreprise artisanale, commerciale ou libérale qui y exerce de manière régulière une activité professionnelle opte pour l'un des statuts suivants : conjoint collaborateur, conjoint salarié conjoint associé ».

1. Sur cette loi, D. Martin, *Le conjoint du commerçant ou de l'artisan*, 1984 ; Colomer, « Le statut des conjoints d'artisans et de commerçant travaillant dans l'entreprise familiale », *Defrénois* 1982. 1393 ; Randoux, « Le conjoint du chef d'une entreprise artisanale ou commerciale ; collaborateur, salarié ou associé ? », *JCP* 1983. I. 3103 ; Guyénot, « Les conjoints d'artisans et de commerçants travaillant dans l'entreprise familiale », *ALD* 1983. 89 et 95.

Le contrat de travail est licite entre époux. Le statut de ce contrat de travail a été longtemps prévu par l'article L. 784-1 du Code du travail. Mais cette disposition a été abrogée avec l'entrée en vigueur du nouveau Code du travail. Son statut relève des articles L. 121-4 et suivants du Code de commerce. Le conjoint doit participer à l'activité professionnelle de manière habituelle et professionnelle[1]. La jurisprudence a cependant récemment précisé que l'existence d'un lien de subordination n'est pas une condition pour l'application du statut de conjoint salarié de l'époux commerçant[2]. L'article L. 311-6 du Code de la sécurité sociale prévoit son affiliation au régime général de la sécurité sociale.

Fiscalement, cette situation n'était pas toujours très intéressante pour le commerçant, en raison du plafonnement de la déduction du salaire versé à son conjoint qui pendant un temps dépendait du régime matrimonial adopté par les époux. Assez logiquement, cette distinction a été supprimée par l'article 154 du Code général des impôts. Si le commerçant est adhérent d'un centre de gestion agréé, les salaires versés au conjoint sont intégralement déductibles du bénéfice imposable. En l'absence d'une telle adhésion, la déduction est limitée à 13 800 euros.

113 L'article 1832-1 du Code civil prévoit que les époux peuvent être associés dans une même société, quelle que soit la forme de la société[3]. Cette même disposition indique que des biens communs peuvent être apportés à la société. Si un seul des époux utilise un bien commun pour effectuer un apport ou acquérir des parts, cet article prévoit que son conjoint, pour les sociétés à droits sociaux non négociables, a la possibilité de devenir associé, lorsqu'il en fait la demande avant la dissolution de la communauté. En cas de notification effectuée postérieurement à l'apport ou à l'acquisition, les associés peuvent lui opposer une clause d'agrément.

Par exception aux principes traditionnels existant en la matière, les apports en industrie sont autorisés dans les SARL, dans les conditions du droit commun prévu par l'article 1843-2,

1. Pour l'exclusion de l'aide occasionnelle Com. 13 juill. 1955, *Gaz. Pal.* 1955. 2. 254.
2. Soc., 6 nov. 2001, *RTD com.* 2002. 36, obs. Saintourens.
3. Dekeuwer-Défossez, « Mariage et sociétés », *Mélanges Roblot*, p. 271.

alinéa 2 du Code civil. Les parts en industries ne sont pas comptées dans le capital social, mais elles permettent au conjoint de bénéficier de droits de vote et d'une part des bénéfices. Cette solution est importante dans les hypothèses fréquentes en pratique d'époux mariés sous le régime de la séparation de biens, lorsque le commerçant apporte le fonds de commerce lui appartenant en propre et que son conjoint ne peut apporter ni argent ni autre bien. Les apports en industrie demeurent prohibés dans les sociétés anonymes. L'entreprise commerciale ou artisanale peut alors faire l'objet d'une attribution préférentielle.

114 La collaboration du conjoint consiste dans l'accomplissement d'un travail effectué de manière subordonnée, mais sans recevoir de rémunération[1]. Selon l'article R. 121-1 du Code de commerce, est considéré comme conjoint collaborateur le conjoint du chef d'une entreprise commerciale, artisanale ou libérale qui exerce une activité professionnelle régulière dans l'entreprise sans percevoir de rémunération et sans avoir la qualité d'associé au sens de l'article 1832 du Code civil. Pour les sociétés, le statut de conjoint collaborateur n'est autorisé qu'au conjoint du gérant unique ou du gérant associé majoritaire d'une société à responsabilité limitée ou d'une société d'exercice libéral à responsabilité limitée répondant à des conditions de seuil. Ces dernières ont été fixées par l'article R. 121-4 qui prévoit que le statut de conjoint collaborateur est ouvert au conjoint du chef d'une entreprise dont l'effectif n'excède pas vingt salariés. Si sur une période de vingt-quatre mois consécutifs, l'effectif salarié dépasse le seuil de vingt salariés, le chef d'entreprise doit, dans les deux mois, demander la radiation de la mention du conjoint collaborateur.

Le chef d'entreprise a la possibilité de déclarer cette collaboration au registre du commerce et des sociétés. Cette inscription produit trois conséquences.

Le conjoint collaborateur reçoit un mandat légal lui permettant d'effectuer au nom du chef d'entreprise tous les actes d'administration nécessaires aux besoins de l'entreprise. Ce mandat cesse

1. Cocquempot-Caulier, « La protection du conjoint collaborateur... un leurre ! », *JCP* E 2002. 676.

avec la dissolution du mariage, la séparation de corps, la séparation judiciaire de biens ou en cas de déclaration notariée du chef d'entreprise publiée au registre du commerce et des sociétés. Ce conjoint collaborateur devient électeur et éligible aux chambres de commerce et aux tribunaux de commerce. Il bénéficie de l'assurance maladie du chef d'entreprise et éventuellement d'un régime d'assurance vieillesse. Mais cette inscription ne lui confère pas la qualité de commerçant. Il n'a donc pas la possibilité de demander l'ouverture d'une procédure collective[1].

Mais, le plus souvent, la collaboration est de pur fait. Le conjoint collaborateur ne bénéficiera alors d'aucune prérogative particulière. Il ne sera également pas soumis aux obligations résultant du statut de commerçant. La loi du 2 août 2005 prohibe ce type de collaboration. Le décret du 1er août 2006 a tenté de lutter contre cette forme de collaboration en incitant les conjoints collaborateurs hors statuts à régulariser leur situation. Toutefois, ce texte n'a pas prévu de sanctions spécifiques. Certains ont proposé d'appliquer les règles prévues pour le travail dissimulé par le Code du travail[2].

115 Le législateur a également entendu mieux protéger le patrimoine familial. Le nouvel article L. 121-7 du Code de commerce prévoit que dans les rapports avec les tiers, les actes de gestion et d'administration accomplis pour les besoins de l'entreprise sont réputés l'être pour le compte du chef d'entreprise. Ils n'entraînent aucune obligation personnelle à la charge du conjoint collaborateur.

À cette occasion et de manière critiquable, il a été inséré dans le Code civil un article 1387-1 disposant que « lorsque le divorce est prononcé, si des dettes ou des sûretés ont été consenties par les époux solidairement ou séparément, dans le cadre de la gestion d'une entreprise, le tribunal de grande instance peut décider d'en faire supporter la charge exclusive au conjoint qui conserve le patrimoine professionnel, ou, à défaut, la qualification profession-

1. Com. 11 févr. 2004, *D.* 2004. 565, obs. A. Lienhard ; *Defrénois* 2004. 1654, obs. Gibirila ; *RTD com.* 2004. 243, obs. Saintourens.
2. Dekeuwer-Défossez et Blary-Clément, n° 193.

nelle ayant servi de fondement à l'entreprise »[1]. Cette nouvelle disposition donne pouvoir au juge, lors d'une procédure de divorce et donc en dehors de toute procédure collective, de libérer l'un des époux du poids d'une dette professionnelle ou de la charge d'une sûreté en le faisant supporter à celui qui demeure propriétaire de l'entreprise.

2. Le conjoint commerçant

116 Selon l'article L. 121-3 du Code de commerce, « le conjoint d'un commerçant n'est réputé lui-même commerçant que s'il exerce une activité commerciale séparée de celle de son conjoint[2] ». Cette disposition présume que l'époux coexploitant n'acquiert pas la qualité de commerçant et donc elle empêche des époux d'exploiter ensemble un même fonds de commerce. Toutefois une réponse ministérielle a indiqué que ce texte posait seulement une présomption simple d'absence de commercialité[3].

La jurisprudence a reconnu la qualité de commerçant à un conjoint coexploitant d'un fonds de commerce « pour avoir, de manière indépendante, exercé des actes de commerce et en avoir fait sa profession habituelle[4] ». La coexploitation n'entraîne donc pas, en elle-même, la qualité de commerçant pour le conjoint qui ne l'acquerra que, si l'on démontre qu'il remplit lui-même les qualités pour recevoir cette qualification.

En tout état de cause, un résultat identique est atteint par la technique de la société de fait, puisque l'article 1873 du Code civil leur applique les règles de la société en participation. Les époux peuvent être tenus solidairement des dettes sociales.

1. Crocq, « Les bons sentiments ne font pas les bons textes (à propos du nouvel article 1387-1 du Code civil) », *D.* 2005. 2025 ; Piedelièvre, « Le nouvel article 1387-1 du Code civil (ou de l'utilisation d'un pavé par un ours) », *D.* 2005. 2138.
2. Maubru, « La fin d'une jurisprudence : le nouvel article 4 du Code de commerce », *JCP* 1983. I. 3109.
3. *JO* Déb. Sénat 13 oct. 1983, p. 1438.
4. Com. 15 oct. 1991, *Bull. civ.* IV, n° 286.

C. Le particularisme de la situation du partenaire du commerçant

117 Depuis la loi du 4 août 2008, le partenaire pacsé d'un commerçant participant à l'activité professionnelle de son compagnon bénéficie des dispositions prévues par l'article L. 121-4 du Code de commerce. Il a la faculté d'opter pour l'un des statuts suivants : conjoint collaborateur, conjoint salarié, conjoint associé. En revanche, cette faculté n'est pas accordée en cas de concubinage.

Chaque partenaire à la possibilité d'exercer séparément le commerce. Selon l'article 515-5 du Code civil, chacun des partenaires conserve l'administration, la jouissance et la libre disposition de ses biens personnels. Hormis pour les dettes ménagères, chacun d'eux reste seul tenu des dettes personnelles nées avant ou pendant le pacte. Cela vise notamment les dettes résultant de l'activité commerciale.

Les partenaires ont la possibilité d'aménager le pacs et ils peuvent soumettre au régime de l'indivision les biens qu'ils acquièrent à compter de l'enregistrement de la convention. Ces biens sont alors réputés indivis par moitié, sans recours de l'un des partenaires contre l'autre au titre d'une contribution inégale. On applique alors les règles de l'indivision légale. Le système n'est pas sans inconvénient pour le droit du crédit, puisque si le fonds de commerce est commun, les créanciers ne pourront l'appréhender directement, ils devront provoquer le partage en application de l'article 815-17 du Code civil.

D. Les conséquences de la qualité de commerçant sur le statut privé de la personne

118 La qualité de commerçant rejaillit nécessairement sur le statut privé de la personne. Certaines conséquences s'appliqueront à l'ensemble des commerçants, alors que d'autres nécessiteront que le commerçant soit marié.

1. Les conséquences communes à tous les commerçants

119 Les conséquences communes à tous les commerçants affectent les éléments de la personnalité que sont le patrimoine, le nom et le domicile.

a. Le patrimoine

120 Le droit français était traditionnellement régi par le principe de l'unité du patrimoine. Il s'agit d'un ensemble de droits et d'obligations dont une personne est le support. On se trouvait en présence d'une universalité dont le contenu est variable. Expression de la personnalité, le patrimoine était nécessairement unique. Il n'existait pas de patrimoine d'affectation. Le commerçant ne pouvait avoir qu'un seul patrimoine, ce qui empêchait un cloisonnement entre l'activité professionnelle et l'activité domestique. Son fonds de commerce ne bénéficiait d'aucune autonomie financière de principe. Ce principe explique la création des sociétés à risque limité à associé unique, qui n'ont pas d'ailleurs rencontré le succès escompté, permettant ainsi par le biais de la personnalité morale d'affecter un patrimoine à une entreprise commerciale.

Pourtant actuellement, de manière exceptionnelle, le législateur distingue parfois entre la partie professionnelle et la partie privée du patrimoine. Par exemple, l'article L. 622-3 du Code de commerce prévoit des règles de pouvoirs différents pour le commerçant soumis à une procédure collective suivant qu'ils s'exercent sur ses biens professionnels ou sur ses biens domestiques. Mais surtout, le législateur est intervenu pour permettre à certaines personnes physiques de protéger tout ou partie de leurs biens domestiques.

121 Depuis la loi sur l'initiative économique du 1er août 2003, un entrepreneur individuel avait la possibilité de rendre sa résidence familiale indisponible[1]. Le titre II « Des garanties » du livre V du Code de commerce « Des effets de commerce et des garanties » est complété par un chapitre 6 intitulé : « De la protection de l'entrepreneur individuel et du conjoint ». D'abord prévue pour la résidence principale, la déclaration d'insaisissabilité a été étendue à l'ensemble des immeubles par la loi du 4 août 2008[2]. Selon l'article L. 526-1 du Code de commerce, « par dérogation aux

1. Piedelièvre, « L'insaisissabilité de la résidence principale de l'entrepreneur individuel », *JCP* 2003. I. 165 ; Malecki, « La loi pour l'initiative économique et l'insaisissabilité de la résidence principale de l'entrepreneur individuel », *D.* 2003. 2220 ; Autem, « L'insaisissabilité de la résidence principale de l'entrepreneur individuel », *Defrénois* 2004. 327.
2. Piedelièvre, « Le nouveau droit de l'insaisissabilité », *Defrénois* 2008. 2245.

articles 2284 et 2285 du Code civil, une personne physique immatriculée à un registre de publicité légale à caractère professionnel ou exerçant une activité professionnelle agricole ou indépendante peut déclarer insaisissables ses droits sur l'immeuble où est fixée sa résidence principale ainsi que sur tout bien foncier bâti ou non bâti qu'elle n'a pas affecté à son usage professionnel ». Il n'est donc plus nécessaire de distinguer la résidence principale et la résidence secondaire, pas plus que les immeubles bâtis et les immeubles non bâtis. La déclaration d'insaisissabilité pourra désormais englober un ou plusieurs biens immobiliers.

L'article L. 526-1 du Code de commerce vise « une personne physique immatriculée à un registre de publicité légale à caractère professionnel ou exerçant une activité professionnelle agricole ou indépendante ». Les personnes morales, quelle que soit leur activité, sont exclues de cette mesure de protection. Le législateur a considéré qu'elles ont déjà la possibilité, du fait de leur forme sociétaire, de limiter leur responsabilité pécuniaire. La déclaration d'insaisissabilité vise uniquement les créances professionnelles, ce qui posera inévitablement des difficultés de délimitation. Pour les créanciers professionnels, une distinction s'impose. Pour les créances nées antérieurement à la publication de la déclaration d'insaisissabilité, le principe demeurera toujours celui du droit de gage général portant sur l'intégralité du patrimoine du débiteur. Pour celles nées postérieurement à la publication, les droits du créancier seront limités, puisqu'il ne pourra plus saisir le ou les immeubles figurant dans la déclaration d'insaisissabilité. Il existe deux ruptures d'égalité entre les créanciers.

122 Il est toujours possible de renoncer à la déclaration d'insaisissabilité. L'article L. 526-3 dispose que « la déclaration peut, à tout moment, faire l'objet d'une renonciation soumise aux mêmes conditions de validité et d'opposabilité. La renonciation peut porter sur tout ou partie des biens ; elle peut être faite au bénéfice d'un ou plusieurs créanciers mentionnés à l'article L. 526-1 désignés par l'acte authentique de renonciation. Lorsque le bénéficiaire de cette renonciation cède sa créance, le cessionnaire peut se prévaloir de celle-ci ». Ces renonciations devront intervenir par acte notarié et elles sont soumises aux mêmes mesures de publicité que la déclaration initiale. Elles prendront effet une fois effectuées les différentes mesures de publicité. La renonciation peut porter sur tout ou partie des biens. Lorsqu'elle porte sur l'intégralité des immeubles, elle conduit à une extinction de la déclaration d'insaisissabilité. Tous les biens de l'entrepreneur individuel redeviennent le gage des créanciers, sans qu'il y ait lieu de dissocier suivant le caractère professionnel ou domestique des créances. Les mêmes règles s'appliquent en cas de renonciation partielle, précision étant donnée que le droit d'action du créancier professionnel n'est toujours pas intégral, mais que son droit de gage est étendu à un ou plusieurs immeubles déterminés.

La loi sur la modernisation de l'économie donne la possibilité pour l'entrepreneur individuel de renoncer à la déclaration d'insaisissabilité en faveur d'un ou de plusieurs créanciers déterminés. On risque d'aboutir à des solutions assez surprenantes. On peut penser que certains professionnels, et notamment les établissements de crédit, auront intérêt à solliciter, ou plutôt à imposer, la souscription d'insaisissabilité par l'entrepreneur, suivie d'une renonciation à leur profit.

123 L'une des faiblesses de la déclaration d'insaisissabilité tenait au fait que le législateur n'a pas réglé le sort de l'insaisissabilité en cas de procédure collective[1]. Il appartient donc à la jurisprudence de résoudre les difficultés résultant de cette matière. Par un arrêt du 28 juin 2011, la Cour de cassation a indiqué que le débiteur peut opposer la déclaration d'insaisissabilité qu'il a effectuée, avant d'être mis en liquidation judiciaire, malgré la règle du dessaisissement de l'article L. 641-9 du Code de commerce[2]. Par un arrêt du 18 juin 2013, celle-ci a d'ailleurs conforté cette solution importante d'un point de vue pratique sur le droit d'action d'un liquidateur[3]. La déclaration d'insaisissabilité n'a d'effet qu'à l'égard des créanciers dont les droits naissent, postérieurement à

1. S. Cabrillac, « La conservation directe de l'immeuble : insaisissabilité et inaliénabilité », in *La protection de l'accédant immobilier*, Litec, 2010, p. 129.
2. Com. 28 juin 2011, *D.* 2011. 1751, obs. Lienhard ; *JCP* E 2011. 1551, obs. Pérochon ; *RD banc. fin.* 2011. 171, obs. Piedelièvre.
3. Com. 18 juin 2013, n° 11-23.716, *D.* 2013. 1618, obs. Lienhard ; *JCP* E 2013. 1452, obs. Lebel ; *JCP* N 2014. 1133, note Garçon ; *RD banc. fin.* 2013. 159, obs. Piedelièvre.

sa publication, à l'occasion de l'activité professionnelle du déclarant. Le liquidateur n'a donc pas qualité pour agir, dans l'intérêt de ces seuls créanciers, en inopposabilité de la déclaration d'insaisissabilité[1].

Le législateur a réduit l'efficacité de la déclaration d'insaisissabilité avec l'objectif de la rendre moins attractive. La loi du 6 décembre 2013 relative à la lutte contre la fraude fiscale et la grande délinquance économique et financière a prévu que l'administration fiscale a le droit de saisir les biens immobiliers de l'entrepreneur individuel même s'ils ont été déclarés insaisissables, lorsque ce dernier s'est rendu coupable de manœuvres frauduleuses ou d'inobservation grave et répétée de ses obligations fiscales au sens de l'article 1729 du Code général des impôts.

Mais surtout l'ordonnance du 12 mars 2014 portant réforme de la prévention des difficultés des entreprises et des procédures collectives a entendu lutter contre deux tendances que pouvaient avoir de nombreux chefs d'entreprises. La première est que, dès la cessation des paiements, un entrepreneur individuel souscrive une déclaration d'insaisissabilité avec l'objectif de soustraire certains de ses actifs de la procédure collective. L'article L. 632-1, 12° du Code de commerce prévoit désormais qu'est nulle, lorsqu'elle est intervenue depuis la date de cessation des paiements, la déclaration d'insaisissabilité faite par le débiteur.

La seconde est que les chefs d'entreprise avaient la possibilité de souscrire valablement une déclaration d'insaisissabilité dès que les premières difficultés apparaissaient, donc avant la date de cessation des paiements. Le législateur reprend ici une règle déjà posée pour les actes à titre gratuit. L'article L. 632-1 est complété et il prévoit que « le tribunal peut, en outre, annuler les actes à titre gratuit visés au 1° du I et la déclaration visée au 12° faits dans les six mois précédents la date de cessation des paiements ».

Le législateur a ainsi entendu lutter contre un comportement qui était proche de la fraude et qui n'avait pour objectif que de permettre à un entrepreneur individuel se sachant en difficultés

1. Com. 13 mars 2012, *D.* 2012. 1460, note Marmoz ; *RD banc. fin.* 2012. 91, obs. Piedelièvre.

d'essayer de sauvegarder certains éléments de son patrimoine. Or, jusque-là, le liquidateur était démuni, puisque faute de pouvoir prétendre agir dans l'intérêt collectif des créanciers, il n'était pas recevable à exercer l'action paulienne[1]. Cette solution n'est pas remise en cause par l'ordonnance du 12 mars 2014[2].

Malgré tout, l'innovation est assez limitée dans la mesure où le principe demeure celui de l'opposabilité de la déclaration d'insaisissabilité à la procédure collective. Faite hors de la période de cessation des paiements, elle conserve tout son intérêt. Il suffit donc que l'entrepreneur individuel soit suffisamment prévoyant.

124 La loi du 15 juin 2010 a introduit l'entreprise individuelle à responsabilité limitée (EIRL) dans notre système juridique[3]. Selon l'exposé des motifs de cette loi, ce texte « répond à une des principales préoccupations des entrepreneurs individuels, qu'ils soient artisans, commerçants ou libéraux : la protection de leurs biens personnels en cas de faillite. Jusqu'à présent, à la différence des entrepreneurs ayant créé une société, les entrepreneurs individuels doivent répondre de leurs dettes professionnelles sur la totalité de leur patrimoine ». Pour le moment, elle n'a pas eu le succès escompté. Pour cette raison, la loi du 18 juin 2014 a tenté de la rendre plus attractive[4].

Dans la théorie classique du patrimoine, il est impossible de transmettre un patrimoine entre vifs, il est seulement possible de transmettre certains éléments, voire tous ses biens actuels. En

1. Com. 23 avr. 2013, n° 12-16.035, *D.* 2013. 1127, obs. Lienhard ; *D.* 2013. 2363, note Lucas ; *Gaz. Pal.* 18-19 sept. 2013, p. 21, obs. S. Cabrillac ; *Rev. sociétés* 2013. 377, obs. Roussel Galle ; *RD banc. fin.* 2012. 135, obs. Piedelièvre ; *JCP* E 2013. 1380, note Pétel ; *LPA* 11 juin 2013. 377, note Legrand ; *Defrénois* 2013. 784, note Vauvillé.

2. En ce sens Le Corre, « Premiers regards sur l'ordonnance du 12 mars 2014 réformant le droit des entreprises en difficultés », *D.* 2014. 733, n° 46 ; v. en sens contraire Laffly et Martin, « Les innovations de l'ordonnance du 12 mars 2014 », *JCP* 2014. 524.

3. Dinh, « L'EIRL, un hybride en droit français », *JCP* E 2010. 1979 ; Dondéro, « L'EIRL ou l'entrepreneur fractionné », *JCP* 2010. Act. 379 ; Dubuisson, « Angoisse du patricien face à un entrepreneur individuel qui veut s'engager comme EIRL », *JCP* N 2010. 1263 ; Legrand, « L'auto-entrepreneur à l'ère de l'EIRL », *D.* 2010. 1898 ; Libchaber, « Feu la théorie du patrimoine », *Bull. Joly sociétés* 2010. 316 ; Lucas, « Les dangers de l'EIRL », *Dr. et patr.* mai 2010. 48 ; Mallet, « Création de l'entrepreneur individuel à responsabilité limitée (EIRL) », *JCP* N 2010. 505 ; Marmoz, « L'EIRL : nouvelle technique d'organisation de l'entreprise », *D.* 2010. 1570 ; Notté, « L'entrepreneur individuel à responsabilité limitée », *JCP* E 2010. Act. 346 ; Piedelièvre, « L'entreprise individuelle à responsabilité limitée », *Defrénois* 2010. 1417 ; Pierre, « L'entreprise à patrimoine affecté : la résurgence d'un serpent de mer », *JCP* E 2009. 2184 ; Saintourens, « L'entrepreneur individuel à responsabilité limitée », *Rev. sociétés* 2010. 351.

4. Piedelièvre, « Un nouveau départ pour l'EIRL », *Gaz. Pal.* 17-18 sept. 2014, p. 9.

revanche, la transmission du patrimoine s'effectue à cause de mort. Ces principes ne s'appliquent pas pour le patrimoine d'affectation qui se caractérise par le fait qu'un ensemble déterminé de biens sera affecté à une destination particulière. Il en résulte notamment la conséquence suivant laquelle la transmission du patrimoine affecté peut être une transmission entre vifs ou une transmission à cause de mort.

Mais peut-être surtout, L'EIRL permet de limiter le droit de gage des créanciers professionnels, avec la scission qu'il opère dans le patrimoine de l'entrepreneur individuel, avec d'un côté le patrimoine professionnel et de l'autre le patrimoine domestique. L'intérêt du dispositif instauré par le législateur se résume en deux propositions : l'entrepreneur individuel à responsabilité limitée n'est pas tenu de remplir la totalité de ses engagements sur l'intégralité de son patrimoine et l'intégralité de son patrimoine n'est plus le gage de ses créanciers. Il limite ainsi, du moins en théorie, les risques du commerce. Les créanciers professionnels, même en principe ceux antérieurs à la constitution de l'EIRL, n'auront d'action que contre les biens professionnels.

Selon l'article L. 526-6 alinéa 2 du Code de commerce, « ce patrimoine est composé de l'ensemble des biens, droits, obligations ou sûretés dont l'entrepreneur individuel est titulaire, nécessaires à l'exercice de son activité professionnelle. Il peut comprendre également les biens, droits, obligations ou sûretés dont l'entrepreneur individuel est titulaire, utilisés pour les besoins de son activité professionnelle et qu'il décide d'y affecter ».

La composition du passif est prévue par l'article L. 526-12 du Code de commerce. Il part du principe incontestable suivant lequel la déclaration d'affectation est opposable de plein droit aux créanciers dont les droits sont nés postérieurement à son dépôt. Il ajoute également qu'« elle est opposable aux créanciers dont les droits sont nés antérieurement à son dépôt à la condition que l'entrepreneur individuel à responsabilité limitée le mentionne dans la déclaration d'affectation et en informe les créanciers dans des conditions fixées par voie réglementaire ».

La constitution d'un patrimoine d'affectation nécessite une déclaration d'affectation qui a été conçue comme un mécanisme de transparence. La formalité se dédouble et elle répond à un double objectif. Elle est d'abord un élément de publicité. À partir du moment où les droits des créanciers risquent d'être modifiés à l'avenir, il est normal qu'ils en soient informés. Elle est également un élément d'appréciation de la consistance du patrimoine d'affectation et de sa réalité. L'entrepreneur a donc l'obligation d'effectuer une mesure de publicité[1] et de confectionner un état descriptif des biens affectés.

125 Le droit des procédures collectives a été adapté à la possibilité qu'a désormais un entrepreneur d'être titulaire de plusieurs patrimoines[2]. La procédure collective n'appréhendera plus l'ensemble du patrimoine, aussi bien du côté actif que du côté passif, du débiteur en difficultés, mais seulement le patrimoine affecté. Le principe du cloisonnement posé par l'ordonnance du 9 décembre 2010 postule que la procédure affectant un patrimoine affecté ne doit pas se répercuter sur les autres patrimoines du débiteur en difficultés ; il existe donc un cantonnement de la procédure. Mais il signifie également qu'il est possible qu'un débiteur subisse en même temps plusieurs procédures. Or il sera possible pour lui de constituer plusieurs patrimoines d'affectation à compter du 1er janvier 2013.

Toutefois des limites au cloisonnement des procédures ont été posées. Certaines se justifient par la nature de la créance. En cas de redressement judiciaire, et la règle est la même pour la liquidation judiciaire, l'article L. 631-11 est modifié afin de préciser que le juge-commissaire appelé à statuer sur l'allocation de subsides

1. L'article L. 526-7 du Code de commerce prévoit que « la constitution du patrimoine affecté résulte du dépôt d'une déclaration effectuée : 1° Soit au registre de publicité légale auquel l'entrepreneur individuel est tenu de s'immatriculer ; 2° Soit au registre de publicité légale choisi par l'entrepreneur individuel en cas de double immatriculation ; dans ce cas, mention en est portée à l'autre registre ; 3° Soit, pour les personnes physiques qui ne sont pas tenues de s'immatriculer à un registre de publicité légale ou pour les exploitants agricoles, à un registre tenu au greffe du tribunal statuant en matière commerciale du lieu de leur établissement principal ».

2. Dondero, « EIRL – *Duo in carne una* – À propos de l'ordonnance du 9 décembre 2010 », *JCP* 2010. 1261 ; Piedelièvre, « L'EIRL et le droit des procédures collectives », *LPA* 4 févr. 2011, 7 ; Vallansan, « Le sort de l'éventuelle entreprise à patrimoine affecté soumise à une procédure collective, quelques observations sur le projet de création d'entreprise à patrimoine affecté », *JCP* E 2010. 1083 ; Vauvillé, « La procédure collective de l'entrepreneur individuel à responsabilité limitée », *Defrénois* 2011. 137.

prélevés sur l'actif de la procédure collective au profit du débiteur personne physique et de sa famille doit se déterminer en considération de l'ensemble des revenus, tous patrimoines confondus, perçus par l'EIRL. On a ici une dérogation au principe de l'indépendance des procédures qui se justifie par la nature alimentaire des subsides.

Les limites plus importantes résultent d'un manquement par l'entrepreneur à ses obligations et le plus souvent de sa mauvaise foi. En ce cas, la sanction consistera dans la disparition de l'affectation et donc d'une certaine façon le rétablissement de l'unité patrimoniale. Pour autant ce rétablissement ne sera pas obligatoirement général ; il profitera seulement aux créanciers de la procédure dans laquelle le débiteur aura manqué à ses obligations.

Les dérogations au cloisonnement résultent également de sanctions prononcées à l'encontre de l'entrepreneur à patrimoine affecté. Cette hypothèse est très intéressante en pratique, car on rapproche ici le statut de l'entrepreneur individuel de celui du dirigeant de sociétés. Il en est ainsi en cas de faute de gestion. L'article L. 651-2 du Code de commerce prévoit que « lorsque la liquidation judiciaire d'une personne morale fait apparaître une insuffisance d'actif, le tribunal peut, en cas de faute de gestion ayant contribué à cette insuffisance d'actif, décider que le montant de cette insuffisance d'actif sera supporté, en tout ou en partie, par tous les dirigeants de droit ou de fait, ou par certains d'entre eux, ayant contribué à la faute de gestion. En cas de pluralité de dirigeants, le tribunal peut, par décision motivée, les déclarer solidairement responsables ».

b. Le nom

126 Il est fréquent qu'un commerçant utilise son nom à des fins commerciales[1]. Dans ce cas, il devient fréquemment un élément du fonds de commerce. On assiste alors à un changement de nature du nom qui, d'élément de la personnalité, devient un droit de propriété incorporelle. Son titulaire a la possibilité de conclure

1. Pollaud-Dulian, « L'utilisation du nom patronymique comme nom commercial », *JCP* 1992. I. 3618 ; Vivant, « Le patronyme saisi par le patrimoine », *Mélanges Colomer*, p. 517.

des accords pour autoriser son utilisation par autrui[1]. En cas de cession d'un fonds de commerce, le nom pourra être cédé avec le fonds, ou isolément. Le cédant est tenu d'une obligation de garantie au sens de l'article 1628 du Code civil[2]. En cas d'homonymie, il existe certains risques de concurrence déloyale.

c. Le domicile

127 Selon l'article 102 du Code civil, « le domicile de tout Français, quant à l'exercice de ses droits civils, est au lieu où il a son principal établissement ». Le domicile commercial peut être identique au domicile civil. Mais il arrive souvent qu'il soit distinct. En ce cas, il se trouve au lieu du principal établissement commercial ou industriel. Ce critère a été indirectement modifié par l'article R. 123-32 du Code de commerce, donnant compétence, pour l'immatriculation, au greffe du tribunal où se trouve le siège de l'entreprise, s'il diffère du principal établissement.

Il est possible pour le commerçant personne physique de souscrire un contrat de domiciliation. L'article L. 123-10 du Code de commerce l'autorise à domicilier son entreprise dans des locaux déjà occupés par d'autres commerçants. Ce contrat doit respecter les dispositions de l'article R. 123-168. Le contrat de domiciliation est rédigé par écrit. Il est conclu pour une durée d'au moins trois mois renouvelable par tacite reconduction. La personne domiciliée prend l'engagement d'utiliser effectivement et exclusivement les locaux. Elle est tenue d'informer le domiciliataire de toute modification concernant son activité.

2. Les conséquences spécifiques aux commerçants mariés

128 Le mariage produit nécessairement de nombreuses conséquences pour le commerçant. Les pouvoirs de l'époux commerçant sont liés à certaines règles issues du droit des régimes matrimoniaux.

Pendant longtemps, on a considéré que la personne mariée qui devenait commerçante avait l'obligation d'indiquer dans sa demande d'immatriculation au registre du commerce et des sociétés, la date et le lieu de son mariage. De même le commerçant qui

1. Com. 12 mars 1985, *D.* 1985. 491, note Ghestin ; *Gaz. Pal.* 1985. 1. 246, note Le Tallec ; *JCP* 1985. II. 20400, concl. Montanier, note Bonnet ; Com. 27 févr. 1990, *JCP* 1990. II. 21545, note Pollaud-Dulian.
2. Com. 31 janv. 2006, *D.* 2006. 861, note Allaeys.

se mariait devait effectuer une déclaration modificative au registre du commerce et des sociétés. Le divorce et la séparation de corps étaient soumis aux mêmes formalités. Ces différentes obligations ont été supprimées par un décret du 9 mai 2007 qui a considéré que la situation patrimoniale du commerçant faisait partie de sa vie privée et qu'elle ne devait pas être révélée aux tiers. Cette solution est regrettable, car le régime matrimonial adopté par les époux a une incidence importante sur les pouvoirs des époux et sur les droits des créanciers.

Le régime matrimonial, ses modifications, les séparations judiciaires de biens, les liquidations anticipées d'acquêts et le dessaisissement de pouvoirs ont longtemps fait l'objet d'une publicité auprès du registre du commerce et des sociétés. L'ordonnance du 6 mai 2005 relative aux incapacités en matière commerciale et à la publicité du régime matrimonial des commerçants a supprimé cette obligation. Ce faisant, elle aligne la situation des commerçants sur celle des artisans qui ne sont pas tenus de faire ces déclarations auprès du répertoire des métiers. Cette solution est également dictée par une considération d'ordre pratique. Le registre du commerce et des sociétés comportait sur cette question de nombreuses inexactitudes résultant du fait que les diverses publicités n'étaient pas régulièrement effectuées. Il devenait plus sur ce point source d'insécurité que d'information.

L'article 223 du Code civil prévoit que « chaque époux peut librement exercer une profession, percevoir ses gains et salaires et en disposer après avoir acquitté ses charges du mariage ». Lorsque les époux sont mariés sous un régime de type séparatiste, chaque époux peut librement gérer et disposer de ses biens personnels. Il en va notamment ainsi pour le fonds de commerce de l'époux commerçant.

129 La même solution s'applique pour des époux mariés sous un régime communautaire, lorsque le fonds de commerce est un bien propre du commerçant. En revanche, si le fonds de commerce est un bien commun, il est nécessaire de concilier les solutions prévues par les articles 1421, alinéa 2, et 1424 du Code civil[1].

1. V. Menjucq, « Le fonds de commerce dans la communauté entre époux », *JCP N* 1996. 1081.

Selon le premier, « l'époux qui exerce une profession séparée a seul le pouvoir d'accomplir les actes de disposition nécessaires ». En vertu du second, « les époux ne peuvent, l'un sans l'autre, aliéner ou grever de droits réels les immeubles, fonds de commerce et exploitation dépendant de la communauté ». De ces deux dispositions, on peut en déduire que l'époux commerçant a la faculté d'accomplir l'ensemble des actes d'administration nécessaires à l'exercice de sa profession.

Pour les actes de disposition, une distinction s'impose. Il est certain que le commerçant, hors le cas de fraude, a la possibilité de céder un élément isolé du fonds de commerce[1] ; à l'inverse, il lui est impossible de se passer du consentement de son conjoint pour vendre l'intégralité de ce fonds, car l'alinéa 3 de l'article 1421 du Code civil réserve l'application de l'article 1424 de ce même Code. Cette dernière solution s'applique également en cas de cession d'un élément qui entraînerait la disparition du fonds de commerce[2]. Dans le même ordre d'idées, l'article 1422, alinéa 2, du Code civil prévoit que les époux ne peuvent pas l'un sans l'autre affecter un bien commun à la garantie de la dette d'un tiers.

Le droit des régimes matrimoniaux envisage la possibilité d'une modification judiciaire des pouvoirs, en cas de crise entre les époux. L'article 220-1 du Code civil dispose que : « si l'un des époux manque gravement à ses devoirs et met ainsi en péril les intérêts de la famille, le président du tribunal de grande instance peut prescrire toutes les mesures urgentes que requièrent ces intérêts ». L'article 217 du Code civil permet à un époux de demander au juge l'autorisation de passer seul un acte pour lequel le concours ou le consentement de son conjoint était nécessaire, si ce dernier est hors d'état de manifester sa volonté ou lui oppose un refus injustifié. Enfin, les articles 219, 1426 et 1429 du Code civil permettent des transferts de pouvoirs.

1. Par ex., pour la cession isolée d'un pas-de-porte, Civ. 1re, 4 mars 1986, *JCP* 1987. II. 20717, note Henry ; *Defrénois,* 1987. 1500, obs. Champenois.

2. En ce sens, Terré et Simler, *Les régimes matrimoniaux*, 4e éd., no 491. Une telle solution a d'ailleurs été retenue par l'article 2 de la loi du 10 juillet 1982 pour les conjoints d'artisans et de commerçants qui travaillent dans une entreprise familiale.

130 Lorsque le fonds de commerce est tombé en communauté, il figurera dans la masse à partager. En cas de dissolution de la communauté, outre le fait qu'il pourrait être attribué à l'époux qu'il ne l'exploite pas, l'époux commerçant est souvent obligé d'indemniser son conjoint. Pour remédier à cet inconvénient, il est toujours possible de stipuler une clause de préciput qui est réglementée par les articles 1515 et suivants du Code civil. On a souvent dénommé cette stipulation clause commerciale. Elle présente malgré tout un inconvénient, celui de s'analyser en un avantage, ce qui l'empêche de produire effet en cas de divorce. Selon l'article 265, alinéa 2, du Code civil, « le divorce emporte révocation de plein droit des avantages matrimoniaux qui ne prennent effet qu'à la dissolution du régime matrimonial ou au décès de l'un des époux et des dispositions à cause de mort, accordés par un époux envers son conjoint par contrat de mariage ou pendant l'union, sauf volonté contraire de l'époux qui les a consentis ». Or le préciput prend effet à la dissolution du régime.

Il est également possible de prévoir dans un contrat de mariage une clause de prélèvement moyennant indemnité qui est réglementée par les articles 1511 et suivants du Code civil. Ce prélèvement est une opération de partage ; elle ne rompt pas l'égalité. Le commerçant bénéficiaire du prélèvement devra indemniser son conjoint.

§ 2. La distinction des commerçants et des artisans

131 Les commerçants ne sont pas les seuls acteurs de la vie commerciale. Il existe d'autres professionnels qui ont une activité différente. On assiste depuis plusieurs années à un phénomène de rapprochement entre ces différents professionnels qui est sans doute dû en grande partie à l'émergence du droit de la consommation. Il existe désormais un socle commun de règles applicables aux acteurs de la vie économique et commerciale. Il en est ainsi pour l'activité agricole et pour les professions libérales. L'activité agricole est traditionnellement considérée comme une activité civile. Pourtant, les agriculteurs sont inscrits sur un registre voisin

du registre du commerce et des sociétés. Ils effectuent parfois des achats pour revendre. Il en va de même pour les professionnels ayant une activité libérale. Par essence, leur activité ne pouvait être que civile. Mais là encore, un rapprochement important s'est opéré, lorsque la Cour de cassation a admis la licéité de la cession de clientèle civile[1]. La jurisprudence utilise même parfois l'expression de fonds libéral[2]. Ces professionnels recourent à la forme sociétaire et au salariat. Les moyens mis en œuvre se rapprochent de ceux utilisés par les commerçants. Il existe un statut de collaborateur agriculteur ou de collaborateur libéral. Le droit des procédures collectives a été successivement étendu à l'ensemble des personnes morales de droit privé, aux artisans, aux agriculteurs et récemment aux professions libérales. Malgré tout, il ne faut pas en conclure à une unification de l'ensemble de ces professions qui conservent toujours une certaine spécificité.

Une nouvelle catégorie en quelque sorte hybride est apparue avec la loi du 4 août 2008 dite de modernisation de l'économie, à savoir l'auto-entrepreneur. Ce statut s'inspire de ce qui existe en droit allemand[3]. Il permet d'exercer des activités commerciales, artisanales ou libérales. Il s'agit d'une entreprise individuelle.

Ce statut présente de nombreux avantages. Pour les commerçants, il existe une obligation d'inscription au Registre du commerce et des sociétés. Ils seront exonérés des frais de greffe de tribunaux de commerce pour les formalités d'immatriculation, d'inscription, d'inscription modificative ou de radiation. Les artisans sont soumis à l'inscription au Registre des Métiers. Ils seront toutefois dispensés du paiement des frais d'immatriculation. Ils sont astreints au stage de préparation à l'installation, auquel sont soumis les artisans classiques. La création et la radiation de ces entreprises s'effectuent de manière très simplifiée et rapide. On leur applique le régime fiscal et social des micro-entreprises. Ce statut n'est

1. Civ. 1re, 7 nov. 2000, *Bull. civ.* I, n° 238 ; *D.* 2001. 2400, note Auguet ; *JCP* 2001. II. 10452, note Vialla ; *RTD civ.* 2001. 130, obs. Mestre et Fages ; *RTD civ.* 2001. 167, obs. Revet ; *JCP E* 2001. 419, note Loiseau ; également Serra, « L'opération de cession de clientèle civile après l'arrêt du 7 novembre 2000 : dorénavant on fera comme d'habitude », *D.* 2001. 2295.

2. Civ. 1re, 2 mai 2001, *JCP* 2002. II. 10062, note Barret.

3. V. Ripert et Roblot par Vogel, n° 101.

accessible qu'aux entreprises ayant un chiffre d'affaires maximum pour 2015 et 2016 de : 82 200 euros hors taxe pour une activité de vente de marchandises, d'objets, de fournitures, de denrées à emporter ou à consommer sur place ou une activité de fourniture de logement et de 32 900 euros hors taxes pour les prestations de services relevant de la catégorie des bénéfices industriels et commerciaux (BIC) ou des bénéfices non commerciaux (BNC).

132 Mais la distinction qui demeure toujours la plus importante est celles des commerçants et des artisans. Elle est pourtant assez récente dans notre droit. L'ancien droit ne la connaissait pas et le Code de commerce ne parle pas des artisans. Cependant la nécessité de cette catégorie de professionnels indépendants, qui ne peuvent se voir appliquer l'article L. 121-1 du Code de commerce, est apparue dès le XIXe siècle. À l'époque, ils n'étaient pas soumis aux règles du droit commercial, et notamment ils ne pouvaient pas être mis en faillite. Mais peu à peu, ils ont cherché à obtenir certains avantages accordés aux commerçants, amenant à la création d'une catégorie spécifique. Ils bénéficient par exemple du statut des baux commerciaux. Cette distinction est parfois délicate à mettre en œuvre, car « souvent, l'artisan exerce de façon habituelle et professionnelle une activité commerciale, au sens de l'article 632 du Code de commerce »[1]. On peut douter qu'il soit véritablement pertinent d'effecteur cette distinction et il serait sans doute plus logique d'opérer une réunification de statut entre les commerçants et les artisans. Mais des intérêts corporatistes s'opposent à cette fusion.

L'artisanat comporte plus de 250 métiers. À l'heure actuelle il existe 1 00 000 d'entreprises artisanales qui fournissent du travail à 3 100 000 personnes, dont 200 000 apprentis, soit pratiquement 10 % de la population active française. Il comprend quatre types d'activités : les métiers de l'alimentation, ceux du bâtiment, ceux de service et ceux de fabrication[2]. Compte tenu de l'intérêt économique qu'ils représentent actuellement, il faut envisager leur définition[3], avant de voir leur statut.

---

1. Blaise, n° 196.
2. Pédamon et Kenfack, n° 116.
3. B. Sousi-Roubi, *La notion d'artisan en droit français*, 1982.

A. La définition de l'artisan

133 Pendant de nombreuses années, il n'existait pas de définition légale de l'artisan. Cela tenait notamment à la diversité des activités couvertes par ce secteur. Le développement des dispositions administratives particulières le concernant a conduit à l'adoption d'un Code de l'artisanat, résultant d'un décret du 16 juillet 1952. Cette codification n'a pas empêché que postérieurement de nombreuses règles non intégrées à ce Code soient édictées. Parmi les textes les plus importants, il faut citer les décrets des 30 décembre 1964, 10 juin 1983 et 2 février 1988, la loi du 5 juillet 1996 et les décrets du 2 avril 1998. De ces différents textes, on peut tirer une définition administrative de l'artisan qui n'a pas résolu toutes les difficultés et qui a conduit la jurisprudence à poser ses propres critères.

1. La définition administrative de l'artisan

134 La définition administrative de l'artisan amène à distinguer les personnes du secteur des métiers, des artisans, des artisans d'art et des maîtres artisans.

Selon l'article 19 de la loi du 5 juillet 1996 relative au développement et à la promotion du commerce et de l'artisanat, « relèvent du secteur de l'artisanat les personnes immatriculées au répertoire des métiers ou au registre des entreprises mentionné au IV. Doivent être immatriculées au répertoire des métiers ou au registre des entreprises mentionné au même IV les personnes physiques et les personnes morales qui n'emploient pas plus de dix salariés et qui exercent à titre principal ou secondaire une activité professionnelle indépendante de production, de transformation, de réparation ou de prestation de services figurant sur une liste établie par décret en Conseil d'État, après consultation de l'Assemblée permanente des chambres de métiers et de l'artisanat, de l'assemblée des chambres françaises de commerce et d'industrie et des organisations professionnelles représentatives ». Cette disposition exige la réunion de plusieurs éléments pour qu'une personne, peu importe qu'elle soit physique ou morale, soit soumise au secteur des métiers.

D'abord l'entreprise artisanale doit être de taille modeste, puisqu'elle ne doit pas excéder dix salariés. L'appréciation de l'effectif s'effectue conformément aux articles L. 117-11-1 et L. 412-5 du Code du travail. Ne sont donc pas inclus dans le nombre des salariés les apprentis. Le dépassement de ce chiffre de salariés débouche en principe sur la radiation de l'entreprise, dans un délai d'un mois, car elle n'est plus considérée comme étant de faible taille. La loi du 18 juin 2014 atténue les conséquences du franchissement du seuil de 10 salariés au-delà duquel une entreprise ne peut plus être immatriculée au répertoire des métiers : l'immatriculation peut être maintenue si le nombre de salariés ne dépasse pas un autre seuil, qui sera fixé par décret.

Par exception, l'article 12 du décret du 2 avril 1998 prévoit, dans trois hypothèses, la possibilité d'un maintien, temporaire ou sans limitation de durée, de l'immatriculation.

Ensuite, l'activité professionnelle doit être exercée de manière autonome, excluant par là tout lien de subordination. Ce caractère permet de distinguer l'artisan de l'ouvrier travaillant à domicile, même si pratiquement cette distinction est difficile à mettre en œuvre.

Toujours ensuite, il doit s'agir d'une activité de production, de transformation, de réparation ou de prestation de service. L'article 19 de la loi du 5 juillet 1996 relative au développement et à la promotion du commerce et de l'artisanat prévoit qu'une liste de ces activités sera prise par décret en Conseil d'État, après consultation de certains organismes professionnels.

135 Enfin, ces personnes doivent être immatriculées au répertoire des métiers, toujours selon l'article 19 de la loi du 5 juillet 1996 qui fonctionne dans le ressort de chaque chambre des métiers. Un décret du 2 avril 1998 réglemente l'immatriculation et le fonctionnement du répertoire. Dans les départements d'Alsace-Lorraine, le répertoire des métiers est remplacé par un registre des entreprises.

En cas d'immatriculation d'une entreprise nécessitant des qualifications professionnelles, certaines formalités supplémentaires sont requises. Un décret précise la nature des pièces justifiant la qualification du chef d'entreprise qui sont remises lors de l'immatriculation au répertoire des métiers ou lors d'un changement de situation affectant les obligations de l'entreprise en matière de qualification professionnelle. Lorsque la qualification requise pour l'exercice des activités est détenue par un salarié de l'entreprise, cette dernière dispose de trois mois à compter de son immatriculation ou de son changement de situation pour fournir les pièces exigées attestant de cette qualification. En cas de non-remise de ces pièces dans le délai requis, l'entreprise est radiée du registre.

Les chambres des métiers ont fait l'objet d'une réforme avec la loi du 23 juillet 2010 et le décret du 11 novembre 2010. Le but de cette réforme consiste à renforcer l'échelon régional du réseau des chambres de métiers et de l'artisanat. Cette mutualisation doit leur permettre d'accroître leur efficacité et d'offrir aux artisans des services de qualité au meilleur coût sur tout le territoire. Le réseau des chambres de métiers et de l'artisanat se compose de l'assemblée permanente des chambres de métiers et de l'artisanat, des chambres de métiers et de l'artisanat de région, ainsi que des chambres régionales de métiers et de l'artisanat et des chambres de métiers et de l'artisanat départementales. Ces chambres sont des établissements publics placés sous la tutelle de l'État et administrés par des dirigeants et collaborateurs d'entreprise élus. Selon l'article 5-1 du Code de l'artisanat, « le réseau des chambres de métiers et de l'artisanat contribue au développement économique des entreprises immatriculées au répertoire des métiers ainsi qu'au développement des territoires, en remplissant en faveur des acteurs économiques et en partenariat avec les structures existantes toute mission d'intérêt général en faveur du secteur de l'artisanat ».

Le réseau des chambres de métiers et de l'artisanat de région a pour principales attributions de tenir le répertoire des métiers ; de reconnaître la qualité d'artisan et d'artisan d'art et d'attribuer les titres de maître artisan, d'organiser l'apprentissage dans le secteur des métiers et de favoriser la promotion professionnelle des chefs d'entreprise et des salariés de ce secteur.

136 Toutes les personnes appartenant au secteur des métiers doivent se faire immatriculer au répertoire des métiers. L'article 10 du décret du 2 avril 1998 prévoit que cette demande doit être présen-

tée dans le délai d'un mois avant le début de l'activité. Toutefois, elle peut être présentée au plus tard dans le délai d'un mois suivant le début de l'activité, si l'intéressé a notifié la date du début de ses activités au plus tard à la veille de celle-ci, par lettre recommandée avec avis de réception au président de la chambre des métiers compétente. Les modifications survenues dans la situation des personnes immatriculées devront être déclarées dans le délai d'un mois. Si elles ne remplissent plus les conditions de l'immatriculation, elles sont tenues de demander leur radiation dans le même délai. En cas de décès, la radiation sera demandée par les héritiers dans un délai de six mois à compter du décès.

Les tiers ont la possibilité de se faire communiquer des extraits de l'inscription. Un répertoire central, tenu par l'Institut national de la propriété industrielle, reçoit un double des inscriptions, modifications et radiations.

137 Afin de promouvoir la qualité et l'adaptation des personnes inscrites au registre des métiers, ont été créés les titres d'artisan, d'artisan d'art et de maître artisan qui sont décernés par une commission dite des qualifications qui fonctionne dans le ressort de chaque chambre des métiers. L'article 21 de la loi du 5 juillet 1996 indique que seules les personnes possédant les titres d'artisan, de maître artisan et d'artisan d'art pourront utiliser leur titre pour leur publicité ou dans leur enseigne.

Les articles 1, 2 et 3 du décret du 2 avril 1998 précisent les conditions d'octroi des titres d'artisan, d'artisan d'art et de maître artisan qui pourront être utilisés par leurs titulaires[1]. La qualité d'artisan est reconnue aux personnes justifiant d'un certificat d'aptitude professionnelle, d'un brevet d'études professionnelles, soit d'un titre homologué ou d'une immatriculation dans le métier d'une durée d'au moins six ans. La qualité d'artisan d'art est réservée aux personnes exerçant un métier de l'artisanat d'art et justifiant d'un certificat d'aptitude professionnel, d'un diplôme équivalent ou d'une immatriculation dans le métier d'art d'au moins six ans. Selon l'article 20 de la loi du 5 juillet 1996, dans

1. Revet, « Les qualifications artisanales au regard de la liberté du commerce et de l'industrie », *D. Affaires* 1998. 51.

la rédaction que lui a donnée la loi du 18 juin 2014, « les conséquences du franchissement du seuil de 10 salariés au-delà duquel une entreprise ne peut plus être immatriculée au répertoire des métiers sont atténuées : l'immatriculation peut être maintenue si le nombre de salariés ne dépasse pas un autre seuil, qui sera fixé par décret ».

La qualité de maître artisan est attribuée aux personnes titulaires du brevet de maîtrise dans le métier justifié, après deux ans de pratique professionnelle ou inscrite depuis plus de dix ans au répertoire des métiers et justifiant d'un savoir-faire reconnu au titre de la promotion de l'artisanat ou de leur participation aux actions de promotion.

L'exercice des activités artisanales est en principe libre. Mais le décret du 2 avril 1998 exige des qualifications professionnelles pour quelques activités[1] pouvant présenter certains dangers pour les clients des artisans.

2. La définition jurisprudentielle

138 La définition administrative n'est pas toujours suffisante pour permettre la distinction du commerçant et de l'artisan. De nombreuses activités artisanales sont également commerciales. Pour tracer la frontière entre ces deux catégories, la jurisprudence a posé deux critères permettant de reconnaître l'artisan. Ses bénéfices doivent résulter principalement de son activité personnelle et il ne doit spéculer ni sur les marchandises ni sur sa main-d'œuvre salariée[2]. En outre l'artisan ne doit se livrer qu'exceptionnellement à des opérations d'achat pour revendre[3].

B. Le statut de l'artisan

139 En principe, les artisans ne se voient pas appliquer les règles du droit commercial, mais celles du droit civil, par exemple pour la compétence ou la preuve. Il n'est pas propriétaire d'un fonds de

1. La liste de ces activités est donnée en annexe du décret du 2 avril 1998. À titre d'exemple, on peut citer les boulangers, les pâtissiers, les bouchers, les charcutiers, les esthéticiens ou les prothésistes dentaires.

2. Com. 19 juin 1984, *Bull. civ.* IV, n° 199 ; Com. 11 juill. 1984, *Bull. civ.* IV, n° 230 ; Com. 9 juin 1987, *Bull. civ.* IV, n° 140.

3. Com. 11 mars 2008, *D.* 2008. 980, note Chevrier.

commerce, mais d'un fonds artisanal dont la réglementation échappe aux règles du droit commercial, puisque sa vente est soumise au droit civil, tout du moins en théorie[1]. Aucune condition spécifique n'est en principe exigée pour l'entrée dans la profession. Toutefois sont exclues de ce secteur d'activité les personnes ayant fait l'objet d'une interdiction de gérer en application de l'article L. 625-8 du Code de commerce, d'une faillite personnelle en vertu de l'article L. 653-2 ou celles frappées d'une telle interdiction en application de l'article 131-6 du Code pénal. Toutefois, à l'heure actuelle, il existe une certaine tendance à appliquer aux artisans de nombreuses règles initialement réservées aux commerçants. Plusieurs exemples démontrent ce rapprochement.

Depuis une loi du 20 mars 1956, ils ont la faculté de donner leur fonds en location-gérance. Une loi du 5 janvier 1957 leur a accordé le bénéfice de la propriété commerciale et donc d'être indemnisés en cas de non-renouvellement de leur bail. En vertu d'une loi du 19 décembre 1961, l'attribution préférentielle est possible au profit du conjoint survivant ou d'un héritier copropriétaire, s'il participait avant le décès, à l'exploitation. La loi du 10 juillet 1982 relative aux conjoints travaillant dans l'entreprise familiale s'applique aussi bien aux conjoints de commerçants qu'à ceux d'artisans. Les articles L. 610-1 et suivants du Code de commerce relatifs à la sauvegarde des entreprises s'appliquent aux artisans qui, pour l'occasion, seront justiciables des tribunaux de commerce. La loi du 5 juillet 1996 organise un nantissement du fonds artisanal qui reprend la réglementation du nantissement du fonds de commerce. Enfin en pratique, on applique souvent à la vente du fonds artisanal les règles prévues par la vente du fonds de commerce[2]. Au final, on peut considérer que l'artisan est actuellement soumis à de très nombreuses règles commerciales. Sa distinction avec le petit commerçant devient en grande partie irréaliste, au moins économiquement. Mais les artisans sont très attachés à cette différenciation.

1. Com. 29 oct. 1963, *D.* 1964. 51.
2. Dejoie et Phan Trahn, « Définition et avenir du fonds artisanal », *LPA* 30 avr. 2009. 15.

SECTION 2

LE COMMERÇANT, PERSONNE MORALE

140 Le Code de commerce ne distingue pas le commerçant personne morale du commerçant personne physique. Les critères de qualification sont, en principe, identiques à ceux dégagés pour les personnes physiques. Il est nécessaire de les appliquer aux personnes morales de droit privé (**§ 1**) et à celles de droit public (**§ 2**).

§ 1. Les personnes morales de droit privé

141 On doit envisager, ici, tour à tour les sociétés, les groupements d'intérêt économique (GIE) et les associations.

A. Les sociétés

142 L'activité commerciale est de plus en plus fréquemment exercée sous une forme sociétaire. Il existe actuellement un peu plus d'un million de sociétés commerciales. La société est, selon l'article 1832 du Code civil, « instituée par deux ou plusieurs personnes qui conviennent par un contrat d'affecter à une entreprise commune des biens ou leur industrie en vue de partager le bénéfice ou de profiter de l'économie qui pourra en résulter ». La suite de cette disposition indique que, dans les cas prévus par la loi, elle pourra être instituée par la volonté d'une seule personne. Les associés s'engagent également à contribuer aux pertes. Elles ne présentent pas de véritables unités, tout au moins au plan économique, puisque certaines ne comportent qu'un seul associé, alors que d'autres en contiennent des milliers.

Une place particulière doit être faite aux sociétés unipersonnelles qui datent de la loi du 11 juillet 1985. Un entrepreneur crée une personne morale indépendante à laquelle il apporte ses biens professionnels. Cette technique lui permet, du moins en théorie, de créer indirectement un patrimoine d'affectation, car la responsabilité de l'entrepreneur est limitée à son apport. Toutefois en pratique, les établissements de crédit font tomber l'écran de la personnalité morale en exigeant un cautionnement du chef d'entreprise. Ce dernier a trois fonctions : il est associé, il bénéficie des pouvoirs normalement dévolus à l'assemblée générale et il gère la société. Il n'a pas la qualité de commerçant.

L'article L. 210-1 du Code de commerce prévoit que certaines sociétés, celles en nom collectif, celles en commandite simple, celles à responsabilité limitée et celles par actions, seront commerciales même si leur objet est civil. Les autres sociétés, à savoir celles civiles, celles en participation et celles créées de fait, seront commerciales uniquement si leur objet l'est.

Le recours à la technique sociétaire estompe souvent la distinction entre les professionnels commerçants et les professionnels non commerçants. L'activité libérale est parfois exercée dans des sociétés commerciales par la forme et civil par leur objet, à savoir les sociétés d'exercice libéral qui revêtent désormais différentes formes.

Parmi les différentes catégories de sociétés, les coopératives présentent une certaine originalité[1]. Elles sont apparues en Angleterre au milieu du XIXe siècle. Leur but est de réduire au profit de leurs membres les prix de revient et les prix de revente de biens et de services. Les associés présentent l'originalité d'être à la fois membres et clients de cette société. On les retrouve dans la plupart des secteurs d'activité, qu'il s'agisse du domaine commercial, bancaire, maritime, artisanal ou agricole. Elles prennent souvent la forme de sociétés anonymes. Leur capital est variable. Sous réserve de quelques dérogations, les coopératives ne peuvent admettre les tiers non sociétaires à bénéficier de leurs services. Le capital apporté par les associés est peu rémunéré.

B. Les groupements d'intérêt économique

143 Les groupements d'intérêt économique ont été créés par une ordonnance du 23 septembre 1967. Ils sont désormais réglementés par les articles L. 251-1 et suivants du Code de commerce. Ces

1. Sur cette question, P. et Ph. Didier, n° 268 s.

groupements sont constitués par deux ou plusieurs personnes physiques ou morales. L'article L. 251-1, alinéa 2, du Code de commerce indique que leur but est de faciliter ou de développer l'activité économique de ses membres, d'améliorer ou d'accroître les résultats de cette activité, sans réaliser de bénéfice pour lui-même. Ils seront commerciaux ou civils selon leur objet. Contrairement aux sociétés, il est nécessaire que l'objet du groupement s'analyse comme un prolongement de l'activité des différents membres qui le composent. Il a la capacité civile. Les GIE ont connu un certain succès, en raison de leur souplesse.

Il existe également désormais des GIE européens définis et régis par un règlement du Conseil des communautés européennes du 25 juillet 1985 et par les articles L. 251-1 et suivants du Code de commerce qui seront également civils ou commerciaux suivant leur objet. Il doit être composé d'au moins deux membres relevant de deux États différents de l'Union européenne.

C. Les associations

144 Aux termes de l'article 1er de la loi du 1er juillet 1901, « l'association est la convention par laquelle deux ou plusieurs personnes mettent en commun d'une façon permanente leurs connaissances ou leur activité dans un but autre que de partager les bénéfices ». La différence avec la société est importante, puisque la société a pour but de faire des bénéfices[1], c'est-à-dire « un gain pécuniaire ou matériel qui ajoutait à la fortune des associés[2] ». Cette différence a toutefois été atténuée par la loi du 4 janvier 1978 qui a modifié l'article 1832 du Code civil lequel prévoit désormais que le but des associés peut consister dans la recherche d'une économie[3]. Cette absence de profit écarte les associations du domaine de la commercialité. De manière assez ambiguë, l'article L. 442-7

1. Terré, « La distinction de la société et de l'association en droit français », *Mélanges Secrétan*, p. 325.
2. Ch. réunies, 11 mars 1914, *D.* 1914. 1. 257, note Sarrut.
3. Guyon, « De la distinction des sociétés et des associations dans la loi du 4 janvier 1978 », *Mélanges Kayser*, p. 483.

du Code de commerce indique qu'aucune association ne peut, de façon habituelle, offrir des produits à la vente, les vendre ou fournir des services si ces activités ne sont pas prévues par ses statuts.

Mais de plus en plus fréquemment les associations jouent un rôle économique important[1] et elles effectuent des actes de commerce. La question se pose alors de savoir si la répétition d'actes de commerce leur confère la qualité de commerçants. La jurisprudence dominante refuse de leur donner cette qualité, tout au moins pour les droits octroyés aux commerçants[2]. Elles ne bénéficient pas de la propriété commerciale et elles ne peuvent pas donner leurs fonds en location-gérance ou le nantir. Mais il existe une tendance jurisprudentielle à appliquer aux associations effectuant régulièrement des actes de spéculation, certaines règles du droit commercial. Elles peuvent être assignées en concurrence déloyale[3]. Fiscalement, elles sont soumises aux mêmes impôts et taxes que les sociétés de capitaux, lorsqu'elles réalisent des opérations commerciales dans un but lucratif. Elles peuvent être assignées devant le tribunal de commerce[4].

145 Des difficultés de qualification étaient apparues pour certaines associations sportives et principalement pour les clubs de football qui avaient adopté le statut d'association. La question a été résolue initialement par l'article 11 de la loi du 16 juillet 1984. Actuellement, l'article L. 122-1 du Code du sport dispose que « toute association sportive affiliée à une fédération sportive, qui participe habituellement à l'organisation de manifestations sportives payantes qui lui procurent des recettes d'un montant supérieur à un seuil fixé par décret en Conseil d'État ou qui emploie des sportifs dont le montant total des rémunérations excède un chiffre fixé par décret en Conseil d'État, constitue pour la gestion de ces activités une société commerciale soumise au Code de

1. H. Blaise, « Esquisse de quelques idées sur la place des associations dans l'activité économique », *Études Houin*, p. 35.
2. En ce sens, Com. 12 févr. 1985, *Bull. civ.* IV, n° 59 ; Com. 19 janv. 1988, *Rev. sociétés* 1988. 565, note Castro ; v. cep. semblant admettre la qualité de commerçant, Com. 17 mars 1981, *D.* 1983. 23, note Plaisant.
3. Com. 8 nov. 1994, *Bull. civ.* IV, n° 325.
4. Com. 14 févr. 2006, *Bull. civ.* IV, n° 35 ; *D.* 2006. 783, note Chevrier ; *CCE* 2006. n° 113, obs. Lécuyer.

commerce ». La société sportive prend la forme d'une société à responsabilité limitée ne comprenant qu'un associé, d'une société anonyme à objet sportif ou d'une société anonyme sportive professionnelle.

§ 2. Les personnes morales de droit public

146 L'État et les personnes morales de droit public ne devraient pas pouvoir être commerçants ni effectuer des actes de commerce. L'activité commerciale et la recherche du profit, ne s'harmonisent pas avec les prérogatives de puissance publique qui, par définition, sont désintéressées. Toutefois, et le phénomène est en constante augmentation depuis la Seconde Guerre mondiale, l'État joue un rôle commercial. Les périodes de nationalisations et le développement des organismes publics à caractère économique en fournissent des illustrations. Il est nécessaire de dissocier les hypothèses où ce rôle commercial est joué par des organismes publics de celui du contrôle de sociétés par l'État. Il faudra également envisager les difficultés suscitées par l'activité commerciale des États étrangers.

A. Les organismes publics

147 L'État, les régions, les départements et les communes créent parfois des services publics à caractère industriel et commercial qui fonctionnent, en réalité, de la même façon que des sociétés privées, mais qui n'ont pas la personnalité morale. En aucun cas ces services ne peuvent être considérés comme commerçants. Ils ne sont pas assujettis aux obligations spécifiques aux commerçants et ils n'effectuent pas d'actes de commerce[1]. Mais ils sont soumis à certaines règles du droit privé, ne serait-ce que parce qu'ils se trouvent « vis-à-vis des usagers, dans la même situation qu'un entrepreneur individuel[2] ».

1. Com. 20 oct. 1981, *Gaz. Pal.* 1982. 1. Pan. 113, obs. A. Piedelièvre.
2. T. confl., 22 janv. 1921, *D.* 1921. 3. 1, concl. Matter.

L'État, les régions, les départements et les communes ont aussi la faculté de constituer des établissements publics, dotés de la personnalité morale. Les établissements publics à caractère administratif n'auront pas la qualité de commerçant, alors que ceux à caractère industriel l'auront, même s'ils échappent à certaines règles spécifiques du droit commercial[1], comme à celle du droit du redressement et de la liquidation judiciaires.

B. Le contrôle de sociétés

148 L'État et les collectivités locales s'associent parfois avec des personnes privées au sein de sociétés d'économie mixte. « L'organisation de l'économie mixte offre pourtant les plus grandes difficultés, car on tente de concilier l'inconciliable, l'intérêt public et les intérêts privés[2] ». Ces sociétés sont commerciales. Considérées comme des personnes morales de droit privé, elles pourront se voir appliquer la procédure de sauvegarde des entreprises.

L'État acquiert également des participations dans des sociétés, ce qui ne remet nullement en cause le caractère commercial de ces sociétés. L'État peut aussi devenir l'unique actionnaire d'une société, principalement par la technique de la nationalisation. Elles conservent leur caractère commercial, ce qui permet de leur appliquer les règles du droit commercial.

C. Les États étrangers

149 En principe, les États étrangers ont la possibilité d'exercer des activités commerciales sur le territoire français. En ce cas, ces États étrangers perdront leur immunité de juridiction[3], mais ils conserveront leur immunité d'exécution, sauf si « le bien saisi a été affecté à l'activité commerciale relevant du droit privé qui donne lieu à la demande[4] ». Ils ne peuvent donc pas être considérés comme des commerçants.

1. Sur les difficultés de délimitation entre les établissements publics à caractère administratif et ceux à caractère industriels, T. confl. 26 oct. 1987, *JCP* 1988. II. 21042.
2. Ripert et Roblot, par Germain et Vogel, *Traité de droit commercial*, t. 1, 17e éd., n° 2092.
3. Civ. 1re, 29 févr. 1969, *Rev. crit. DIP* 1970. 102, note Bourel.
4. Civ. 1re, 14 mars 1984 ; *D.* 1984. 629, rapport Fabre, note Robert ; *Rev. arb.* 1985. 69, note Couchez ; Civ. 1re, 20 mars 1989, *Gaz. Pal.* 1989. 2. 892, note Piedelièvre.

Synthèse

La **notion de commerçants** recouvre une grande diversité de situation. Mises à part la **recherche du profit et la volonté de spéculer**, le commerçant personne physique et la société multinationale ont peu de points communs. Pourtant, la **qualité de commerçant** est importante pratiquement, car elle **entraîne d'importantes conséquences commerciales, comptables ou fiscales.** Il importe de dissocier le commerçant **personne physique** du commerçant **personne morale.**

Le commerçant, personne physique

Selon l'article L. 121-1 du Code de commerce sont commerçants ceux qui exercent des **actes de commerce** et en font leur **profession habituelle.** Une personne sera réputée commerçante, si **trois conditions cumulatives** sont réunies : **l'accomplissement d'actes de commerce, à titre professionnel et de manière indépendante.** La condition d'indépendance permet de distinguer le commerçant de certains **intermédiaires de commerce**, comme les voyageurs représentants placiers ou les agents commerciaux. Le **conjoint du commerçant** bénéficie d'une situation particulière dans l'hypothèse où il se **contente de participer à l'activité professionnelle** de son époux. Il faut distinguer quatre hypothèses celle du **conjoint salarié**, celle du **conjoint associé**, celle du **conjoint collaborateur** et celle du **conjoint coexploitant.** La qualité de commerçant rejaillit nécessairement sur le **statut privé de la personne.** À l'heure actuelle, le droit français est régi par le principe de **l'unité du patrimoine.** Le commerçant n'a qu'un seul patrimoine, ce qui empêche, du moins en principe, un **cloisonnement entre l'activité professionnelle et l'activité domestique.** Le fonds de commerce ne bénéficie d'aucune **autonomie financière.**

La définition du commerçant permet de le distinguer d'une catégorie voisine : **l'artisan.** Il existe une **définition administra-**

tive de l'artisan. Son entreprise ne peut pas **excéder dix salariés**. Son activité professionnelle s'exerce uniquement de **manière autonome**. Il doit s'agir d'une activité de **production, de transformation, de réparation ou de prestation de service**. En raison de l'insuffisance de cette définition, la jurisprudence a posé **deux critères** permettant de reconnaître l'artisan. Ses **bénéfices doivent résulter principalement de son activité professionnelle** et il ne doit **spéculer ni sur les marchandises ni sur la main-d'œuvre salariée**. Normalement, l'artisan **ne se voit pas appliquer les règles du droit commercial**. Mais il existe malgré tout **une tendance en sens contraire**. Il bénéficie du **statut des baux commerciaux** ; il a la faculté de **donner son fonds en location-gérance** ou de **le nantir** ; il est soumis **au droit du redressement et de la liquidation judiciaires des entreprises**.

Le commerçant, personne morale

Les **sociétés** représentent la catégorie la plus importante de **personnes morales de droit privé commerçantes**. Les **sociétés en nom collectif**, celles **en commandite simple**, celles à **responsabilité limitée** et celles **par actions** seront nécessairement commerciales. Elles sont instituées par deux ou plusieurs personnes en vue de **partager un bénéfice ou de profiter d'une économie**. Les **groupements d'intérêt économique** seront des commerçants, s'ils ont un objet commercial. Leur but est de **faciliter ou de développer l'activité économique de leurs membres**.

Il arrive parfois que des **personnes morales de droit public** soient commerçantes. Pourtant, l'activité commerciale et la recherche du profit qu'elle postule, s'harmonisent difficilement avec les **prérogatives de puissance publique qui sont désintéressées**. L'État ou certaines de ses émanations créent des **services publics à caractère industriel et commercial** ou des **établissements à caractère industriel et commercial**. L'État **contrôle également de nombreuses sociétés**.

CHAPITRE 2

Le principe de la liberté d'entreprendre

150 En principe, toute personne a la faculté d'exercer l'activité commerciale ou industrielle qui lui convient. Ce principe a été posé par une disposition fiscale, le décret *d'Allarde* des 2-17 mars 1791 qui dispose que : « À compter du 1er avril prochain, il sera libre à toute personne de faire de tel négoce ou d'exercer telle profession, art ou métier qu'elle trouvera bon, mais elle sera tenue auparavant de se munir d'une patente ». Cette déclaration de principe s'est accompagnée de la disparition du système, existant dans l'Ancien Régime, des corporations, par la loi Le Chapelier des 14-17 juin 1791 qui a ainsi facilité l'exercice de cette liberté.

Ce texte est toujours en vigueur. Le principe de la liberté d'entreprendre est considéré comme une liberté publique au sens de l'article 34 de la Constitution de 1958. Le Conseil d'État le considère comme un principe général du droit[1]. Le Conseil constitutionnel lui a reconnu une valeur constitutionnelle lors de sa décision sur les nationalisations[2]. Les pouvoirs publics édictent

1. CE 28 oct. 1960, *Lebon* 570.
2. Cons. const. 16 janv. 1982, *Gaz. Pal.* 1982. 1. 67, note A. Piedelièvre et J. Dupichot ; égal. J.-L. Mestre, « Le Conseil constitutionnel, la liberté d'entreprendre et la propriété », *D.* 1984. 1 ; *cf.* toutefois Luchaire, « Les fondements constitutionnels du droit civil », *RTD civ.* 1982. 245, pour qui le Conseil aurait seulement indiqué que les pouvoirs publics ne pouvaient pas arbitrairement limiter la liberté professionnelle.

d'ailleurs régulièrement des incitations financières et fiscales pour dynamiser cette liberté, nécessaire à l'économie. Ce principe signifie que chacun a la possibilité d'exercer l'activité économique de son choix et qu'il peut organiser son entreprise comme il l'entend. Ces dernières années, les pouvoirs publics ont incité, principalement par des mesures financières et fiscales, la mise en œuvre de cette liberté d'entreprise[1]. Le droit européen consacre la liberté d'établissement, de prestation de services et de circulation des personnes. Le libre exercice des activités économiques est un principe essentiel du droit communautaire.

Toutefois, ce principe n'est pas absolu et il comporte des restrictions qui deviennent de plus en plus nombreuses avec l'augmentation de l'interventionnisme étatique et qui apparaissent parfois excessives. Certaines ont d'ailleurs valeur constitutionnelle. Le préambule de la Constitution de 1946, auquel renvoie expressément la Constitution de 1958, indique que « tout bien, toute entreprise, dont l'exploitation a ou acquiert les caractères d'un service public national ou d'un monopole de fait, doit devenir la propriété de la collectivité ».

Ces restrictions n'ont pas toutes le même fondement. Certaines sont politiques, d'autres économiques, d'autres encore protègent la personne voulant être commerçante, d'autres enfin excluent de cette profession des personnes jugées indésirables. Elles n'ont d'ailleurs pas toutes les mêmes sources, puisque certaines ont une origine légale (SECTION 1), alors que d'autres, plus limitées, ont une origine conventionnelle (SECTION 2).

1. Sur ces mesures, Mestre, Pancrazi, Arnaud-Grossi, Merland et Tagliarimo-Vignal, n° 62.

SECTION 1
LES RESTRICTIONS LÉGALES À LA LIBERTÉ D'ENTREPRENDRE

151 Les restrictions légales à la liberté d'entreprendre tiennent à la personne qui désire exercer une activité commerciale (**§ 1**) et à l'activité commerciale que cette personne souhaite pratiquer (**§ 2**).

§ 1. Les restrictions liées à la personne

152 Les restrictions liées à la personne désirant exercer une profession commerciale résultent de l'état de la personne, de sa profession ou de sa nationalité.

A. Les restrictions liées à la qualité de la personne

153 Certaines personnes n'auront pas la possibilité d'accéder à une profession commerciale en raison d'une inexpérience ou d'une altération des facultés mentales qui nécessitent qu'on les protège par le droit des incapacités. D'autres en seront exclues, car elles sont jugées dangereuses et l'on veut éviter que des tiers n'entrent en relation avec elles.

1. Les incapacités

154 Compte tenu des risques de toute activité commerciale, les exigences de capacité sont plus strictes que celles existant en droit civil.

Classiquement, le mineur ne peut être commerçant. Pendant longtemps, il n'y avait pas lieu de distinguer entre le mineur émancipé et le mineur non émancipé. Toutefois, le mineur émancipé avait la possibilité de faire des actes de commerce à titre isolé, ce qui est interdit pour un mineur non émancipé. L'article L. 121-2 du Code de commerce dispose désormais que « le mineur émancipé peut être commerçant sur autorisation du juge des tutelles au moment de la décision d'émancipation et du président du tribunal de grande instance s'il formule cette demande après avoir été émancipé »[1]. On ne voit pas trop l'intérêt de cette nouvelle solution, surtout compte tenu du faible nombre de mineur émancipé. Il convient de relever que l'exercice de l'activité commerciale relève de l'appréciation du juge.

Le mineur émancipé pourra effectuer sur son fonds de commerce toutes sortes d'opérations. Il pourra accomplir sur ce fonds les actes conservatoires, ceux d'administration ou ceux de disposition. Malgré tout, la signature d'une lettre de change est interdite par l'article L. 511-5 du Code de commerce « aux mineurs non négociants ».

Depuis la loi du 15 juin 2010, l'article 389-8 du Code civil prévoit qu'un mineur âgé de seize ans révolus peut être autorisé, par ses deux parents qui exercent en commun l'autorité parentale ou par son administrateur légal sous contrôle judiciaire avec l'autorisation du juge des tutelles, à accomplir seul les actes d'administration nécessaires pour les besoins de la création et de la gestion d'une entreprise individuelle à responsabilité limitée ou d'une société unipersonnelle. Ce pendant, les actes de disposition ne peuvent être effectués que par ses deux parents ou, à défaut, par son administrateur légal sous contrôle judiciaire avec l'autorisation du juge des tutelles[2].

155 Une fois devenu majeur, il obtiendra une pleine capacité commerciale. Mais il arrive parfois que ce majeur ne bénéficie plus de l'intégralité de ses facultés mentales. Il faut distinguer suivant que cette personne est ou non placée sous un régime de protection. En l'absence de régime de protection, la personne demeure commerçante. Toutefois les actes juridiques qu'elle effectue dans sa profession pourront être remis en cause sur le fondement de l'article 489 du Code civil. Selon l'article 489-2 du Code civil, elle demeurera responsable de ses délits et quasi-délits[3].

Le Code de commerce ne comporte aucune disposition réglant les difficultés suscitées par l'incapacité d'un majeur. Il faut recou-

1. Eschylle, « La capacité commerciale du mineur émancipé », *RTD com.* 2013. 203.
2. Pour une critique de cette disposition Saintourens, « L'entrepreneur à responsabilité limitée : commentaire de la loi du 15 juin 2010 », *Rev. sociétés* 2010. 351, n° 8 s.
3. Pour une application de cette disposition permettant de mettre en œuvre une action en comblement de passif à l'encontre d'un commerçant aliéné, Civ. 1re, 9 nov. 1983, *D.* 1984. 139, note Derrida.

rir aux règles prévues par le Code civil, ce qui n'est pas nécessairement la meilleure solution. En cas de mise sous protection du majeur, il faut établir une distinction suivant le régime adopté[1].

Le majeur en tutelle ne peut être commerçant et il ne peut effectuer aucun acte de commerce. Le tuteur n'a pas la possibilité d'exercer le commerce au lieu et place du majeur ainsi protégé. Si ce dernier exerçait le commerce avant l'ouverture de la tutelle, son fonds de commerce devra alors être vendu ou donné en location-gérance. L'article R. 123-46 du Code de commerce prévoit que le jugement d'ouverture de la tutelle ne sera opposable aux tiers qu'à compter de sa publication au registre du commerce et des sociétés.

L'article 440 du Code civil prévoit que le majeur en curatelle doit être conseillé ou assisté dans les actes de la vie civile. Un ou plusieurs curateurs sera nommé. Le jugement de nomination devra être publié au registre du commerce et des sociétés. Normalement, ce majeur ne peut plus exercer de professions commerciales. S'il n'a plus la possibilité d'exercer seul tous les actes de la vie civile, il doit en être de même, *a fortiori,* pour les actes nécessaires à une activité commerciale[2]. Par exception, et sans doute de manière plus théorique que pratique, le juge, en application de l'article 471 du Code civil, a la possibilité d'étendre la capacité du majeur protégé, lui permettant de demeurer, voire de devenir commerçant.

Le majeur peut aussi être placé sous un régime de sauvegarde de justice. En ce cas, il conserve l'exercice de ses droits, en vertu de l'article 435 du Code civil. Il a donc la possibilité de devenir commerçant ou il peut le demeurer. Toutefois, l'article 435, alinéa 2, du Code civil prévoit que ses actes seront rescindables pour lésion ou réductibles en cas d'excès. En ce cas, les tribunaux prennent notamment en considération l'utilité ou l'inutilité de

1. Gosselin-Gorand, « L'incapacité commerciale après la réforme de la protection des majeurs protégés », *JCP* N 2008. 1289.

2. En ce sens, Ripert et Roblot, par Vogel, n° 211 ; Reinhard, Thomasset Pierre et Nourissat, n° 276 ; Pédamon et Kenfack, n° 162 ; Chartier, n° 89 ; Blaise, n° 423 ; en sens contraire, Dekeuwer-Défossez et Blary-Clément, n° 153 ; Viandier et Vallansan, n° 90 ; Guével, n° 33 ; *cf.* égal. de Juglart et Ippolito, par du Pontavice et Dupichot, n° 120.

l'opération, l'importance ou la consistance du patrimoine de la personne protégée et la bonne ou mauvaise foi de ceux avec qui elle a contracté.

2. Les déchéances

156 Les déchéances ont pour but d'éliminer de la profession commerciale des personnes réputées dangereuses qui risqueraient de nuire à l'ensemble de la profession. Certaines sont spécifiques à des professions commerciales strictement définies, par exemple celles de banquiers ou d'exploitants de débit de boisson. Mais les plus importantes pratiquement concernent l'ensemble des professions commerciales.

La loi du 30 août 1947 relative à l'assainissement des professions commerciales avait interdit l'exercice de la profession commerciale aux personnes ayant subi certaines condamnations pénales. Ces dispositions avaient été reprises dans une ordonnance du 6 mai 2005 relative aux incapacités en matière commerciale et à la publicité du régime matrimonial des commerçants. Elles étaient codifiées dans un nouveau chapitre VIII du titre II du livre I du Code de commerce intitulé « incapacités d'exercer une profession commerciale ou industrielle ».

La loi sur la modernisation de l'économie du 4 août 2008 a totalement refondu cette matière, puisqu'elle a abrogé le titre du Code de commerce consacré aux incapacités d'exercer une profession commerciale ou industrielle[1]. L'exposé des motifs de la loi justifie cette solution par deux raisons. D'une part, il s'agirait de lutter contre l'exclusion en permettant « la réinsertion de jeunes ayant connu un parcours difficile passant parfois par la délinquance ». D'autre part, on cherche à « faciliter le rebond de l'entrepreneuriat des personnes ayant purgé des peines délictuelles ».

Pour autant l'incapacité commerciale n'a pas totalement disparu. Une interdiction d'exercer une profession commerciale peut résulter d'une peine complémentaire à certaines infractions.

1. Delpech, « LME : modification du régime des incapacités d'exercer le commerce », *D.* 2008. 2132 ; Matsopoulo, « Le nouveau régime des incapacités commerciales », *Dr. pénal* 2008. Étude 24 ; Redon, « L'interdiction commerciale et industrielle, ou la disparition des peines automatiques, libres propos sur une création spontanée de la loi n° 2008-776 du 4 août 2008 », *D.* 2009. 1226.

L'interdiction n'est pas alors automatique ; elle doit être prononcée par le juge. L'article L. 131-27 alinéa 2 du Code pénal prévoit que l'interdiction d'exercer une profession commerciale ou industrielle, de diriger, d'administrer, de gérer ou de contrôler à un titre quelconque, directement ou indirectement, pour son propre compte ou pour le compte d'autrui, une entreprise commerciale ou industrielle ou une société commerciale est définitive, ou temporaire ; dans ce dernier cas, elle ne peut excéder une durée de dix ans.

157 Les commerçants, les artisans et les dirigeants de personnes morales ayant commis des fautes graves, comme avoir disposé des biens de la personne morale comme des siens propres, avoir détourné ou dissimulé tout ou partie de l'actif ou frauduleusement augmenté le passif de la personne morale ou avoir utilisé des moyens ruineux pour se procurer du crédit, ayant débouché sur l'ouverture d'une procédure de redressement et de liquidation judiciaires pourront voir prononcer contre eux, par le tribunal, une faillite personnelle, réglementée par les articles L. 653-1 et suivants du Code de commerce. Or, la faillite personnelle emporte interdiction de diriger, gérer, administrer ou contrôler, directement ou indirectement, toute entreprise commerciale ou artisanale, toute exploitation agricole ou toute entreprise ayant toute autre activité indépendante et toute personne morale. Il appartient au juge de fixer la durée de cette interdiction qui ne peut excéder 15 ans.

Le jugement de clôture pour extinction du passif rétablit le débiteur personne physique ou les dirigeants de la personne morale dans tous leurs droits. Il les dispense ou il relève de toutes les déchéances, interdictions et incapacité d'exercer une fonction publique élective. De plus, le débiteur peut demander au tribunal de le relever, en tout ou partie, des déchéances et des interdictions et de l'incapacité d'exercer une fonction publique élective s'il a apporté une contribution suffisante au paiement du passif.

En cas de délits en matière d'impôts directs, de taxe sur la valeur ajoutée et autres taxes sur le chiffre d'affaires, de droit d'enregistrement, de taxe de publicité foncière et de droit de timbre, le tribunal a la possibilité, à titre de peine complémentaire, d'interdire au commerçant condamné d'exercer toute profession commerciale. L'interdiction ne peut excéder trois ans, ou six ans en cas de récidive.

B. Les restrictions liées à la profession

158 L'exercice de certaines professions est jugé inconciliable avec une activité commerciale. On considère, sans doute désormais de manière un peu archaïque, que l'esprit de certaines professions s'harmonise mal avec la recherche du profit existant en matière commerciale.

Ainsi ne peuvent être commerçants : les fonctionnaires publics de l'État ou des collectivités territoriales, les officiers ministériels, les avocats, les architectes, les experts-comptables, les commissaires aux comptes et tout membre d'une profession libérale auquel le règlement de son ordre interdit une telle activité. Toutefois une légère atténuation a été apportée pour les fonctionnaires par une loi du 2 février 2007. Après l'intervention d'une commission de déontologie et sous réserve d'une autorisation de l'administration, ils ont la possibilité de créer ou de reprendre une entreprise. Les parlementaires, depuis une loi organique du 24 janvier 1972, n'ont pas la possibilité d'exercer certaines activités commerciales limitativement énumérées. Parfois exceptionnellement, une activité commerciale exclut toute possibilité d'exercice d'une autre activité commerciale, par exemple l'exploitation d'une pharmacie.

Outre certaines sanctions pénales, les sanctions, en cas de non-respect de ces incompatibilités, sont à rechercher du côté de l'activité non commerciale. Elles sont généralement d'ordre disciplinaire. En revanche, la qualité de commerçant sera reconnue à cette personne qui sera justiciable des tribunaux de commerce et qui pourra se voir appliquer les règles du droit de la sauvegarde des entreprises. Mais en aucun cas, il ne peut prétendre à un avantage lié à la qualité de commerçant.

C. Les restrictions liées à la nationalité

159 La liberté du commerce et de l'industrie proclamée par le droit révolutionnaire s'appliquait également au commerçant étranger. Le Code de commerce ne contient d'ailleurs aucune disposition spécifique aux étrangers. Mais le développement de l'immigration a conduit le législateur à édicter certaines restrictions et certaines conditions par un décret-loi du 12 novembre 1938, repris en partie par les articles L. 122-1 et suivants du Code de commerce[1]. À côté de ces restrictions générales, il existe aussi des restrictions spécifiques à certaines activités[2]. Il existe également certaines dispositions spécifiques aux membres de l'Union européenne.

1. Les conditions pour l'exercice du commerce par un étranger

160 Le décret-loi du 12 novembre 1938 a posé un principe de réciprocité en vertu duquel un étranger n'aura la possibilité d'exercer le commerce que dans les mêmes conditions que celles faites à un Français dans ce pays étranger. Ce principe cède en cas de conventions internationales signées par la France. Mais cette condition n'est pas suffisante et certaines formalités sont imposées aux étrangers. La matière a subi de nombreuses modifications.

Le texte de 1938 prévoyait également la possibilité pour le gouvernement, par décret, de limiter les étrangers à un certain pourcentage pour chacune des branches du commerce et de l'industrie. Cette faculté n'a jamais été mise en œuvre. Il était également prévu qu'en outre l'étranger voulant exercer le commerce en France devait posséder une carte de commerçant étranger. Cette nécessité concernait également les dirigeants étrangers de sociétés commerciales françaises[3] et les directeurs de succursales françaises de sociétés étrangères. En cas de commerce exercé sans carte, son auteur s'exposait à des sanctions pénales et à une

1. Regnard, « L'exercice du commerce en France par les étrangers », *LPA* 10 juin 1995.
2. V. par ex., les conditions posées par la loi du 30 mai 1857 pour la reconnaissance des sociétés étrangères ; le décret du 14 novembre 1949 et le décret-loi du 19 juillet 1939 sur l'interdiction de principe de l'accès aux transports routiers ou aux débits de boissons.
3. Lebouché, « Dirigeants étrangers de sociétés : quelles règles respecter pour exercer ? », *Dr. soc.* 1999. Chron. 1.

éventuelle fermeture de son établissement. Les actes qu'il avait passés étaient nuls d'une nullité absolue[1].

La situation actuelle résulte de l'ordonnance du 25 mars 2004 et, par la loi du 24 juillet 2006, la carte de commerçant étranger est supprimée. Il est désormais nécessaire de dissocier suivant que le commerçant réside ou non sur le territoire français.

Pour le commerçant non résident, la loi du 2 janvier 2014 habilitant le Gouvernement à simplifier et sécuriser la vie des entreprises a supprimé le régime de déclaration préalable en préfecture imposé en l'état du droit aux commerçants étrangers ne résidant pas en France.

Pour les commerçants résidents, l'article L. 313-10 du Code de l'entrée et du séjour des étrangers impose au candidat commerçant la possession d'une carte de séjour temporaire autorisant l'exercice d'une activité professionnelle.

L'article R. 313-16-3 du Code de l'entrée et du séjour des étrangers prévoit que lors de la demande de délivrance ou de renouvellement de la carte de séjour prévue, le préfet vérifie la compatibilité de l'activité en cause avec la sécurité, la salubrité et la tranquillité publiques ainsi que, le cas échéant, l'absence de condamnation ou de décision emportant en France, l'interdiction d'exercer une activité commerciale. Dans les cas où il envisage d'exercer une activité réglementée, il est tenu de justifier qu'il satisfait aux conditions d'accès à l'activité en cause. L'étranger qui envisage de créer une activité ou une entreprise doit présenter à l'appui de sa demande les justificatifs permettant d'évaluer la viabilité économique du projet. Quand il cesse définitivement toute activité commerciale, industrielle ou artisanale, il est tenu d'en informer la préfecture.

Ces règles reçoivent exception en cas de possession par l'étranger d'une carte de résident. En ce cas, l'article L. 314-4 du Code de l'entrée et du séjour des étrangers prévoit que « lorsqu'elle a été délivrée à un étranger résidant sur le territoire de la France métropolitaine, la carte de résident en cours de validité confère à

1. Civ. 1re, 11 avr. 1962, *JDI* 1964. 99, note Sialelli.

son titulaire le droit d'exercer, sur ce territoire, la profession de son choix, dans le cadre de la législation en vigueur. »

Le statut du commerçant étranger ne sera pas malgré tout similaire à celui du commerçant français. Il ne bénéficiera pas de la propriété commerciale et il sera inéligible aux tribunaux et aux chambres de commerce.

161 Les investissements étrangers font l'objet de règles spécifiques. L'article L. 151-1 du Code monétaire et financier pose en principe que les relations financières entre la France et l'étranger sont libres. Mais le gouvernement a la possibilité d'encadrer des investissements.

Le Code monétaire et financier prévoit que les étrangers projetant de faire un investissement direct sur le territoire français sont tenus de procéder à une déclaration administrative. Son article R. 151-1 5° considère comme investissements directs étrangers la création d'une entreprise nouvelle par une entreprise de droit étranger ou par une personne physique non résidente, l'acquisition de tout ou partie d'une branche d'activité d'une entreprise de droit français par une entreprise de droit étranger ou par une personne physique non résidente, toutes opérations effectuées dans le capital d'une entreprise de droit français par une entreprise de droit étranger ou par une personne physique non résidente dès lors que, après l'opération, la somme cumulée du capital ou des droits de vote détenus par ces personnes étrangères excède 33,33 % du capital ou des droits de vote de l'entreprise française et les mêmes opérations effectuées par une entreprise de droit français dont le capital ou les droits de vote sont détenus à plus de 33,33 % par une ou des entreprises de droit étranger ou une ou des personnes étrangères.

Certains investissements étrangers sont astreints à une autorisation préalable du ministre de l'Économie en raison de leur caractère stratégique ou dangereux. Tel est le cas des investissements ayant trait à la défense nationale et aux armes et explosifs et ceux de nature à créer des risques sérieux pour la santé publique.

2. Les dispositions spécifiques aux membres de l'Union européenne

162 Le traité de Rome avait posé le principe de la liberté d'établissement qui comporte notamment le libre accès des différents ressortissants des pays membres aux professions commerciales. L'ensemble des pays membres s'était engagé à faire disparaître avant le 1er janvier 1970 les différents obstacles empêchant la mise en œuvre de ce principe. Mais à cette date, ce but était loin d'être atteint. Malgré cela, la Cour de justice des Communautés européennes a décidé que le principe du libre accès aux professions commerciales s'appliquait directement sur le territoire des États membres, même en l'absence de directive incombant au Conseil[1].

Le droit français a posé une série de règles facilitant l'accès au commerce pour les membres de l'Union européenne. L'ordonnance du 28 août 1969 avait dispensé les membres de la Communauté économique européenne de la carte de commerçant étranger pour les activités énumérées par les directives déjà prises. Une circulaire du 1er août 1975 a étendu la dispense à l'ensemble des activités commerciales. Désormais tout membre de l'Union européenne a la possibilité d'exercer toute activité commerciale de son choix. Cette solution est également prévue pour les ressortissants d'un État partie à l'accord sur l'Espace économique européen ou d'un État membre de l'Organisation de coopération et de développement économiques.

La directive relative aux services dans le marché intérieur, dite « directive Services » ou « directive Bolkestein » du 12 décembre 2006 a tenté de promouvoir la liberté d'établissement dans le domaine des services. Même si son domaine dépasse le strict cadre du droit commercial, elle présente également une grande importance en cette matière. Son objectif est d'éliminer les obstacles à la liberté d'établissement des prestataires dans les États membres et à la libre circulation des services entre États membres et de garantir aux destinataires et aux prestataires la sécurité juridique nécessaire à l'exercice effectif de ces deux libertés fondamentales du traité.

1. CJCE 21 juin 1974, *Reyners c. État Belge*, *Rec. CJCE* 1974. 631 ; *RTD eur.* 1975. 561.

§ 2. Les restrictions liées à l'activité exercée

163 Dans certaines hypothèses, les restrictions ne dépendent plus de la qualité de la personne qui souhaite exercer une profession commerciale, mais de l'activité choisie. Certaines sont interdites, alors que d'autres sont soumises à condition.

A. Les activités interdites

164 Certaines activités commerciales peuvent être interdites, dans un but de santé publique, ou parce qu'elles sont contraires à l'ordre public et aux bonnes mœurs. Mais les interdictions les plus nombreuses tiennent à l'existence de monopoles. Leur fondement est variable et il tient notamment à des considérations de sécurité publique, par exemple les poudres ou le matériel de guerre, à des considérations de politique économique, par exemple les postes, ou à des considérations fiscales, par exemple le tabac.

Ces monopoles suscitent des interrogations sur leur validité au regard du droit communautaire. En effet, l'article 37 du traité de Rome indique que les États membres doivent aménager leur monopole à caractère commercial, faute sinon de créer des discriminations à l'égard des membres de l'Union européenne[1]. La Cour de justice des Communautés européennes a d'ailleurs déclaré certains monopoles contraires au traité de Rome[2]. Mais de nouveaux monopoles pourraient être créés dans la mesure où ils ne contreviennent pas aux dispositions de l'article 37.

B. Les activités soumises à conditions

165 Quelques professions commerciales nécessitent l'obtention d'un diplôme. Tel est le cas par exemple des pharmaciens. D'autres nécessitent une déclaration à la préfecture ou à la mairie ou la

1. Mégret, « L'aménagement des monopoles français en application de l'article 37 », *RTD eur.* 1972. 558 ; Hamon, « Le monopole des services publics français face au droit communautaire », *D.* 1993. 91.
2. Par ex., pour la Seita, CJCE 21 juin 1983, *D.* 1984. IR 294.

possession d'une carte d'identité professionnelle. Mais, plus souvent, certaines activités sont soumises à autorisation. Il faudra également envisager le particularisme du commerce effectué par des magasins à grande surface.

Pour les activités soumises à autorisation, on se bornera à en fournir quelques illustrations. Le nombre de ces autorisations tend à se développer, car elles permettent un interventionnisme étatique. On peut citer les débits de boisson, les entreprises de spectacles publics, les entreprises cinématographiques, les agences de voyages, les laboratoires pharmaceutiques, les agences privées de recherche. Cette autorisation est parfois liée à la fourniture d'une garantie financière, comme pour les agences de voyages. Normalement cette autorisation est cédée avec le fonds de commerce dont elle constitue un élément important. Mais rien n'interdit de la céder à titre isolé.

166 L'aménagement commercial prend une place de plus en plus importante en matière commerciale. Selon l'article L. 750-1 du Code de commerce, « les implantations, extensions, transferts d'activités existantes et changements de secteur d'activité d'entreprises commerciales et artisanales doivent répondre aux exigences d'aménagement du territoire, de la protection de l'environnement et de la qualité de l'urbanisme. Ils doivent en particulier contribuer au maintien des activités dans les zones rurales et de montagne ainsi qu'au rééquilibrage des agglomérations par le développement des activités en centre-ville et dans les zones de dynamisation urbaine ».

Dans le cadre d'une concurrence loyale, ils doivent également contribuer à la modernisation des équipements commerciaux, à leur adaptation à l'évolution des modes de consommation et des techniques de commercialisation, au confort d'achat du consommateur et à l'amélioration des conditions de travail des salariés.

167 La loi d'orientation du commerce et de l'artisanat du 27 décembre 1973, dite loi Royer, modifiée à plusieurs reprises, notamment par la loi du 5 juillet 1996 relative au développement et à la promotion du commerce et de l'artisanat, contrôle le développement des magasins de grande surface, afin de protéger le commerce de détail ; elle a été retouchée par la loi sur la modernisation de l'économie. Cette réglementation figure pour l'essentiel aux articles L. 752-1 du Code de commerce.

L'article L. 752-1 du Code de commerce prévoit que sont notamment soumis à une autorisation d'exploitation commerciale les projets ayant pour objet la création d'un magasin de commerce de détail d'une surface de vente supérieure à mille mètres carrés, résultant d'une construction nouvelle ou de la transformation d'un immeuble existant ou l'extension de la surface de vente d'un magasin de commerce de détail ayant déjà atteint le seuil des mille mètres carrés ou devant le dépasser par la réalisation du projet[1]. L'autorisation sera toujours donnée par une commission départementale d'aménagement commercial qui est présidée par le préfet[2]. La commission départementale d'aménagement commercial est tenue de se prononcer sur les effets du projet en matière d'aménagement du territoire, de développement durable et de protection des consommateurs. Les critères d'évaluation sont notamment en matière d'aménagement du territoire : l'effet sur l'animation de la vie urbaine, rurale et de montagne et l'effet du projet sur les flux de transport et en matière de développement durable : la qualité environnementale du projet et son insertion dans les réseaux de transports collectifs.

1. Un système similaire a été mis en place pour les complexes cinématographiques.
2. Dans les départements autres que Paris, elle est composée : 1° Des sept élus suivants : a) Le maire de la commune d'implantation ou son représentant ; b) Le président de l'établissement public de coopération intercommunale à fiscalité propre dont est membre la commune d'implantation ou son représentant ; c) Le président du syndicat mixte ou de l'établissement public de coopération intercommunale mentionné à l'article L. 122-4 du Code de l'urbanisme chargé du schéma de cohérence territoriale dans le périmètre duquel est située la commune d'implantation ou son représentant ou, à défaut, le maire de la commune la plus peuplée de l'arrondissement ou, à défaut, un membre du conseil général ; d) Le président du conseil général ou son représentant ; e) Le président du conseil régional ou son représentant ; f) Un membre représentant les maires au niveau départemental ; g) Un membre représentant les intercommunalités au niveau départemental. Lorsque l'un des élus détient plusieurs mandats mentionnés aux a) à g) du présent 1°, il ne siège qu'au titre de l'un de ses mandats. Le cas échéant, le ou les organes délibérants dont il est issu désignent son remplaçant pour chacun des mandats au titre desquels il ne peut siéger ; 2° De quatre personnalités qualifiées, deux en matière de consommation et de protection des consommateurs et deux en matière de développement durable et d'aménagement du territoire. À Paris, elle est composée : 1° Des cinq élus suivants : a) Le maire de Paris ou son représentant ; b) Le maire de l'arrondissement du lieu d'implantation ou son représentant ; c) Un conseiller d'arrondissement désigné par le conseil de Paris ; d) Un adjoint au maire de Paris ; e) Un conseiller régional désigné par le conseil régional ; 2° De trois personnalités qualifiées en matière de consommation, de développement durable et d'aménagement du territoire.

La commission départementale d'aménagement commercial est tenue de se prononcer dans un délai de deux mois à compter de sa saisine. Passé ce délai, la décision est réputée favorable. Elle autorise les projets par un vote à la majorité absolue des membres présents. Le procès-verbal indique le sens du vote émis par chacun de ces membres. Le préfet, qui préside la commission départementale, ne prend pas part au vote. L'autorisation est accordée par mètre carré de surface de vente. L'article L. 752-15 du Code de commerce prévoit qu'une nouvelle demande est nécessaire lorsque le projet, en cours d'instruction ou dans sa réalisation, subit des modifications substantielles dans la nature du commerce ou des surfaces de vente.

Un appel est possible devant la commission nationale d'aménagement[1] ; elle est tenue de statuer dans un délai de quatre mois. Sa décision peut faire l'objet d'un recours pour excès de pouvoir devant le Conseil d'État[2]. En cas de rejet pour un motif de fond de la demande d'autorisation par la commission nationale, il ne peut être déposé de nouvelle demande par le même commerçant, pour un même projet, sur le même terrain pendant une période d'un an à compter de la date de la décision de la commission nationale.

1. La composition de cette commission est fixée par l'article L. 751-6 du Code de commerce, à savoir : un membre du Conseil d'État désigné par le vice-président du Conseil d'État, un membre de la Cour des comptes désigné par le premier président de la Cour des comptes, un membre de l'inspection générale des finances désigné par le chef de ce service, un membre du corps des inspecteurs généraux de l'administration du développement durable désigné par le vice-président du Conseil général de l'environnement et du développement durable, quatre personnalités désignées pour leur compétence en matière de distribution, de consommation, d'urbanisme, de développement durable, d'aménagement du territoire ou d'emploi à raison d'une par le président de l'Assemblée nationale, une par le président du Sénat, une par le ministre chargé du commerce et une par le ministre chargé de l'urbanisme et quatre représentants des élus locaux : un représentant les communes, un représentant les établissements publics de coopération intercommunale à fiscalité propre, un représentant les départements, un représentant les régions.

2. CE 19 juin et 14 oct. 2002, *RJDA* 2003. 325.

Section 2
Les restrictions conventionnelles à la liberté d'entreprendre

168 Il arrive souvent que soient insérées dans des actes juridiques des clauses de non-concurrence[1]. Elles sont de plus en plus fréquemment stipulées en droit commercial. Par exemple, le commerçant cédant son fonds de commerce ou le donnant en location-gérance s'engage à ne pas se rétablir. Le vendeur ou le loueur s'oblige par conséquent à ne pas créer un fonds concurrent. On les retrouve également dans certains contrats de travail où un employé s'engage, après l'expiration de son contrat de travail, à ne pas ouvrir un commerce semblable ou à ne pas travailler pour une entreprise similaire. Elles existent aussi dans la plupart des contrats de distribution.

Ces clauses de non-concurrence sont au centre d'intérêts contradictoires. Elles restreignent l'accès au commerce et à l'industrie, en risquant d'empêcher une personne d'exercer son activité commerciale. De plus, elles apparaissent comme un frein au jeu normal de la concurrence devant exister entre commerçants. Mais à l'inverse, elles permettent souvent de faire respecter une certaine sincérité contractuelle et d'éviter une concurrence déloyale. Il serait anormal que le vendeur d'un fonds de commerce puisse se rétablir à côté du fonds qu'il vient de céder, lui permettant ainsi de récupérer, à moindre coût, la clientèle qu'il vient de céder à l'acquéreur[2].

---

1. *Cf.* Serra, *L'obligation de non-concurrence*, 1970 ; *La non-concurrence en matière commerciale, sociale et civile*, 1991 ; Bergel, « Les clauses de non-concurrence en droit positif français », *Études Jauffret*, p. 21 ; Champaud, « La clause de non-concurrence », *RJ com.* 1986. 161.

2. Certes, ce rétablissement pourrait être analysé comme une violation de son obligation à une garantie d'éviction (pour de tels exemples jurisprudentiels, Req. 29 juill. 1908, *DP* 1909. 1. 281, note Lacour ; Com. 16 juin 1969, *RTD com.* 1970. 351, obs. Jauffret ; Com. 14 avr. 1992, *Bull. civ.* IV, n° 160, indiquant que la garantie légale subsiste, malgré l'expiration de la clause de non-concurrence). Mais, relevant du pouvoir souverain des juges du fond, elle ne présente pas le même degré de fiabilité pour l'acquéreur qu'une clause de non-concurrence.

Le Code de commerce, contrairement au Code civil pour les libéralités où l'article 900-1 indique que de telles clauses ne sont valables « que si elles sont temporaires et justifiées par un intérêt sérieux et légitime », ne réglemente pas ces clauses de non-concurrence. Il a donc appartenu à la jurisprudence de résoudre ce conflit d'intérêts antagonistes. Elle l'a fait en prenant une solution de compromis, tout à fait fondée juridiquement et économiquement.

169 La validité de ces clauses est subordonnée au respect de deux conditions. D'une part, elles doivent être limitées dans leur objet. Elles ne doivent pas empêcher une personne d'exercer toutes les activités commerciales, ou pour un salarié toute activité salariée dans sa spécialité. En principe, elles se limitent à interdire tout commerce similaire[1]. La notion de commerce similaire relève du pouvoir souverain d'appréciation des juges du fond.

D'autre part, elles doivent être limitées dans le temps ou dans l'espace. Les deux restrictions peuvent coexister à la condition que la clause ne soit pas « disproportionnée au regard de l'objet du contrat[2] », et donc de ne pas être toutes deux rédigées de manière trop extensive. Toujours sous cette réserve de la nécessité de sauvegarder l'intérêt des deux parties, la jurisprudence a parfois admis une clause perpétuelle si elle est géographiquement limitée[3], malgré le principe de la prohibition des engagements perpétuels, comme elle pourrait être géographiquement illimitée, si elle est temporaire. Ces clauses, en tout état de cause, ne doivent pas être disproportionnées[4].

Dans le domaine social, la Cour de cassation a ajouté une exigence supplémentaire en indiquant qu'une « clause de non-concurrence n'est licite que si elle est indispensable à la protection des intérêts légitimes de l'entreprise, limitée dans le temps et l'espace, qu'elle tient compte des spécificités de l'emploi du salarié

1. Com. 2 juill. 1963, *Bull. civ.* III, n° 349 ; Com. 21 janv. 1975, *Bull. civ.* IV, n° 20.
2. Com. 4 janv. 1994, *D.* 1995. 205, note Serra.
3. Civ. 26 mars 1928, *DP* 1930. 1. 145, note Pic ; Com. 19 mai 1987, *Bull. civ.* IV, n° 121.
4. Sur cette idée, Com. 16 déc. 1997, *Bull. civ.* IV, n° 338.

et comporte l'obligation pour l'employeur de verser au salarié une contrepartie financière, ces conditions étant cumulatives »[1].

170 Les clauses de non-concurrence n'ont d'effet qu'entre les parties et elles ne concernent pas les tiers, sauf s'ils aident le débiteur à ne pas respecter son engagement[2]. Elles n'engagent que leur auteur et non ses héritiers[3]. Le non-respect de la clause par son auteur permet à son bénéficiaire de se faire octroyer des dommages-intérêts. Les juges du fond prononcent parfois d'autres mesures propres à faire cesser la concurrence, comme l'astreinte[4]. Elles peuvent même aller jusqu'à la fermeture du fonds concurrent[5]. En application de l'article 809 du Code de procédure civile, le juge des référés sera compétent pour prévenir un dommage imminent ou pour faire cesser un trouble manifestement illicite. Il prononcera alors des mesures conservatoires comme l'interdiction de continuer l'activité concurrentielle ou le versement d'une provision sur les dommages-intérêts à venir. À l'expiration de la clause, l'ancien débiteur retrouve, en principe, une totale liberté pour exercer où il le veut l'activité commerciale de son choix[6].

1. Cass. soc., 10 juill. 2002, *Bull. civ.* IV, n° 239 ; *D.* 2002. 2491, note Serra.
2. Sur leur responsabilité en ce cas, puisqu'ils commettent une faute délictuelle en aidant autrui à enfreindre ses obligations contractuelles, Com. 3 nov. 1972, *Bull. civ.* IV, n° 269 ; Com. 23 oct. 1984, *Gaz. Pal.* 1985. 1. Pan. 22, obs. Dupichot.
3. Com. 19 mars 1968, *Gaz. Pal.* 1968. 2. 5 ; cette règle reçoit exception pour l'héritier ayant accepté la succession et ayant participé auparavant à l'exploitation du fonds de commerce ultérieurement cédé.
4. Com. 23 avr. 1985, *Bull. civ.* IV, n° 123.
5. Paris 15 juin 1933, *DH* 1933. 450.
6. Com. 5 juill. 1976, *Bull. civ.* IV, n° 224 ; Com. 3 avr. 1979, *Bull. civ.* IV, n° 125.

SYNTHÈSE

En principe, toute personne a la faculté d'exercer l'activité commerciale ou industrielle qui lui convient. Ce principe, posé par le **décret *d'Allarde*** des 2-17 mars 1791, a une **valeur constitutionnelle.** Cette règle n'est pourtant pas **absolue** et elle comporte de **nombreuses restrictions.** Certaines ont une origine légale, alors que d'autres ont une origine conventionnelle.

Les restrictions légales à la liberté d'entreprendre

Certaines restrictions légales à la liberté d'entreprendre sont **liées à la personne désirant exercer une activité commerciale.** Certaines personnes n'ont pas la faculté d'accéder à la profession commerciale, en raison de **leur inexpérience.** Le **mineur, le majeur en tutelle ou le majeur en curatelle** ne peut pas être commerçant. L'exercice d'une profession commerciale peut parfois être interdit aux personnes **ayant subi certaines condamnations pénales.** De même, **l'exercice de certaines professions,** comme les fonctionnaires, les officiers ministériels ou les professions libérales, est jugé **inconciliable avec le commerce.** Les étrangers sont parfois soumis à d'importantes restrictions. Pour exercer le commerce, deux conditions doivent être réunies : la **réciprocité législative,** c'est-à-dire la possibilité pour un Français d'être commerçant dans le pays de l'intéressé et **l'obtention d'une carte de commerçant étranger.** Ces règles ne **s'appliquent pas aux membres de l'Union européenne.**

D'autres restrictions légales à la liberté d'entreprendre sont **liées à l'activité choisie.** Certaines activités sont considérées comme contraire **à l'ordre public et aux bonnes mœurs.** Il faut également tenir compte des **monopoles étatiques.** Quelques professions commerciales nécessitent **l'obtention d'un diplôme ou d'une autorisation.**

Les restrictions conventionnelles à la liberté d'entreprendre

Les restrictions conventionnelles à la liberté d'entreprendre résultent de **l'insertion dans les actes juridiques de clauses de non-concurrence**. Ces clauses restreignent l'accès au commerce et à l'industrie. Mais elles permettent de **faire respecter une certaine sincérité contractuelle, en évitant une concurrence déloyale**. Leur validité est subordonnée au respect de deux conditions. Elles doivent être **limitées dans leur objet et dans le temps ou l'espace**.

CHAPITRE 3

Les obligations du commerçant

171 Les commerçants sont, dans leur ensemble, soumis à de nombreuses obligations. Certaines sont d'ordre fiscal. Ils paient des impôts sur les bénéfices, une taxe professionnelle et une taxe sur la valeur ajoutée.

En vertu de l'article 34 du Code général des impôts, le commerçant personne physique est assujetti à l'impôt sur les revenus au titre des bénéfices industriels et commerciaux réalisés. Pour les commerçants personnes morales, une distinction s'impose. Les sociétés anonymes, les sociétés en commandite par actions et les sociétés à responsabilité limitée sont soumises à l'impôt sur les sociétés. Les sociétés en nom collectif, les sociétés en commandite simple et les sociétés à responsabilité limitée unipersonnelles ayant pour associé unique une personne physique ont un régime identique à celui des personnes physiques, sauf option pour l'impôt sur les sociétés.

172 Le décret *d'Allarde* avait un but fiscal : faire payer une patente aux commerçants. Cette patente avait été remplacée par la taxe professionnelle qui était due par toute personne exerçant une activité professionnelle non salariée. Les professionnels reprochaient, à juste titre, à cet impôt de pénaliser à la fois l'emploi et les investissements. Elle a été supprimée à partir du 1er janvier 2010 et a été remplacée par la contribution économique territoriale (CET).

La taxe sur la valeur ajoutée est applicable à l'ensemble des opérations de l'entreprise depuis une loi du 6 janvier 1966. Son taux est variable. Son particularisme tient au droit de déduction prévu par l'article 271-1 du Code général des impôts. En vertu de cette disposition, « la TVA qui a grevé les éléments du prix d'une opération imposable est déductible de la TVA applicable à cette opération ». Finalement les commerçants collectent cet impôt pour le compte de l'État, puisqu'ils le répercutent en définitive sur la consommation.

173 D'autres sont d'ordre civil. Les commerçants ont l'obligation d'établir des factures. « La facture est un écrit par lequel un commerçant rappelle à son client l'opération qu'il a effectuée avec lui, détaille le montant des prestations qu'il lui a fournies, et lui en demande le règlement[1]. » Son rôle est multiple, puisqu'elle est, par exemple, à la fois un moyen de preuve, un moyen de crédit, notamment par le mécanisme de l'affacturage et un moyen de recouvrement de la TVA.

L'article L. 441-3 du Code de commerce indique que « tout achat de produits ou toute prestation de service pour une activité professionnelle doit faire l'objet d'une facturation » ; il en fixe également le contenu. Cette même disposition indique que le vendeur ou le prestataire de services doit remettre une facture dès la réalisation de la vente ou de la prestation de service. Chaque partie doit en recevoir un exemplaire qu'il devra conserver pendant trois ans.

La facture doit être rédigée en double exemplaire. Chaque partie au contrat doit en conserver un exemplaire. Elle doit comporter certaines mentions, à savoir le nom et l'adresse des parties, la date de la vente ou de la prestation de service, la dénomination du produit vendu ou du service fourni hors TVA, les éventuelles réductions de prix, la date à laquelle le règlement doit intervenir et les éventuelles pénalités de retard. Le décret du 7 juillet 2003 a imposé des mentions supplémentaires d'ordre fiscales. L'article 242 *nonies* A du Code général des impôts impose notam-

1. Chartier, n° 311.

ment l'indication de la TVA des numéros d'identification attribués à l'assujetti.

Toute infraction aux dispositions relatives à la facturation est punie d'une amende de 75 000 euros. L'amende peut être portée à 50 % de la somme facturée ou de celle qui aurait dû être facturée.

L'article L. 123-24 du Code de commerce impose à tout commerçant immatriculé au registre du commerce et des sociétés de se faire ouvrir un compte dans une banque, dans un établissement de crédit ou auprès de la banque postale. Le Code de commerce les oblige à effectuer par chèque barré, virement bancaire ou carte de crédit, tous les règlements dépassant la somme de 750 euros et à régler les salaires dépassant la somme de 1 500 euros.

Mais les obligations du commerçant les plus importantes et les plus spécifiques concernent la publicité légale (SECTION 1) et la comptabilité (SECTION 2).

SECTION 1
LA PUBLICITÉ LÉGALE

174 Le droit commercial n'est pas un droit aussi secret que l'expression de secret des affaires pourrait le faire croire. Les tiers et notamment les partenaires des commerçants doivent bénéficier de certaines informations. Le domaine de la publicité est d'ailleurs en perpétuelle extension[1]. Les publicités les plus importantes s'effectuent au registre du commerce et des sociétés (**§ 1**). Mais il existe également d'autres publicités obligatoires (**§ 2**). Il est regrettable que l'ensemble des publicités devant être effectué par un commerçant ne soit pas accompli sur un seul registre.

1. *Cf.* l'ouvrage du CREDA, *Publicité légale et informations dans les affaires*, 1992.

§ 1. La publicité par le registre du commerce et des sociétés

175 Le Code de commerce de 1807 avait prévu un système de publication de certains actes ou faits du commerçant par le biais d'affichage ou par voie d'insertion par voie de presse. Ce mécanisme est devenu insuffisant au début du XXe siècle. Pour cette raison, à l'imitation de ce qui existait déjà dans certains États étrangers, on instaura une publicité par voie de registre. Le registre du commerce et des sociétés, d'abord appelé registre du commerce, a été créé par une loi du 18 mars 1919. Contrairement à la solution allemande où le registre est constitutif de droit, le registre français a été conçu comme un répertoire administratif. Mais peu à peu, l'immatriculation a produit certaines conséquences juridiques, au fur et à mesure que le législateur a renforcé le rôle de cette institution.

Les principales réformes ont été celles effectuées par le décret du 9 août 1953, refondu par une ordonnance du 27 décembre 1958 et par un décret du 27 décembre 1958. Ce décret de 1958 a été modifié à son tour par un décret du 23 mars 1967. En application d'un décret du 3 juillet 1978, le registre du commerce a pris le nom de registre du commerce et des sociétés. Enfin, un décret du 30 mai 1984, lui-même modifié par des décrets des 2 décembre 1987, 16 juin 1992, 10 avril 1995 et 2 juillet 1998, a remplacé le décret du 23 mars 1967[1]. On peut également citer le décret du 31 juillet 2012 et l'arrêté pris le même jour qui permettent d'effectuer certaines formalités par voie électronique. Cette réglementation figure désormais partiellement aux articles L. 123-1 et suivants et R. 123-31 et suivants du Code de commerce. Son principal apport tient dans le développement du rôle du greffier chargé de recevoir les demandes d'inscription.

L'article L. 123-6 du Code de commerce indique que le registre du commerce et des sociétés est tenu par le greffier de chaque tribunal de commerce ou de chaque tribunal de grande instance

1. V. Le Cannu, « Le décret du 30 mai 1984 », *LPA* 11 sept. 1984.

statuant commercialement, sous la surveillance du président ou d'un juge commis à cet effet. À côté de ces registres locaux, il existe un registre national qui est tenu, par l'Institut national de la propriété industrielle. Il appartient au greffier de chaque tribunal de transmettre à cet organisme un exemplaire des inscriptions prises au registre local.

Le registre du commerce et des sociétés comporte plusieurs documents. Il existe un registre d'arrivée dans lequel le greffier inscrit, par ordre chronologique, toutes les déclarations. Le greffier constitue alors un dossier individuel dans lequel seront portées la demande d'immatriculation du commerçant et ses modifications ultérieures. Pour les personnes morales, il est prévu un dossier annexe comportant les actes et les pièces déposés. Il est enfin prévu un fichier alphabétique dont le but est de faciliter les recherches.

Il faut désormais envisager l'inscription au registre du commerce et des sociétés, avant d'envisager les effets de cette inscription et les sanctions lorsqu'elle fait défaut.

A. L'inscription au registre du commerce et des sociétés

176 L'immatriculation au registre du commerce et des sociétés se distingue des autres déclarations.

1. L'immatriculation au registre du commerce et des sociétés

177 L'article L. 123-1 du Code de commerce indique que doivent être immatriculés sur leur déclaration : les personnes physiques ayant la qualité de commerçant ; les sociétés et les groupements d'intérêt économique jouissant de la personnalité morale ; les établissements publics français à caractère industriel et commercial ; certaines personnes morales dont l'immatriculation est prévue par des dispositions légales ou réglementaires et les représentations commerciales ou agences commerciales d'États étrangers ou de collectivités publiques étrangères. Pour les sociétés civiles, l'immatriculation était exigée par la loi du 4 janvier 1978 pour celles constituées après son entrée en vigueur. Mais la loi sur les nouvelles régulations économiques du 15 mai 2001 l'a rendue

obligatoire pour toutes les sociétés civiles, quelle que soit leur date de constitution. Le non-respect de cette règle est sanctionné par la perte de la personnalité morale. Cette liste présente un caractère limitatif[1]. Depuis 2005, cette demande peut être effectuée par la voie électronique sous signature sécurisée.

Par dérogation, les personnes physiques exerçant une activité commerciale à titre principal ou complémentaire sont dispensées de l'obligation de s'immatriculer au registre du commerce et des sociétés tant qu'elles bénéficient du régime prévu à l'article L. 133-6-8 du Code de la sécurité sociale. Cela vise des professionnels ayant un faible chiffre d'affaires.

Pour multiplier les créations d'entreprises, les formalités incombant aux chefs d'entreprises ont été facilitées par la création des centres de formalités des entreprises. Leur réglementation figure désormais aux articles R. 123-1 et suivants du Code de commerce. Le législateur a donné pour mission à ces centres d'améliorer la création et le fonctionnement des entreprises en leur permettant, de souscrire en un même lieu et sur un même document les déclarations auxquelles elles sont tenues par les lois et règlements dans les domaines juridique, administratif, social et fiscal et statistique, et afférentes à leur création, à la modification de leur situation et à la cessation de leur activité. Le passage par ces centres est obligatoire.

La procédure à suivre pour l'inscription est prévue par les articles L. 123-1 et suivants du Code de commerce[2]. Désormais, la déclaration peut être faite par la voie électronique.

178 La demande d'immatriculation doit être effectuée pour les personnes physiques, en vertu de l'article R. 123-32 du Code de commerce, au lieu du siège de leur entreprise, de leur principal établissement ou de leur domicile et pour les personnes morales, selon l'article R. 123-35 au lieu du siège social. L'article R. 123-31 indique que l'immatriculation a un caractère personnel et que nul ne peut être immatriculé plusieurs fois à un même registre.

---

1. Paris 13 févr. 1992, *Bull. Joly* 1992. 437, note Jeantin, pour une association et dont le pourvoi a été rejeté par Com. 1er mars 1994, *Bull. civ.* IV, nº 90 ; *D.* 1994. 528, note Coutant ; *Defrénois* 1994. 1038, obs. Hovasse ; *JCP* 1995. II. 22418, note Kamden ; *Bull. Joly* 1994. 529, note Baillod.
2. Saintourens, « La réforme du décret du 19 juillet 1996 relatif aux centres de formalité des entreprises », *RTD com.* 2007. 321.

Si une personne physique ou morale exploite plusieurs établissements dans le ressort de plusieurs tribunaux, son immatriculation principale devra être complétée par des immatriculations secondaires. L'article R. 123-40 du Code de commerce indique qu'est un établissement secondaire « tout établissement permanent, distinct du siège social ou de l'établissement principal et dirigé par l'assujetti, un préposé ou une personne ayant le pouvoir de lier des rapports juridiques avec des tiers ».

L'immatriculation des personnes physiques doit être effectuée dans les quinze jours à compter du commencement de l'activité commerciale. L'article L. 123-3 du Code de commerce prévoit que, faute par un commerçant personne physique de requérir son immatriculation dans le délai prescrit, le juge commis d'office, à la requête du procureur de la République ou de toute personne justifiant y avoir intérêt, rend une ordonnance lui enjoignant, au besoin sous astreinte, de demander son immatriculation. De même, le juge peut enjoindre, éventuellement sous astreinte, à toute personne immatriculée au registre du commerce et des sociétés qui ne les aurait pas requises dans les délais prescrits, de faire procéder aux mentions complémentaires ou rectifications qu'elle doit y faire porter, aux mentions ou rectifications nécessaires en cas de déclarations inexactes ou incomplètes, à la radiation[1]. Une obligation similaire est prévue pour les personnes morales par l'article L. 123-5-1. L'article R. 123-89 impose au notaire, rédigeant un acte comportant, pour les parties intéressées, une incidence quelconque en matière de registre, sauf s'il s'agit d'un contrat de mariage, de procéder à l'inscription.

L'immatriculation des personnes morales n'est soumise à aucune condition de délai. Mais l'article 1842 du Code civil indique qu'une société n'acquiert la personnalité morale qu'à compter de son immatriculation.

1. L'article L. 123-5 du Code de commerce prévoit que le fait de donner, de mauvaise foi, des indications inexactes ou incomplètes en vue d'une immatriculation, d'une radiation ou d'une mention complémentaire ou rectificative au registre du commerce et des sociétés est puni d'une amende de 4 500 euros et d'un emprisonnement de six mois. Le tribunal peut, aussi priver l'intéressé, pendant un temps qui n'excède pas cinq ans, du droit de vote et d'éligibilité aux élections des tribunaux de commerce, des chambres de commerce et d'industrie et des conseils de prud'hommes.

179 La loi du 1er août 2003 sur l'initiative économique, complétée par la loi du 19 décembre 2005, a assoupli les règles de domiciliation du candidat à l'inscription au registre du commerce et des sociétés. Auparavant, l'ancien article L. 123-10 du Code de commerce prévoyait que la demande d'immatriculation au registre du commerce et des sociétés devait s'accompagner d'une justification de la jouissance de locaux où est installé le siège de l'entreprise. Il est maintenant nécessaire de distinguer la domiciliation des personnes physiques de celle des personnes morales.

Pour les personnes physiques, l'article L. 123-10 du Code de commerce dissocie l'hypothèse où celles-ci ont un établissement de celle où elles n'en ont pas. Si l'entreprise bénéficie d'un établissement, l'adresse commerciale sera celle de cet établissement. Les personnes physiques ne pourront déclarer l'adresse de leur lieu d'habitation et y exercer une activité que si aucune disposition législative ou aucune stipulation contractuelle ne s'y oppose[1]. En cas d'absence d'établissement, l'entrepreneur pourra déclarer à titre d'adresse celle de son local d'habitation. Cette déclaration n'entraîne ni changement d'affectation ni application du statut des baux commerciaux.

Pour les personnes morales, l'article L. 123-11-1 du Code de commerce les autorise à installer leur siège social au domicile de leur représentant légal, sauf dispositions légales ou stipulations contractuelles contraires. Si de telles dispositions existent, le siège pourra toutefois y être installé, mais pour une durée limitée à cinq ans. Il est possible de domicilier plusieurs personnes à une même adresse.

180 La demande d'immatriculation nécessite le dépôt de nombreuses mentions. Pour les personnes physiques, les renseignements prévus par les articles R. 123-37 et R. 123-38 du Code de commerce concernent à la fois sa personne, comme le nom, les prénoms, le domicile, le nom commercial, les date et lieu de naissance, la nationalité, et l'établissement qu'il exploite, comme l'enseigne, les

1. Les dispositions législatives sont principalement issues des règles d'urbanisme et les stipulations contractuelles résultent de l'insertion dans le règlement de copropriété d'une clause dite d'habitation bourgeoise.

activités exercées, l'adresse de l'établissement ou l'origine du fonds de commerce. En outre le déclarant devra mentionner s'il a effectué une déclaration d'insaisissabilité de ses droits sur l'immeuble où est fixée sa résidence principale ou sur tout bien foncier non affecté à son usage professionnel, en précisant le lieu de publication de cette déclaration. Il en va de même s'il affecte à son activité professionnelle un patrimoine séparé de son patrimoine personnel, en précisant la dénomination utilisée pour l'exercice de l'activité incorporant son nom ou nom d'usage, l'objet de l'activité professionnelle à laquelle le patrimoine est affecté, l'adresse de l'établissement principal où est exercée cette activité ou, à défaut d'établissement, l'adresse du local d'habitation où l'entreprise est fixée et la date de clôture de l'exercice comptable.

En vertu des articles R. 123-53 et R. 123-54 du Code de commerce, pour les personnes morales, les renseignements concernent aussi la personne, comme la dénomination sociale, la forme juridique retenue, le capital social ou le siège social et l'établissement qu'elle exploite. Pour une société soumise à publicité de ses comptes et bilans annuels, la date de clôture de l'exercice social doit être mentionnée. En outre, devront être déclarées l'identité des associés indéfiniment et solidairement tenus aux dettes sociales, celle des administrateurs, membres du directoire et du conseil de surveillance et des commissaires aux comptes.

181 Le greffier, sous sa responsabilité, s'assure de la régularité de la demande. Il vérifie la conformité des énonciations des demandes aux pièces justificatives et aux dispositions législatives et réglementaires[1]. En aucun cas il ne lui appartient de vérifier l'exactitude des déclarations. Si la demande est régulière, le greffier opère l'inscription dans les cinq jours ouvrables suivant la réception de la demande. Si le greffier juge la demande non régulière, il refuse l'immatriculation. Il doit indiquer les raisons de son refus et préciser les modalités du recours judiciaire.

---

1. Le greffier peut exiger que les assujettis remplissent les conditions nécessaires à l'exercice de leur activité professionnelle : Com. 11 févr. 1986, *Rev. sociétés* 1986. 432, note Chaput.

En cas de demande régulière, un numéro d'immatriculation au registre du commerce et des sociétés est attribué par le greffier. Le numéro se compose de l'indication RCS, du nom de la commune du siège de la juridiction où est tenu le registre, de la lettre A s'il s'agit d'une personne physique, de la lettre B s'il s'agit d'une personne morale commerçante autre qu'un groupement d'intérêt économique, de la lettre C s'il s'agit d'un groupement d'intérêt économique, de la lettre D s'il s'agit d'une personne morale non commerçante autre qu'un groupement d'intérêt économique et du numéro national d'identification des entreprises. Chaque établissement d'une entreprise est identifié par un numéro supplémentaire à cinq chiffres.

2. Les autres déclarations au registre du commerce et des sociétés

182 Outre d'éventuelles inscriptions complémentaires, les commerçants doivent indiquer les événements modifiant des renseignements déjà fournis et se faire radier lors de la cessation de leur activité professionnelle.

Les modifications des mentions du registre du commerce et des sociétés sont effectuées à l'initiative du commerçant ou parfois du notaire ayant passé l'acte entraînant ce changement. La demande doit intervenir dans le délai d'un mois à compter de la survenance de l'événement. Pour les personnes physiques, on peut citer la survenance d'une incapacité ou la souscription d'une déclaration d'insaisissabilité. Pour les personnes morales, il s'agit par exemple des modifications de la forme sociale, des fusions ou des scissions de sociétés.

À côté de ces modifications volontaires, l'article R. 123-122 du Code de commerce prévoit des hypothèses de modifications d'office. Selon cette disposition, sont mentionnées d'office au registre les principales décisions, intervenues dans les procédures de sauvegarde, de redressement ou de liquidation judiciaires des entreprises. Il en est notamment ainsi de la décision ouvrant la procédure de sauvegarde ou de redressement judiciaire, de celle convertissant la procédure de sauvegarde en procédure de redressement judiciaire, de celle prolongeant la période d'observation, de celle arrêtant le plan de sauvegarde ou de redressement, de celle mettant fin à la procédure de sauvegarde ou de redressement judiciaire ou clôturant l'une de ces procédures ou de celle ouvrant ou prononçant la liquidation judiciaire.

Le commerçant cessant son activité doit requérir sa radiation du registre du commerce et des sociétés. L'article R. 123-51 du Code de commerce prévoit que le commerçant personne physique doit demander sa radiation dans un délai d'un mois précédant sa cessation d'activité. En cas de décès du commerçant, la demande est présentée par les héritiers ou les ayants cause à titre universel. En tout état de cause, le greffier radie d'office l'immatriculation, un an après le décès du commerçant.

Une règle à peu près identique, mais tenant compte de leur spécificité, est prévue par l'article R. 123-69 du Code de commerce pour les personnes morales. La société doit indiquer sa décision de dissolution. La radiation interviendra dans le mois de la publication de la clôture de la liquidation[1]. L'article R. 123-131 donne pouvoir au greffier de procéder d'office à la radiation de l'immatriculation trois ans après sa dissolution et l'article R. 123-130 lui permet, sous certaines conditions d'y procéder deux ans après la cessation totale d'activité. Mais cette radiation ne met pas automatiquement fin à la personnalité morale[2].

B. Les effets de l'inscription au registre du commerce et des sociétés

183 Les effets de l'inscription au registre du commerce et des sociétés concernent aussi bien le commerçant que les tiers.

1. Les effets à l'égard du commerçant

184 Les effets diffèrent suivant que le commerçant est une personne physique ou une personne morale. Selon l'article L. 123-7 du Code de commerce, l'immatriculation d'une personne physique emporte présomption de la qualité de commerçant[3]. Toutefois, cette pré-

1. *Cf.* Bouloc, « La "disparition" des sociétés commerciales et le registre du commerce », *Rev. sociétés* 1978. 419.
2. Com. 13 févr. 1996, *Bull. civ.* IV, n° 52 ; *Defrénois* 1996. 670, note Hovasse ; *Bull. Joly sociétés* 1996. 496, note Daigre.
3. Delga, « Le nouvel article 64 du décret du 30 mai 1984 », *ALD* 1985. 79.

somption n'est pas opposable aux tiers et aux administrations qui apportent la preuve contraire. La personne immatriculée a la possibilité de démontrer que les tiers ou l'administration qui entendent se prévaloir de la présomption savaient qu'elle n'était pas commerçante. Le commerçant non immatriculé n'a pas la possibilité de se prévaloir des droits accordés aux commerçants.

Le défaut de radiation du commerçant produit d'importants effets[1]. Le commerçant continue à être porté sur les rôles de l'administration fiscale. Il peut être soumis à une procédure de sauvegarde, de redressement et de liquidation judiciaires, puisque les articles L. 631-3 et L. 640-3 du Code de commerce prévoient cette possibilité si tout ou partie du passif provient de son activité. Son successeur n'a pas la possibilité de se faire immatriculer. Il répond des dettes de l'acheteur ou du locataire-gérant dans l'exploitation du fonds de commerce. Comme l'avait indiqué Jauffret, « le commerçant non inscrit est bien commerçant sous le rapport de ses obligations, mais il ne l'est pas sous le rapport de ses droits[2] ».

Pour les personnes morales, l'immatriculation conditionne leur existence, puisqu'elle leur confère la personnalité morale. Mais il n'existe pas ici de présomption de commercialité.

2. Les effets à l'égard des tiers

185 Le registre du commerce et des sociétés permet d'informer les tiers. Tout commerçant a l'obligation de faire figurer sur ses documents commerciaux, par exemple sur ses factures, son numéro d'immatriculation. Les tiers ont la possibilité d'obtenir, à leur frais, du greffier ou de l'Institut national de la propriété industrielle communication des renseignements mentionnés au registre soit dans les actes qui sont annexés. La plupart des informations transmises au registre du commerce et des sociétés sont publiées par le *Bulletin officiel des annonces civiles et commerciales* qui est édité chaque jour par l'administration du *Journal officiel*.

1. Desdevisses, « L'incidence du défaut de radiation du registre du commerce sur la qualité de commerçant », *JCP* 1975. I. 2705 ; Delga, « Le commerçant personne physique inscrit au RCS ayant cessé son activité et non radié », *D.* 1985. 117.
2. Jauffret, obs. *RTD com.* 1954. 258.

L'article L. 123-9 du Code de commerce indique que la personne assujettie à immatriculation ne peut, dans l'exercice de son activité, ni opposer aux tiers ni aux administrations publiques, qui peuvent toutefois s'en prévaloir, les faits et les actes sujets à mention que si ces derniers ont été publiés au registre[1]. On constate que les tiers ont le choix entre se prévaloir et refuser de se prévaloir des faits et des actes soumis à publicité. Le registre du commerce et des sociétés produit donc désormais d'importantes conséquences civiles en rendant inopposables aux tiers les actes et faits non mentionnés.

Dans le but de favoriser la création d'entreprises, l'article L. 123-9-1 dans le Code de commerce prévoit que le greffier a la possibilité de délivrer gratuitement un récépissé de dépôt de dossier de création d'entreprise, à toute personne assujettie à l'immatriculation au registre, dès que celui-ci a déposé un dossier de demande d'immatriculation complet. Ce récépissé permet d'accomplir, sous la responsabilité personnelle de la personne physique ayant la qualité de commerçant ou qui agit au nom de la société en formation, les démarches nécessaires auprès des organismes publics et des organismes privés chargés d'une mission de service public.

C. Les sanctions du défaut d'inscription au registre du commerce et des sociétés

186 Les sanctions du défaut d'inscription au registre du commerce sont principalement d'ordre pénal. Toutefois, l'article R. 123-89 du Code de la consommation indique que le notaire n'ayant pas effectué les inscriptions, alors qu'il devait le faire, pourra être condamné à une amende civile de 15 à 750 euros prononcée par le tribunal de grande instance, sans préjudice de l'application de sanctions disciplinaires et de leur responsabilité.

L'article L. 123-5 du Code de commerce indique que le fait de donner, de mauvaise foi, des indications inexactes ou incomplètes

1. Pour une illustration, Com. 3 juill. 1990, *Bull. civ.* IV, n° 200 ; pour l'hypothèse où un acte a pourtant fait l'objet d'une autre mesure de publicité, Com. 29 juin 1993, *Defrénois* 1993. 1464, note Hovasse.

en vue d'une immatriculation, d'une radiation ou d'une mention complémentaire ou rectificative au registre du commerce et des sociétés est puni d'une amende de 4 500 euros et d'un emprisonnement de six mois[1]. Le tribunal peut, en outre, priver l'intéressé, pendant un temps qui n'excède pas cinq ans, du droit de vote et d'éligibilité aux élections des tribunaux de commerce, chambres de commerce et d'industrie et conseils de prud'hommes.

§ 2. Les autres mesures de publicité

187 Le registre du commerce et des sociétés n'est pas le seul instrument de publicité légal. Il est dommage qu'il n'existe pas d'unité en cette matière. Certaines publicités sont effectuées sur registres et d'autres par voie de presse.

Parmi les publicités par registre, on peut citer le registre des protêts. Les protêts se définissent comme des actes d'huissier constatant l'absence de paiement d'un effet de commerce. La publication informe les tiers du risque d'insolvabilité d'une personne. Il n'a plus une grande utilité pratique. Il existe également un registre de publicité des opérations de crédit-bail, un registre des nantissements des fonds de commerce et des nantissements de matériel.

La publicité par voie de presse est très fréquente en matière commerciale. La plupart des informations inscrites au registre du commerce et des sociétés est publiée au *BODACC*. Selon l'article R. 123-209 du Code de commerce, « il est institué un bulletin annexe au Journal officiel de la République française sous le titre de Bulletin officiel des annonces civiles et commerciales. Sont insérés dans ce bulletin les avis prévus par le présent code et par tous autres textes législatifs ou réglementaires ». Il publie notamment les ventes et cessions, les immatriculations, les créations d'établissements, les modifications et radiations de personnes physiques ou morales inscrites au registre du commerce et des sociétés, les procédures collectives et les avis de dépôt des

1. Pour un exemple, Paris 26 avr. 1993, *JCP* E 1993. Pan. 744.

comptes des sociétés. Il publie également certaines annonces civiles, notamment les rétablissements personnels et les acceptations de succession à concurrence de l'actif net.

Il existe également certains journaux privés habilités à publier des annonces légales. Tel est le cas notamment en cas de vente ou de location-gérance d'un fonds de commerce. Pour les sociétés faisant appel public à l'épargne, l'ensemble des informations relatif à la vie de ces sociétés doit être publié au *Bulletin des annonces légales obligatoires (BALO)*.

SECTION 2
LA COMPTABILITÉ

188 La comptabilité[1] a été définie comme « l'art d'enregistrer, suivant certaines règles, les mouvements de valeur qui se produisent dans les éléments de l'entreprise, par une figuration chiffrée de toutes les opérations qui ont été faites[2] ». Les articles L. 123-12 à L. 123-23 du Code de commerce font obligation à tous les commerçants de tenir une comptabilité. Cette obligation de tenir des comptes pour les commerçants est très ancienne, puisqu'elle était déjà prévue par l'ordonnance de 1673. Elle présente de nombreux intérêts aussi bien commerciaux, par exemple en droit des procédures collectives, que fiscaux. L'article L. 123-23 du Code de commerce prévoit que « la comptabilité régulièrement tenue peut être admise en justice pour faire preuve entre commerçants pour fait de commerce ». Contrairement aux règles du droit commun de la preuve, la comptabilité peut être invoquée par le commerçant qui l'a tenue[3].

Les règles relatives à la comptabilité ont été fortement modifiées par une loi du 30 avril 1983 qui a également prévu un régime de comptabilité spécifique pour les petites entreprises. Ces règles

1. Viandier et de Lauzaingain, *Droit comptable*, 2e éd.
2. Ripert et Roblot, par Vogel, n° 323.
3. Blaise, n° 394 ; Dekeuwer-Défossez et Blary-Clément, n° 122.

figurent désormais aux articles L. 123-12 et suivants du Code de commerce.

189 Une loi du 6 avril 1998 avait institué un Comité de la réglementation comptable qui établit les prescriptions comptables générales et sectorielles. Son article 1, alinéa 2, prévoyait que toute personne physique et morale soumise à l'obligation légale d'établir des documents comptables devait respecter les règlements de ce comité. L'ordonnance du 22 janvier 2009 a créé l'Autorité des normes comptables qui fusionne le Conseil national de la comptabilité et le Comité de la réglementation comptable.

Cette autorité exerce les missions suivantes :

Elle établit sous forme de règlements les prescriptions comptables générales et sectorielles que doivent respecter les personnes physiques ou morales soumises à l'obligation légale d'établir des documents comptables conformes aux normes de la comptabilité privée.

Elle donne un avis sur toute disposition législative ou réglementaire contenant des mesures de nature comptable applicables aux personnes soumises à l'obligation d'établir des comptes, élaborée par les autorités nationales.

Elle émet, de sa propre initiative ou à la demande du ministre chargé de l'Économie, des avis et prises de position dans le cadre de la procédure d'élaboration des normes comptables internationales.

Elle veille à la coordination et à la synthèse des travaux théoriques et méthodologiques conduits en matière comptable ; elle propose toute mesure dans ces domaines, notamment sous forme d'études et de recommandations.

Les procédés comptables sont normalisés par un plan comptable. Le plan comptable actuel a été défini par un règlement n° 99-03 du comité de la réglementation comptable qui a fait l'objet de nombreuses modifications. Il se définit comme l'ensemble des règles d'évaluation et de tenue des comptes constituant la norme de comptabilité. La matière est fortement imprégnée de droit communautaire. Avant d'envisager les principes généraux de la comptabilité (**§ 2**), il est nécessaire de voir les différents documents comptables (**§ 1**).

§ 1. Les différents documents comptables

190 Les documents comptables sont établis en euro et en langue française. Il faut envisager la tenue des différents documents comptables et les sanctions en cas d'absence de tenue ou de tenue incomplète.

A. La tenue des différents documents comptables

191 L'article R. 123-173 du Code de commerce dispose que tout commerçant tient un livre-journal, un grand livre et un livre d'inventaire. Le commerçant pourrait avoir d'autres livres qui ne sont pas obligatoires. L'article L. 123-22 du Code de commerce, indique que les documents comptables doivent être établis en euros et rédigés en langue française. Ils doivent être tenus sans blanc ni altération d'aucune sorte. La comptabilité peut servir comme moyen de preuve entre commerçants pour faits de commerce.

Le livre-journal enregistre les mouvements affectant le patrimoine de l'entreprise opération par opération et jour par jour. L'enregistrement doit indiquer l'origine, le contenu et l'imputation de chaque donnée ainsi que les références de la pièce justificative qui l'appuie. Le grand livre enregistre et il regroupe tous les comptes de l'entreprise. Il reprend donc les écritures du livre-journal, mais en les affectant à différents comptes. Le livre d'inventaire est un relevé annuel de tous les éléments d'actif et de passif de l'entreprise. Les comptes annuels doivent être transcrits à la suite de l'inventaire. Depuis la loi 17 mai 2011, la tenue de ce livre qui était devenue inutile est supprimée. L'obligation d'inventaire subsiste.

L'article 2, alinéa 2, du décret du 29 novembre 1983 prévoyait que le livre-journal et le livre d'inventaire sont cotés et paraphés par le greffier du tribunal de commerce (ou le cas échéant du tribunal de grande instance statuant en matière commerciale) au registre duquel le commerçant est inscrit. Depuis, l'article R. 123-173, alinéa 2, du Code de commerce prévoit qu'il s'agit d'une simple faculté pour le commerçant qui peut en faire la demande. Chaque livre reçoit un numéro d'identification répertorié par le greffier sur un registre spécial. Des documents informatiques écrits peuvent tenir lieu de livre-journal et de livre d'inventaire. Ils doivent être identifiés, numérotés et datés dès leur établissement par des moyens offrant toute garantie en matière de preuve.

Selon l'article L. 123-12, alinéa 3, du Code de commerce, tout commerçant « doit établir des comptes annuels à la clôture de l'exercice au vu des enregistrements comptables et de l'inventaire. Ces comptes annuels comprennent le bilan, le compte de résultat et une annexe : ils forment un tout indissociable ». Ils doivent être réguliers, sincères et donner une image fidèle du patrimoine, de la situation financière et du résultat de l'entreprise[1]. Il faut aussi désormais tenir compte des dispositions spécifiques relatives à l'entreprise individuelle.

Le bilan décrit séparément les éléments actifs et passifs de l'entreprise, et il fait apparaître, de façon distincte, les capitaux propres (C. com., art. L. 123-13, al. 1er). Le compte de résultat récapitule les produits et les charges de l'exercice, sans qu'il soit tenu compte de leur date d'encaissement ou de paiement. Il fait apparaître, par différence après déduction des amortissements et des provisions, le bénéfice ou la perte de l'exercice (C. com., art. L. 123-13, al. 2). L'annexe complète et commente l'information donnée par le bilan et le compte de résultat (C. com., art. L. 123-13, al. 4).

L'ensemble des documents comptables devra être conservé pendant dix ans[2], ce qui a longtemps correspondu à la durée de la prescription en matière commerciale. En cas de cession d'un fonds de commerce, le vendeur doit mettre les livres des trois dernières années à la disposition de l'acheteur.

192 L'article L. 123-16 du Code de commerce permet à certains commerçants, personnes physiques ou personnes morales, de présenter leur compte de manière simplifiée[3]. Pour les personnes

1. Pasqualini, *Le principe de l'image fidèle en droit comptable,* 1992 ; Doyen, « L'exigence d'image fidèle », *Gaz. Pal.* 1984. 1. Doctr. 211 ; Lacombe, « Régularité et sincérité des comptes et image fidèle : la nouvelle quadrature du cercle », *Mélanges Roblot,* p. 463 ; du Pontavice, « La notion d'image fidèle », *Mélanges Flattet,* p. 85.

2. Paris 10 mars 1986, *Banque* 1986. 505, obs. Rives-Lange.

3. Sur le contenu de cette présentation simplifiée, v. C. com., art. R. 123-200 s.

physiques, la présentation simplifiée vise le bilan et le compte de résultat. L'entreprise ne doit pas dépasser l'un des trois seuils suivants : avoir un total au bilan de 350 000 euros, un montant net de chiffre d'affaires de 700 000 euros ou un nombre moyen de dix salariés permanents. Pour les personnes morales, la présentation simplifiée concerne l'annexe. Pour les personnes morales ayant la qualité de commerçant, elles ne doivent pas dépasser l'un des trois seuils suivants : le total du bilan est fixé à 4 000 000 euros, le montant net du chiffre d'affaires à 8 000 000 euros et le nombre moyen de salariés permanents employés au cours de l'exercice à 50. La loi du 17 mai 2011 a accentué la simplification comptable de ces personnes morales. Celles placées sur option de plein droit sous le régime simplifié d'impositions peuvent, si elles le veulent, être seulement astreintes à une annexe abrégée suivant un modèle fixé par l'Autorité des normes comptables.

Mais surtout la loi du 11 février 1994, dite loi Madelin, avait inséré dans le Code de commerce des articles 17-1 à 17-4 qui allègent les obligations comptables de certains commerçants personnes physiques. Ce principe a été repris par le Code de commerce, avec toujours le même objectif : celui de favoriser la création d'entreprises. On le retrouve dans les articles L. 123-25 à L. 123-28. Trois distinctions sont opérées, compte tenu du régime fiscal auquel est soumis le commerçant. Ici le droit fiscal conditionne l'application de règles du droit commercial.

La première catégorie est celle des commerçants, personnes physiques, placées sur option ou de plein droit sous le régime simplifié d'imposition qui peuvent n'enregistrer les créances et les dettes qu'à la clôture de l'exercice et ne pas établir d'annexe. Elle englobe également les personnes morales ayant la qualité de commerçant et placées sur option ou de plein droit sous le régime simplifié d'imposition peuvent présenter une annexe abrégée établie selon un modèle fixé par un règlement de l'Autorité des normes comptables.

La deuxième catégorie est celle des commerçants, personnes physiques, soumis à un régime forfaitaire d'imposition. Ils sont dispensés d'établir des comptes annuels. Ils doivent, sous certaines conditions, enregistrer au jour le jour les recettes encaissées et les dépenses payées, établir un relevé en fin d'exercice des recettes encaissées et des dépenses payées, des dettes financières, des immobilisations et des stocks évalués de manière simplifiée.

La troisième catégorie est celle des plus petits commerçants, ceux soumis à l'article 50-0 du Code général des impôts, donc ayant un chiffre d'affaires annuel hors taxes inférieur à 80 100 euros pour les activités de vente et de fournitures de logements ou de denrées et de 32 000 euros pour les prestations de service. Ces entreprises peuvent ne pas établir de comptes annuels. Elles tiennent alors un livre mentionnant chronologiquement le montant et l'origine des recettes qu'elles perçoivent au titre de leur activité professionnelle. Elles tiennent également, lorsque leur commerce principal est de vendre des marchandises, objets, fournitures et denrées à emporter ou à consommer sur place, ou de fournir le logement, un registre récapitulé par année, présentant le détail de leurs achats.

193 À l'inverse, des obligations plus étendues que celles de droit commun sont exigées de certaines sociétés. Celles ayant un chiffre d'affaires supérieur à 18 000 000 euros ou un nombre de salariés supérieur à 300 ont l'obligation d'établir des comptes de gestion prévisionnelle. L'article L. 233-16 du Code de commerce prévoit que les groupes de sociétés doivent présenter des comptes consolidés, c'est-à-dire des comptes qui comprennent la comptabilité de la société-mère et celle des filiales. Depuis le 1er janvier 2006, les sociétés dont les titres sont cotés en bourse sont tenues de présenter leurs comptes consolidés selon les normes internationales dites IFRS (*international financial reporting standarts*).

B. Les sanctions en cas de non-tenue des différents documents comptables

194 Plusieurs sanctions pénales sont possibles en cas de tenue irrégulière des documents comptables. Le faux est puni par l'article 441-1 du Code pénal de trois ans d'emprisonnement et de 45 000 euros d'amende. L'article 1743 du Code général des impôts punit d'une amende de 37 500 euros et de cinq ans d'emprisonne-

ment « quiconque a sciemment omis de passer ou de faire passer ou a passé des écritures inexactes ou fictives au livre-journal et au livre d'inventaire, prévus par les articles L. 123-12 à L. 123-14 du Code de commerce, ou dans les documents qui en tiennent lieu ». L'article L. 654-2 du Code de commerce prévoit le délit de banqueroute à l'encontre de celui qui aura tenu une comptabilité fictive, qui aura fait disparaître des documents comptables ou qui s'est abstenu de tenir une comptabilité.

La faillite personnelle du commerçant ou du dirigeant de société pourra être prononcée, en vertu de l'article L. 653-5 du Code de commerce contre celui qui a omis de tenir une comptabilité conformément aux dispositions légales ou qui a fait disparaître tout ou partie des documents comptables.

§ 2. Les principes généraux de la comptabilité

195 Il faut envisager les principes comptables, avant de voir la comptabilité en partie double.

A. Les principes comptables

196 Les principes comptables sont énoncés par les articles L. 123-15 à L. 123-21 du Code de commerce. Les différents documents comptables doivent comprendre autant de rubriques et de postes qu'il est nécessaire pour donner une image fidèle du patrimoine, de la situation financière et du résultat de l'entreprise. L'article L. 123-17 du Code de commerce indique que normalement la présentation des comptes annuels et celle des méthodes d'évaluation ne peuvent pas être modifiées d'un exercice à l'autre, sauf si un changement exceptionnel intervient dans la situation du commerçant. Si des modifications étaient rendues nécessaires, elles devraient décrites dans l'annexe. Depuis la loi du 17 mai 2011, ces changements devront être signalés dans son rapport par le commissaire aux comptes s'il en existe un.

L'article L. 123-18 du Code de commerce pose le principe dit de l'évaluation des biens à leur coût historique. On évalue les biens de l'entreprise au coût d'acquisition, s'ils ont été achetés, ceux acquis à leur valeur vénale et ceux produits à leur coût de production. Il est possible, sous certaines conditions prévues par cette disposition, de tenir compte des déperditions ou des hausses de valeur. Les biens fongibles, entrés à des dates différentes, sont évalués à leur coût moyen pondéré d'acquisition ou de production, ou bien en considérant que le premier bien sorti est le premier bien entré.

En vertu de l'article L. 123-19 du Code de commerce, les éléments d'actif et de passif doivent être évalués séparément. Aucune compensation ne peut être opérée entre les postes d'actif et de passif du bilan ou entre les postes de charges et de produits du compte de résultat.

L'article L. 123-20, alinéa 1er, du Code de commerce indique que, pour l'établissement des comptes, le commerçant est présumé poursuivre ses activités. Les articles L. 123-20 et L. 123-21 de ce même Code imposent une certaine prudence. Même en l'absence de bénéfice, il doit être procédé aux amortissements et aux provisions. Les risques de perte doivent être comptabilisés, même s'ils ne sont connus qu'après la date de clôture de l'exercice. Seuls des bénéfices réalisés à la date de la clôture d'un exercice peuvent être inscrits dans les comptes annuels.

B. La comptabilité en partie double

197 La comptabilité en partie double est apparue en Italie au XVe siècle. Elle part d'une observation relativement simple. Dès qu'il existe une transmission de valeurs, il existe une personne qui donne et une autre qui reçoit. En ouvrant un compte à chacune d'elles, il y aura lieu de faire deux fois mention de l'opération. Elle signifie qu'une même opération doit être inscrite sur deux comptes différents, une fois au crédit d'un compte et une autre fois au débit d'un autre compte. L'avantage de cette comptabilité est qu'elle permet un contrôle des comptes par les autres comptes, ce qui limite les risques d'erreur, puisque le total des débits doit

être égal au total des crédits, en raison de la double inscription. Elle permet également de connaître à tout moment l'état de chacun des comptes. Ce type de comptabilité est apparu au XIVe siècle.

« Le procédé consiste à personnifier les différentes branches de la maison de commerce, la caisse, le portefeuille, les matières premières, les marchandises, et de considérer que ces personnes font des affaires entre elles ou avec des tiers, et les portent en compte. Par exemple, si le commerçant vend une marchandise, il crédite le compte marchandise, devenu créancier du prix et il débite le compte de l'acheteur, qui reçoit ; quand le client paie, son compte est crédité et la caisse est débitée[1] ».

La comptabilité en partie double nécessite de nombreux comptes. Le plan comptable en propose huit classes qui se subdivisent en comptes principaux, comptes divisionnaires et sous-comptes. Le compte classe 1 comporte les comptes de capitaux ; le compte classe 2 comporte les comptes d'immobilisation ; le compte classe 3 comporte les stocks ; le compte classe 4 comporte les comptes des tiers ; le compte classe 5 comporte les comptes financiers ; le compte classe 6 comporte les comptes de charges ; le compte classe 7 comporte les comptes de produits et le compte classe 8 comporte les comptes spéciaux.

La finalité de la comptabilité est de connaître la situation de l'entreprise commerciale. Elle débouche sur la confection d'un tableau comportant sa situation active et sa situation passive. La différence entre l'actif et le passif permet de déterminer si l'activité a été bénéficiaire, l'actif est supérieur au passif, ou déficitaire, si le passif l'emporte sur l'actif.

1. Ripert et Roblot, par Vogel, n° 323.

Synthèse

Le commerçant est soumis à de **nombreuses obligations civiles et fiscales.** Les plus importantes et les plus spécifiques concernent la publicité légale et la comptabilité.

La publicité légale

Le droit commercial n'est pas un **droit secret.** Les tiers, principalement les **partenaires de l'entreprise** doivent bénéficier de **certaines informations.** Les publicités les plus fréquentes sont effectuées au **registre du commerce et des sociétés.** Ce registre est tenu par le **greffier** de chaque tribunal de commerce. Doivent être immatriculés : les **personnes physiques commerçantes,** les **sociétés,** les **groupements d'intérêt économique** jouissant de la personnalité morale et les **établissements publics à caractère industriel et commercial.** Pour les commerçants personnes physiques, l'immatriculation emporte **présomption simple de la qualité de commerçant.** Pour les commerçants personnes morales, elle conditionne leur existence, puisqu'elle leur **confère la personnalité morale.** Les tiers ont la possibilité de se faire **communiquer les renseignements** figurant sur le registre.

Il existe d'autres **formes de publicité.** Certaines sont effectuées **par registre.** Tel est le cas du registre des **protêts.** D'autres sont opérées par **voie de presse.** Il existe des **journaux privés habilités à publier des annonces légales.**

La comptabilité

Tous les commerçants ont **l'obligation de tenir une comptabilité** sur différents documents comptables. Le **livre-journal** enregistre les **mouvements affectant le patrimoine de l'entreprise** opération par opération et jour par jour. Le **grand livre** enregistre et regroupe **tous les comptes de l'entreprise.** Le **livre d'inventaire** est un relevé annuel de tous les **éléments d'actif et de passif de l'entreprise**. Ils doivent également établir des **comptes annuels** qui comprennent le bilan, le compte de résultat et une annexe. Le **bilan** décrit séparément les **éléments actifs et passifs** de l'entreprise et il fait apparaître les **capitaux propres**. Le **compte de résultat** récapitule les **produits et les charges de l'exercice**. **L'annexe** complète et commente **l'information donnée par le bilan et le compte de résultat**.

La comptabilité a pour mission de **donner une image fidèle du patrimoine, de la situation financière et du résultat de l'entreprise**. Elle se tient en partie double. Une même opération doit être inscrite sur **deux comptes différents, une fois au crédit d'un compte et une fois au débit d'un autre compte**.

SECONDE PARTIE

L'ACTIVITÉ COMMERCIALE

198 L'activité commerciale ne peut se définir aisément faute d'homogénéité des opérations commerciales : la lecture de l'article L. 110-1 du Code de commerce, texte d'ailleurs seulement indicatif, persuade aisément de cette hétérogénéité. Elle présente une très grande diversité. L'activité du commerçant personne physique diffère profondément de celle d'une importante société. Cependant cette activité, mais ce n'est pas la seule d'ailleurs, a une finalité essentielle, la recherche des bénéfices. Elle se distingue d'autres activités lucratives tant par son support, le fonds de commerce (TITRE 1) que par les rapports personnels qu'elle génère (TITRE 2).

Titre 1

Le support de l'activité commerciale : le fonds de commerce

199 L'activité commerciale suppose la mise en œuvre de nombreux moyens, aussi bien humains que matériels. Ces derniers sont affectés à l'activité commerciale pour former un nouveau bien, le fonds de commerce. Il est indispensable et il apparaît comme l'un des éléments spécifiques du droit commercial. Il n'a pas d'autonomie patrimoniale ; il n'est pas un patrimoine d'affectation.

La richesse des entreprises n'est toutefois pas uniquement constituée par le fonds. D'autres biens extérieurs au fonds ont parfois une grande valeur, comme certains contrats ou certaines participations dans d'autres entreprises. Le principe est que le fonds de commerce ne comprend pas les contrats passés par l'exploitant. La raison en est que le fonds de commerce n'a pas la personnalité juridique[1]. La principale conséquence en est qu'en cas de cession de fonds de commerce les cocontractants du ven-

1. V. Paris 19 juin 1991, *RTD com.* 1991. 566, obs. Derruppé affirmant qu'« il est de principe constant que le fonds de commerce n'est pas un patrimoine autonome et ne comprend ni les dettes ni les créances du commerçant et que, par voie de conséquence, les contrats en sont exclus ».

deur ne deviennent pas ceux de l'acquéreur. Cette solution est parfois critiquée aux motifs que ces contrats entreraient dans le périmètre du fonds de commerce[1]. Malgré tout, il existe des dérogations à ce principe. À titre d'illustration, on peut citer le bail commercial et la transmission d'une clause de non-concurrence au sous-acquéreur du fonds de commerce. En outre, l'article L. 1224-1 du Code du travail dispose que « s'il survient une modification dans la situation juridique de l'employeur, notamment par succession, vente, fusion, transformation de fonds, mise en société, tous les contrats de travail en cours au jour de la modification subsistent entre le nouvel employeur et le personnel de l'entreprise ».

Le commerçant doit par conséquent être envisagé dans les rapports qu'il entretient avec le fonds de commerce qu'il exploite. Ce fonds apparaît comme un moyen de la commercialité (CHAPITRE 1) ; il constitue une valeur économique dans le commerce juridique (CHAPITRE 2).

1. Reygrobellet et Denizot, n° 15.11.

CHAPITRE 1

Le fonds de commerce, moyen de la commercialité

200 Le fonds de commerce est une notion relativement récente dans notre droit. Le Code de commerce de 1807 ne la connaissait pas. Elle est apparue à la fin du XIXe siècle lors d'une loi fiscale du 4 avril 1872. Les commerçants s'étaient aperçus que la réunion des différents biens nécessaires à leur activité professionnelle était d'une valeur supérieure à la somme de la valeur des biens pris isolément. Ce nouveau bien leur permettait ainsi d'obtenir plus de crédit. Depuis cette époque, les dispositions législatives relatives au fonds de commerce se sont multipliées. Cette notion de fonds n'est d'ailleurs plus spécifique au droit commercial. On la rencontre également de plus en plus fréquemment dans certaines professions civiles, comme les artisans, les agriculteurs ou certaines professions libérales.

La notion de fonds de commerce est susceptible d'évoluer dans un proche avenir, compte tenu du développement du commerce électronique. On commence à s'interroger sur le point de savoir si un site internet est un fonds de commerce[1]. Une réponse affirma-

1. Mendoza-Caminade, « La notion de fonds de commerce à l'épreuve de l'internet: faut-il admettre le fonds de commerce électronique », *Mélanges Le Tourneau*, p. 768; Savary et Dubuisson, « Un site internet est-il un fonds de commerce ? », *RLDA* avr. 2009. 21; Verbiest et Le Borne, « Le fonds de commerce virtuel: Une réalité juridique ? », *Gaz. Pal.* 2002. 2. 1528).

tive doit être donnée, compte tenu de l'importance économique de ce nouveau domaine d'activité. La question essentielle est celle de savoir s'il existe une clientèle propre en matière de commerce électronique, puisque la clientèle est l'élément essentiel du fonds. Une réponse affirmative s'impose. Le fait est que le commerce électronique nécessite le passage par un fournisseur d'accès, et un hébergeur n'exclut pas l'existence d'une clientèle, car les commandes effectuées le sont auprès du site et non auprès de ces intermédiaires.

Malgré tout, il subsiste une incertitude dans l'hypothèse où un commerce exploite à la fois un fonds de commerce classique et un site internet. Devrait-on en déduire qu'il possède deux fonds ? Hormis l'hypothèse où l'activité sur internet différerait de celle du fonds classique, le fonds sur internet apparaît plus comme une succursale de celui-ci[1].

La reconnaissance du fonds de commerce sur internet débouchera nécessairement sur une certaine adaptation des règles qui lui sont applicables. Son caractère immatériel fait par exemple qu'il ne comprend pas de droit au bail, même s'il nécessite la prestation d'un hébergeur. Les modes d'exploitation, de recherches de la clientèle diffèrent nécessairement. Il en va de même des modes de protection.

201 Aucune définition précise du fonds de commerce ne peut être donnée. Le Code de commerce est relativement incertain quant aux éléments qui le composent. Les éléments diffèrent suivant qu'il envisage sa vente ou son nantissement. Peut-être la meilleure approche, encore sans doute que trop réductrice, est-elle celle donnée par Ripert et Roblot qui affirment que le fonds de commerce n'est pas autre chose que le droit à une clientèle[2].

D'un point de vue économique, l'approximation est juste : la clientèle est l'élément essentiel du fonds de commerce, permettant de générer un chiffre d'affaires, donc des bénéfices. Mais c'est malgré tout faire abstraction du fait que la clientèle dépend de

---

1. V. Stoffel-Munck et Decocq, « L'avènement du commerce électronique », in « Le fonds de commerce : un centenaire à rajeunir », *Gaz. Pal.* 31 mai 2009. 56.

2. Ripert et Roblot, par Vogel, n° 439 ; v. égal. Le Floch, *Le fonds de commerce*, 1986.

différents éléments, qu'ils soient nécessaires ou non, ayant entre eux des relations déterminées, dont le critère d'appartenance avec l'ensemble « fonds » est nécessaire. Aussi admet-on que le fonds de commerce constitue une universalité juridique, c'est-à-dire une réunion de biens tendant à la même finalité, l'exercice de l'activité commerciale. Finalement, cette masse de biens serait affectée à l'activité commerciale[1]. Mais en réalité plutôt que de s'attacher à une notion insaisissable, il convient de considérer que le fonds de commerce est une universalité de fait dont il convient de décrire les éléments[2].

202 Il semble paradoxal, à première vue, de dire que le fonds de commerce est un meuble incorporel. La simple constatation immédiate permet de voir dans un fonds des marchandises et du matériel qui s'analysent comme des meubles corporels. Mais ces éléments corporels sont, en général, relativement négligeables, car ils n'ont pas de fixité (les marchandises sont destinées à être vendues ; elles se renouvellent, en théorie, assez rapidement) ou ils peuvent être juridiquement distincts du fonds : le matériel ou l'outillage peuvent ne pas appartenir au commerçant. Tel est le cas lors d'un crédit-bail ou lorsqu'ils ont été acquis avec une clause de réserve de propriété où ils demeurent la propriété du vendeur jusqu'à complet paiement du prix. Le fonds de commerce ne comporte jamais d'éléments immobiliers, même si le commerçant est propriétaire des murs. Cette vision du fonds de commerce fait parfois l'objet de critiques. Selon certains, il faudrait inclure dans les éléments du fonds tous les biens, meubles ou immeubles, que le commerçant utilise pour faire fonctionner son entreprise[3]. Il est vrai qu'économiquement, cette exclusion conduit à des solutions surprenantes. Lorsque le propriétaire du fonds est également propriétaire des murs, la valeur de ce fonds sera moindre que celle qu'elle aurait été s'il avait été locataire de l'immeuble, puisqu'il n'existe pas de droit au bail[4].

1. Chauveau, « Le fonds de commerce, patrimoine d'affectation », *DH* 1939. 37.
2. Sur les objections adressées à la théorie de l'universalité de fait, Ripert et Roblot, par Vogel, n° 546.
3. Derruppé, « L'avenir du fonds de commerce et de la propriété commerciale », *Mélanges Terré*, p. 577.
4. Sur les autres inconvénients de cette exclusion des immeubles, Reygrobellet et Denizot, n° 17.13.

Deux conséquences principales découlent de la qualification de meubles incorporels. D'une part, l'article 2276 du Code civil indiquant qu'« en fait de meubles, la possession vaut titre » ne s'applique pas au fonds de commerce. D'autre part, en cas de conflit entre deux acquéreurs successifs d'un même fonds de commerce, priorité sera donnée à celui dont le titre d'acquisition est le plus ancien[1].

Les éléments incorporels essentiels du fonds de commerce sont au nombre de cinq ; la clientèle ou l'achalandage (SECTION 1), le nom commercial (SECTION 2), l'enseigne (SECTION 3), le droit au bail (SECTION 4) et les droits de propriété industrielle (SECTION 5). Toutefois, certains commerces sont soumis à des autorisations, des agréments ou des licences. Tel est le cas par exemple des établissements de crédit, des débits de boissons ou des agences de voyages. Ces formalités sont essentielles pour l'exploitation du fonds. Cela explique que la licence d'exploitation d'un débit de boissons figure parmi les éléments incorporels de ce fonds[2]. Depuis que l'ouverture de nouveaux établissements dits de quatrième catégorie, donc autorisés à vendre de l'alcool n'est plus autorisée, ces licences ont pris une grande valeur Il existe également des éléments corporels qui ne présentent cependant pas la même importance économique (SECTION 6).

SECTION 1
LA CLIENTÈLE ET L'ACHALANDAGE

203 Ce premier élément incorporel est essentiel, car il permettra la production du chiffre d'affaires, donc il déterminera la rentabilité du fonds de commerce. Il est évident qu'il s'agit d'une potentialité, assise sur des relations d'affaires, en principe, stables (on parlera

1. Civ. 17 juill. 1930, *S.* 1931.1. 297, note Hubert.
2. Com. 7 mars 2006, *Bull. civ.* IV, n° 62 ; *JCP* 2006. II. 10143, note Loiseau ; *D.* 2006. 2897, note Kuhn ; *Defrénois* 2007. 70, note J. Honorat indiquant que l'article 2279 (désormais 2276) ne s'applique qu'aux seuls meubles corporels individualisés, la licence d'exploitation d'un débit de boissons ayant la même nature de meuble incorporel que le fonds de commerce dont elle est l'un des éléments et qu'elle ne se transmet pas par simple tradition manuelle.

alors de clientèle) ou sur un emplacement de grand passage, de chalands (on parlera alors d'achalandage)[1]. La notion d'achalandage risque de retrouver une certaine acuité pour les fonds de commerce sur internet. L'internaute qui surfe à la recherche d'un produit déterminé « se trouve amené devant les pages d'accueil de tel ou tel site qui constituent comme la vitrine de la boutique »[2]. Malgré tout, en raison de la même connotation des deux expressions, on utilisera uniquement le mot de clientèle. Mais si cet élément est une condition essentielle d'existence du fonds (**§ 1**), il est cependant tributaire des autres éléments composant ledit fonds (**§ 2**).

§ 1. La clientèle, élément nécessaire du fonds de commerce

204 Selon la jurisprudence, de tous les « éléments du fonds la clientèle représente le plus essentiel, celui sans lequel un fonds de commerce ne saurait exister[3] ». Mais une telle affirmation est souvent contestée en doctrine, pour qui la clientèle apparaît comme la finalité de l'exploitation commerciale (recherche, fidélisation)[4]. Selon une formule de Ripert, elle est « une possibilité de contrats futurs et renouvelés ». Il est certain, pourtant, et la jurisprudence est constante sur ce point, qu'un fonds de commerce ne peut se concevoir sans clientèle. Cette dernière apparaît comme le critère de l'existence du fonds[5]. La question de son existence se pose fréquemment pour savoir si un exploitant bénéficie ou non du statut des baux commerciaux. La clientèle doit être licite, personnelle et certaine.

1. Derruppé, « Clientèle et achalandage », *Mélanges Savatier*, p. 176 ; Collomb, « La clientèle du fonds de commerce », *RTD com.* 1979. 1 ; sur la volatilité de la clientèle, P. Didier, « À quoi sert le concept de clientèle ? », *Mélanges Calais-Auloy*, p. 339.

2. Stoffel-Munck et Decocq, « L'avènement du commerce électronique », in « Le fonds de commerce : un centenaire à rajeunir », préc.

3. Req. 15 févr. 1937, *S.* 1937. 1. 169, note Rousseau.

4. Ripert et Roblot, par Vogel, n° 443 ; Guyon, n° 691 ; Reinhart et Chazal, n° 355.

5. V. de nouveau cette affirmation par Com. 31 mai 1988, *Bull. civ.* IV, n° 180 indiquant qu'il « n'y a pas de fonds de commerce lorsqu'il n'y a pas ou lorsqu'il n'y a plus de clientèle qui s'y trouve attachée ».

Parmi les caractéristiques de la clientèle, l'un des éléments importants résulte de la nécessité d'une clientèle personnelle[1]. La dimension de cette clientèle importe peu[2]. Cette clientèle nécessite que l'exploitant ait une autonomie de gestion. Or cette question suscite souvent de nombreuses incertitudes, ainsi que le démontre l'étude de la jurisprudence dont la tendance actuelle est d'admettre plus facilement l'existence d'une clientèle autonome. La question s'est d'abord posée pour les emplacements situés à proximité des supermarchés où la jurisprudence est souvent en apparence incertaine[3]. Mais elle tient à l'importance des circonstances de fait. Elle se retrouve pour d'autres formes de dépendance, comme le démontrent deux décisions de la Cour de cassation. Dans la première espèce, une société exploitait un café ; elle avait mis à la disposition d'un exploitant un stand installé sur la terrasse couverte du café qu'elle exploitait, avec vitrine sur l'extérieur, pour qu'il puisse vendre des crêpes tant aux clients du café qu'aux passants de la rue. La Haute juridiction approuve les juges du second degré qui avaient relevé que si celui-ci pouvait vendre des crêpes aux passants de la rue et pas seulement aux clients du café, l'eau et l'électricité ainsi que les instruments de cuisine et les ingrédients nécessaires à la confection de ces crêpes étaient fournis par la société et qu'il n'avait en conséquence aucune autonomie de gestion[4]. La seconde était relative à l'exploitation d'un magasin à l'intérieur d'un hôtel. La Cour de cassation approuve les juges du fond qui ont relevé que la réalité de l'activité commerciale de l'intéressée et l'existence de marchandises offertes à la vente n'étaient pas contestées, que le magasin, intégré dans un hôtel, était accessible à une clientèle autre que celle de l'hôtel et que lui était adressée par des tiers une clientèle extérieure variée de touristes et de résidents et elle a retenu que les contraintes imposées à la commerçante par le règlement inté-

1. Civ. 3e, 19 janv. 2005, *JCP* 2005. II. 10040, note Reifegerste.
2. V. Civ. 3e, 5 juin 1970, *Bull. civ.* III, n° 383, considérant qu'une clientèle était constituée de seize clients.
3. En faveur de l'existence d'une clientèle autonome Civ. 3e, 1er déc. 1976, *Bull. civ.* III, n° 436 ; déniant ce caractère Civ. 3e, 27 nov. 1991, *Bull. civ.* III, n° 289.
4. Civ. 3e, 1er oct. 2003, *Bull. civ.* III, n° 167 ; *JCP* 2003. II. 10200, note Tuaillon ; *JCP* E 2003. 1914, obs. Monéger.

rieur de l'hôtel ne constituaient pas une entrave effective à son activité commerciale, faisant ressortir ainsi l'absence de contraintes incompatibles avec le libre exercice de celle-ci[1].

205 Des problèmes similaires se sont également posés pour les réseaux de distribution. Par exemple, un franchisé est-il titulaire d'un fonds ; l'exploitant d'un magasin dans une galerie marchande est-il titulaire d'un fonds ? Aucune réponse de principe ne peut là encore être donnée et tout dépend des circonstances de fait. Parmi celles-ci, le fait que l'exploitant ait une clientèle propre ou que sa clientèle soit celle du réseau est un élément important[2]. Pour les concessionnaires et les franchisés, la jurisprudence considère désormais qu'ils bénéficient d'une clientèle propre. Par un arrêt du 27 mars 2002 rendu en matière de franchise, la Cour de cassation opère une distinction entre la clientèle qui au plan national est attachée à la notoriété de la marque du franchiseur et la clientèle locale qui n'existe que par les moyens mis en œuvre par le franchisé. Par cette décision la Haute juridiction approuve une Cour d'appel qui a reconnu au locataire franchisé le droit au paiement d'une indemnité d'éviction, après avoir « relevé, à bon droit, d'une part, que si une clientèle est au plan national attachée à la notoriété de la marque du franchiseur, la clientèle locale n'existe que par le fait des moyens mis en œuvre par le franchisé, parmi lesquels les éléments corporels de son fonds de commerce, matériel et stock, et l'élément incorporel que constitue le bail, que cette clientèle fait elle-même partie du fonds de commerce du franchisé puisque, même si celui-ci n'est pas le propriétaire de la marque et de l'enseigne mises à sa disposition pendant l'exécution du contrat de franchise, elle est créée par son activité, avec des moyens que, contractant à titre personnel avec ses fournisseurs ou prêteurs de deniers, il met en œuvre à ses risques et périls, et, d'autre part, que le franchiseur reconnaissait aux locataires le droit de disposer des éléments constitutifs de leur fonds »[3]. La

1. Civ. 3e, 19 janv. 2005, *Bull. civ.* III, n° 10 ; *JCP* 2005. II. 10040, note Reifegerste ; *Defrénois* 2005. 1830, note Ruet.
2. *Cf.* décidant que la buvette d'un champ de course n'avait pas de clientèle propre, mais qu'elle bénéficiait de celle de l'hippodrome, Ass. plén. 24 avr. 1970, *JCP* 1970. II. 16489, note Boccara.
3. Civ. 3e, 27 mars 2002, *Bull. civ.* III, n° 77 ; *RTD com.* 2002. 457, obs. Saintourens ; *JCP* 2002. II. 10112, note Auque.

jurisprudence utilise également aujourd'hui assez fréquemment le critère de la gestion indépendante[1].

Plusieurs conséquences se déduisent de la nécessité d'une clientèle. Le fonds de commerce n'est créé et il n'existe qu'à partir du moment où il bénéficie d'une clientèle réelle et certaine. Une simple potentialité de clientèle, comme celle résultant de l'aménagement d'un local en vue de l'exercice d'une profession commerciale, se révèle insuffisante[2]. On considère le plus souvent que la clientèle doit exister au moment de l'ouverture du fonds de commerce au public. Le fonds disparaît en cas de cessation d'exploitation, car il n'existe plus alors de clientèle, ou en cas de changement d'exploitation, car cette dernière n'est plus la même[3].

§ 2. La clientèle, élément dépendant du fonds de commerce

206 La clientèle, si elle est un élément essentiel du fonds de commerce, ne peut se concevoir de manière totalement isolée, car elle n'est pas une pure abstraction. Il n'est pas possible, en effet, de ne pas prendre en compte tel ou tel autre élément du fonds de commerce qui permettra, la recherche, le maintien et l'accroissement de la clientèle. Ceci est d'autant plus vrai que les fonds de commerce peuvent être et sont très différents les uns des autres, ce qui aura pour conséquence que tel élément prépondérant pour les uns n'aura qu'une importance relative pour les autres.

De ces caractéristiques de la clientèle, on en déduit classiquement une solution concrète en matière de cession de fonds de commerce. La question est d'importance compte tenu du formalisme de la cession de fonds de commerce et de ses effets spécifiques ; il existe également d'importantes conséquences fiscales. Positivement il existe une cession dès qu'il y a transmission de

1. Civ. 3e, 5 févr. 2003, *Bull. civ.* III, n° 25 ; *RTD com.* 2003. 275, Monéger.
2. Com. 27 avr. 1976, *D.* 1976. IR 208.
3. Civ. 3e, 18 mai 1978, *Bull. civ.* III, n° 205 ; *RTD com.* 1978. 559, obs. Derruppé ; Com. 6 déc. 1982, *JCP* 1984. II. 20518, note A. Cohen.

l'élément essentiel qui assure l'existence de la clientèle ; négativement, la transmission des différents éléments qui composent le fonds de commerce, sans la cession de la clientèle, ne peut être qualifiée de transmission du fonds de commerce[1]. De manière générale, la doctrine et la jurisprudence majoritaire considèrent qu'une clientèle sans élément de rattachement ne constitue pas un fonds de commerce[2].

Section 2
Le nom commercial

207 Le nom commercial sert à identifier le fonds de commerce et à rallier la clientèle. Le commerçant, personne physique, exerce souvent son activité professionnelle sous son nom patronymique. Mais, il peut également choisir un pseudonyme ou une dénomination de fantaisie. Pour les personnes morales, on parle de dénomination sociale qui résulte de l'activité professionnelle, de l'incorporation du nom d'un ou de plusieurs associés ou de l'utilisation d'un mot ou d'une expression fantaisiste. Dans tous les cas, ce nom doit être disponible, c'est-à-dire qu'il ne doit pas être déjà utilisé par un autre commerçant.

Le nom commercial présente une grande originalité par rapport au nom civil. Civilement, le nom est un droit de la personnalité, en dehors du commerce juridique. À l'inverse, le nom commercial, élément du fonds de commerce, constitue un droit de propriété incorporelle. La jurisprudence en a déduit d'importantes conséquences pratiques. Selon elle, « le patronyme est devenu, en raison de son insertion dans les statuts de la société signés de M. Pierre Bordas, un signe distinctif qui s'est détaché de la personne physique qui le portait, pour s'appliquer à la personne morale qu'il distingue et devenir ainsi objet de propriété incorpo-

1. Com. 31 mai 1988, préc.
2. En doctrine, Derruppé, « Fonds de commerce et clientèle », *Mélanges Jauffret*, p. 231 ; en jurisprudence, Com. 27 févr. 1973, *JCP* 1973. II. 17403.

relle...[1] ». Le nom a donc changé de nature. Il est possible de céder ou d'apporter à une société son nom patronymique à titre de nom commercial[2]. Mais en cas de cession, le commerçant n'aura plus la faculté d'utiliser son nom patronymique à des fins commerciales pour exercer un commerce similaire, faute sinon de commettre une faute, en raison de la confusion qui s'ensuit dans l'esprit de la clientèle. Malgré tout, il ne faut pas exagérer ce phénomène de patrimonialisation du nom. Dans un arrêt du 6 mai 2003, la Cour de cassation a indiqué que le consentement donné par un associé fondateur, dont le nom est notoirement connu, à l'insertion de son patronyme dans la dénomination d'une société exerçant son activité dans le même domaine, ne saurait sans accord de sa part et en l'absence de renonciation expresse ou tacite à ses droits patrimoniaux, autoriser la société à déposer ce patronyme à titre de marque pour désigner les mêmes produits ou services[3].

Le développement d'abord des services Minitel et ensuite du commerce sur internet suscite certaines interrogations[4]. Les noms commerciaux, on parle ici de nom de domaine, ont souvent des valeurs considérables[5]. La question est alors de savoir si le nom de ces sites est intégré à un fonds de commerce, ce qui leur permettrait de se voir appliquer l'ensemble des règles des noms commerciaux. Pour le moment, la jurisprudence paraît s'y montrer hostile[6]. Pourtant, il s'agit d'un élément de ralliement de la clientèle. Il est d'ailleurs protégé contre les usurpations au titre des marques par l'article L. 711-4 du Code de la propriété industrielle et par l'action en concurrence déloyale et par celle en agissements parasitaires.

1. Com. 12 mars 1985, *D.* 1985. 471, note Ghestin ; *JCP* 1985. II. 20400, concl. Montanier et note Bonet ; *RTD com.* 1986. 245, obs. Chavanne et Azéma ; *Gaz. Pal.* 1985. 1. 246, note Le Tallec.

2. Com. 27 févr. 1990, *JCP* 1990. II. 21545, note Pollaud-Dullian. Sur l'ensemble de la question, Pollaud-Dullian, « L'utilisation du nom patronymique comme nom commercial », *JCP* 1992. I. 3618.

3. Com. 6 mai 2003, *D.* 2003. 2228, note Loiseau ; *CCE* 2003. 70, note Caron ; *Bull. Joly* 2003. 921, note Le Cannu.

4. G. Decocq et Ballot-Lena, n° 434 ; v. également Verbiest et Le Borne, « Le fonds de commerce virtuel : une réalité virtuelle ? », *Gaz. Pal.* 23-24 oct. 2002, p. 21.

5. Loiseau, « Nom de domaine et internet : turbulences autour d'un nouveau signe distinctif », *D.* 1999. 245.

6. Paris 6 avr. 2001, *CCE* 2002. 60, obs. Grymbaum.

208 De manière générale, l'utilisation de son nom patronymique à des fins commerciales n'est pas discrétionnaire. Il y aurait concurrence déloyale si, du fait d'une homonymie, un commerçant portait atteinte à un nom commercial déjà utilisé. Il y aurait agissement parasitaire, si le choix d'un nom par un commerçant est dicté par la volonté, non de détourner une clientèle, mais par la volonté de profiter de la notoriété d'un nom commercial voisin, voire identique.

La protection du nom commercial résulte également de l'article L. 217-1 du Code de la consommation qui prévoit certaines sanctions pénales à l'encontre de toute personne qui « aura, soit apposé, soit fait apparaître par addition, retranchement, ou par une altération quelconque, sur les objets fabriqués, le nom d'un commerçant autre que celui qui en est l'auteur, ou la raison commerciale d'une fabrique autre que celle où lesdits objets auront été fabriqués... ».

SECTION 3
L'ENSEIGNE

209 L'enseigne se rapproche et elle se distingue du nom commercial. Il s'agit d'un signe extérieur ayant pour fonction d'individualiser un commerce et permettant donc, comme le nom, de rallier la clientèle. Elle peut consister en un nom, généralement de fantaisie, ou un emblème matériel. Elle fait également l'objet d'un droit de propriété incorporelle. Elle est cessible avec le fonds de commerce ou indépendamment de ce fonds.

En tant qu'élément du fonds de commerce, l'enseigne est protégée, à moins qu'elle ne soit d'une banalité telle que sa protection soit inutile, ce qui est notamment le cas des expressions génériques[1]. En cas d'originalité, le premier commerçant ayant utilisé une enseigne déterminée sera en droit d'empêcher un autre commerçant d'utiliser la même enseigne pour un commerce équiva-

1. Pour l'emploi du mot « pizza » pour un restaurant, Paris 24 oct. 1964, *D.* 1965. 248.

lent[1] ; l'interdiction sera plus ou moins importante selon la notoriété de l'enseigne[2]. La jurisprudence récente semble désormais admettre que les propriétaires d'enseignes notoirement connues ont la faculté de la défendre contre tout empiétement[3], même en l'absence de risque de confusion dans l'esprit du public, sans doute en raison d'un risque d'agissement parasitaire en dehors de toute clientèle commune[4].

Section 4

Le droit au bail

210 S'il est possible que le commerçant exerce son activité dans un immeuble dont il est propriétaire, celui-ci n'est pas un élément de son fonds de commerce. En pratique, il est très fréquent que le commerçant ne possède pas les murs et qu'il les loue. Pour cette raison, le droit au bail du locataire commerçant est un élément très important du fonds de commerce[5].

Le bail présentait originairement un risque pour le commerçant locataire. À l'expiration du contrat, le propriétaire avait la possibilité de ne pas renouveler le bail. Il pouvait en résulter un préjudice important si le locataire n'arrivait pas à se réinstaller dans des locaux proches des anciens.

Cette nécessité d'une stabilité de l'exploitation commerciale a conduit le législateur, d'abord timidement par une loi du 30 juin 1926, puis par le décret du 30 septembre 1953, figurant désormais les articles L. 145-1 et suivants du Code de commerce, qui constitue toujours le texte essentiel en la matière, malgré de multiples modifications, à protéger les locataires, notamment en leur accordant ce que l'on appelle de manière peut-être impropre, mais imagée, la propriété commerciale. Un avant-projet de réforme du

1. Admettant une même enseigne pour deux commerces différents, Com. 8 juin 1955, *Gaz. Pal.* 1955. 2. 78.
2. Pour des interdictions limitées, Civ. 8 janv. 1964, *D.* 1964. 186 ; pour une interdiction à toute la France, Com. 4 mai 1948, *S.* 1948.1.101.
3. Com. 16 juin 1992, *RJDA* 1992. 774.
4. Ripert et Roblot, par Vogel, n° 745.
5. Ruet, *Les baux commerciaux*, Defrénois, 2014, 3e éd.

statut des baux commerciaux résultant d'un rapport remis au garde des Sceaux, le 5 mai 2004[1] devait réformer cette matière. Malgré ses qualités, la réforme de cette matière n'est pas intervenue. Quelques modifications ont été apportées à ce statut par la loi du 4 août 2008[2]. Des modifications plus importantes sont dues à la loi du 18 juin 2014[3] qui a été complétée par un décret du 3 novembre 2014[4].

Le droit des baux commerciaux suscite des questions prioritaires de constitutionnalité[5]. Il ne faut pas s'en étonner. Il touche à nombre de principes constitutionnels, comme le droit de propriété, la liberté contractuelle ou la liberté d'entreprendre. Pour l'instant, aucune question n'a été transmise par la Cour de cassation au Conseil constitutionnel, faute de présenter un caractère sérieux.

211 Des difficultés importantes apparaissent en cas d'ouverture d'une procédure collective à l'encontre du preneur[6]. Le législateur se montre particulièrement favorable au locataire. La raison en est que le bail est un contrat particulièrement important pour l'entreprise commerciale. La sauvegarde et le redressement judiciaire, la continuation de l'entreprise postule pratiquement toujours un

1. Il est à relever que ces modifications ont toujours été dans le sens du renforcement des prérogatives des locataires et donc corrélativement une baisse de celles des propriétaires, sur ce point, *cf.* Chartier, « Rigidité et flexibilité dans le droit des baux commerciaux », *Mélanges Derruppé,* p. 71.

2. Auque, « La toilette des baux commerciaux et professionnels. À propos de la loi LME du 4 août 2008 », *JCP* E 2008. Act. 427 ; Barbier, « La réforme du statut des baux commerciaux par la loi LME du 4 août 2008 », *Gaz. Pal.* 12-13 sept. 2008. 2 ; De Laeger, « La loi du 4 août 2008 de modernisation de l'économie et le statut des baux commerciaux », *Rev. Loyer* 2008. 890 ; Monéger et Brault, « La modernisation du statut des baux dans la loi de modernisation de l'économie n° 2008-76 du 4 août 2008 », *JCP* E 2008. 2200 ; Ruet, « De quelques réformes récentes en droit des baux commerciaux », *LPA* 11 mars 2009. 3.

3. Garbit, « La loi du 18 juin 2014 et la réforme des baux commerciaux », *RLDA* sept. 2014. 18 et *RLDA* oct. 2014. 18 ; Gouraud, « La pratique notariale des baux commerciaux après la loi Pinel », *Defrénois* 2014. 902 ; Legrand, « La réforme du régime des baux commerciaux », *LPA* 30 juin 2014. 3 ; Legris de la Salle, « Les incidences de la loi Pinel en matière de baux commerciaux », *JCP* E 2014. 1371 ; Monéger et Kendérian, « Premiers regards sur les dispositions relatives au bail commercial », *RTD com.* 2014. 535.

4. Blatter, « Le décret n° 2014-1317 du 3 novembre 2014 pris pour l'application de l'article L. 145-40-2 du Code de commerce et autres variétés », *AJDI* 2014. 751.

5. Jacquin, « Question prioritaire de constitutionnalité et baux commerciaux : mythe ou réalité ? », *Gaz. Pal.* 11-12 mars 2011. 16 ; Monéger, « Question prioritaire de constitutionnalité et contrôle des juges du fond », *Loyers et copr.* 2011. Repère 8.

6. Kendérian, *Le sort du bail commercial dans les procédures collectives*, 3e éd., 2011 ; Roussel-Galle, « Le sort du bail dans les procédures collectives », in « L'issue des baux immobiliers : du droit à la pratique », *Dr. et proc.* déc. 2012. suppl. 77.

maintien dans les lieux du commerçant, même si l'administrateur a toujours la possibilité de résilier ce contrat. En cas de liquidation judiciaire, il s'agit souvent d'un élément important de l'actif.

Le statut des baux commerciaux étant dérogatoire du droit commun, il faut en envisager les conditions de son application (**§ 1**), avant de voir ses éléments classiques (**§ 2**) et son renouvellement (**§ 3**).

§ 1. Les conditions du statut des baux commerciaux

212 Le statut des baux commerciaux est d'ordre public et il s'applique de manière impérative[1]. Il porte nécessairement sur des immeubles ou des locaux dont le but est de permettre l'accueil de la clientèle. Encore faut-il que ses conditions légales d'application soient réunies. Certaines sont relatives aux parties, d'autres à l'activité exercée dans le local et d'autres enfin à la durée de la location.

A. Les conditions relatives aux parties

213 Le bailleur ne doit pas remplir de conditions spécifiques. Les règles relatives aux régimes matrimoniaux, et notamment l'article 1425 du Code civil, et celles relatives à la capacité, notamment l'article 456 de ce même Code, devront être respectées. Il faut toutefois noter qu'en cas d'usufruit portant sur l'immeuble, l'usufruitier n'a pas la possibilité de conclure seul le bail commercial. Le concours du nu-propriétaire est nécessaire, à peine de nullité. De même, en cas d'indivision, la conclusion ou le renouvellement d'un bail commercial excède les pouvoirs d'administration pouvant être donnés à un indivisaire par ses coïndivisaires.

1. L'article L. 145-60 du Code de commerce prévoit que toutes les actions exercées en vertu du statut des baux commerciaux se prescrivent par deux ans. Avant la loi sur la modernisation de l'économie, on se trouvait en présence d'un délai de forclusion, ce qui empêchait toute suspension ou interruption. On se trouve désormais en présence d'un délai de prescription biennale.

Les conditions à remplir par le preneur sont beaucoup plus spécifiques. Le preneur doit, en principe, être commerçant inscrit au registre du commerce et des sociétés, ce qui exclut donc les associations et les membres des professions libérales. L'inscription au RCS est une des conditions permettant au commerçant de bénéficier de ce statut. Mais des extensions[1] et des exclusions sont à noter.

Traditionnellement, en cas de copreneurs du bail commercial, chacun d'eux devait être immatriculé au registre du commerce et des sociétés, sinon tous perdaient le bénéfice de ce statut. Avec la loi sur la modernisation de l'économie, la situation a été modifiée. L'article L. 145-1 III du Code de commerce prévoit que malgré l'absence d'immatriculation de certains copreneurs, le statut subsiste, si l'exploitant du fonds est en situation régulière vis-à-vis du RCS. De même, en cas de décès du titulaire du bail, les héritiers ne pouvaient pas se prévaloir de l'immatriculation de leur auteur. Désormais, ils peuvent demander le maintien de l'immatriculation pour les besoins de la succession.

L'article L. 145-1 prévoit une dérogation importante en matière de location-gérance. Selon cette disposition, si le fonds est exploité sous forme de location-gérance, le propriétaire du fonds bénéficie néanmoins des présentes dispositions sans avoir à justifier de l'immatriculation au registre du commerce et des sociétés ou au répertoire des métiers[2].

Le législateur n'a pas envisagé l'hypothèse dans laquelle le fonds de commerce est démembré. La difficulté tient au fait que l'article L. 145-1 du Code de commerce prévoit qu'il appartient au propriétaire du fonds de s'immatriculer, donc a priori cette obligation incombe au nu-propriétaire. Mais le fonds est exploité par l'usufruitier. Pour la Cour de cassation, « lorsque la propriété d'un fonds de commerce est démembrée entre un usufruitier qui a la qualité de commerçant et un nu-propriétaire qui n'a pas cette qualité, le nu-propriétaire devait être immatriculé au registre du

1. Saintourens, « Le bail commercial des non-commerçants », *Études Derruppé*, p. 93.
2. Pour une difficulté de qualification Civ. 3e, 7 déc. 2010, *Gaz. Pal.* 11-12 mars 2011. 23, note Barbier.

commerce et des sociétés pour permettre l'application du statut des baux commerciaux »[1].

Les groupements d'intérêts économiques bénéficient du statut depuis une loi du 13 juin 1989. De même, les dispositions applicables aux baux commerciaux s'appliquent aux artisans inscrits au répertoire des métiers qui bénéficient désormais d'un véritable fonds artisanal, de plus en plus proche du fonds de commerce. L'article L. 145-2 du Code de commerce prévoit l'extension à certaines activités diverses : locations consenties à des établissements d'enseignement, à des auteurs d'œuvres graphiques ou plastiques, à des établissements publics à caractère industriel ou commercial, à des entreprises publiques ou des communes pour leurs services exploités en régie, à des sociétés coopératives de forme commerciale ou d'objet commercial.

En revanche, les commerçants étrangers ne bénéficient pas, en principe, du statut des baux commerciaux. Toutefois, certains commerçants sont assimilés sur ce plan aux Français : les ressortissants de l'Union européenne, ceux de pays accordant aux Français un droit identique à celui de leurs nationaux, les parents d'enfants de nationalité française, les étrangers ayant combattu dans les armées françaises ou alliées pendant les guerres de 1914 et de 1939. Les mêmes solutions, dans la mesure où elles sont compatibles, s'appliquent aux sociétés commerciales.

214 Il a toujours été possible d'étendre conventionnellement le statut des baux commerciaux à des personnes qui ne sont pourtant pas mentionnées par l'article L. 145-1 du Code de commerce. Cette solution est parfois utilisée par des preneurs qui exercent une profession libérale et qui désirent bénéficier de la propriété commerciale. Les parties doivent expressément manifester leur volonté. Dans cette hypothèse, l'intégralité des règles s'applique, même s'il existe dans le contrat de bail des stipulations en sens contraire[2]. Le rapport sur la réforme des baux commerciaux favorisait cette extension. Cette solution a reçu une consécration légale dans le nouvel article L. 145-2 I du Code de commerce dû à la loi sur la

1. Civ. 3e, 5 mars 2008, *D.* 2008. 916, obs. Rouquet ; *RDC* 2008. 829, note Lardeux.
2. Ass. plén. 17 mai 2002, *Bull. civ.* I, n° 1.

modernisation de l'économie. Cette disposition limite cette possibilité aux seuls professionnels. Pour la première fois, la loi leur permet de volontairement s'affilier à un statut locatif légal[1]. La solution est en apparence relativement favorable pour le preneur qui bénéficie d'un droit à la stabilité dans les locaux loués. Mais en contrepartie, il pourra donner moins facilement congé, puisqu'il ne pourra le faire qu'à l'expiration d'une période triennale, alors que le statut des baux professionnels l'autorisait à donner congé à tout moment sous réserve du respect d'un préavis de six mois.

B. Les conditions relatives à l'exploitation

215 Les locaux loués par le preneur doivent lui permettre d'exercer une activité de nature commerciale (ou de nature artisanale) et donc d'avoir une clientèle propre. De nombreux litiges tournent autour de cette question. Par un important arrêt du 19 janvier 2005, la Cour de cassation a indiqué que le statut des baux commerciaux s'applique aux baux de locaux stables et permanents dans lesquels est exploité un fonds de commerce ou un fonds artisanal, ces fonds se caractérisant par l'existence d'une clientèle propre au commerçant ou à l'artisan. Toutefois, le bénéfice du statut peut être dénié si l'exploitant du fonds est soumis à des contraintes incompatibles avec le libre exercice de son activité. Pour elle, « ayant relevé que la réalité de l'activité commerciale de l'intéressée et l'existence de marchandises offertes à la vente n'étaient pas contestées, que le magasin, intégré dans un hôtel, était accessible à une clientèle autre que celle de l'hôtel et que lui était adressée par des tiers une clientèle extérieure variée de touristes et de résidents et retenu que les contraintes imposées à la commerçante par le règlement intérieur de l'hôtel ne constituaient pas une entrave effective à son activité commerciale, faisant ressortir ainsi l'absence de contraintes incompatibles avec le libre exercice de celle-ci, la Cour d'appel, qui en a justement déduit

1. Lafond, « L'application volontaire du statut des baux commerciaux aux professionnels après la loi LME », *JCP* N 2008. 1311.

que l'intéressée était fondée à se prévaloir du bénéfice du statut des baux commerciaux, a légalement justifié sa décision »[1]. La loi du 18 juin 2014 relative à l'artisanat, au commerce et aux très petites entreprises introduite dans le Code général de la propriété des personnes publiques conforte cette analyse, puisque l'article L. 2124-32-1 dispose qu'« un fonds de commerce peut être exploité sur le domaine public sous réserve de l'existence d'une clientèle propre ».

Pour cela, les terrains nus ne peuvent faire l'objet d'un bail commercial, sauf comme l'indique l'article L. 145-1, alinéa 1-2° du Code de commerce, si des constructions ont été édifiées avec le consentement exprès du propriétaire. Sont également exclus, les locaux accessoires, comme des hangars ou des garages, sauf selon l'article L. 145-1, alinéa 1-1°, si leur privation est de nature à compromettre l'exploitation du fonds. Il en va de même, selon la jurisprudence, des emplacements concédés de manière discrétionnaire par les grandes surfaces à l'intérieur de leurs magasins[2] ou des emplacements sur les murs d'une galerie ne conférant pas une utilisation exclusive au locataire[3].

La nécessité pour le preneur d'avoir une clientèle propre exclut du bénéfice de la réglementation des baux commerciaux les locataires gérants et les pompistes de marque. Après une période d'incertitude et malgré certaines positions doctrinales[4], les franchisés bénéficient du statut des baux commerciaux[5]. Mais en tout état de cause, le fonds de commerce doit être effectivement exploité ; peu importe que le locataire l'exploite personnellement[6].

1. Civ. 3ᵉ, 19 janv. 2005, *D.* 2005. 491, obs. Rouquet.
2. Rennes 21 mai 1974, *JCP* 1974. II.17835, note Guyon ; *RTD com.* 1974. 490, obs. Pédamon ; Civ. 3ᵉ, 7 oct. 1987, *Bull. civ.* III, n° 161.
3. Civ. 3ᵉ, 20 nov. 1991, *Bull. civ.* III, n° 280.
4. V. par ex., de Belot, « Franchise et droit au renouvellement du bail », *Gaz. Pal.* 1996, n° 152 et 153, p. 3 ; Le Floch, « Propriété commerciale et distribution intégrée », *Études Champaud*, p. 405.
5. Civ. 3ᵉ, 27 mars 2002, *Bull. civ.* III, n° 77.
6. Civ. 3ᵉ, 6 juill. 1982, *D.* 1982. IR 1, note Auque.

C. Les conditions relatives à la durée du bail

216 La durée minimale du bail commercial est de neuf ans, en vertu de l'article L. 145-4 du Code de commerce. En réalité, cette durée s'impose uniquement au bailleur, car le preneur a la faculté de résilier le bail tous les trois ans. Aussi se pose la question du sort des conventions de brève durée et de longue durée.

Classiquement, le Code de commerce excluait de son champ d'application les baux conclus pour une durée inférieure à deux ans. Il existait en la matière de nombreuses tentatives pour éluder les règles de droit commun[1]. Tel est le cas de la fraude consistant à conclure successivement des baux au preneur et à un prête-nom[2]. La jurisprudence a récemment indiqué que le changement de destination des locaux ne permet pas de conclure un nouveau bail de deux ans entre les mêmes parties pour un même local[3]. Il est impossible de conclure un nouveau bail dérogatoire dès lors qu'il s'agit des mêmes parties et qu'il porte sur le même local.

La loi sur la modernisation de l'économie a légèrement modifié les solutions antérieures. Celles-ci vont être plus profondément modifiées par la loi du 18 juin 2014. Le nouvel article L. 145-5 du Code de commerce dispose que les « les parties peuvent, lors de l'entrée dans les lieux du preneur, déroger aux dispositions du présent chapitre à la condition que la durée totale du bail ou des baux successifs ne soit pas supérieure à trois ans ».

Si à l'expiration de cette durée de trois ans, le preneur conserve la jouissance des locaux loués, l'ancien bail sera remplacé par un nouveau bail qui sera soumis aux règles spécifiques des baux commerciaux[4]. Pour que le statut des baux commerciaux soit applicable, il faut que le preneur reste en possession des lieux pendant au moins un mois après la date d'échéance du bail dérogatoire.

1. Legrand, « Les baux commerciaux de deux ans ou comment ne pas tomber de Charybe en Scylla », *Administrer* mai 1992. 2.
2. Civ. 3e, 8 avr. 2010, *RTD com.* 2010. 521, obs. Kenderian.
3. Civ. 3e, 31 mai 2012, *RTD com.* 2012. 512, obs. Kendérian ; *D.* 2012. 1544, obs. Rouquet.
4. *Cf.* Civ. 3e, 15 mars 1972 et Paris 5 nov. 1971, *JCP* 1973. II. 17417, note Boccara ; *RTD com.* 1972. 590, obs. Pédamon ; également Civ. 3e, 24 mars 2011, *D.* 2011. 1007, obs. Rouquet qui indique que le congé délivré par le locataire qui, à l'expiration d'un bail dérogatoire, est resté dans les lieux doit être donné par acte extrajudiciaire.

La jurisprudence a considéré qu'il est possible de renoncer au statut des baux commerciaux et de signer un nouveau bail de deux ans[1]. Mais cette renonciation ne peut intervenir qu'après l'expiration du premier bail, donc à un moment où le preneur pourrait se prévaloir de la propriété commerciale[2]. On peut se demander si cette solution n'a pas été remise en cause par la loi du 18 juin 2014, puisque le premier alinéa de l'article L. 145-5 du Code de commerce dispose qu'« à l'expiration de cette durée, les parties ne peuvent plus conclure un nouveau bail dérogeant aux dispositions du présent chapitre pour exploiter le même fonds dans les mêmes locaux ».

Le Code de commerce exclut aussi de son champ d'application les locations saisonnières[3]. De manière plus générale, l'article 4 alinéa 2 du décret du 26 mai 2006, dispose que : « les concessions et les conventions d'exploitation ne sont pas soumises aux dispositions des articles L. 145-1 à L. 145-60 du Code de commerce et ne confèrent pas la propriété commerciale à leurs titulaires ». On exclut ainsi le statut des baux commerciaux, ce qui pose la question de l'existence en ce cas d'un fonds de commerce[4].

Des règles particulières sont prévues pour les fonds de commerce exploités sur le domaine public depuis la loi du 18 juin 2014[5]. Selon l'article 2124-32-1 du Code général de la propriété des personnes publiques, « Un fonds de commerce peut être exploité sur le domaine public sous réserve de l'existence d'une clientèle propre ». Jusqu'alors la jurisprudence administrative considérait ainsi, de manière constante, « qu'eu égard au caractère révocable, pour un motif d'intérêt général, d'une convention portant autorisation d'occupation du domaine public, ainsi que du caractère personnel et non cessible de cette occupation, celle-ci

---

1. La jurisprudence admet que le locataire puisse renoncer à l'application du statut des baux commerciaux en signant un nouveau bail dérogatoire, Civ. 3e, 20 févr. 1985, *JCP* 1986. II. 20639, note Boccara.
2. Pour l'impossibilité de renoncer par avance Civ. 3e, 25 févr. 1976, *Bull. civ.* III, no 90.
3. Pour une illustration récente Civ. 3e, 18 janv. 2011, *Gaz. Pal.* 11-12 mars 2011. 22, obs. Brault.
4. De David Beauregard-Berthier, « L'activité commerciale sur la plage : le commerçant plagiste peut-il être considéré comme propriétaire d'un fonds de commerce », *JCP* E 2007. 2103.
5. Andreani et Brignon, « La consécration législative du fonds de commerce sur le domaine public », *D.* 2014. 1883 ; Chamard-Heim et Yolka, « La reconnaissance du fonds de commerce sur le domaine public », *AJDA* 2014. 1641 ; Derouesné et Stefanini-Coste, « Fonds de commerce sur le domaine public - La reconnaissance législative », *JCP* E, 2014. 1511.

ne peut donner lieu à la constitution d'un fonds de commerce dont l'occupant serait propriétaire »[1]. De son côté, la Cour de cassation admettait l'existence d'un fonds de commerce exploité sur le domaine public à condition que les critères classiques d'existence du fonds soient remplis.

Les articles L. 2124-34 et L. 2124-35 du Code général de la propriété des personnes publiques admettent la cessibilité et la transmission à cause de mort de l'autorisation d'occupation du domaine public. Toute personne souhaitant se porter acquéreur d'un fonds de commerce ou d'un fonds agricole peut, par anticipation, demander à l'autorité compétente une autorisation d'occupation temporaire du domaine public pour l'exploitation de ce fonds.

En cas de décès d'une personne physique exploitant un fonds de commerce ou un fonds agricole en vertu d'une autorisation d'occupation temporaire du domaine public, l'autorité compétente délivre à la demande de ses ayants droit, sauf si un motif d'intérêt général s'y oppose, une autorisation d'occupation temporaire du domaine public identique à celle accordée à l'ancien titulaire pour la seule poursuite de l'exploitation du fonds, durant trois mois. Si les ayants droit ne poursuivent pas l'exploitation du fonds, ils peuvent, dans le délai de six mois à compter du décès, présenter à l'autorité compétente une personne comme successeur. En cas d'acceptation de l'autorité compétente, cette personne est subrogée dans les droits et obligations de l'ancien titulaire.

Pour autant, il n'existe pas de bail commercial. Le statut des baux commerciaux ne s'applique pas aux dépendances du domaine public[2].

217 De son côté, la jurisprudence écartait traditionnellement du statut les conventions d'occupation précaire, dans la mesure où la condition de précarité avait été expressément stipulée[3]. Elles ne devaient pas avoir pour but de frauder les règles relatives au statut des baux commerciaux. Tel est le cas par exemple pour un

1. CE, 7ᵉ et 2ᵉ ss-sect., 31 juill. 2009, n° 316534, *Jonathan Loisirs*, *AJDA* 2009. 1517.
2. Salaun, « Droit public et baux commerciaux », in *États généraux des baux commerciaux*, LexisNexis, 2014.
3. Civ. 3ᵉ, 14 nov. 1973, *D.* 1974. 139.

immeuble frappé d'une mesure de démolition. La précarité devait avoir un élément objectif, c'est-à-dire qu'il est indépendant de la volonté des parties lors de la conclusion du contrat. Mais la jurisprudence a paru à certaines époques admettre la précarité dite subjective, c'est-à-dire celle résultant de la volonté des parties[1]. Cette solution n'était pas conforme à l'esprit de la réglementation des baux commerciaux, car leur but consiste à éluder le dispositif légal.

Le législateur a entendu résoudre cette difficulté en définissant cette notion. La loi du 18 juin 2014 a inséré dans le Code de commerce un article L. 145-5-1 disposant que « n'est pas soumise au présent chapitre [*le chapitre V du titre IV du livre I du Code de commerce relatif au bail commercial*] la convention d'occupation précaire qui se caractérise, quelle que soit sa durée, par le fait que l'occupation des lieux n'est autorisée qu'à raison de circonstances particulières indépendantes de la seule volonté des parties ». Le législateur consacre une conception objective de la précarité. Les circonstances exceptionnelles doivent être extérieures à la volonté des parties, et notamment à celle du propriétaire.

Ces conventions présentent le danger d'être requalifiées en bail commercial si elles ne comprennent pas les caractéristiques de l'occupation précaire[2]. La conséquence en sera que l'occupant bénéficiera de la propriété commerciale. Les autorisations consenties par les collectivités publiques ont nécessairement un caractère précaire.

Différentes conventions de longue durée ne bénéficient pas des dispositions du Code de commerce. L'application du statut protecteur des baux commerciaux n'apparaît pas nécessaire, compte tenu des prérogatives octroyées au preneur, le plus souvent d'ailleurs un droit réel. Il s'agit des baux emphytéotiques (avec possibilité cependant d'une révision triennale des loyers commerciaux), des baux à construction, de la concession immobilière et du crédit-bail immobilier[3].

---

1. Civ. 3e, 8 nov. 1976, *D.* 1977. IR 58.
2. Civ. 3e, 19 nov. 2003, *D.* 2003. 3051, obs. Rouquet.
3. Sur la non-application du statut des baux commerciaux, Civ. 3e, 10 juin 1980, *D.* 1980. 556, note Guyon.

§ 2. Les éléments classiques du bail commercial

218 Si l'on fait abstraction du droit au renouvellement, le bail commercial est dans l'ensemble soumis aux règles du droit commun des baux, édictées par les articles 1713 et suivants du Code civil. Le bailleur est tenu de délivrer les locaux loués et de permettre une jouissance normale au preneur. La jurisprudence applique strictement ce principe. Un arrêt de la Cour de Paris du 5 janvier 2011 le démontre. Dans cette espèce, un bailleur avait fait interdiction au locataire d'apposer son enseigne en façade de l'immeuble, objet du bail commercial. Les juges du second degré ont considéré que le bailleur avait manqué à son obligation de délivrance, car l'enseigne est un attribut du fonds de commerce[1]. La Cour de cassation a récemment considéré que « le bailleur d'un centre commercial doit veiller à l'existence d'un environnement commercial favorable au preneur »[2]. Il est tenu d'une obligation d'entretien, dont il peut cependant s'affranchir en vertu d'une stipulation expresse qui la transfère au preneur[3].

Ces obligations sont conçues de manière particulièrement large, puisque leur manquement peut être invoqué par un tiers au contrat de bail, comme un locataire-gérant. Selon un important arrêt du 6 octobre 2006, le tiers à un contrat peut invoquer, sur le fondement de la responsabilité délictuelle, un manquement contractuel dès lors que ce manquement lui a causé un dommage. La Haute juridiction considère « qu'ayant relevé que les accès à l'immeuble loué n'étaient pas entretenus, que le portail d'entrée était condamné, que le monte-charge ne fonctionnait pas et qu'il en résultait une impossibilité d'utiliser normalement les locaux loués, la Cour d'appel, qui a ainsi caractérisé le dommage causé par les manquements des bailleurs au locataire-gérant du fonds de commerce exploité dans les locaux loués, a légalement justifié

1. Paris 5 janv. 2011, *Gaz. Pal.* 11-12 mars 2011. 25, obs. Brault.
2. Civ. 3e, 31 oct. 2006, *Defrénois* 2006. 1886, note Ruet.
3. Civ.3e, 19 déc. 2012 (2 esp.), *JCP* E 2013. 1109, note Rouquette-Térouanne.

sa décision déclarant recevable, sur le fondement de l'article 1382 du Code civil, sa demande de remise en état des lieux et en paiement d'une indemnité provisionnelle en réparation d'un préjudice d'exploitation »[1].

219 Une nouvelle obligation a été prévue par la loi du 18 juin 2014, celle de faire dresser un état des lieux. Jusqu'alors, les parties étaient libres d'en faire dresser un ou non. L'article L. 145-40-1 du Code de commerce indique que lors de la prise de possession des locaux par le locataire en cas de conclusion d'un bail, de cession du droit au bail, de cession ou de mutation à titre gratuit du fonds et lors de la restitution des locaux, un état des lieux est établi contradictoirement et amiablement par le bailleur et le locataire ou par un tiers mandaté par eux. L'état des lieux est joint au contrat de location ou, à défaut, conservé par chacune des parties. À défaut d'accord entre les parties, l'état sera établi, à frais partagés, par un huissier sur l'initiative de la partie la plus diligente.

Le bailleur est sanctionné en cas de non respect de cette obligation. Il ne pourra pas se prévaloir de l'article 1731 du Code civil en vertu duquel « s'il n'a pas été fait d'état des lieux, le preneur est présumé les avoir reçus en bon état de réparations locatives, et doit les rendre tels, sauf la preuve contraire ».

220 Jusqu'à la loi du 18 juin 2014, aucune disposition ne régissait les travaux dans les locaux loués. Le nouvel article L. 145-40-2 du Code de commerce prévoit que lors de la conclusion du contrat de location, puis tous les trois ans, le bailleur communique à chaque locataire un état prévisionnel des travaux qu'il envisage de réaliser dans les trois années suivantes, assorti d'un budget prévisionnel et un état récapitulatif des travaux qu'il a réalisés dans les trois années précédentes, précisant leur coût. Ces informations doivent être communiquées au locataire dans le délai de deux mois à compter de chaque échéance triennale. À la demande du locataire, le bailleur lui communique tout document justifiant le montant de ces travaux.

1. Ass. plén. 6 oct. 2006, *JCP* 2006. II. 10181, note Billiau ; *D.* 2006. 2825, note Viney.

Mais les éléments les plus classiques du bail commercial sont relatifs aux droits du locataire qui présentent d'importantes spécificités qui sont contrebalancées par ses obligations.

A. Les droits du locataire

Mis à part son droit de jouissance, le locataire bénéficie de trois prérogatives importantes relatives à l'affectation des locaux loués, à la possibilité de quitter les locaux loués de manière anticipée et à la protection contre les clauses résolutoires. La loi du 18 juin 2014 lui octroie un droit de préemption.

1. L'affectation des locaux loués

221 Le bail commercial détermine généralement, de manière assez précise, le type de commerce que le locataire a la faculté d'exercer dans les locaux loués. L'article 1728 du Code civil indique que parmi les obligations principales du preneur figure celle « d'user de la chose louée en bon père de famille, et suivant la destination qui lui a été donnée par le bail ». En cas de non-respect de cette obligation, le commerçant risquait de subir une résiliation anticipée du contrat, sans indemnité. La profession commerciale reprochait à cette solution d'empêcher toute évolution rendue nécessaire par un changement de circonstances économiques. Aussi le législateur a-t-il réglementé la déspécialisation, visée par les articles L. 145-47 à L. 145-55 du Code de commerce. Elle peut intervenir selon des modalités différentes suivant que le commerçant souhaite étendre son activité ou qu'il désire changer son activité. Il faut également tenir compte de ce que l'on appelle la cession-despécialisation.

La déspécialisation dite simple consiste dans le droit pour le locataire d'adjoindre à son commerce des activités connexes ou complémentaires. Cette faculté est d'ordre public. Il n'est possible d'y renoncer qu'une fois le droit à la spécialisation acquis[1]. Le locataire doit indiquer son intention au bailleur par un acte extrajudiciaire. Ce dernier doit faire connaître, dans un délai de deux mois, édicté à peine de déchéance, s'il conteste ou non le caractère

1. Civ. 3e, 19 mai 2004, *Bull. civ.* III, n° 101 ; *RTD com.* 2005. 53, obs. Monéger.

connexe ou complémentaire des nouvelles activités envisagées par le commerçant. En cas de divergence d'appréciation, il appartiendra au tribunal de grande instance de statuer sur cette difficulté.

La question de savoir ce qu'il faut entendre par activité connexe ou complémentaire est laissée à l'appréciation souveraine des juges du fond[1]. La jurisprudence considère souvent que l'activité connexe que le locataire peut adjoindre à l'activité prévue au bail est celle qui présente une similitude, une analogie ou un lien de dépendance des produits en cause ou des méthodes de fabrication, l'activité complémentaire étant celle qui, ayant un caractère accessoire, est susceptible de favoriser le développement de celles déjà exercées sans en modifier la nature[2].

Ce droit ne peut pas être paralysé par une clause de non-concurrence[3]. Le bailleur pourra invoquer la déspécialisation lors d'une révision du loyer, s'il démontre que les nouvelles activités ont amené un changement de la valeur locative des locaux.

222 La déspécialisation plénière, encore appelée renforcée, consiste en un changement total d'activité. Cette déspécialisation n'est pas un droit pour le preneur. L'article L. 145-48 du Code de commerce prévoit, en effet, que « le locataire peut, sur sa demande, être autorisé à exercer dans les lieux loués une ou plusieurs activités différentes de celles prévues au bail, eu égard à la conjoncture économique et aux nécessités de l'organisation rationnelle de la distribution, lorsque ces activités sont compatibles avec la destination, les caractères et la situation de l'immeuble et de l'ensemble immobilier ».

Le locataire doit formuler sa demande d'autorisation de changement d'activité au propriétaire par acte d'huissier. Il doit égale-

1. Civ. 3e, 20 févr. 1969, *Bull. civ.* III, n° 160.
2. Pour une illustration récente Caen 13 sept. 2012, *Loyers et copr.* 2013. 18, obs. Brault qui considère que le simple fait que les activités autorisées par le bail et celles que le locataire souhaite adjoindre ont toutes trait à la fabrication ou à la commercialisation de produits alimentaires ne suffit pas à caractériser un lien de connexité ou de complémentarité ; même en tenant compte des usages locaux ou de l'évolution des pratiques commerciales, rien n'indique que la clientèle d'une boulangerie-pâtisserie, d'un salon de thé, d'une sandwicherie ou d'un traiteur soit assimilable à celle d'une épicerie ou d'un commerce de produits régionaux en l'absence de similitude manifeste entre les gammes de produits concernés par ces activités.
3. Ass. plén. 26 janv. 1973, *JCP* 1973. II. 17462, note Boccara; pour une illustration récente Civ. 3e, 15 févr. 2012, *RTD com.* 2012. 507, obs. Monéger ; *D.* 2012. 1844, obs. Dumont-Lefrand.

ment notifier cette demande aux autres créanciers inscrits sur le fonds de commerce et aux autres locataires de ce propriétaire. Le bailleur a un délai de trois mois pour répondre ; son silence est considéré comme une acceptation. Au cas de refus du bailleur, le preneur devra s'adresser au tribunal de grande instance qui autorisera éventuellement ce type de déspécialisation, s'il juge que ce refus n'est pas justifié. En cas de changement d'activité, le bailleur obtient souvent une augmentation immédiate du montant du loyer. Ce changement d'activité peut motiver le paiement par le locataire d'une indemnité égale au montant du préjudice dont le bailleur démontrerait l'existence.

On a reproché à cette réglementation de modifier les fondements de la propriété commerciale. Il s'agirait « de protéger la profession commerciale et de la protéger contre le bailleur de l'immeuble, ce qui est contestable »[1].

223 Le législateur a instauré par une loi du 30 décembre 1985 une procédure de cession-déspécialisation qui figure désormais à l'article L. 145-51 du Code de commerce. Cette procédure concerne le locataire ayant demandé à bénéficier de ses droits à la retraite ou ayant été admis au bénéfice d'une pension d'invalidité attribuée par le régime d'assurance invalidité-décès des professions artisanales ou des professions industrielles et commerciales. Elle débute par la signification par le bailleur à son propriétaire et aux créanciers inscrits sur le fonds de commerce son intention de céder son bail en précisant la nature des activités dont l'exercice est envisagé ainsi que le prix proposé.

Le bailleur bénéficie, dans un délai de deux mois, d'une priorité de rachat aux conditions fixées dans la signification. À défaut d'usage de ce droit par le bailleur, son accord est réputé acquis si, dans le même délai de deux mois, il n'a pas saisi le tribunal de grande instance. La nature des activités dont l'exercice est envisagé doit être compatible avec la destination, les caractères et la situation de l'immeuble.

Cette forme de despécialisation s'applique également à l'associé unique d'une entreprise unipersonnelle à responsabilité limi-

1. Guyon, n° 671.

tée, ou au gérant majoritaire depuis au moins deux ans d'une société à responsabilité limitée, lorsque celle-ci est titulaire du bail[1].

224 La loi du 18 juin 2014 a ajouté une nouvelle hypothèse de déspécialisation restreinte en cas de plan de cession d'une entreprise soumise à une procédure collective. L'article L. 642-7 du Code de commerce prévoit que le tribunal détermine les contrats nécessaires au maintien de l'activité en tenant compte des observations des contractants. Le jugement qui arrête le plan emporte cession de ces contrats.

Selon le nouvel alinéa de l'article L. 642-7, « le tribunal peut, si un contrat de bail soumis au chapitre V du titre IV du livre Ier portant sur un ou plusieurs immeubles ou locaux utilisés pour l'activité de l'entreprise figure dans le plan de cession, autoriser dans le jugement arrêtant le plan le repreneur à adjoindre à l'activité prévue au contrat des activités connexes ou complémentaires. Le tribunal statue après avoir entendu ou dûment appelé le bailleur »[2]. L'objectif affiché par le législateur est de facilité la reprise d'entreprises en difficultés.

Le tribunal de commerce a désormais le pouvoir d'autoriser l'adjonction d'activités connexes et complémentaires en cas de plan de cession. Il n'y a pas lieu de respecter les règles prévues par le Code de commerce en matière de déspécialisation.

2. La possibilité de quitter les lieux de manière anticipée

225 Le bail commercial est conclu pour une durée déterminée, en général de neuf ans. Cette durée de neuf années est une durée minimale qui est d'ordre public. Normalement, les parties doivent respecter le délai ainsi stipulé qui constitue la loi des parties. Par exception, dans certaines hypothèses, le commerçant aura la possibilité de quitter les locaux loués avant l'expiration du bail.

---

1. Cette procédure bénéficie à l'usufruitier du droit au bail, immatriculé au registre du commerce et des sociétés pour le fonds qu'il exploite dans les lieux loués, s'il justifie de l'accord des nus-propriétaires pour la cession du bail Civ. 3e, 6 févr. 2013, *D.* 2013. 432, obs. Rouquet.
2. Kendérian, « La nouvelle cession-déspécialisation du bail commercial en cas de procédure collective. À propos du nouvel alinéa 4 de l'article L. 642-7 du Code de commerce (L. n° 2014-626, 18 juin 2014, art. 15) », *Rev. proc. coll.* sept.-oct. 2014, n° 25.

L'article L. 145-4 du Code de commerce prévoit que le preneur a la possibilité de donner congé à l'expiration d'une période triennale. Ce congé doit être donné suivant les usages locaux et au moins six mois à l'avance, par acte extrajudiciaire ou par lettre recommandée avec avis de réception. Cette possibilité de résiliation ne peut plus désormais être écartée par une clause expresse du contrat de bail, à l'exception des baux d'une durée supérieure à neuf ans, des baux conclus en vue d'une seule utilisation, des baux à usage exclusif de bureaux et des baux de locaux de stockage. Le contrat peut stipuler qu'en cas d'exercice de la résiliation, une indemnité devra être versée au bailleur[1]. Le commerçant, ayant la possibilité de faire valoir ses droits à la retraite, a la faculté de donner congé à tout moment, donc sans attendre l'expiration d'une période triennale.

Le preneur peut céder son bail et ce nonobstant toute clause contraire[2]. La cession est soumise aux formalités de la cession de créance, prévue par l'article 1690 du Code civil, sauf si le bailleur l'a acceptée sans équivoque[3]. En cas de manquements aux dispositions de l'article 1690, la cession serait inopposable au bailleur. La clause prohibant la cession de bail en cas de vente du fonds de commerce encourt la nullité, car le bail est un élément constitutif du fonds de commerce. Il en va de même, en cas de cession partielle, si la branche cédée s'analyse en un fonds de commerce autonome[4]. Il est possible pour les parties de stipuler dans le contrat que la cession est subordonnée à l'accord du bailleur[5], ce qui ouvre au locataire un recours en cas de refus injustifié, ou à la garantie par le cédant du paiement des loyers par le cessionnaire jusqu'à la fin du bail. Les effets de cette cession sont

1. Civ. 3e, 21 juin 1995, *JCP* E 1995. II. 743, note Auque.
2. Il existe également une cession légale du bail. L'article L. 145-16 alinéa 2 dispose qu'« en cas de fusion ou de scission de sociétés, en cas de transmission universelle de patrimoine d'une société réalisée dans les conditions prévues à l'article 1844-5 du code civil ou en cas d'apport d'une partie de l'actif d'une société réalisé dans les conditions prévues aux articles L. 236-6-1, L. 236-22 et L. 236-24 du présent code, la société issue de la fusion, la société désignée par le contrat de scission ou, à défaut, les sociétés issues de la scission, la société bénéficiaire de la transmission universelle de patrimoine ou la société bénéficiaire de l'apport sont, nonobstant toute stipulation contraire, substituées à celle au profit de laquelle le bail était consenti dans tous les droits et obligations découlant de ce bail ».
3. Ass. plén. 14 févr. 1975, *RTD com.* 1975. 472, obs. Pédamon.
4. Com. 14 avr. 1992, *RTD com.* 1993. 82, obs. Derruppé.
5. Civ. 3e, 2 oct. 2002, *D.* 2002. 2943, obs. Rouquet.

simples : un nouveau locataire remplace l'ancien. Le nouveau locataire bénéficiera de tous les droits et il sera soumis à toutes les obligations de l'ancien locataire. Ce dernier en contrepartie sera déchargé de toutes ses obligations, et notamment du paiement des loyers échus postérieurement à la cession.

Il est parfois stipulé des clauses de garantie en vertu desquelles la responsabilité de l'ancien locataire pourra être recherchée en cas de manquements à ses obligations par le nouveau locataire. La loi du 18 juin 2014 a réglementé ces clauses. L'article L. 145-16-1 du Code de commerce impose une nouvelle obligation d'information au bailleur, puisqu'il est tenu d'indiquer au cédant tout défaut de paiement du locataire dans le délai d'un mois à compter de la date à laquelle la somme aurait dû être acquittée par celui-ci. De son côté, l'article L. 145-16-2 limite la garantie du cédant dans le temps en disposant que « si la cession du bail commercial s'accompagne d'une clause de garantie du cédant au bénéfice du bailleur, celui-ci ne peut l'invoquer que durant trois ans à compter de la cession dudit bail ».

226 En dernier lieu, le preneur a la faculté de sous-louer dans certaines hypothèses. L'opération est alors parfois proche de la location-gérance. L'article L. 145-31, alinéa 1er, du Code de commerce indique, en effet, que, sauf stipulation contraire au bail ou accord du bailleur, toute sous-location totale ou partielle est interdite. En cas de possibilité de sous-location, le bailleur doit concourir à l'acte[1]. Cette formalité s'applique également à une prorogation de sous-location. Dans l'hypothèse où le montant du loyer reçu par le locataire au titre de la sous-location est supérieur au montant de son propre loyer, le bailleur a la possibilité de demander une augmentation correspondante du loyer qu'il perçoit. Il est nécessaire de dissocier la sous-location de la location-gérance. La location-gérance est possible, sauf si une clause du contrat de bail la prohibe expressément[2]. Le locataire principal demeure tenu des obligations résultant du contrat de bail. Il répond des manque-

1. Le non-respect de cette obligation constitue une cause de résiliation du bail ou de refus de non-renouvellement, Civ. 3e, 10 déc. 1963, *JCP* 1964. II. 13703.
2. Civ. 3e, 22 janv. 2003, *RJDA* 2003, n° 367.

ments du sous-locataire. Ce dernier se trouve dans la situation d'un preneur vis-à-vis du bailleur et ce dans la limite des droits de ce dernier.

3. La protection contre les clauses résolutoires

227 Fréquemment, les propriétaires insèrent dans les contrats de baux des clauses de résiliation de plein droit, pour le cas où le locataire manquerait à certaines de ses obligations, et notamment ne paierait pas son loyer[1]. Mais le législateur, tout en admettant la licéité de cette clause, en atténue certains effets[2]. Il faut relever le particularisme existant en cas de clause résolutoire pour non-exploitation du fonds. L'article L. 145-42 du Code de commerce prévoit, en cas de déspécialisation, que les clauses stipulées pour cessation d'activité ne produisent pas effet pendant le temps nécessaire à la réalisation de ces transformations.

L'article L. 145-41 du Code de commerce prévoit que la clause résolutoire ne produit effet qu'un mois après un commandement resté infructueux, ce qui suppose un titre exécutoire résultant du bail authentique ou d'un jugement. Toute clause qui mentionnerait un délai plus court serait nulle[3]. Le commandement, à peine de nullité, doit préciser ce délai. Dans la mesure où la résiliation n'est pas constatée par une décision ayant autorité de la chose jugée, le locataire peut obtenir du juge des délais sur le fondement de l'article 1244-1 du Code civil[4]. En ce cas, si le locataire exécute ses obligations dans le délai accordé, la clause ne produira pas ses effets. Dans le cas contraire, les conséquences de la clause résolutoire seront définitivement acquises au propriétaire[5]. En cette matière, la Cour de cassation a jugé que l'article L. 145-41 du Code de commerce, « autorisant le preneur d'un bail à usage commercial, en obtenant des délais de grâce, à faire suspendre les effets de la clause résolutoire, répond à un motif d'intérêt général

1. L'existence de cette clause n'empêche pas la résiliation dans les conditions du droit commun de l'article 1184 du Code civil, Civ. 3e, 26 nov. 1991, *Bull. civ.* III, n° 286.
2. Schütz, « Les clauses résolutoires dans les baux d'immeubles », in « L'issue des baux immobiliers : du droit à la pratique », *Dr. et proc.* déc. 2012. suppl. 53.
3. Civ. 3e, 8 déc. 2010, *Gaz. Pal.* 11-12 mars 2011. 33, obs. Brault.
4. Civ. 3e, 27 oct. 1993, *Bull. civ.* III, n° 128.
5. Pour une illustration de l'acquisition d'une clause résolution pour non-respect des délais accordés Civ. 3e, 14 mai 2008, *Gaz. Pal.* 6-7 févr. 2009. 22, note Barbier.

et que sa mise en œuvre est entourée de garanties procédurales et de fond suffisantes »[1].

La clause résolutoire est réputée non écrite au cas de redressement judiciaire du locataire[2]. L'article L. 622-9, alinéa 5, du Code de commerce dispose que : « Nonobstant toute disposition légale ou toute clause contractuelle, aucune indivisibilité, résiliation ou résolution du contrat ne peut résulter du seul fait de l'ouverture d'une procédure de redressement judiciaire. » De même l'article L. 641-12 prévoit que « la liquidation judiciaire n'entraîne pas de plein droit la résiliation du bail des immeubles affectés à l'activité de l'entreprise ».

4. Le droit de préemption

228 La loi du 18 juin 2014 a institué un droit de préemption au profit du locataire. L'article L. 145-46-1 du Code de commerce prévoit que lorsque le propriétaire d'un local à usage commercial ou artisanal envisage de vendre celui-ci, il en informe le locataire par lettre recommandée avec demande d'avis de réception, ou remise en main propre contre récépissé ou émargement. Cette notification doit, à peine de nullité, indiquer le prix et les conditions de la vente envisagée. Elle doit reproduire les termes de l'article L. 145-461 alinéas 1 à 4. Elle vaut offre de vente au profit du locataire. Ce dernier dispose d'un délai d'un mois à compter de la réception de cette offre pour se prononcer. En cas d'acceptation, le locataire dispose, à compter de la date d'envoi de sa réponse au bailleur, d'un délai de deux mois pour la réalisation de la vente. Si, dans sa réponse, il notifie son intention de recourir à un prêt, l'acceptation par le locataire de l'offre de vente est subordonnée à l'obtention du prêt et le délai de réalisation de la vente est porté à quatre mois.

À l'expiration du délai de deux mois ou de quatre mois, si la vente n'est pas réalisée, l'acceptation de l'offre de vente devient caduque.

1. Ass. plén., QPC, 18 juin 2010, *RTD com.* 2011. 57, obs. Kendérian.
2. Le Corre, « Questions-réponses sur la résiliation du bail commercial après l'ouverture d'une procédure collective », *Gaz. Pal.* 18-19 janv. 2013. 43.

Assez logiquement, il est prévu que si le vendeur modifie les conditions de prix de manière avantageuse pour l'acquéreur, le droit de préemption devra être repurgé. Les mêmes délais s'appliquent.

Le droit de préemption n'est pas applicable en cas de cession unique de plusieurs locaux d'un ensemble commercial, de cession unique de locaux commerciaux distincts ou de cession d'un local commercial au copropriétaire d'un ensemble commercial. Il n'est pas non plus applicable à la cession globale d'un immeuble comprenant des locaux commerciaux ou à la cession d'un local au conjoint du bailleur, ou à un ascendant ou un descendant du bailleur ou de son conjoint.

B. Les obligations du locataire

229 Le locataire a l'obligation de jouir des locaux loués paisiblement. Ces locaux doivent être exploités par le preneur. À défaut d'exploitation, le bail ne sera pas renouvelé ou il sera parfois résilié par anticipation. Mais son obligation la plus importante est d'ordre pécuniaire ; elle consiste dans le versement d'un loyer.

Au moment de l'entrée dans les lieux, certains propriétaires exigent des locataires le versement d'un pas-de-porte. Le pas-de-porte, usage ancien et parfaitement licite, consiste dans une somme d'argent versée par le locataire au propriétaire. Il semble être de moins en moins usité en pratique. L'hésitation est permise quant à sa nature juridique. Dans certains cas, il sera considéré comme un supplément de loyers. Dans d'autres, il apparaîtra comme la contrepartie de la propriété commerciale. En raison de cette incertitude, les propriétaires ont tendance à ne pas réclamer de pas-de-porte, en échange de loyers plus importants. Le loyer initialement fixé par les parties est susceptible de modification en cours d'exécution.

1. La fixation du loyer initial

230 Lors de la conclusion du bail commercial, les loyers sont fixés librement. Les parties ont la possibilité d'insérer dans le contrat de bail des clauses contractuelles de révision. Il en existe de deux

sortes. La première est dénommée clause d'échelle mobile[1]. Elle consiste à faire varier le montant du loyer en fonction d'un indice. L'article 79 de l'Ordonnance du 30 décembre 1958 exige que l'indexation fasse référence aux prix de biens ou de services en relation directe avec l'objet du contrat ou l'activité des parties. Depuis la loi du 9 juillet 1970, la référence la plus usitée était celle effectuée à l'indice INSEE du coût de la construction, car il était autorisé pour tous les baux.

Depuis le 1er janvier 2008, le législateur a créé un nouvel indice, dénommé Indice des loyers commerciaux (ILC). Il est composé à 50 % de l'indice des prix à la consommation, à 25 % de l'indice du coût de la construction et à 25 % de l'indice du chiffre d'affaires des ventes de commerce de détail. Ce nouvel indice a reçu une consécration légale avec la loi sur la modernisation de l'économie, même s'il doit toujours être contractuellement choisi par les parties.

Il peut être choisi par les parties pour les activités commerciales définies par le décret du 4 novembre 2008 à l'exclusion de celles exercées dans les locaux à usage exclusif de bureau, les plateformes logistiques et les activités industrielles au sens de l'article L. 110-1 5 du Code de commerce.

Créé par l'article 63 de la loi du 17 mai 2011, l'indice des activités tertiaires (ILAT) est composé à hauteur de 50 % par l'indice des prix à la consommation, de 25 % par l'indice du coût de la construction et de 25 % par l'indice du produit intérieur brut en valeur. Il concerne selon cette loi les activités exclues du champ d'application de l'ILC et les locaux professionnels.

Ces deux indices n'avaient pas évincé l'indice du coût de la construction et les parties sont restées libres de s'y référer. Mais la loi du 18 juin 2014 conduit à la disparition de cet indice. En effet, elle a supprimé le recours à l'indice du coût de la construction pour le jeu de la révision légale des articles L. 145-38 et L. 145-39 du Code de commerce ou de la fixation du loyer de renouvellement selon l'article L. 145-34. Selon le commerce

1. *Cf.* Chauvel, « Indexation et baux commerciaux », *RTD com.* 1986. 359 ; Boccara, « Définir l'indexation », *JCP* 1985. I. 3187.

exercé dans les lieux loués, ne pourra être utilisé par les juges que l'ILC ou l'ILAT. Cette quasi-disparition de l'indice du coût de la construction ne modifie pas la révision du loyer instituée par l'article L. 145-39 lorsque, dans un bail dont le loyer est indexé sur l'indice du coût de la construction, ce loyer a augmenté ou diminué de plus d'un quart par rapport au prix précédemment fixé. C'est par référence à cet indice que la demande en révision sera considérée comme recevable ou non.

231 La seconde est dite clause de loyer variable, ou clause recette. Elle permet de déterminer le loyer en fonction des recettes ou du chiffre d'affaires du locataire, ce qui peut être évidemment avantageux ou désavantageux pour le propriétaire. Elle est rarement stipulée pour l'intégralité du loyer. Fréquemment, le loyer se décompose en deux parties, l'une fixe et l'autre sous la forme d'une clause recette.

Le locataire est également tenu de régler le montant des charges locatives afférentes au local loué, alors que le bailleur conserve à sa charge le paiement des charges de propriété. La convention des parties pouvait modifier cette répartition. Mais si le locataire assumait des charges d'un montant supérieur à celui qu'il doit normalement assumer, cet excédent s'analysera comme un supplément de loyer. Les stipulations qui mettaient à la charge du preneur des obligations qui incombent normalement au bailleur devaient être rédigées avec précision et être dépourvues de toute ambiguïté. Tel était le cas par exemple pour les charges de ravalement[1].

Le législateur a considéré que cette liberté contractuelle créait un déséquilibre au détriment du preneur. Pour cette raison, il a posé en cette matière une obligation d'information et des règles impératives de répartition[2].

Désormais, tout contrat de location comporte nécesairement un inventaire précis et limitatif des catégories de charges, impôts,

1. Pour un rappel récent. Civ. 3e, 6 mars 2013, *D.* 2013. 704, obs. Rouquet.
2. Attard, « Répartition des travaux, charges et impôts dans le cadre de la loi *Pinel* du 18 juin 2014 », *JCP* E 2014. 501 ; Marcet, « L'encadrement des relations entre les parties en matière d'état des lieux, de charges et taxes récupérables et de travaux », *in* « dossier Loi du 18 juin 2014 », *Loyers et copr.*, sept. 2014, art. 4.

taxes et redevances liés à ce bail, comportant l'indication de leur répartition entre le bailleur et le locataire. Cet inventaire donne lieu à un état récapitulatif annuel adressé par le bailleur au locataire dans un délai fixé par voie réglementaire. En cours de bail, le bailleur informe le locataire des charges, impôts, taxes et redevances nouveaux.

Un décret du 30 novembre 2014 a indiqué les charges qui ne peuvent pas être imputées au locataire. Selon l'article R. 145-35 du Code de commerce, il s'agit :

« 1° Les dépenses relatives aux grosses réparations mentionnées à l'article 606 du code civil ainsi que, le cas échéant, les honoraires liés à la réalisation de ces travaux ;

« 2° Les dépenses relatives aux travaux ayant pour objet de remédier à la vétusté ou de mettre en conformité avec la réglementation le bien loué ou l'immeuble dans lequel il se trouve, dès lors qu'ils relèvent des grosses réparations mentionnées à l'alinéa précédent ;

« 3° Les impôts, notamment la contribution économique territoriale, taxes et redevances dont le redevable légal est le bailleur ou le propriétaire du local ou de l'immeuble ; toutefois, peuvent être imputés au locataire la taxe foncière et les taxes additionnelles à la taxe foncière ainsi que les impôts, taxes et redevances liés à l'usage du local ou de l'immeuble ou à un service dont le locataire bénéficie directement ou indirectement ;

« 4° Les honoraires du bailleur liés à la gestion des loyers du local ou de l'immeuble faisant l'objet du bail ;

« 5° Dans un ensemble immobilier, les charges, impôts, taxes, redevances et le coût des travaux relatifs à des locaux vacants ou imputables à d'autres locataires.

« La répartition entre les locataires des charges, des impôts, taxes et redevances et du coût des travaux relatifs à l'ensemble immobilier peut être conventionnellement pondérée. Ces pondérations sont portées à la connaissance des locataires. »

2. La révision du loyer

232 Alors que les parties avaient une totale liberté pour fixer le loyer initial, cette liberté est réduite pour les révisions au cours du bail ou lors du renouvellement du bail.

La révision peut être demandée par l'une ou l'autre des parties trois ans après l'entrée en jouissance ou la dernière révision. On parle de révision triennale. Aucune dérogation aux règles relatives à la révision ne peut être stipulée dans le contrat de bail commercial. On craint que cette stipulation ne soit imposée au preneur. En revanche, en cours d'exécution du contrat, les parties ont la faculté de convenir d'une révision, sans être astreintes d'attendre l'expiration de la période de trois ans prévue par l'article L. 145-38 du Code de commerce[1]. Cette révision débouche sur une hausse ou une baisse de loyer[2]. Il appartient au bailleur de solliciter cette révision, car elle n'a pas un caractère automatique. L'article L. 145-33 du Code de commerce prévoit que le montant des loyers des baux à renouveler ou à réviser doit correspondre à la valeur locative. À défaut d'accord des parties, le montant du loyer sera déterminé par le président du tribunal de grande instance par référence à la valeur locative.

233 Pour éviter de trop fortes variations des loyers, un système de plafonnement a été institué depuis plusieurs années. Hormis s'il est rapporté la preuve d'une modification matérielle des facteurs locaux de commercialité ayant entraîné par elle-même une variation de plus de 10 % de la valeur locative, la majoration ou la diminution de loyer consécutive à une révision triennale ne peut excéder la variation de l'indice trimestriel du coût de la construction s'il est encore applicable, de l'indice trimestriel des loyers commerciaux ou de l'indice trimestriel des loyers des activités tertiaires mentionnés aux premier et deuxième alinéas de l'article L. 112-2 du Code monétaire et financier, publiés par l'Institut national de la statistique et des études économiques, intervenues depuis la dernière fixation amiable ou judiciaire du loyer.

Un bailleur a posé une question prioritaire de constitutionnalité sur l'article L. 145-34 du Code de commerce, en indiquant que les dispositions de cette disposition prévoyant le plafonnement

---

1. Civ. 3e, 7 mars 2001, *D.* 2001. Somm. 3534, obs. Rozès.

2. Grosclaude, « La réduction du loyer commercial », *JCP* E 1998. 549 ; Barbier, La fixation du loyer commercial à la baisse, *Gaz. Pal.*, 6-7 févr. 2009. 11.

du loyer, sont « contraires aux droits et libertés garantis par la Constitution, notamment à la liberté contractuelle et à la libre concurrence garantis par l'article 4 de la Déclaration des droits de l'homme et du citoyen, ainsi qu'au droit de propriété garanti par l'article 17 de ladite Déclaration ». La Cour de cassation a refusé de transmettre la question au Conseil constitutionnel aux motifs « que la question posée ne présente pas un caractère sérieux en ce que, d'une part, la règle du plafonnement ne s'applique pas lorsque les parties l'ont exclue de leurs prévisions contractuelles ou ont pu s'accorder sur le montant du loyer du bail renouvelé, et, par suite, ne porte atteinte ni à la liberté d'entreprendre ni à la liberté contractuelle, d'autre part, le loyer plafonné étant le loyer initialement négocié augmenté de la variation indiciaire si l'environnement du bail est demeuré stable, il ne résulte de l'application de la règle ni atteinte ni dénaturation du droit de propriété »[1].

D'importantes difficultés sont apparues pour la baisse du loyer, dans l'hypothèse d'une hausse de l'indice du coût de la construction et d'une baisse de la valeur locative. Malgré une certaine résistance des juges du fond, la Cour de cassation affirmait que le prix du bail ne pouvait excéder la valeur locative[2]. Cette jurisprudence a été en partie annihilée par une loi du 11 décembre 2001 qui a modifié l'alinéa 3 de l'article L. 145-38 qui dispose que « par dérogation aux dispositions de l'article L. 145-33, et à moins que ne soit rapportée la preuve d'une modification matérielle des facteurs locaux de commercialité ayant entraîné par elle-même une variation de plus de 10 % de la valeur locative, la majoration ou la diminution de loyer consécutive à une révision triennale ne peut excéder la variation de l'indice trimestriel des loyers commerciaux ou de l'indice trimestriel des loyers des activités tertiaires mentionnés aux premier et deuxième alinéas de l'article L. 112-2 du code monétaire et financier, intervenue depuis

1. Civ. 3e, 13 juill. 2011, *RLDA* oct. 2011. 28, obs. Filiol de Raimond ; *Gaz. Pal.* 21-22 oct. 2011. 32, note Brault.

2. Civ. 3e, 24 janv. 1996, *JCP* E 1996. II. 821, note Auque ; Civ. 3e, 19 avr. 2000, *JCP* E 2000. II. 776, note Auque ; *RTD com.* 2000. 856, obs. Monéger ; Civ. 3e, 30 mai 2001, *JCP* 2001. II. 10561, concl. Weber, note Auque ; *RTD com.* 2001. 635 ; *D.* 2001. 2036, note Sainturat.

la dernière fixation amiable ou judiciaire du loyer. Dans le cas où cette preuve est rapportée, la variation de loyer qui en découle ne peut conduire à des augmentations supérieures, pour une année, à 10 % du loyer acquitté au cours de l'année précédente ». La révision du loyer doit être déterminée en fonction des indices mentionnés. Cette disposition ne s'applique toutefois pas aux instances en cours[1].

La valeur locative demeure primordiale, lorsqu'elle subit une variation de plus de 10 % en raison d'une modification des facteurs locaux de commercialité. Elle est déterminée, d'après l'article L. 145-33 du Code de commerce, par les caractéristiques du local considéré, par la destination des lieux, par les obligations respectives des parties, par les facteurs locaux de commercialité et par les prix couramment pratiqués dans le voisinage[2]. De même, la Cour de cassation a indiqué que le loyer peut être fixé à la valeur locative « dès lors que celle-ci se situe entre le loyer en cours et le plafond résultant de la variation de l'indice du coût de la construction »[3]. Toutefois, la variation de loyer qui en découle ne peut conduire à des augmentations supérieures, pour une année, à 10 % du loyer acquitté au cours de l'année précédente.

En cas de clause d'échelle mobile, la révision légale demeure possible[4]. L'article L. 145-39 du Code de commerce prévoit,que par dérogation à l'article L. 145-38, si le bail est assorti d'une clause d'échelle mobile, la révision peut être demandée chaque fois que, par le jeu de cette clause, le loyer se trouve augmenté ou diminué de plus d'un quart par rapport au prix précédemment fixé contractuellement ou par décision judiciaire. La variation de loyer qui découle de cette révision ne peut conduire à des aug-

1. Ass. plén. 23 janv. 2004, *JCP* 2004. II. 10030, note Billiau ; également Civ. 3e, 18 févr. 2009, *D.* 2009. 628 qui indique que « la loi Murcef n° 2001-1168 du 11 décembre 2001, ayant modifié l'article L. 145-38, alinéa 3, du Code de commerce, devait s'appliquer, l'instance ayant été introduite après l'entrée en vigueur de cette loi ».

2. Barbier, « La nouvelle valeur locative », *Gaz. Pal.* 11-12 mars 2011. 9.

3. Civ. 3e, 6 févr. 2008, *D.* 2008. 479, note Rouquet ; *Defrénois* 2008. 1714, note Ruet ; *Gaz. Pal.* 8 juill. 2008. 16, note Brault.

4. Civ. 3e, 2 juill. 1986, *JCP* 1986. IV. 265.

mentations supérieures, pour une année, à 10 % du loyer acquitté au cours de l'année précédente.[1].

En revanche, les clauses recettes écartent le mécanisme de la révision légale. La Cour de cassation a indiqué que « la fixation du loyer renouvelé d'un tel bail échappe aux dispositions du décret du 30 septembre 1953 et n'est régie que par la convention des parties »[2].

234 Lors du renouvellement du bail, en cas de désaccord des parties sur le montant du loyer, la fixation se fera judiciairement. Le président du tribunal de grande instance devra être saisi par l'une des parties dans les deux ans[3]. L'article L. 145-34, alinéa 1er, du Code de commerce prévoit que le taux de variation du loyer applicable lors de la prise d'effet du bail à renouveler, si sa durée n'est pas supérieure à neuf ans, ne peut excéder la variation, intervenue depuis la fixation initiale du loyer du bail expiré, de l'indice trimestriel des loyers commerciaux ou de l'indice trimestriel des loyers des activités tertiaires mentionnés aux premier et deuxième alinéas de l'article L. 112-2 du Code monétaire et financier, publiés par l'Institut national de la statistique et des études économiques. À défaut de clause contractuelle fixant le trimestre de référence de cet indice, il y a lieu de prendre en compte la variation de l'indice trimestriel des loyers commerciaux ou de l'indice trimestriel des loyers des activités tertiaires, calculé sur la période de neuf ans antérieure au dernier indice publié. Il existe des commissions départementales de conciliation dont le rôle est de connaître les difficultés suscitées par l'article L. 145-37 du Code de commerce. Cette solution s'applique pour les baux d'une durée de neuf ans et pour ceux prolongés par tacite reconduction entre neuf et douze ans.

En revanche, le plafonnement ne joue pas, si le bailleur prouve une modification notable des facteurs de commercialité. Selon l'article R. 145-6 du Code du commerce, « les facteurs locaux de

1. V. Boccara, « Les baux à loyer variable et l'art. 28 du statut », *JCP CI* 1980. 13240.
2. Civ. 3e, 27 janv. 1999, *JCP* E 1999. 575, note Auque ; *RTD com.* 1999. 368, obs. Monéger ; *adde* Civ. 3e, 2 oct. 1984, *JCP* 1985. II. 20439, note Guérin.
3. À défaut le loyer du nouveau bail sera d'un montant équivalent à celui de l'ancien, Civ. 3e, 9 nov. 1981, *Bull. civ.* III, n° 180.

commercialité dépendent principalement de l'intérêt que présente, pour le commerce considéré, l'importance de la ville, du quartier ou de la rue où il est situé, du lieu de son implantation, de la répartition des diverses activités dans le voisinage, des moyens de transport, de l'attrait particulier ou des sujétions que peut présenter l'emplacement pour l'activité considérée et des modifications que ces éléments subissent d'une manière durable ou provisoire ».

Pour la Cour de cassation, une modification notable des facteurs locaux de commercialité constitue un motif de déplafonnement du nouveau loyer uniquement lorsqu'elle est de nature à avoir une incidence favorable sur l'activité commerciale exercée par le preneur[1].

Il en va de même pour les baux dont l'ancienne durée était supérieure à neuf ans et pour ceux d'une durée de neuf ans reconduits tacitement au-delà de douze ans. Il en va de même pour les locaux dits monovalents qui sont définis comme l'article R. 145-10 du Code de commerce comme des locaux construits en vue d'une seule utilisation. Pour que la monovalence soit retenue, il faut une utilisation unique, c'est-à-dire en pratique un fonds de commerce unique et que les travaux nécessaires pour affecter les locaux à un autre usage soient importants et coûteux[2].

§ 3. Le droit au renouvellement

235 Le droit au renouvellement est la prérogative essentielle du locataire, puisqu'elle lui permet d'obtenir le renouvellement du bail à l'expiration du contrat, et à défaut d'obtenir une indemnité d'éviction. De manière imagée, on parle, de ce fait, de propriété commerciale. Ce droit est d'ordre public. En vertu des articles L. 145-15 et L. 145-16 du Code de commerce, toute clause qui porterait atteinte à cette prérogative serait réputée non écrite, mais le locataire pourrait y renoncer en cours de bail. Le droit au

1. Civ. 3e, 14 sept. 2011, *Defrénois* 2011. 1530, obs. Ruet ; *RTD com.* 2012. 84, obs. Monéger ; *JCP* E 2011. 151, obs. Rouquette-Terrouane.
2. Civ. 3e, 21 mars 2007, *D.* 2007. 1022, obs. Rouquet.

renouvellement appartient aux bénéficiaires du statut des baux commerciaux, dans la mesure où le fonds a été effectivement exploité trois ans avant la date d'expiration du bail ou de sa reconduction, peu important que le propriétaire du fonds l'ait exploité personnellement. Avant la loi sur la modernisation de l'économie, cette date d'effet était celle contractuellement prévue si le congé ou la demande de renouvellement avait été signifié en temps utile, ou le terme d'usage en cas de tacite reconduction. Désormais, la période de trois ans s'apprécie à compter du dernier jour du trimestre civil constituant le dernier jour du bail expiré par l'effet d'un congé.

En cas de soumission volontaire au statut des baux commerciaux, il n'est pas nécessaire que le locataire soit immatriculé au registre du commerce et des sociétés pour bénéficier de cette prérogative[1]. Tel est par exemple le cas, dans l'hypothèse de la location-gérance où il appartient au propriétaire de faire son affaire du renouvellement. Il faut envisager la procédure de renouvellement, avant d'en envisager les conséquences en cas de refus.

A. La procédure du renouvellement

236 Le contrat de bail est conclu pour une durée prévue par le contrat et égale à au moins neuf ans. À l'expiration du bail, le contrat ne se renouvelle pas automatiquement[2]. Il appartient à l'une des parties de prendre l'initiative. Si aucune des deux parties ne prend l'initiative, le bail se poursuit par tacite reconduction[3]. Cette règle est prévue par l'article 145-9 du Code de commerce qui dispose qu'« à défaut de congé ou de demande de renouvellement, le bail fait par écrit se poursuit par tacite reconduction au-delà du terme fixé par le contrat ». Le bail se poursuit pour une durée indéterminée[4]. Pendant la période de tacite reconduction, le congé prendra effet le dernier jour du trimestre civil suivant l'expiration d'un

1. Civ. 3e, 9 févr. 2005, *JCP* E 2005. 918, obs. Monéger.
2. Blatter, « Les congés et la demande de renouvellement dans les baux commerciaux », in « L'issue des baux immobiliers : du droit à la pratique », *Dr. et proc.* déc. 2012. suppl. 19.
3. Gourio et Theillac, « La passivité des parties au terme d'un bail commercial », *Gaz. Pal.* 1978. 2. Doctr. 486.
4. Civ. 3e, 30 juin 1999, *D.* 1999. IR 211.

délai de six mois. Les autres règles du statut des baux commerciaux continuent à s'appliquer, comme la révision triennale.

En cas de renouvellement, il appartient aux parties de s'accorder sur les modalités du bail renouvelé. Sauf accord des parties pour une durée plus longue, le bail renouvelé est conclu pour neuf ans[1].

Le congé, qu'il émane du bailleur ou du locataire, est un acte formaliste qui prend traditionnellement la forme d'un exploit d'huissier. La loi du 18 juin 2014 a entendu alléger ce formalisme. Le dernier alinéa de l'article L. 145-9 du Code de commerce prévoit que le congé doit être donné par lettre recommandée avec demande d'avis de réception ou par acte extrajudiciaire, au libre choix de chacune des parties. Il doit, à peine de nullité, préciser les motifs pour lesquels il est donné et indiquer que le locataire qui entend soit contester le congé, soit demander le paiement d'une indemnité d'éviction doit saisir le tribunal avant l'expiration d'un délai de deux ans à compter de la date pour laquelle le congé a été donné. L'article R. 145-1-1 précise qu'en cas de congé effectué par une lettre recommandée avec avis de réception, la date du congé est celle de la première présentation de la lettre.

L'irrégularité formelle d'un congé est une nullité relative qui doit être invoquée avant toute défense au fond ou toute fin de non-recevoir[2]. Il en résulte une conséquence importante : l'auteur du congé irrégulier ne peut pas le rétracter[3].

Normalement, l'initiative de la procédure appartient au bailleur qui, s'il souhaite ne pas voir le contrat être renouvelé, doit délivrer un congé au moins six mois avant l'expiration du bail ; il prendra effet à la date contractuelle[4]. Ce congé doit revêtir la forme d'un exploit d'huissier qui indique les motifs et la possibilité pour le locataire de le contester dans les deux ans. En réalité, il existe deux sortes de congé du bailleur : ceux à fin d'éviction ou de reprise et ceux à fin de renouvellement qui tendent seulement à la fixation d'un nouveau loyer.

1. Civ. 3e, 28 janv. 2004, *D.* 2004. 422, note Rouquet.
2. Civ. 3e, 27 mai 2003, *Gaz. Pal.* 18 oct. 2003. 35, note Barbier.
3. Civ. 3e, 8 déc. 2010, *Gaz. Pal.* 11-12 mars 2011. 30, obs. Barbier.
4. La solution est identique en cas de congé donné pour une échéance triennale.

Le congé du locataire doit être effectué dans les mêmes formes que celui du bailleur, donc par acte extrajudiciaire. Cette forme présente un caractère d'ordre public. Il est impossible d'y déroger par une stipulation contractuelle qui autoriserait par exemple un congé par lettre recommandée avec avis de réception[1]. Le congé qui n'aura pas été délivré régulièrement sera inefficace et les loyers resteront dus jusqu'à ce qu'un congé régulier en la forme soit délivré. Le locataire a également la possibilité de demander au bailleur ses intentions par un acte extrajudiciaire, dans les six mois précédant l'expiration du bail. Il y a intérêt en cas d'inaction du bailleur, car si aucune des parties ne réagit, comme le bail est tacitement reconduit pour une durée indéterminée, chacune aura la possibilité d'y mettre fin à tout moment, à condition de respecter un préavis de six mois. Face à cette demande, le bailleur peut refuser le renouvellement, et il devra dans certaines hypothèses verser au preneur une indemnité d'éviction, l'accepter purement et simplement ou être sur le principe du renouvellement, mais non sur ses modalités pratiques. Les difficultés les plus importantes sont relatives à la fixation du nouveau loyer[2]. Il est possible que les parties choisissent d'un commun accord de déterminer par une stipulation du bail originaire les conditions de fixation du bail renouvelé.

Si les parties n'arrivent pas à un accord, une phase judiciaire interviendra. Les contestations relatives au montant du loyer seront portées devant le président du tribunal de grande instance ; celles relatives au non-renouvellement ou à l'indemnité d'éviction seront portées devant le tribunal de grande instance.

B. Le refus de renouvellement

237 L'article L. 145-14 du Code de commerce indique que le bailleur peut refuser le renouvellement du bail. Mais dans certaines hypothèses, ce refus conduit au versement d'une indemnité d'éviction, démontrant la véritable propriété commerciale du preneur, alors que dans d'autres non, car il apparaît alors justifié.

1. Civ. 3e, 13 déc. 2000, *D.* 2001. Somm. 3521, obs. Rozés.
2. Civ. 3e, 10 mars 2004, *D.* 2004. 878, note Rouquet.

1. Le refus de renouvellement justifié

238 Le propriétaire a, selon l'article L. 145-17-1° du Code de commerce, la faculté de refuser le renouvellement pour motif grave et légitime contre le locataire. Pendant la durée du bail, il aurait pu demander la résiliation du contrat. Même si tel n'est pas obligatoirement le cas[1], ce refus résulte fréquemment de l'inexécution par le locataire de l'une de ses obligations, comme des retards réitérés dans le paiement des loyers, ou la cessation de l'exploitation du fonds sans raison sérieuse et légitime[2]. Mais de manière plus large, le refus de renouvellement peut être encouru en raison d'une faute extracontractuelle imputable aux personnes dont répond le locataire[3].

La procédure est toutefois formaliste. L'infraction commise par le preneur ne peut être invoquée que si elle s'est poursuivie ou renouvelée plus d'un mois après mise en demeure du bailleur d'avoir à la faire cesser. Cette mise en demeure doit, à peine de nullité, être effectuée par acte extrajudiciaire et préciser le motif invoqué. L'absence de mise en demeure laisse subsister le congé et le droit pour le preneur au paiement d'une indemnité d'éviction[4].

Le propriétaire n'a également pas à verser au locataire une indemnité d'éviction, s'il établit que l'immeuble doit être totalement ou partiellement démoli[5]. L'article L. 145-17-2° du Code de commerce envisage donc l'hypothèse d'un immeuble insalubre ou menaçant de ruine. Toutefois, en cas de reconstruction par le propriétaire ou ses ayants droit d'un nouvel immeuble comprenant des locaux commerciaux, le locataire aura priorité pour louer des locaux dans l'immeuble reconstruit.

Le bailleur a également la possibilité de ne pas reconstruire un immeuble non insalubre ou ne menaçant pas ruine. Il échappe au paiement de l'indemnité d'éviction en offrant au locataire un local équivalent correspondant à ses besoins et en lui payant ses frais de déménagement.

1. Pour des disputes violentes entre le bailleur et le preneur, Civ. 3e, 3 févr. 1958, *JCP* 1958. II. 10586.
2. Brault, « Le droit au renouvellement du preneur et l'exploitation effective du fonds de commerce », *JCP* E 1993. I. 293.
3. Civ. 3e, 11 juin 2008, *Gaz. Pal.* 6-7 févr. 2009. 25, note Brault.
4. Civ. 3e, 15 mai 2008, *D.* 2008. 1479, note Rouquet ; *Defrénois* 2009. 763, obs. Ruet.
5. Pour une illustration Civ. 3e, 27 nov. 2012, *Loyers et copr.* 2013. 15, obs. Chavance.

239 L'article L. 145-22 du Code de commerce prévoit que le bailleur peut refuser le renouvellement du bail exclusivement sur la partie concernant les locaux d'habitation accessoires des locaux commerciaux pour habiter lui-même ceux-ci ou les faire habiter par son conjoint, ses ascendants, ses descendants ou ceux de son conjoint, à condition que le bénéficiaire ne dispose pas d'une habitation correspondant à ses besoins normaux et à ceux des membres de sa famille vivant habituellement avec lui. Le bénéficiaire de ce droit de reprise a l'obligation d'occuper le local repris pendant au moins six mois et il doit mettre à la disposition du commerçant le local rendu vacant dont il disposait. La reprise est impossible, si elle trouble la jouissance du locataire ou si l'immeuble formait un tout indivisible avec le local commercial.

Depuis la loi du 13 juillet 2006 portant engagement national pour le logement, l'article L. 145-23 1 du Code de commerce prévoit un droit de reprise triennale au profit du bailleur sur les locaux accessoires aux locaux commerciaux. Il est nécessaire que ces locaux ne soient pas affectés à cet usage d'habitation ; le but de cette règle est de lutter contre les logements vacants. La reprise ne peut être exercée que si, après un délai de six mois suivant le congé délivré à cet effet, les locaux ne sont pas utilisés à usage d'habitation. Le loyer sera alors diminué. Toutefois, la reprise ne peut être exercée lorsque le locataire établit que la privation de jouissance des locaux d'habitation apporte un trouble grave à l'exploitation du fonds ou lorsque les locaux commerciaux et les locaux d'habitation forment un tout indivisible.

2. Le refus de renouvellement avec versement d'une indemnité d'éviction

240 Dans les hypothèses où le bailleur ne bénéficie pas d'un droit de reprise, par exemple en cas de reprise des locaux pour y exercer lui-même le commerce, il est tenu de verser une indemnité d'éviction[1], car le locataire est considéré comme évincé de la propriété commerciale qui lui appartient. L'article L. 145-14 du Code de

1. Sur laquelle, Overstake, « L'indemnité d'éviction », *RTD com.* 1968. 529.

commerce précise que cette indemnité doit être égale au préjudice subi par le locataire du fait du non-renouvellement. Le refus de renouvellement est donc considéré comme une faute ouvrant un droit à réparation. Pour en bénéficier, le preneur doit être inscrit au registre du commerce et des sociétés à la date de délivrance du congé. Si tel n'est pas le cas, le bailleur aura la faculté de refuser le renouvellement du bail, sans avoir à verser une indemnité[1].

Comme il s'agit d'une sorte d'expropriation, l'indemnité doit être au moins égale à la valeur du fonds évalué à la date de l'éviction ou au jour où statue la juridiction saisie, si le locataire était resté en place[2]. Normalement, elle est fixée selon la valeur du fonds, déterminée par les usages de la profession, augmentée des frais de déménagement et de réinstallation ainsi que des droits et des frais de mutation à payer pour un fonds de même valeur. La jurisprudence intègre de plus en plus fréquemment dans le montant de l'indemnité d'éviction les frais d'aménagement du nouveau local commercial[3]. Pourtant, dans deux hypothèses, l'indemnité sera fixée en fonction de la valeur du droit au bail : en cas de fonds d'une valeur quasi inexistante ou en cas de commerce très spécialisé qui sera « suivi » par la clientèle.

241 Comme le montant de l'indemnité d'éviction se révèle fréquemment très élevé, le législateur a permis au bailleur d'exercer un droit de repentir, qui lui permet de renoncer à l'éviction dans les quinze jours du jugement ayant fixé le montant de l'indemnité, sous réserve que le locataire n'ait pas déménagé ou pris un engagement en vue de sa réinstallation. En ce cas, le repentir vaut consentement du bailleur au principe du renouvellement du bail. Le nouveau bail ne commencera à courir que du jour où le consentement a été notifié au locataire. Le repentir est irrévocable[4].

La Cour de cassation a, par un arrêt du 13 décembre 2011, considéré que « ce droit, qui permet au bailleur, condamné au

1. Civ. 3e, 27 mars 2002, *D.* 2002. 1423, obs. Rouquet.
2. Civ. 3e, 20 juin et 11 oct. 1989, *RTD com.* 1990. 564, obs. Pédamon.
3. Civ. 3e, 21 mars 2007, *Gaz. Pal.* 25-26 juill. 2007 16, obs. B. et F. Robine.
4. Pour une illustration Civ. 3e, 4 juill. 2012, *Gaz. Pal.* 28-29 sept. 2012. 30, obs. Barbier.

paiement d'une indemnité d'éviction, d'offrir le renouvellement du bail après l'avoir refusé, ne le prive pas de son droit de propriété dès lors qu'il conserve le droit de percevoir un loyer ou de vendre son bien ». Elle ajoute que le fait d'enfermer l'exercice de ce droit dans un délai de quinze jours et de lui conférer un caractère irrévocable répond à un objectif d'intérêt général de sécurité juridique et de pérennité du fonds de commerce et que le bailleur a bénéficié d'un recours juridictionnel effectif devant un juge compétent[1].

242 En cas de non-renouvellement, le locataire ne peut être obligé de quitter les lieux, avant d'avoir reçu le montant intégral de l'indemnité d'éviction. La pratique parle assez fréquemment et de manière impropre de droit de rétention. Mais sauf clause contraire du bail, il n'est pas tenu de rester dans les lieux[2]. Pour la période précédant son départ, le bailleur a la possibilité de demander au locataire une indemnité d'occupation. Le locataire se maintient dans les lieux aux conditions et aux clauses de l'ancien bail[3]. Cette action se prescrit par deux ans[4]. Ce délai ne peut commencer à courir avant le jour où est définitivement consacré dans son principe, le droit du locataire au paiement d'une indemnité d'éviction[5].

L'article L. 145-29 du Code de commerce prévoit que les lieux doivent être remis au bailleur à l'expiration d'un délai de trois mois suivant la date du versement de l'indemnité d'éviction au locataire lui-même ou de la notification à celui-ci du versement de l'indemnité à un séquestre.

1. Civ. 3ᵉ, 13 déc. 2011, *RJDA* 2012. 135.
2. Civ. 3ᵉ, 28 févr. 1990, *RTD com.* 1990. 565, obs. Pédamon.
3. Com. 4 janv. 2005, *Bull. civ.* IV, n° 3.
4. Civ. 3ᵉ, 25 juin 1997, *D. Affaires* 1997. 886.
5. Civ. 3ᵉ, 17 oct. 2012, *D.* 2012. 2516, obs. Rouquet.

Section 5
Les droits de propriété industrielle

243 Les droits que sont les brevets d'invention (**§ 1**), les dessins et les modèles (**§ 2**) et les marques de fabrique de commerce et de service (**§ 3**) ne sont pas de l'essence du fonds de commerce, mais ils peuvent avoir des importances économiques considérables[1]. Ils présentent l'originalité de ne pas seulement être encadrés au plan national, mais d'être régis par des conventions internationales qui permettent une protection véritablement efficace du créateur.

§ 1. Les brevets d'invention

244 Les brevets d'invention et les certificats d'utilité[2] (dont la différence essentielle avec le brevet tient à la durée de protection qui est de six ans au lieu de vingt ans) sont régis par les articles L. 611-1 et suivants du Code de la propriété intellectuelle. Il faut envisager le champ d'application de la propriété intellectuelle, puis la procédure d'obtention du brevet, puis les droits et les obligations du titulaire du brevet et enfin la protection internationale du brevet.

A. Le champ d'application de la propriété industrielle

245 L'invention brevetable doit être nouvelle, c'est-à-dire qu'elle ne doit pas être comprise dans l'état de la technique, et elle ne doit pas exister au jour du dépôt de la demande. Elle doit procéder d'une activité inventive, donc pas d'une activité déductive, et elle doit être susceptible d'applications industrielles. Ainsi ne sont pas brevetables, les programmes d'ordinateurs (protégés par les règles

1. V. Azéma et Galloux, *Droit de la propriété industrielle*, Dalloz, 7e éd., 2010.
2. Mousseron, « L'obtention des droits sur invention industrielle : brevet, certificat d'utilité ou certificat d'addition ? », *JCP* 1970. I. 2313.

relatives au droit d'auteur), les créations esthétiques (éventuellement protégées au titre des dessins et modèles), les méthodes de traitement médical ou chirurgical. La question de la brevetabilité des programmes d'ordinateurs a fait l'objet d'une directive communautaire du 23 avril 2009 qui codifie les différents textes existant en cette matière.

La brevetabilité des médicaments présente certaines spécificités prévues par l'article L. 611-16, du Code de la propriété industrielle. Les produits, les substances ou les compositions utilisés pour la mise en œuvre des méthodes de traitement chirurgical ou thérapeutique du corps humain ou animal sont réputés nouveaux, même si ces produits font partie de l'état de la technique, à condition que leur utilisation ne soit pas elle-même comprise dans l'état de la technique. Le corps humain, ses éléments et ses produits ne peuvent pas en tant que tels, faire l'objet d'un brevet.

246 La personne protégée par le brevet est, à l'évidence, l'inventeur ou son ayant cause. Le brevet peut appartenir en copropriété à plusieurs personnes[1]. Certaines difficultés apparaissent sur ce plan, en particulier pour les inventions des salariés[2].

Les inventions faites par le salarié dans l'exécution d'un contrat de travail, lui ayant confié une mission de recherche, appartiennent à l'employeur. L'inventeur bénéficie d'une rémunération supplémentaire, dans les conditions prévues par les conventions collectives. Les autres inventions appartiennent au salarié, avec un droit de préemption de l'employeur, si l'invention a un lien avec l'emploi. Il est à remarquer que le contrat de travail ou les conventions collectives peuvent prévoir des règles plus précises.

1. Pérot-Morel, « La réforme de la copropriété des brevets d'invention par la loi du 13 juillet 1978 », *JCP* 1981. I. 3014.

2. Chavanne, « Les inventions de salariés », *Dr. soc.* 1980. 1 ; Plaisant, « Les inventions de salariés », *Gaz. Pal.* 1980. 1. Doctr. 256 ; Mousseron, « Les inventions de salariés », *RTD com.* 1980. 185 ; Casalonga et Sabatier, « Les inventions de salariés », *JCP* CI 1980. II. 13277 ; Bonet, « La protection des inventions de salariés », *Études Roblot,* p. 115.

B. La procédure d'obtention du brevet

247 Un dossier de demande est déposé auprès de l'Institut national de la propriété industrielle (INPI), comprenant la description de l'invention et les « revendications » de l'inventeur, à savoir la liste des points qu'il estime nouveaux et qu'il veut voir protégés. Chaque élément caractéristique et nouveau doit faire l'objet d'une revendication spéciale et seuls les éléments compris dans la revendication seront protégés. L'invention doit être exposée dans la demande de brevet de façon suffisamment claire et complète pour qu'un homme du métier puisse l'exécuter.

Après un premier examen, qui peut rejeter la demande, celle-ci est publiée au *Bulletin officiel de la propriété industrielle* au plus tard dix-huit mois après le dépôt, pour susciter d'éventuelles réactions de tiers. Si la demande tend à l'obtention d'un brevet et non d'un certificat d'utilité, l'article L. 612-14 du Code de la propriété intellectuelle, prévoit l'établissement d'un rapport de recherches sur les éléments pouvant être pris en considération pour apprécier le caractère brevetable de l'invention.

La délivrance du brevet sera effectuée par le directeur de l'INPI. Elle fera l'objet d'une publication au *Bulletin officiel de la propriété industrielle*. Son but est de permettre aux tiers de consulter l'intégralité du texte. La régularité du brevet pourra être ultérieurement contestée par le biais d'une action en contrefaçon.

C. Les droits et les obligations du titulaire du brevet

1. Les droits du titulaire du brevet

248 L'article L. 613-1 du Code de la propriété intellectuelle prévoit que le titulaire du brevet d'invention et ses ayants cause bénéficient d'un droit exclusif d'exploitation qui débute lors du dépôt de la demande. Le droit ne naît pas de la seule création, mais du dépôt d'une demande de brevet. Ce monopole d'exploitation est de vingt ans pour les brevets et de six ans pour les certificats d'utilité. Ce droit se caractérise par une opposabilité absolue. L'article L. 613-5 du Code de la propriété intellectuelle prévoit cependant que les droits conférés par le brevet ne s'étendent pas notamment aux actes accomplis dans un cadre privé et à des fins non commer-

ciales et à ceux accomplis à titre expérimental qui portent sur l'objet de l'invention brevetée.

Ce droit peut d'abord s'exprimer par une exploitation personnelle. Le brevet peut également être cédé, la cession conférant au cessionnaire tous les droits de l'inventeur. La cession du brevet épuise les droits du breveté[1]. Le titulaire de l'invention a aussi la possibilité de concéder une licence d'exploitation exclusive ou simple (pluralité de licenciés). Les cessions de brevet ou de licence doivent être inscrites au registre des brevets tenu à l'INPI. Le brevet peut également faire l'objet d'une mise en gage.

De manière négative, le titulaire du brevet a le droit d'interdire l'exploitation par autrui, ce qui résulte de son monopole d'exploitation. Dans l'hypothèse où il y aurait contrefaçon de brevet, le breveté aurait la possibilité de demander en justice la confiscation des produits contrefaits, l'interdiction de poursuivre la fabrication illicite et des dommages-intérêts[2]. Le droit de la contrefaçon a été réformé par une loi du 29 octobre 2007 qui transpose avec retard une directive communautaire du 29 avril 2004. Cette réforme a pour objectif de lutter contre ce fléau économique et de mieux réparer les atteintes auxquelles elle conduit[3].

2. Les obligations du titulaire du brevet

249 Le titulaire du brevet a l'obligation de verser une taxe annuelle. Le défaut de paiement dans les délais légaux est sanctionné par la déchéance du brevet. Le breveté pourra être restauré dans ses droits si, dans les trois mois suivant la notification de la déchéance, il justifie d'une excuse légitime de non-paiement.

Le titulaire du brevet a aussi l'obligation d'exploiter son brevet, sous peine de voir concéder à des tiers une licence obligatoire. En effet, l'article L. 613-11 du Code de la propriété intellectuelle prévoit que toute personne de droit public ou privé peut, à l'expiration d'un délai de trois ans après la délivrance d'un brevet, ou de quatre ans à compter de la date du dépôt de la demande, obte-

1. Bonet, « L'épuisement des droits de propriété industrielle », *Gaz. Pal.* 1994. 1. Doctr. 345.
2. Schmidt-Szalewski, « La distinction entre l'action en contrefaçon et l'action en concurrence déloyale », *RTD com.* 1994. 455.
3. Caron, « La loi du 29 octobre 2007 dite "de lutte contre la contrefaçon" », *JCP* 2007. I. 205.

nir une licence obligatoire de ce brevet si au moment de la requête, et sauf excuses légitimes le propriétaire du brevet n'a pas commencé à exploiter ou fait des préparatifs effectifs et sérieux pour exploiter l'invention objet du brevet sur le territoire d'un État membre de la Communauté économique européenne ou d'un autre État partie à l'accord sur l'Espace économique européen ou s'il n'a pas commercialisé le produit objet du brevet en quantité suffisante pour satisfaire aux besoins du marché français. La demande de licence obligatoire est formée auprès du tribunal de grande instance : elle doit être accompagnée de la justification que le demandeur n'a pu obtenir du propriétaire du brevet une licence d'exploitation et qu'il est en état d'exploiter l'invention de manière sérieuse et effective.

D. La protection internationale du brevet

250 La protection internationale des brevets est indispensable, sinon l'invention au niveau national serait peu protégée, puisqu'exploitable internationalement[1]. La première étape a été la Convention de Paris du 20 mars 1883 pour la protection de la propriété industrielle.

Au niveau mondial, le traité de Washington (PCT) du 19 juin 1970 permet l'établissement d'une brevetabilité internationale par un organisme national lequel effectue les recherches de brevetabilité et les transmet aux organismes nationaux des différents pays pour lesquels le brevet est demandé. En Europe, la convention de Munich du 5 octobre 1973 a créé un Office européen des brevets qui délivrera un brevet unique soumis dans chaque État signataire à sa législation interne. Enfin, la convention de Luxembourg du 15 décembre 1975 a créé dans l'Union européenne un brevet communautaire. Cette convention a été révisée le 29 novembre 2000. Elle porte fréquemment le nom de « CBE 2000 » ; elle est entrée en vigueur le 13 décembre 2007 et elle s'applique dans 35 pays. L'inconvénient de cette réglementation tient à ce que le brevet qui est ainsi délivré n'est pas unitaire. Il existe autant de brevets

1. Plaisant, « La réglementation des brevets et son unification mondiale », *RID comp.* 1972. 533.

que le demandeur a désignés d'États dans sa demande. Cette procédure entraîne des coûts importants pour l'inventeur qui devra par exemple payer des taxes annuelles dans chaque pays.

Depuis de nombreuses années, l'Union européenne cherche à créer une protection par un brevet unitaire sur le territoire des États signataires. Un projet de règlement européen a été déposé en avril 2011. L'objectif est d'unifier les titres de brevets et leur juridiction entre les États membres intéressés, par le biais d'une coopération renforcée. Le 29 juin 2012, le président du Conseil européen, Herman Van Rompuy, a annoncé que 25 pays avaient trouvé un accord sur le brevet unitaire européen. Mais le Parlement a décidé le 2 juillet 2012 d'annuler le vote qui était prévu le 4 juillet 2012 sur ce projet. Au final, au cours de sa session plénière du 11 décembre 2012, le Parlement européen a adopté la réglementation d'un brevet unitaire pour les pays européens[1]. Cela comprend le brevet unitaire, le régime linguistique et la juridiction unifiée du brevet[2].

Selon la Commission européenne, un brevet européen pourrait coûter seulement 4 725 euros, comparés aux 36 000 euros nécessaires actuellement. Tout inventeur pourra demander à l'Office européen des brevets (OEB) un brevet unitaire européen lui assurant une protection dans les 25 États membres participants. Les brevets seront disponibles en anglais, en français et en allemand. Ces règles sont entrées en vigueur le 1er janvier 2014.

§ 2. Les dessins et les modèles

251 Les dessins et les modèles sont réglementés par les articles L. 511-1 et suivants du Code de la propriété intellectuelle. Leur créateur a un droit exclusif d'exploiter, de vendre ou de faire vendre sa création. La matière a été profondément remaniée par une directive européenne du 13 octobre 1998 qui a été transposée par le titre Ier de l'ordonnance n° 2001-670 du 25 juillet 2001 portant adaptation

1. Règl. n° 1257/2012/UE et n° 1260/2012/UE, *JOUE* 31 déc. 2012.
2. Azéma, « Le brevet européen à effet unitaire », *RLDA* févr. 2013. 16 ; Galloux, « Le brevet européen à effet unitaire : un volapük juridique intégré », *D.* 2013. 520.

au droit du Code de la propriété industrielle et du Code des postes et télécommunications[1]. L'article L. 511-1 du Code de la propriété industrielle définit un dessin ou un modèle comme « l'apparence d'un produit, ou d'une partie de produit, caractérisé en particulier par ses lignes, ses contours, sa forme, sa texture et ses matériaux. Ces caractéristiques peuvent être celles du produit lui-même ou de son ornementation ». Sont exclus du domaine de la protection les programmes d'ordinateur, les formes imposées par la fonction technique, les dessins et les modèles d'interconnexion et ceux contraires à l'ordre public ou aux bonnes mœurs.

Selon l'article L. 511-3 du Code de la propriété industrielle, un dessin ou un modèle est regardé comme nouveau si, à la date de dépôt de la demande d'enregistrement ou à la date de la priorité revendiquée, aucun dessin ou modèle identique n'a été divulgué. Des dessins ou des modèles sont considérés comme identiques lorsque les caractéristiques ne diffèrent que par des détails insignifiants. Ils doivent en outre avoir un caractère propre. Tel est le cas, lorsque l'impression visuelle d'ensemble qu'il suscite chez l'observateur averti diffère de celle produite par tout dessin ou modèle divulgué avant la date de dépôt ou avant la date de priorité revendiquée. Pour l'appréciation de ce caractère, il est tenu compte de la liberté laissée au créateur dans la réalisation du dessin ou du modèle.

Si ces conditions sont réunies, le dessin ou le modèle sera enregistré à l'INPI. La protection sera obtenue par l'enregistrement dont les effets rétroagiront à la date du dépôt. L'enregistrement produit ses effets pour une durée de cinq ans qui peut être prorogée par des périodes de cinq ans, avec une durée maximum de vingt-cinq ans. Le créateur ou ses ayants cause bénéficie de cette protection. L'enregistrement confère à son titulaire un droit de propriété. Dans la mesure où le dépôt sera rendu public, le créateur dispose d'une action civile devant le tribunal de commerce pour obtenir des dommages-intérêts ou pour faire confisquer les objets imités. Si le contrefacteur est de mauvaise foi, il sera passible de sanctions pénales.

1. Kamina, « Le nouveau droit des dessins et modèles », *D.* 2001. 3258.

Il existe un règlement communautaire du 12 décembre 2001 qui a établi un système unique d'adoption d'un dessin ou d'un modèle communautaire. Au plan international, il existe un arrangement de La Haye du 6 novembre 1923 qui a mis en place un système de dépôt unique.

§ 3. Les marques de fabrique, de commerce ou de service

252 Les marques sont régies par les articles L. 711-1 et suivants du Code de la propriété intellectuelle. Ces textes sont issus de la loi du 4 janvier 1991. Ce sont des signes de représentation graphique servant à distinguer les produits ou les services d'une personne physique ou d'une personne morale. L'article L. 711-1 donne une liste non limitative de signes susceptibles de constituer des marques.

Les signes doivent avoir un caractère distinctif et original ; ils ne doivent pas être susceptibles d'induire en erreur. Ils ne doivent pas porter atteinte à des droits antérieurs, à des dénominations, à des noms commerciaux ou à des appellations protégées[1]. La marque doit être déposée ou transmise à l'INPI. Après vérification du directeur de l'INPI, et sauf refus de sa part, elle est enregistrée au registre des marques. Il existe également une protection spécifique des marques dites notoires. Ces marques bénéficient d'une renommée importante dans le public. L'article L. 713-5 du Code de la propriété industrielle prévoit que le contrevenant engagera sa responsabilité en cas de préjudice subi par le titulaire de la marque. Il n'est pas nécessaire que cette marque ait été enregistrée.

La marque, droit de propriété incorporelle, peut être cédée ou donnée en licence. La victime d'une contrefaçon a la faculté d'agir devant le tribunal de grande instance, pour obtenir des dommages-intérêts et la saisie des objets contrefaits. Au niveau pénal,

1. Pour l'utilisation par Yves Saint-Laurent de la marque « Champagne » pour un parfum, Paris 15 déc. 1993, *D.* 1994. 145, note Le Tourneau.

des incriminations sont prévues par les articles L. 716-9 et L. 716-10 du Code de la propriété intellectuelle.

Il existe également une marque communautaire, dont la procédure d'obtention est particulièrement complexe qui résulte d'un règlement du 20 décembre 1993[1]. Au plan international, la Convention d'Union de Paris du 20 mars 1883 a prévu une procédure de dépôts des marques au plan international. Il en va de même de l'arrangement de Madrid du 14 avril 1891. Son but est d'étendre aux pays signataires les effets d'un dépôt dans l'un de ces États.

SECTION 6
LES ÉLÉMENTS CORPORELS

253 Il existe deux éléments corporels, les marchandises et le matériel. Les marchandises présentent le particularisme de ne pas être un élément stable du fonds de commerce. Elles ont pour vocation d'être vendues. Par conséquent, elles se renouvellent rapidement, du moins en théorie. Le matériel est constitué par les meubles nécessaires à l'exploitation du fonds, ce qui englobe l'outillage, les machines et les meubles meublants.

Ces deux catégories de biens doivent être distinguées. Fiscalement, les marchandises neuves se voient appliquer un régime spécifique. Le nantissement du fonds de commerce n'englobe jamais les marchandises, alors qu'il peut porter sur le matériel. Ce matériel peut faire l'objet d'une sûreté spécifique, le nantissement du matériel et de l'outillage, prévu par l'article L. 525-1 du Code de commerce. Pour le privilège du vendeur, il est nécessaire d'indiquer dans l'acte un prix distinct pour le matériel, pour l'outillage et pour les éléments incorporels, car la sûreté ne s'exerce pas de la même façon sur chacune de ces catégories de biens.

254 De plus en plus souvent, les éléments corporels ne sont pas la propriété du commerçant. Les marchandises, lorsqu'elles sont

1. Foyer, « La marque communautaire ou le monstre du Berlaimont », *Mélanges Françon*, p. 149.

achetées à crédit, sont grevées par une clause de réserve de propriété. Cette garantie permet à l'acquéreur de les transformer et de les revendre. Son avantage est particulièrement intéressant pour le vendeur en cas d'ouverture d'une procédure de sauvegarde des entreprises à l'encontre de l'acquéreur.

Selon L. 624-16, alinéa 2, du Code de commerce, peuvent être revendiqués, « s'ils se retrouvent en nature au moment de l'ouverture de la procédure, les biens vendus avec une clause de réserve de propriété subordonnant le transfert de propriété au paiement intégral du prix ». Cette revendication peut être suspendue en cas de délais de paiement fixés par le juge-commissaire. Ceux-ci expirent au plus tard avec la période d'observation. Cette clause doit obligatoirement être rédigée par écrit au plus tard lors de la livraison du bien. Elle sera opposable à l'acheteur et aux autres créanciers. La revendication de meubles doit être exercée dans le délai de trois mois suivant la publication du jugement ouvrant la procédure collective. Normalement, cette revendication nécessite que les marchandises existent toujours en nature. Il existe trois dérogations. D'abord, en cas de destruction des biens, la revendication s'exerce sur l'indemnité d'immobilisation. Ensuite, en cas de revente des marchandises, la revendication porte sur le prix ou la partie du prix des biens qui n'a été ni payée ni compensée. Enfin, pour les biens fongibles ; la revendication est possible, lorsqu'ils se trouvent entre les mains de l'acheteur des biens de même espèce et de même qualité[1].

Le matériel peut également être grevé par une clause de réserve de propriété. Il est aussi souvent la propriété d'une société de crédit-bail qui le loue au commerçant. Pour être opposable aux tiers et donc aux créanciers du commerçant, il doit être publié au greffe du tribunal de commerce. Il est également possible, lorsque le commerçant exploite son fonds dans un immeuble lui appartenant, que ce matériel devienne immeuble par destination, en application de l'article 524 du Code civil.

1. Com. 5 mars 2002, *Bull. civ.* IV, n° 48 ; *JCP* 2002. I. 174, obs. Cabrillac ; *RTD civ.* 2002. 339, obs. Crocq.

255 Malgré tout, ces deux éléments représentent parfois une valeur économique non négligeable que le commerçant peut mobiliser que ce soit par un nantissement du matériel et de l'outillage ou par un gage des stocks.

Une loi du 18 janvier 1951, modifiée à plusieurs reprises, et figurant désormais dans le Code de commerce aux articles L. 525-1 et suivants, a voulu faciliter la modernisation de l'industrie française, en créant une nouvelle sûreté au profit de ceux qui auront vendu du matériel à une entreprise ou qui auront fourni des fonds pour son acquisition[1]. Cette sûreté a perdu une partie de son attrait avec l'apparition et le développement du crédit-bail et de la clause de réserve de propriété. Pour essayer de lui redonner un second souffle, la loi du 10 juin 1994 a amélioré son efficacité en cas de liquidation judiciaire du débiteur.

Le nantissement peut être consenti par un commerçant ou un non commerçant[2], pour garantir une dette contractée en vue de se procurer à crédit un matériel nécessaire à l'exercice de sa profession. À peine de nullité, en vertu de l'article L. 525-3, alinéa 1er, du Code de commerce, le nantissement doit être constitué par acte authentique ou par acte sous seing privé enregistré au plus tard dans le délai de deux mois à compter de la livraison[3].

Le nantissement pour produire ses pleins effets suppose la réunion de deux mesures de publicité. La première est obligatoire ; elle est prévue par l'article L. 525-3 du Code de commerce. Il doit être inscrit dans le délai de quinze jours sur un registre tenu par le greffe du tribunal de commerce. La seconde mesure est facultative. L'article L. 525-4 du Code de commerce autorise le créancier à faire apposer d'une manière apparente sur le bien grevé une plaque fixée à demeure indiquant le lieu, la date et le numéro d'inscription du privilège. Le débiteur, sous peine de sanctions pénales, ne doit pas modifier ou retirer ces plaques.

1. Ripert, « Le nantissement de l'outillage et du matériel d'équipement », *D.* 1951. 41 ; Roblot, « Le nantissement de l'outillage et du matériel », *Dr. soc.* 1951. 289 ; Jauffret, « La loi du 18 janvier 1951 sur le nantissement de l'outillage et du matériel et de l'équipement », *RTD com.* 1951. 201.
2. Com. 29 mai 1980, *Bull. civ.* IV, n° 221.
3. Com. 10 janv. 1983, *JCP* 1984. II. 20231, note Hémard.

Le débiteur reste en possession des biens grevés. Il peut en user. Mais il ne doit pas, sous peine de sanctions pénales, vendre les biens grevés sans l'autorisation du créancier ou celle du juge.

Le créancier impayé à l'échéance bénéficie de deux possibilités : faire vendre le bien pour exercer son droit de préférence ou se faire attribuer le bien grevé. En cas de non-paiement, le créancier a la faculté de poursuivre la vente forcée du bien nanti, huit jours après une signification restée infructueuse.

Selon l'article L. 525-9 du Code de commerce, le privilège du créancier nanti s'exerce sur les biens grevés par préférence à tous autres privilèges sauf celui des frais de justice, celui pour frais faits pour conservation de la chose et celui des salariés accordé par l'article L. 143-10 du Code du travail[1]. À cette liste, il faut ajouter les créanciers, dans une procédure collective justifiant d'une créance née régulièrement après le jugement d'ouverture. Le créancier les prime désormais en cas de liquidation judiciaire. Le créancier a aussi la faculté de se faire attribuer judiciairement l'objet du nantissement, même en cas de liquidation judiciaire, puisque, selon la Cour de cassation, cette faculté n'est pas liée au droit de rétention[2]. L'attribution devient impossible si le bien a été revendiqué par son propriétaire en vertu d'une clause de réserve de propriété.

256 Le gage des stocks a pour but de favoriser le crédit aux entreprises[3] qui pourront mettre en gage leurs matières premières, leurs marchandises et leurs produits, dès lors qu'ils ne sont pas grevés par une clause de réserve de propriété. Cette réglementation a un caractère impératif[4]. Le constituant est responsable de la conservation des objets et il est obligé de s'assurer contre le risque d'incendie ou de destruction. L'originalité de cette sûreté tient en grande partie à son objet, les stocks qui sont indispen-

1. Com. 18 juill. 1977, *D.* 1978. 404, note J. Mouly.

2. Com. 6 janv. 1998, *D.* 1998. Somm. 375, obs. Piedelièvre ; Com. 6 mars 1990, *D.* 1990. 311, note Derrida.

3. Bouteiller, « Le gage des stocks de biens ou de marchandises », *JCP* E 2006. 1698 ; Damman, « La réforme des sûretés mobilières : une occasion manquée », *D.* 2006. 1298 ; Legeais, « Commentaire de l'ordonnance du 23 mars 2006 relative aux sûretés. Le gage de meubles corporels », *JCP* 2006. Suppl. 20. 12 ; Torck, « Les garanties mobilières sur bien fongibles après l'ordonnance du 23 mars 2006 relative aux sûretés », *RD banc. fin.* 2006. 39.

4. Com. 19 févr. 2013, *D.* 2013. 493, note Dammann et Podeur.

sables pour le fonctionnement de l'entreprise et qui s'analysent en des biens fongibles qui circulent rapidement. Il peut s'agir de biens présents ou futurs. Ces biens doivent appartenir au débiteur. Un mécanisme de subrogation automatique est prévu, puisque le privilège du créancier passe de plein droit des stocks aliénés à ceux qui leur sont substitués.

Cette sûreté garantit les crédits consentis par un établissement de crédit à une personne morale de droit privé ou à une personne physique dans l'exercice de son activité professionnelle ; ils peuvent être garantis par un gage sans dépossession des stocks détenus par cette personne. En vertu de l'article L. 527-1 du Code de commerce, il est constitué par acte sous seing privé comprenant certaines mentions obligatoires.

Ce gage doit être inscrit sur un registre public tenu au greffe du tribunal dans le ressort duquel le débiteur a son siège ou son domicile. L'inscription doit être prise, à peine de nullité du gage, dans les quinze jours de la conclusion du contrat. Le rang des créanciers gagistes entre eux est déterminé par la date de leur inscription. Les formalités de publicité figurent aux articles R. 527-1 et suivants du Code de commerce.

Puisque l'on se trouve en présence d'un gage sans dépossession, le débiteur conserve la détention des biens grevés. Son originalité tient à ce que le débiteur puisse aliéner son stock, ce qui lui permet d'exercer normalement son activité professionnelle. Cette solution n'est pas très gênante pour le créancier, compte tenu du mécanisme de subrogation qui existe en cette matière. Le débiteur s'engage à ne pas diminuer de son fait la valeur des stocks. Lorsque l'état des stocks fait apparaître une diminution de 20 % de leur valeur telle que mentionnée dans l'acte constitutif, le créancier peut mettre en demeure le débiteur de rétablir la garantie ou de rembourser une partie des sommes prêtées en proportion de la diminution constatée.

En cas de non-paiement de la créance exigible, le créancier peut poursuivre la réalisation de son gage dans les conditions prévues aux articles 2346 et 2347 du Code civil. Le pacte commissoire est prohibé, tout du moins lors de la constitution de la sûreté.

Le droit de préférence des créanciers est déterminé par l'inscription de leur sûreté. Ce droit porte sur le stock tel qu'il existe au moment de la réalisation de la garantie. Ce gage ne confère aucun droit de suite, puisque le débiteur a la faculté de disposer des biens qui composent son stock.

SYNTHÈSE

Le fonds de commerce n'a pas été défini par le législateur. Il constitue une **universalité juridique**, c'est-à-dire **une réunion de biens tendant à l'exercice de l'activité commerciale.** Il s'analyse en un **meuble incorporel.** Il comprend cinq éléments incorporels : la clientèle ou l'achalandage, le nom commercial, l'enseigne, le droit au bail et les droits de propriété industrielle.

La clientèle et l'achalandage

La clientèle est un élément essentiel, celui sans lequel **un fonds de commerce ne saurait exister.** Elle est assise sur des **relations d'affaires stables**, alors que l'achalandage comprend le **public attiré par l'emplacement** du fonds. Il en résulte que le fonds ne sera réellement créé qu'à partir du moment où il bénéficie d'une **clientèle réelle et autonome.** Une **simple potentialité** est insuffisante. Mais la clientèle ne peut se concevoir de **manière isolée**, elle nécessite la présence d'autres éléments qui permettent sa recherche et son développement.

Le nom commercial

Le nom commercial sert à **identifier le fonds de commerce et à rallier la clientèle.** Le commerçant, personne physique, exerce son activité professionnelle sous son **nom patronymique, sous un pseudonyme ou sous une dénomination de fantaisie.** Pour les personnes morales, on parle de **dénomination sociale.** Le nom s'analyse en un **droit de propriété incorporelle.** Il est possible de **le céder ou de l'apporter à une société.**

L'enseigne

L'enseigne se définit comme un **signe extérieur d'individualisation d'un commerce.** Elle est cessible avec le fonds de commerce ou indépendamment de ce fonds. Elle fait l'objet **d'une protection** qui permettra à un commerçant **d'empêcher un concurrent d'utiliser la même enseigne** pour un commerce similaire.

Le droit au bail

En pratique, il est assez rare que le commerçant soit **propriétaire de l'immeuble** où il exerce son activité commerciale. Il préfère le **louer**. Le bail commercial est un élément très important du fonds de commerce. Il fait l'objet d'un **statut dérogatoire** résultant du décret du 30 septembre 1953, désormais intégré au Code de commerce.

Le statut des baux commerciaux est **d'ordre public**. Le preneur doit être un **commerçant inscrit au registre du commerce et des sociétés**. Les commerçants étrangers ne bénéficient pas de ce statut. En revanche, il a été étendu aux **artisans inscrits au répertoire des métiers**. Les locaux loués doivent permettre au commerçant **d'exercer une activité de nature commerciale**. La **durée minimale du bail commercial est de neuf ans.**

Le locataire bénéficie de droits et il est soumis à certaines obligations. Mis à part son **droit de jouissance**, le locataire a la faculté de **quitter les locaux de manière anticipée** et il est **protégé contre les clauses résolutoires**. Il peut **modifier la destination des locaux**, en effectuant une **déspécialisation** qui est totale en cas de **changement d'activité** ou partielle en cas **d'adjonction d'une nouvelle activité**. En contrepartie, le locataire est tenu de verser **les loyers**. Lors de la conclusion du bail, **leur montant est fixé librement**. Une **révision** est possible lors du renouvellement du bail ou en cours de bail et l'on parle alors de **révision triennale**.

La prérogative essentielle du locataire consiste dans **son droit au renouvellement**. On emploie l'expression de **propriété commerciale**. Sauf s'il existe de **justes motifs**, le non-renouvellement du bail donne lieu au **versement par le bailleur d'une indemnité d'éviction**.

Les droits de propriété industrielle

Le fonds de commerce peut être titulaire de **droits de propriété industrielle**. Les brevets, les dessins et modèles et les marques de fabrique et de service confèrent à leur titulaire un **monopole d'exploitation.** L'invention brevetable doit être **nouvelle**, procéder **d'une activité inventive** et être susceptible **d'application industrielle.** Les dessins et les modèles supposent une **réalisation concrète sur une surface plane ou une combinaison de forme**, une création d'œuvre **originale et nouvelle** dont la forme ne doit pas être imposée pour des **raisons utilitaires.** Les marques de fabrique, de commerce ou de service sont des **signes de représentation graphique** servant à **distinguer les produits ou les services** d'un commerçant.

Les éléments corporels

Il existe deux éléments corporels, les marchandises et le matériel. Les marchandises présentent le particularisme de ne pas être un élément stable du fonds de commerce. Elles ont pour vocation d'être vendues. Par conséquent, elles se renouvellent rapidement, du moins en théorie. Le matériel est constitué par les meubles nécessaires à l'exploitation du fonds, ce qui englobe l'outillage, les machines et les meubles meublants.

CHAPITRE 2

Le fonds de commerce, valeur économique

257 S'il est difficile, voire impossible, de cerner juridiquement la notion de fonds de commerce, il est certain qu'il constitue une entité économique qui non seulement permet au commerçant de retirer (ou d'espérer retirer) des bénéfices du fait de son exploitation, mais qui aussi, en soi, est un objet de commerce économique[1]. Il peut faire l'objet d'un apport en société. Assez souvent, le but du commerçant est de limiter sa responsabilité. On se trouve en présence d'un apport en nature ; il devient alors la propriété de la société. Cette technique est relativement proche de la vente en ce sens qu'il est tenu de la garantie des vices cachés et de la garantie d'éviction. Même s'il s'agit d'un acte onéreux, il existe une grande différence avec la vente. L'apporteur ne reçoit pas une somme d'argent, mais il reçoit des parts sociales ou des actions.

L'apport du fonds de commerce est effectué dans le cadre de la réglementation des apports à une société. Il s'agira d'un apport en nature, qui donnera lieu à l'octroi de parts sociales ou d'actions dans le capital de la société. L'évaluation de l'apport doit suivre la réglementation applicable en matière de société. Les créanciers

1. V. Barret, *Les contrats portant sur le fonds de commerce*, 1re éd.

du commerçant apporteur bénéficient de mesure de protection. L'apport devra faire l'objet des mêmes mesures de publicité que la vente du fonds de commerce. Ils ont alors un délai de dix jours pour se faire connaître et pour indiquer le montant des sommes qui leur sont dues. Cette formalité s'effectue au greffe du tribunal de commerce du lieu de situation du fonds.

258 De l'apport, on peut sans doute rapprocher l'affectation d'un fonds de commerce à une entreprise individuelle à responsabilité limitée. Selon l'article L. 526-6 alinéa 2 du Code de commerce, le patrimoine d'affectation « est composé de l'ensemble des biens, droits, obligations ou sûretés dont l'entrepreneur individuel est titulaire, nécessaires à l'exercice de son activité professionnelle. Il peut comprendre également les biens, droits, obligations ou sûretés dont l'entrepreneur individuel est titulaire, utilisés pour les besoins de son activité professionnelle et qu'il décide d'y affecter ». Il comprend des biens nécessaires qui constituent en quelque sorte des biens professionnels par nature, en ce sens que la volonté de l'entrepreneur n'interfère pas sur cette qualification. La notion est nécessairement restrictive et, hormis le fonds de commerce, il est difficile d'en fixer avec précision les contours exacts.

En tant que valeur économique, le fonds de commerce peut être vendu (SECTION 1), loué (SECTION 2) ou servir de garantie (SECTION 3).

SECTION 1
LA VENTE DU FONDS DE COMMERCE

259 La vente du fonds de commerce, fréquemment dénommée en pratique cession de fonds de commerce, déroge sur de nombreux points du droit commun de la vente prévue par le Code civil, en raison de la nature du bien objet du contrat et en raison des

multiples intérêts qu'elle met en jeu[1]. Ces cessions sont souvent conclues par des intermédiaires dont le rôle est de rapprocher les parties et qui rédigent l'acte[2] et qui reçoivent à titre de séquestre le montant du prix[3]. Il existe une réglementation de l'activité d'intermédiaire prévue par la loi du 2 janvier 1970, partiellement modifiée par une ordonnance du 1er juillet 2004 qui ne s'applique cependant pas aux notaires, avoués, avocats, huissiers de justice... L'intermédiaire peut exercer son activité uniquement s'il détient une carte professionnelle dont la délivrance est subordonnée à des conditions d'aptitude professionnelle et de moralité.

Il est parfois difficile de savoir si l'on doit appliquer ou non les règles relatives à la vente du fonds de commerce. Tel est le cas lors de la cession d'un élément isolé du fonds. *A priori*, une telle cession est soumise aux règles du droit commun de la vente. Mais il existe toujours le risque que l'on déguise une vente de fonds de commerce sous la forme d'une cession d'éléments isolés pour contourner les règles édictées par le Code de commerce. Au plan théorique, le critère de distinction est relativement simple. Il y a cession du fonds de commerce dès lors qu'il y a transmission de la clientèle. Mais en pratique, ce critère est souvent d'un maniement difficile[4].

Il en va de même en cas de cession d'un bloc de contrôle. Dans cette hypothèse, le cédant transfère au cessionnaire un nombre suffisant de titres pour que ce dernier obtienne la totale maîtrise de l'entreprise. La jurisprudence considère que cette cession diffère de la vente du fonds de commerce, car cette opération réalise une cession de créance[5]. Elle réserve cependant l'hypothèse de la fraude. Par conséquent, il n'y a pas lieu d'appliquer les règles de la vente du fonds de commerce[6]. Mais on ne peut nier qu'en fait,

1. Rezek, *Achat et vente de fonds de commerce*, 4e éd., Litec, 2009.
2. La jurisprudence a considéré qu'un notaire, mais on peut généraliser la solution aux autres rédacteurs, n'est pas en principe tenu à une obligation de mise en garde pour l'opportunité économique d'une cession de fonds de commerce à laquelle il prête son concours Civ. 1re, 4 nov. 2011, *JCP* E 2012. 1006, note Legeais.
3. Sur l'ensemble de cette question, Reygrobellet et Denizot, n° 63.06 s.
4. Pour des illustrations Com. 26 janv. 1976, *Bull. civ.* IV, n° 33 ; Com. 23 oct. 2007, *JCP* E 2007. 2552, note Debat.
5. Par ex. Com. 12 déc. 1995, *JCP* E 1996. II. 798, note Guyon.
6. Com. 1er mars 1982, *D.* 1982. IR 343.

la différence entre les deux opérations est minime, lorsque la société n'a servi au commerçant qu'à constituer, en fait, un patrimoine d'affectation.

Compte tenu de son importance économique, la vente du fonds de commerce a fait l'objet d'une réglementation minutieuse. La loi du 22 mars 2012 y a apporté quelques retouches[1]. Cette dernière tend, dans la mesure du possible, à protéger non seulement les parties à l'opération, mais également certains tiers intéressés, comme les créanciers inscrits sur le fonds et l'administration fiscale qui redoute toujours des dissimulations de prix. Pour cela, les articles L. 141-1 et suivants du Code de commerce ont édicté des règles particulières tant en ce qui concerne les conditions de formation de la vente (**§ 1**), que sa publicité (**§ 2**) et ses effets (**§ 3**).

§ 1. Les conditions de formation de la vente

260 Les conditions de formation de la vente sont précises tant pour celles de fond que pour celles de forme.

A. Les conditions de fond

261 L'acte de vente doit être enregistré dans un délai d'un mois à compter de la vente. Il est perçu à cette occasion un droit de mutation augmenté de taxes additionnelles départementale et communale de 3 % pour la tranche de prix comprise entre 23 000 et 107 000 euros, de 3 % pour la tranche entre 107 000 et 200 000 euros et de 5 % pour la tranche supérieure à 200 000 euros. Le droit est perçu sur le prix de la vente de l'achalandage, de la cession du droit au bail et des objets mobiliers ou autres servant à l'exploitation du fonds.

Depuis la loi du 2 août 2005 sur les petites et les moyennes entreprises, il a été institué un droit de préemption au profit des

1. Rezek, « Nouveautés dans les ventes de fond de commerce. Commentaires de la loi du 22 mars 2012 », *JCP* N 2012. 408 ; Proost, « Nouveautés dans la rédaction des ventes de fonds de commerce », *JCP* N 2012. 519.

communes[1]. L'article L. 214-1 du Code de l'urbanisme prévoit que le conseil municipal peut, par délibération motivée, délimiter un périmètre de sauvegarde du commerce et de l'artisanat de proximité à l'intérieur duquel sont soumises à un droit de préemption les cessions de fonds de commerce, de fonds artisanaux ou de baux commerciaux. La commune peut déléguer tout ou partie de ses compétences à certaines personnes publiques énumérées par l'article L. 214-1-1 du Code de l'urbanisme. La loi sur la modernisation de l'économie a étendu ce droit pour les cessions de terrains destinés à recevoir des surfaces de vente comprises entre 300 et 1 000 mètres carrés[2].

Lorsqu'un tel droit a été institué, le vendeur devra effectuer une déclaration préalable qui indique les conditions, le prix de la cession, l'activité de l'entrepreneur pressenti, le nombre de salariés du cédant et la nature de leur contrat de travail. Le vendeur est tenu de communiquer le bail commercial, ainsi que le chiffre d'affaires lorsque la cession porte sur un bail commercial ou un fonds de commerce.

La commune a deux mois pour décider si elle préempte ou non. Son silence à l'expiration du délai vaut renonciation. Si elle décide de préempter, elle devra rétrocéder le fonds de commerce dans un délai de deux ans à un commerçant, avec un cahier des charges approuvé par le conseil municipal. Durant cette période, le fonds préempté peut être mis en location-gérance. Le délai de rétrocession passe alors à trois ans. L'absence de déclaration préalable est sanctionnée par la nullité de la vente qui se prescrit par cinq ans.

Comme pour tout contrat, les conditions essentielles de validité, édictées par l'article 1108 du Code civil, doivent être respectées. On envisagera ici leurs spécificités pour la capacité, le consentement, la cause et l'objet.

---

1. Pérignon, « Le droit de préemption communal sur les biens communaux », *AJDA* 2008. 743 ; Saintourens, « La mise en œuvre du droit de préemption des communes sur les fonds de commerce », *RTD com.* 2008. 497.
2. Panepinto, « Le droit de préemption des communes sur les fonds artisanaux, les fonds de commerce, les baux commerciaux et les terrains », *Administrer* 2009, n° 426, 19.

1. La capacité

262 Des questions de capacité, on pourra rapprocher, en raison de leur similitude, celles de pouvoirs.

Pour le vendeur, la vente du fonds de commerce est considérée, par la jurisprudence, comme un acte de commerce[1]. Il doit donc bénéficier de la capacité et des pouvoirs nécessaires pour effectuer un acte de commerce. La solution n'est pas évidente : si l'on vend, c'est pour ne plus être commerçant (sauf réinstallation ultérieure) ou parce que l'on ne peut plus être commerçant (héritier incapable, héritier ayant une profession incompatible avec l'exercice du commerce). La même solution est retenue pour l'acquéreur qui est pourtant seulement un futur commerçant[2].

Lorsque le vendeur est marié, il faut tenir compte de certaines règles issues du droit des régimes matrimoniaux. Lorsque les époux sont mariés sous le régime légal et que le fonds de commerce est un bien commun, l'article 1424 du Code civil prévoit que la cession doit être effectuée du consentement des deux époux. L'article 1426 du Code civil prévoit la possibilité d'une autorisation judiciaire. En revanche, si le bien est propre au commerçant, ou s'il en est seul propriétaire dans un régime séparatiste, il pourra librement le vendre.

Il faut également tenir compte de l'article 2 de la loi du 2 juillet 1982 relative aux conjoints d'artisans et de commerçants travaillant dans l'entreprise familiale. Il indique qu'un « artisan ou commerçant ne peut, sans le consentement exprès de son conjoint, lorsque celui-ci participe à son activité professionnelle en qualité de conjoint travaillant dans l'entreprise, aliéner ou grever de droits réels les éléments du fonds de commerce ou de l'entreprise artisanale, qui, par leur importance ou par leur nature, sont nécessaires à l'exploitation de l'entreprise ».

La vente d'un fonds de commerce appartenant à un enfant mineur pose certaines difficultés. En cas d'administration légale, quelle soit pure et simple ou sous contrôle judiciaire, les articles 389-5 et 389-6 du Code civil prévoient que les parents

1. Com. 19 juin 1972, *JCP* 1973. II. 17356, note Calais-Auloy.
2. Com. 13 mai 1997, *Bull. civ.* IV, n° 139.

(ou le parent), n'ont pas la faculté de vendre à l'amiable le fonds de commerce.

Dans l'hypothèse où l'enfant est placé sous le régime de la tutelle, il y a lieu d'appliquer l'article 505 du Code civil. Le tuteur ne peut, sans y être autorisé par le conseil de famille ou, à défaut, le juge, faire des actes de disposition au nom de la personne protégée. L'autorisation détermine les stipulations et, le cas échéant, le prix ou la mise à prix pour lequel l'acte est passé. L'autorisation n'est pas exigée en cas de vente forcée sur décision judiciaire ou en cas de vente amiable sur autorisation du juge. L'autorisation de vendre ou d'apporter en société un immeuble, un fonds de commerce ou des instruments financiers non admis à la négociation sur un marché réglementé ne peut être donnée qu'après la réalisation d'une mesure d'instruction exécutée par un technicien ou le recueil de l'avis d'au moins deux professionnels qualifiés. Ces règles s'appliquent aussi à un majeur placé sous tutelle.

2. Le consentement

263 Il doit exister et être exempt de vices. Selon certains, il existerait une tendance des tribunaux à admettre plus facilement qu'en droit civil la nullité de la vente du fonds de commerce[1].

La violence est exceptionnelle en la matière et la jurisprudence contemporaine n'en fournit d'ailleurs pas d'exemple. La rescision pour lésion ne peut être invoquée, puisque le fonds de commerce s'analyse comme un meuble et non comme un immeuble. On ajoutait également traditionnellement que la lésion était inconcevable en la matière, en raison de l'expérience des parties. Le vendeur n'aura pas la faculté de se prévaloir de l'insuffisance du prix pour demander l'annulation de la vente. Il en va, *a fortiori*, pour l'acquéreur qui est informé par la remise de nombreux documents lui permettant d'évaluer la valeur du fonds.

En revanche, l'erreur et le dol sont plus souvent utilisés[2]. L'erreur sur l'importance de la clientèle est fréquemment invoquée. Il faut alors déterminer si l'on se trouve en présence d'une erreur sur les qualités substantielles, vice du consentement, ou en

1. Ripert et Roblot, par Vogel, n° 504.
2. Derruppé, « Les sanctions du dol dans la vente de fonds de commerce », *Mélanges Couvrat*, p. 91.

présence d'une erreur sur le prix, non constitutive d'un vice du consentement. Tout dépend des circonstances d'espèce. Plutôt que de prononcer la nullité de la cession, la jurisprudence opère une réduction de prix[1].

Le dol revêt souvent la forme d'une réticence dolosive. La question se pose alors de savoir si, compte tenu de l'obligation faite au vendeur par l'article L. 141-1 du Code de commerce d'énoncer une série d'informations, une réticence peut être retenue, lorsque le vendeur a respecté son obligation de renseignement. La jurisprudence a répondu par l'affirmative[2]. Le dol sera sanctionné par la nullité de la cession, ou en cas de dol incident par l'octroi de dommages-intérêts[3].

3. La cause

264 La cause ne présente pas de particularisme pour la vente du fonds de commerce. Théoriquement, dans certaines hypothèses on pourrait utiliser l'immoralité ou l'illicéité de la cause, si l'activité cédée présentait ce caractère illicite ou immoral.

4. L'objet

La vente du fonds de commerce étant un contrat synallagmatique, chacune des parties est tenue de respecter certaines obligations. Il est nécessaire d'envisager la consistance du fonds cédé, avant d'envisager son prix.

265 **La consistance du fonds de commerce cédé.** La consistance du fonds de commerce cédé fait de nouveau ressortir l'ambiguïté de cette notion qui, bien que constituant une universalité de fait, est composée de nombreux éléments dont certains ne sont pas de l'essence du fonds.

La vente porte sur le fonds de commerce, mais rien n'est légalement précisé quant aux éléments compris dans la vente. Doivent-ils tous y figurer ou est-il possible de céder le fonds après avoir vendu certains de ses éléments constitutifs ? En principe, il appartient aux parties de s'accorder sur les éléments contenus

1. Civ. 15 févr. 1898, *DP* 1898. 1. 192.
2. Com. 13 oct. 1981, *D.* 1981. IR 309, obs. Ghestin ; Com. 4 mai 1993, *RTD com.* 1993. 489, obs. Derruppé ; *JCP* E 1994. I. 310, obs. Izorche ; *CCC* 1993. 171, obs. Leveneur.
3. Com. 11 juill. 1977, *D.* 1978. 155, note Larroumet.

dans la cession[1]. Par exemple, la Cour de cassation a indiqué que la cession d'un fonds de commerce n'inclut pas nécessairement celle du bail des locaux dans lesquels ce fonds est exploité[2]. Mais, il est généralement admis qu'une opération peut être qualifiée de cession de fonds de commerce, avec toutes les conséquences qui s'y attachent, dès qu'il y a cession de l'élément générateur de la clientèle[3].

Fréquemment, la cession du fonds de commerce emporte également le transfert d'autres éléments qui sans faire parti du fonds de commerce sont très importants pour l'acquéreur. Tel est le cas des contrats d'assurance, du numéro de téléphone... Si un contrat de crédit-bail avait été conclu avant la cession, ce contrat est cédé avec le fonds. L'article L. 145-16 du Code de commerce déclare nulle toute clause tendant à interdire au locataire de céder son bail à l'acquéreur de son fonds. En revanche, la clause subordonnant la cession à l'agrément du crédit-bailleur est valable, sauf le contrôle par le juge d'un éventuel refus abusif, ce qui est rare, car le crédit-bailleur ne s'oppose guère à la cession qu'en cas d'insolvabilité du cessionnaire. Il est pratiquement toujours stipulé une clause de solidarité dans le paiement des loyers entre l'ancien locataire et le nouveau locataire, acquéreur du fonds.

266 **Le prix de cession.** La stipulation d'un prix de cession est essentielle et elle permet notamment de distinguer la vente de l'apport en société d'un fonds de commerce, car dans cette dernière hypothèse, l'apporteur reçoit en contrepartie des droits sociaux. Le prix doit être déterminé ou déterminable, suivant les règles du droit commun. La vente peut être au comptant ou à tempérament. Dans ce dernier cas, le prix sera payable par annuités ou mensualités, ce qui devient rare en pratique, en raison des risques d'ouverture d'une procédure de sauvegarde des entreprises à l'encontre de l'acquéreur[4]. Elle peut être également stipulée à charge de rente

1. Com. 10 juin 1986, *Bull. civ.* IV, n° 121.
2. Com. 17 déc. 1996, *D.* 1997. 387, note Monserié.
3. Civ. 1re, 30 nov. 1982, *D.* 1983. 85, note Breton.
4. Mais ce paiement fractionné cache parfois une fraude. La jurisprudence a annulé pour cause illicite de prétendus contrats de location-gérance qui dissimulait frauduleusement une vente, afin de faire disparaître le prix au préjudice des créanciers et du fisc, Civ. 8 janv. 1936, *DH* 1936. 97.

viagère[1]. Dans les actes de vente à côté du prix global, il est nécessaire, pour déterminer l'assiette du privilège du vendeur et pour le jeu de la surenchère, d'indiquer le prix des éléments incorporels, celui du matériel et celui des marchandises.

Le principal problème posé par le prix est celui du « dessous-de-table », destiné à frauder le fisc qui perçoit des droits de mutation[2] et parfois les créanciers. Différentes mesures ont été prises pour essayer de lutter contre ce phénomène. Mais leur efficacité pratique est relative.

La première est prévue par l'article 1321-1 du Code civil qui frappe de nullité absolue, donc invocable par tout intéressé, les contre-lettres, c'est-à-dire les actes secrets contenant le prix simulé[3]. Pour inciter la dénonciation, la jurisprudence prévoit désormais que la vente sera valable pour le prix apparent[4], donc celui inférieur à la réalité. La deuxième résultait de l'article 18 du Livre des procédures fiscales, prévoyant que l'État bénéficie d'un droit de préemption, s'il juge le prix de vente inférieur à la valeur réelle du fonds de commerce. Il devait alors offrir le prix stipulé majoré du dixième. Cette disposition a été abrogée, compte tenu de son faible intérêt. Par la troisième, les créanciers opposants ont la faculté d'opérer une surenchère du sixième et les créanciers inscrits celle de faire une surenchère du dixième. La quatrième conduit à tenir compte du droit de préemption des communes. Si une commune décide d'acquérir un fonds de commerce, elle le fera en principe au prix figurant dans l'acte apparent. La cinquième consiste dans une insertion dans l'acte de vente d'une affirmation de sincérité de prix dont le non-respect est pénalement sanctionné.

B. Les conditions de forme

267 Théoriquement consensuel, le contrat de vente nécessite la réunion de nombreuses conditions de forme qui ont essentiellement

1. Sur le régime de ces ventes, Ripert et Roblot, par Vogel, n° 506.
2. V. ss 261.
3. Com. 26 févr. 1973, *Bull. civ.* IV, n° 99.
4. Ch. mixtes 12 juin 1981, *D.* 1981. 413, concl. Cabannes ; *RTD civ.* 1982. 140, obs. Chabas.

pour objectif de protéger l'acquéreur. Ces conditions, prévues par l'article L. 141-1 du Code de commerce, concernent les cessions de fonds de commerce et les apports de fonds à une société, auxquels il faut assimiler les promesses de vente synallagmatiques et les promesses unilatérales d'achat[1]. En revanche, la promesse unilatérale de vente n'a pas à observer les formalités prescrites par l'article L. 141-1[2] ; seul l'acte constatant la réalisation de la promesse devra respecter ce formalisme[3]. De son côté, l'article L. 141-5, alinéa 3, du Code de commerce prescrit que des prix distincts sont établis pour les éléments incorporels du fonds, le matériel et les marchandises. Il faut déterminer ces règles de forme, avant d'envisager les sanctions en cas de leur omission.

1. Les règles de forme

268 La vente est un contrat consensuel qui se forme par l'accord des parties sur le prix et sur la chose vendue. Lorsque la vente est commerciale et qu'elle est conclue par des commerçants, sa preuve est libre, en application de l'article L. 110-3 du Code de commerce. Malgré la nécessité d'insérer certaines mentions, la jurisprudence considère toujours que la cession de fonds de commerce a un caractère consensuel[4]. Mais si l'écrit n'est pas nécessaire pour la validité de la vente, il est indispensable en fait pour la publicité et l'inscription du privilège du vendeur et pour vérifier que les règles protectrices de l'acquéreur ont été bien respectées.

Outre la nécessité d'une ventilation du prix prévue par l'article L. 141-5, alinéa 3, du Code de commerce et la nécessité prévue par l'article L. 141-2 du Code de commerce pour le vendeur de mettre à la disposition de l'acquéreur les livres comptables et les inventaires[5], l'article L. 141-1 du Code de commerce prescrit

1. Com. 24 nov. 1954, *Gaz. Pal.* 1955. 1. 35 ; Lyon 16 juill. 1950, *D.* 1951. 97, note Ripert.
2. Sauf à requalifier la promesse, comme en cas de clause de dédit importante, Com. 8 nov. 1972, *JCP* 1973. II. 17565, note Boccara.
3. Sur l'ensemble de la question, Précigout, « Promesses unilatérales de ventes d'immeubles ou de fonds de commerce », *JCP* N 1955. I. 1243 ; Biquez, « Les mentions obligatoires de la loi du 29 juin 1935 et les promesses unilatérales de fonds de commerce », *RTD com.* 1957. 73 ; Boccara, « De la notion de promesse unilatérale (régime fiscal et vente de fonds de commerce) », *JCP* 1970. I. 2357 *bis*.
4. Com. 6 janv. 1953, *Bull. civ.* IV, n° 6 ; Riom, 23 juin 1947, *D.* 1948. 117, note Ripert.
5. Selon l'article L. 141-2 du Code de commerce, « au jour de la cession, le vendeur et l'acheteur visent tous les livres de comptabilité qui ont été tenus par le vendeur durant les trois exercices comptables précédant celui de la vente, ce nombre étant réduit à la durée de possession du fonds si elle a été inférieure à trois ans, ainsi qu'un document présentant les chiffres d'affaires mensuels réalisés entre la clôture du dernier exercice et le mois précédant celui de la vente ».

au vendeur d'énoncer certaines mentions dont on a pu dire qu'elles étaient « la préfiguration de l'obligation précontractuelle d'information que notre droit civil a généralisée depuis lors[1] ». Il s'agit de :

« 1° le nom du précédent vendeur, la date et la nature de son acte d'acquisition et le prix de cette acquisition pour les éléments incorporels, les marchandises et le matériel ;

2° l'état des privilèges et nantissements grevant le fonds ;

3° le chiffre d'affaires qu'il a réalisé durant les trois exercices comptables précédant celui de la vente, ce nombre étant réduit à la durée de la possession du fonds si elle a été inférieure à trois ans ;

4° les résultats d'exploitation réalisés pendant le même temps ;

5° le bail, sa durée, le nom et l'adresse du bailleur et du cédant, s'il y a lieu[2] ».

Chacun des énonciations répond à un but précis. La première constitue ce que l'on appelle l'origine de propriété du fonds. Elle permet à l'acquéreur de vérifier la propriété et les pouvoirs du vendeur et de mesurer l'évolution de la valeur du fonds depuis la précédente transmission. La deuxième permet de s'assurer de l'état des inscriptions. Cet état devra être demandé au greffe du tribunal de commerce du lieu de situation du fonds à la date la plus proche que possible de la vente. Il permet notamment de savoir s'il existe ou non des créanciers munis d'un droit de suite. La troisième et la quatrième apparaissent comme le cœur de l'obligation d'information. Le chiffre d'affaires doit correspondre au chiffre réel. Pour cette raison, le cédant met à la disposition de l'acquéreur les différents livres comptables. L'obligation de fournir le chiffre d'affaires existe même en cas de location-gérance[3]. Pendant longtemps, la quatrième énonciation visait les bénéfices commerciaux réalisés pendant trois ans. Ces bénéfices étaient les bénéfices nets[4]. Cette

1. Pédamon et Kenfack, n° 310.
2. Rezek, « De la nécessité de la relecture de certains textes relatifs aux ventes de fonds de commerce », *JCP* N 2006. 1089 et 1469.
3. Com. 7 déc. 1993, *Defrénois* 1994. 553, obs. Le Cannu.
4. Com. 8 févr. 1971, *Bull. civ.* IV, n° 36 ; *cf.* également excluant le forfait fiscal, Paris 22 nov. 1976, *RTD com.* 1977. 486, obs. Derruppé.

énonciation risquait d'être parfois ambiguë. En effet, ce bénéfice global résultait aussi bien de l'exploitation du fonds vendu que de la réalisation d'un bénéfice financier ou d'un bénéfice exceptionnel, ce qui risquait d'être trompeur. Depuis la loi du 22 mars 2012, doivent être mentionnés les résultats d'exploitation, ce qui vise les bénéfices d'exploitation et les pertes d'exploitation La cinquième démontre l'importance du bail commercial en matière de fonds de commerce. Le candidat acquéreur doit pouvoir se faire communiquer une copie du bail et avoir connaissance des conditions essentielles de ce contrat.

269 La loi du 31 juillet 2014 relative à l'économie sociale et solidaire institue une nouvelle obligation d'information préalable des salariés en cas de transmission d'une entreprise *in bonis*. Son objectif consiste à inciter les salariés de l'entreprise, quelle que soit sa forme juridique, dont la cession est envisagée, à s'unir et présenter une offre pour acquérir celle-ci.

Dans les entreprises qui n'ont pas l'obligation de mettre en place un comité d'entreprise, lorsque le propriétaire d'un fonds de commerce veut le céder, les salariés en sont informés, et ce, au plus tard deux mois avant la cession, afin de permettre à un ou plusieurs salariés de l'entreprise de présenter une offre pour l'acquisition du fonds. Lorsque le propriétaire du fonds n'en est pas l'exploitant, cette information est notifiée à l'exploitant du fonds et le délai court à compter de la date de cette notification. L'exploitant du fonds porte sans délai à la connaissance des salariés cette notification, en les informant qu'ils peuvent présenter au cédant une offre de rachat. Lorsque le fonds est exploité par son propriétaire, celui-ci notifie sa volonté de céder directement aux salariés en les informant qu'ils peuvent lui présenter une offre de rachat, et le délai court à compter de la date de cette notification.

Toutefois, cette obligation d'information ne s'applique pas en cas de succession, de liquidation du régime matrimonial ou de cession du fonds à un conjoint, à un ascendant ou à un descendant. Il en va de même pour les entreprises faisant l'objet d'une procédure de conciliation, de sauvegarde, de redressement ou de liquidation judiciaires.

Une obligation similaire est prévue par l'article L. 141-28 du Code de commerce pour les entreprises de moins de 250 salariés. Selon cette disposition, dans les entreprises soumises à l'obligation de mettre en place un comité d'entreprise et se trouvant, à la clôture du dernier exercice, dans la catégorie des petites et moyennes entreprises au sens de l'article 51 de la loi du 4 août 2008 de modernisation de l'économie, son propriétaire, lorsqu'il veut céder un fonds de commerce, notifie sa volonté de céder à l'exploitant du fonds. Au plus tard en même temps qu'il procède à l'information et à la consultation du comité d'entreprise, l'exploitant du fonds porte à la connaissance des salariés la notification de son intention de céder et leur indique qu'ils peuvent présenter au cédant une offre de rachat. Les mêmes exceptions que celles prévues pour les entreprises n'ayant pas l'obligation de constituer un comité d'entreprise s'appliquent.

2. La sanction des règles de forme

270 L'article L. 141-1 du Code de commerce prévoit qu'au cas d'omission de l'une des mentions prescrites, l'acquéreur a la faculté de demander la nullité de la vente dans l'année où celle-ci a été conclue. Cette nullité présente certains caractères spécifiques. Il s'agit d'une nullité relative dont le but consiste à protéger l'acquéreur du fonds, ce qui explique que lui seul peut s'en prévaloir. Le délai d'un an s'analyse en un délai préfix[1], donc insusceptible d'interruption ou de suspension. Surtout, le juge n'est jamais tenu de prononcer la nullité. Il ne la prononcera que si l'omission a été de nature à induire en erreur l'acquéreur, donc si elle lui a été préjudiciable[2]. Il appartient à l'acquéreur de démontrer en quoi l'omission lui a causé un préjudice.

Dans l'hypothèse où le vendeur aurait fait des déclarations inexactes, les articles L. 141-3 et L. 141-4 du Code de commerce prévoient que l'acquéreur, conformément aux articles 1644 et 1645 du Code civil, a le droit d'agir contre lui en garantie, dans le délai d'un an suivant la prise de possession du fonds, et non

1. Com. 10 déc. 1991, *CCC* 1992. 45, obs. Leveneur.
2. Com. 4 nov. 1970, *D.* 1971. 231 ; Com. 30 janv. 1990, *Bull. civ.* IV, n° 29.

pas suivant le jour de l'acte de vente[1]. Il est de nouveau nécessaire que l'inexactitude ait induit l'acquéreur en erreur et il appartient à ce dernier de le démontrer. Il pourra demander la résolution de la vente ou une diminution du prix. Là encore, le délai d'un an est un délai préfix.

L'article L. 141-3 précise également que les intermédiaires, rédacteurs des actes et leurs préposés, sont solidairement tenus avec le vendeur, s'ils connaissaient l'inexactitude des énonciations faites. La mise en cause de ces intermédiaires doit intervenir dans un délai d'un an.

Une sanction similaire est prévue en cas de manquement à l'obligation d'information préalable des salariés en cas de transmission d'une entreprise *in bonis*. La cession intervenue en méconnaissance de l'obligation d'information pesant sur le propriétaire ou l'exploitant du fonds peut être annulée à la demande de tout salarié, l'action en nullité se prescrivant par deux mois à compter de la date de publication de l'avis de cession du fonds.

§ 2. La publicité de la vente

271 Une fois les formalités fiscales de l'enregistrement effectuées, la vente doit être publiée pour susciter l'éventuelle opposition des créanciers du vendeur. Cette formalité est sans incidence sur la validité de la vente entre les parties, puisque celle-ci est valable dès que les parties se sont accordées sur la chose et sur le prix. Le domaine de cette publication est très large, puisque l'article L. 141-12 du Code de commerce vise « toute vente ou cession de fonds de commerce, consentie sous condition ou sous la forme d'un autre contrat, ainsi que toute attribution de fonds de commerce par partage ou licitation ». La publicité est ainsi nécessaire en cas d'apport d'un fonds. À l'inverse, elle n'est pas requise en cas de vente d'un élément isolé du fonds autre que la clientèle ou, s'il est exploité sous une forme sociale, en cas de

1. Com. 3 mars 1992, *Bull. civ.* IV, n° 106.

cession majoritaire des parts sociales[1]. Cette formalité a pour objectif d'informer les tiers de la vente et plus particulièrement les créanciers du vendeur, puisqu'elle leur ouvre un droit d'opposition.

A. Les formes de la publicité

272 Le législateur a organisé la publicité par un système d'insertion dans des journaux d'annonces légales. Selon l'article L. 141-12 du Code de commerce, « toute vente ou cession de fonds de commerce, (...) est, (...) dans la quinzaine de sa date, publiée à la diligence de l'acquéreur sous forme d'extrait ou d'avis dans un journal habilité à recevoir les annonces légales dans l'arrondissement ou le département dans lequel le fonds est exploité et au *Bulletin officiel des annonces civiles et commerciales* ». L'extrait comprend nécessairement : la date de la vente avec l'indication de l'enregistrement, les noms et prénoms du vendeur et de l'acheteur, la nature et le siège du fonds, le prix stipulé, la fixation d'un délai d'opposition pour les oppositions pour les créanciers et une élection de domicile dans le ressort du tribunal de commerce où est situé le fonds.

L'insertion au *BODAC* a un effet important : elle rend le prix indisponible dans les dix jours suivant celle-ci. L'article L. 141-17 du Code de commerce indique que l'acquéreur qui paie son vendeur, sans avoir effectué les publications prescrites, ou avant l'expiration du délai de dix jours ne sera pas libéré à l'égard des tiers. Les tiers admis à se prévaloir du défaut de publicité sont tous les créanciers du vendeur, aussi bien ceux chirographaires que ceux inscrits ou munis d'un privilège général. En revanche, le défaut de publicité n'a pas d'effet sur la validité de la vente et sur le transfert de propriété.

En revanche, la publicité ne sert pas à régler le conflit entre deux acquéreurs successifs d'un même fonds. En effet, son rôle se limite à rendre la vente du fonds de commerce opposable aux créanciers. Le conflit entre deux acquéreurs sera tranché, en appli-

1. Com. 22 janv. 1974, *Bull. civ.* IV, n° 28.

cation de l'adage *prior tempore, potior jure*, donc en faveur du premier acquéreur.

273 La publicité joue également un rôle fiscal non négligeable. L'article 201, 1 du Code général des impôts prévoit que les contribuables doivent, dans un délai de quarante-cinq jours, aviser l'administration de la cession ou de la cessation et lui faire connaître la date à laquelle elle a été ou sera effective, ainsi que, s'il y a lieu, les nom, prénoms et adresse du cessionnaire. Ce délai court du jour où la vente ou la cession a été publiée dans un journal d'annonces légales. Cette obligation constitue le point de départ du délai de solidarité fiscale du cessionnaire à l'égard du paiement par le cédant de l'impôt sur ses revenus commerciaux et de la taxe d'apprentissage.

B. Le droit d'opposition des créanciers

274 L'opposition des créanciers du vendeur consiste dans le fait d'interdire à l'acquéreur de payer le prix entre les mains du vendeur. L'article L. 141-14 du Code de commerce prévoit que cette faculté est ouverte à tous les créanciers du vendeur, que leurs créances soient ou non exigibles du moment qu'elles sont certaines. Cependant, le bailleur peut seulement faire opposition pour les loyers échus. Cette opposition n'exclut pas le jeu des procédures de droit commun et notamment la saisie-attribution et l'avis à tiers détenteur.

L'article L. 141-15 du Code de commerce prévoit qu'elle prend la forme d'un exploit d'huissier qui est signifié à l'acquéreur au domicile élu dans la publication, dans les dix jours suivant la publication au *BODAC*. Passé ce délai, seule une saisie de droit commun pourrait être effectuée. L'acte doit indiquer le montant de la créance et sa cause. Si le vendeur considère que les oppositions ne sont pas justifiées, il pourra judiciairement en demander la mainlevée. L'article L. 141-15 lui permet également d'obtenir en référé un cantonnement des oppositions qui lui permettra de toucher le solde du prix.

À la suite de l'opposition, le prix est bloqué entre les mains de l'acquéreur et la créance du vendeur devient indisponible.

L'acquéreur n'a plus alors la possibilité de valablement se libérer entre les mains du cédant. S'il payait néanmoins, il s'exposerait à devoir payer une seconde fois. De façon négative, cette opposition ne confère aucun privilège aux créanciers[1]. Le prix sera réparti entre les créanciers, en respectant les éventuelles causes de préférence, de manière amiable ou à défaut par une procédure judiciaire.

L'article L. 141-19 du Code de commerce prévoit que, dans les vingt jours qui suivent la dernière publication, les créanciers inscrits ou ayant fait opposition qui considèrent le prix de cession insuffisant ont la possibilité d'effectuer la surenchère du sixième (sixième du prix principal, non compris le matériel et les marchandises). L'acte de surenchère doit être effectué par exploit d'huissier. La réquisition sera signifiée à l'acquéreur et au débiteur précédent propriétaire. L'article L. 143-14, alinéa 1er prévoit qu'à partir « de la signification de la surenchère, l'acquéreur, s'il est rentré en possession du fonds, en est de droit administrateur séquestre et ne peut plus accomplir que des actes d'administration ». Le fonds de commerce sera alors vendu aux enchères publiques, une fois que le tribunal a vérifié la solvabilité du créancier. Si personne ne porte d'enchère, le surenchérisseur sera déclaré adjudicataire. Cette procédure est peu utilisée en pratique, car elle présente le risque pour le créancier de devenir adjudicataire d'un fonds de commerce dont il n'a pas l'utilité.

Le fonds sera alors adjugé aux enchères publiques. Si l'adjudication est prononcée au bénéfice de l'acquéreur initial, celui-ci sera réputé être devenu propriétaire du fonds au jour de la vente initiale, ce qui valide tous les actes qu'il a depuis effectués. Si l'adjudication est effectuée au bénéfice d'un tiers, la vente initiale est rétroactivement résolue[2].

1. Civ. 3 juin 1935, *Gaz. Pal.* 1935. 2. 274.
2. Civ. 2e, 17 déc. 1984, *Bull. civ.* II, n° 299 ; *JCP* 1985. II. 20520, note Cohen.

§ 3. Les effets de la vente du fonds de commerce

275 Le principal effet de la vente du fonds de commerce est de transférer la propriété du fonds vendu à l'acquéreur, du fait du seul échange des consentements. Mais en tant que contrat synallagmatique, elle entraîne des obligations à la charge du vendeur et de l'acquéreur.

A. Les obligations du vendeur

276 Le vendeur a une obligation de délivrance et une obligation de garantie.

1. L'obligation de délivrance

277 L'acquéreur doit être à même de prendre effectivement possession de l'ensemble des éléments composant le fonds de commerce ainsi que des documents comptables des trois dernières années. L'obligation de délivrance comporte également la présentation de l'acquéreur à la clientèle et aux principaux fournisseurs. De manière générale, cette obligation s'opère conformément aux articles 1606 et suivants du Code civil. En vertu de l'article 1610, en cas de retard ou de défaut dans la délivrance, l'acquéreur pourra, à son choix, demander la résolution de la vente ou sa mise en possession, si le retard ne vient que du fait du vendeur. Les parties ont une totale liberté pour fixer la date d'entrée en jouissance. À compter de cette date, l'acquéreur a la possibilité d'exercer une action en garantie contre son vendeur pour inexactitude des mentions obligatoires figurant dans l'acte de vente et ce dernier doit lui remettre sa comptabilité.

2. L'obligation de garantie

278 L'obligation de garantie du vendeur comporte une garantie d'éviction[1] et une garantie des vices cachés[2].

---

1. Coudert, « La garantie d'éviction dans les ventes commerciales », *D.* 1973. 113 ; Barret, *Les contrats portant sur le fonds de commerce*, n° 227 s. ; sur l'utilité de cette garantie légale, malgré une clause de non-concurrence, Com. 16 janv. 2001, *D.* 2002. 712, note Archer.
2. Civ. 1re, 3 juill. 1996, *JCP* E 1997. II. 1091, note Monéger.

La garantie d'éviction, prévue par l'article 1625 du Code civil, consiste à ne pas gêner l'acquéreur dans son activité. Elle part de l'idée que le vendeur doit garantir la propriété de la chose vendue à l'acquéreur. En application des règles du droit commun et même si cette hypothèse se présente exceptionnellement en pratique, le vendeur est garant du trouble de droit émanant d'un tiers. Il importe peu qu'il s'agisse d'une éviction totale ou partielle. En cas d'éviction totale, l'acquéreur a la faculté de demander la restitution du prix, le remboursement des frais engagés et des dommages-intérêts. En cas d'éviction partielle, il peut demander la résolution de la vente si l'éviction porte sur un élément essentiel du fonds de commerce. Sinon, il peut obtenir des dommages-intérêts ou une réduction de prix.

Mais il s'agit principalement d'une obligation de non-concurrence : la possibilité de reprendre la clientèle serait une éviction de fait réalisée par le vendeur. Pour condamner le vendeur pour violation de cette obligation, les juges doivent relever que celui-ci a maintenu son activité dans un commerce similaire à celui céder[1]. Compte tenu de l'incertitude des contours de cette obligation, le contrat de vente comporte toujours une clause de non-concurrence. De telles clauses seront valables, si elles sont limitées dans le temps et l'espace. Mais elles ne doivent pas servir à limiter la portée de la garantie légale[2]. Sous cette réserve, à l'expiration de la durée stipulée par la clause ou s'il se trouve en dehors de la zone couverte par la clause, le vendeur peut, sauf fraude démontrée, exercer le commerce de son choix.

Le vendeur doit également la garantie contre les vices cachés[3]. Cette garantie est prévue par les articles 1641 et suivants du Code civil. Selon l'article 1641, « le vendeur est tenu à garantie à raison des défauts cachés de la chose vendue qui la rendent impropre à l'usage auquel on la destine, ou qui diminuent tellement cet usage, que l'acheteur ne l'aurait pas acquise, ou n'en aurait donné qu'un

1. Com. 20 sept. 2011, *RTD com.* 2012. 80, obs. Saintourens.
2. *Cf.* en ce sens, même si en fait la solution était critiquable parce que la clause avait été stipulée pour dix ans, Com. 14 avr. 1992, *Bull. civ.* IV, n° 160 ; *Defrénois* 1992. 1358, obs. Le Cannu et Sénéchal.
3. Pour une illustration, Com., 3 déc. 2013, *JCP* E 2014. 1178, note Leveneur.

moindre prix, s'il les avait connus». Le vice caché doit être tel qu'il aboutisse à la diminution de la clientèle[1]. L'acheteur est tenu d'agir, en vertu de l'article 1648 alinéa 1er « dans un délai de deux ans à compter de la découverte du vice ». Le point de départ de ce délai est parfaitement fondé, puisque tant que l'acquéreur n'a pas la connaissance de l'existence du vice, il est dans l'impossibilité d'agir. Elle donne à l'acquéreur une option entre l'action rédhibitoire, qui s'analyse en une action en résolution, et une action estimatoire, qui consiste en une diminution du prix.

B. Les obligations de l'acheteur

279 L'obligation essentielle de l'acquéreur consiste dans le paiement du prix. En cas de prix payable à terme, certaines garanties sont prévues.

1. Le paiement du prix

280 L'acquéreur doit payer le prix convenu. Toutefois, même en cas de paiement au comptant, le paiement n'est pas immédiat. Pour protéger les créanciers, le prix de vente est pendant quelques semaines indisponible[2]. Il est généralement déposé entre les mains de l'intermédiaire rédacteur de l'acte de vente. L'article L. 141-17 du Code de commerce prévoit que « l'acquéreur qui paie son vendeur sans avoir fait les publications dans les formes prescrites, ou avant l'expiration du délai de dix jours, n'est pas libéré à l'égard des tiers ». Cet intermédiaire est tenu de bloquer le prix de vente dans les dix jours qui suivent la publication de la vente au *BODACC*. S'il n'existe aucune opposition et aucune sûreté grevant le fonds, il pourra remettre le prix à l'expiration de ce délai. Si un créancier fait opposition dans le délai légal, il est nécessaire de tenir compte d'un délai de vingt jours qui court de la publication au *BODACC* et pendant lequel il est possible de former la surenchère du sixième. L'article L. 141-20 du Code de commerce prévoit qu'une fois le prix définitivement fixé et à défaut d'accord entre les créanciers pour la distribution du prix, sur sommation de tout créancier et

1. Poitiers 21 janv. 1987, *Defrénois* 1987. 1317, obs. J. Honorat.
2. Dejoie et Phan Tanh, « Le sort du prix de vente du fonds de commerce », *Defrénois* 2009. 801.

dans un délai de quinze jours, la somme devra être consignée auprès de la Caisse des dépôts et consignations.

L'article L. 143-21 du Code de commerce indique que l'intermédiaire détenteur du prix doit en faire la répartition dans les cinq mois de l'acte de vente. À défaut d'accord entre le vendeur et les créanciers inscrits, ceux opposants et ceux saisissant, la partie la plus diligente a la possibilité de saisir le président du tribunal de commerce qui ordonne alors le dépôt à la Caisse des dépôts et consignations ou la nomination d'un séquestre répartiteur.

Lorsque le prix n'est pas stipulé payable au comptant, la fraction payable à terme sera fréquemment représentée par des billets de fonds qui sont des billets à ordre endossables. Cette possibilité se rencontre de plus en plus rarement en pratique, compte tenu des risques d'ouverture d'une procédure collective et en raison de la baisse actuelle des taux d'intérêts.

2. Les garanties du paiement du prix payable à terme

281 Le vendeur à terme possède une action résolutoire et un privilège. Le vendeur du fonds de commerce bénéficie d'un privilège qui n'aura lieu que si la vente a été constatée par un acte authentique ou sous seing privé, dûment enregistré, et s'il a été inscrit sur un registre public tenu au greffe du tribunal de commerce dans le ressort duquel le fonds est exploité[1]. Cette publicité est particulièrement importante. En effet, l'inscription doit être effectuée dans le délai de quinze jours à compter de l'acte de vente, à peine de nullité du privilège. Le privilège prendra alors rang au jour de la vente. Le privilège ne grève pas automatiquement tous les éléments du fonds. On classe le prix de vente en trois parties : les éléments incorporels, le matériel et les marchandises[2].

Il confère au vendeur le droit d'être payé, en principe, par préférence aux autres créanciers. Il garantit trois créances distinctes relatives aux prix des éléments incorporels, du matériel et

1. Une publicité spéciale devra être effectuée auprès de l'INPI, si le fonds de commerce comporte des brevets, des dessins et des modèles ou des marques de fabrique.

2. Rézek, « Spécificités rédactionnelles du bordereau d'inscription du privilège de vendeur de fonds de commerce », *JCP* N 2009. 1255.

des marchandises. En cas de paiement partiel, ce paiement s'impute d'abord sur le prix des marchandises, puis sur celui du matériel et enfin sur celui des éléments incorporels. La durée maximum de l'inscription est de dix ans. Il est cependant possible de la renouveler. À défaut de renouvellement, l'inscription cesse de produire effet.

282 Le vendeur impayé bénéficie de l'action résolutoire, comme tous les vendeurs, en vertu des articles 1184 et 1654 du Code civil. Cette action est liée au privilège du vendeur. L'article L. 141-6 du Code de commerce prévoit que le vendeur doit s'en être expressément réservé la possibilité, lors de l'inscription du privilège. Le but de cette publicité consiste également à informer les tiers. L'action ne pourra plus être intentée après l'expiration du privilège. La jurisprudence considère que le seul défaut de paiement du prix suffit pour intenter cette action, sans qu'il soit nécessaire de démontrer une inexécution fautive de la part de l'acheteur[1]. Ce dernier, tant que la résolution n'est pas définitivement prononcée, a la possibilité d'offrir l'intégralité du prix pour arrêter les poursuites[2]. L'article L. 141-8 du Code de commerce prévoit que le vendeur exerçant l'action résolutoire doit la notifier aux créanciers inscrits sur le fonds de commerce. La résolution fait rentrer rétroactivement le fonds dans le patrimoine du vendeur. Celui-ci devra restituer les éventuels acomptes, alors que l'acquéreur devra restituer, outre le fonds, les fruits produits par l'exploitation du fonds. En outre, le vendeur pourrait obtenir des dommages-intérêts en réparation du préjudice que la résolution lui a causé. La résolution est également opposable aux tiers qu'il s'agisse de sous-acquéreurs ou de créanciers du vendeur.

Selon l'article L. 143-1, en cas de déplacement du fonds de commerce, les créances inscrites deviennent de plein droit exigibles si le propriétaire du fonds n'a pas fait connaître aux créanciers inscrits, quinze jours au moins d'avance, son intention de déplacer le fonds et le nouveau siège qu'il entend lui donner. Cette disposition s'applique au vendeur qui a régulièrement son

1. Com. 1er févr. 1978, *Bull. civ.* IV, n° 48.
2. Req. 29 nov. 1932, *Gaz. Pal.* 1933. 1. 289.

privilège. Pour le vendeur non inscrit, la déchéance du terme sera seulement facultative et elle résultera d'une décision du tribunal de commerce.

SECTION 2
LA LOCATION-GÉRANCE

283 La location-gérance[1], encore dénommée gérance libre, est le contrat par lequel un commerçant donne en location son fonds de commerce à un autre commerçant. L'article L. 144-1 du Code de commerce prévoit qu'elle peut n'être que partielle et elle concerne alors seulement une branche d'activité de l'entreprise[2]. Peu importe la dénomination que les parties auront donnée au contrat[3]. Au contraire des gérances salariées ou des gérances par mandataires, elle confère au locataire la qualité de commerçant. Il exploitera donc le commerce en son nom propre et à ses risques et périls. Le propriétaire du fonds, appelé par la loi loueur, perd alors sa qualité de commerçant. La jurisprudence a indiqué à plusieurs reprises que la location-gérance s'analysait comme la location d'un meuble incorporel[4].

Bien qu'elle ne soit pas dénuée d'intérêt dans l'hypothèse où un temps de latence s'avère nécessaire ou utile, qu'il s'agisse de l'incapacité du propriétaire du fonds de commerce[5] ou d'un délai de réflexion de l'acheteur potentiel, la location-gérance a longtemps été vue avec une certaine défaveur par le Code de commerce, car cette opération avait donné lieu à des spéculations sur les fonds de commerce, de la part de personnes qui achetaient des fonds de commerce dans le seul but de les louer. Le législateur a

1. *Cf.* Raynaud, « Le contrat de location d'un fonds de commerce », *Rev. critique* 1936. 546 ; Houin, « Location-gérance et communauté d'exploitation », *RTD com.* 1954. 21 ; « Le nouveau régime de la location-gérance », *RTD com.* 1956. 197 ; Delfossé, « La location-gérance, une technique de transmission des entreprises », *Dr. et patr.* mars 1994. 20 ; Barret, *Les contrats portant sur le fonds de commerce,* n° 369 s. ; Reygrobellet et Denizot, n° 51.00 s. ; Houtcieff, n° 520 s.
2. Par ex., Com. 10 févr. 1998, *Defrénois* 1998. 733, obs. Delebecque ; *D.* 1998. Somm. 334, obs. Ferrier.
3. Paris 31 mars 1994, *D.* 1994. IR 122.
4. Com. 9 mars 1953, *RTD com.* 1953. 628, obs. Jauffret.
5. Boniface, « La location-gérance d'un fonds appartenant à un mineur », *JCP* N 1995. Prat. 3322.

également parfois craint que le recours à cette technique conduise à l'augmentation des prix.

284 La location-gérance présente également des intérêts pratiques qui n'avaient pas été initialement envisagés par le législateur. Le droit de la sauvegarde du redressement et de la liquidation judiciaire permet parfois le recours à cette technique en cas de cession de l'entreprise. L'article L. 642-13 du Code de commerce prévoit que le tribunal peut autoriser la conclusion d'un contrat de location-gérance, même en présence de toute clause contraire, notamment dans le bail de l'immeuble, au profit de la personne qui a présenté l'offre d'acquisition permettant dans les meilleures conditions d'assurer le plus durablement l'emploi et le paiement des créanciers. L'entreprise devra être effectivement cédée au locataire dans les deux ans du jugement qui arrête le plan.

La location-gérance joue un rôle non négligeable dans les groupes de sociétés ; elle permet d'effectuer des opérations de concentration de manière souple. Elle apparaît souvent comme une sorte de mariage à l'essai. Plutôt d'effectuer immédiatement une fusion ou une prise de participation, une société va prendre en location-gérance une autre entreprise. À la fin de la période de location, il sera possible de procéder définitivement à la concentration ou d'y renoncer. La location-gérance permet également parfois de faire remonter des pertes. Il faut supposer une société dont l'exploitation est déficitaire ; elle donne son fonds en location-gérance à une société du même groupe, mais bénéficiaire. La société locataire réduit ainsi ses résultats imposables.

De même, elle joue un rôle non négligeable dans le domaine de la distribution où elle apparaît comme une alternative à la franchise. Un commerçant peut ainsi développer son réseau de revendeurs en leur louant des fonds. L'avantage du procédé tient à ce qu'il demeurera propriétaire de l'ensemble des fonds de commerce où ses produits sont exploités.

Les conditions (**§ 1**) et les effets de la location-gérance (**§ 2**) sont strictement réglementés. Les dispositions du Code de commerce ont d'ailleurs été déclarées d'ordre public.

§ 1. Les conditions de la location-gérance

285 Il existe des conditions de fond et des conditions de forme.

A. Les conditions de fond

286 Le contrat de location-gérance est un contrat *intuitu personae*. Pour le loueur, la personne du locataire-gérant est essentielle. Il doit avoir pour objet un fonds de commerce ; il est donc nécessaire qu'une clientèle existe toujours. Il doit être consenti par le propriétaire ou l'exploitant[1]. Cette condition n'a pas été jugée remplie par un époux qui a collaboré avec son conjoint dans la gestion d'un fonds commun[2], pas plus qu'une association ne pourrait donner en location-gérance un fonds[3]. L'article L. 144-1 du Code de commerce prévoit que les fonds artisanaux peuvent également faire l'objet d'un contrat de location-gérance. En revanche, tel n'est pas le cas des fonds libéraux, hormis dans l'hypothèse où le législateur prévoit la possibilité de recours à ce contrat en cas de plan de cession d'un fonds en difficultés. Comme le locataire-gérant a la qualité de commerçant, il devra avoir la capacité commerciale.

Mais, la condition essentielle est celle de l'exploitation du fonds par son propriétaire. Dans sa rédaction antérieure à l'ordonnance du 25 mars 2004, l'article L. 144-3 du Code de commerce indiquait, en effet au surplus, que les personnes physiques ou les personnes morales qui concédaient une location-gérance devaient avoir été commerçants (ou artisans) pendant sept ans ou avoir exercé pendant une durée équivalente les fonctions de gérant ou de directeur commercial ou technique et avoir exploité pendant au moins deux années le fonds mis en gérance (ou l'établissement artisanal). Le loueur ne devait pas avoir subi une déchéance prévue par la loi du 30 août 1947 sur l'assainissement des professions

1. Il peut donc éventuellement être consenti par un usufruitier : Civ. 1re, 25 nov. 1986, *D.* 1987. 141, note Morin ; *JCP* 1987. II. 20866, note Cohen.
2. Com. 13 nov. 1963, *JCP* 1964. II. 13801, note Castro ; *RTD com.* 1964. 753, obs. Jauffret.
3. Com. 19 janv. 1988, *Bull. civ.* IV, n° 33 ; *Defrénois* 1988. 594, obs. J. Honorat ; *RTD com.* 1988. 465, obs. Alfandari et Jeantin.

commerciales. Ces exigences constituaient un frein notable au recours à cette technique. Pour cette raison, l'ordonnance du 25 mars 2004 a supprimé la nécessité d'une exploitation de sept ans et la prohibition faite aux personnes interdites de donner en location-gérance. En revanche, elle a laissé subsister la condition d'exploitation pendant deux années, car elle garantit l'existence d'une véritable clientèle et elle limite le risque spéculatif lié à l'acquisition d'un fonds de commerce.

287 Des dispenses de deux ordres sont prévues. L'article L. 144-5 du Code de commerce prévoit que ces conditions de délais ne s'appliquent pas à l'État, aux collectivités locales, aux établissements de crédit, aux incapables majeurs pour les fonds qu'ils possédaient antérieurement à leur mise sous protection, aux héritiers[1], légataires ou bénéficiaires d'un partage d'ascendant pour le fonds recueilli, aux entreprises louant des fonds de commerce pour écouler au détail les produits fabriqués ou distribués par eux et aux loueurs de fonds de commerce de cinémas, de théâtres et de music-halls. Le Code de commerce permet à un mandataire de justice à passer, moyennant une autorisation judiciaire, ce contrat sans respecter ces délais. Il en va de même parfois en cas de procédure de sauvegarde des entreprises.

Malgré cette longue liste, l'énumération légale des cas de dispense se révèle incomplète, par exemple en cas de partage communautaire suite à un divorce ou un décès. Aussi l'article L. 144-4 du Code de commerce prévoit-il que le président du tribunal de grande instance peut ordonner sur requête, le ministère public ayant été entendu, la réduction ou la suppression du délai de deux ans d'exploitation du fonds, si le propriétaire démontre être dans l'impossibilité d'exploiter personnellement le fonds ou par l'intermédiaire de préposés. Pour cela, l'article L. 144-5 comporte, depuis l'ordonnance du 25 mars 2004, un 7° qui écarte la nécessité de la durée d'exploitation « au conjoint attributaire du fonds de commerce ou du fonds artisanal à la suite de la dissolution du régime matrimonial, lorsque ce conjoint a participé pendant au moins deux ans avant la dissolution du régime matrimonial ou son partage ».

1. Pour un conjoint héritier, Com. 11 déc. 2007, *Bull. civ.* IV, n° 263 ; *D.* 2008. 159, note Chevrier.

Le non-respect des conditions de fond est sanctionné par la nullité absolue du contrat[1]. La nullité n'est cependant pas opposable aux tiers. L'article L. 144-10, alinéa 2, du Code de commerce prévoit, comme autre sanction, la déchéance du droit à demander le bénéfice de la propriété commerciale[2].

B. Les conditions de forme

288 La loi n'impose pas que le contrat soit passé par écrit. Mais en pratique, il est inconcevable qu'un écrit ne soit pas dressé, ne serait-ce que pour pouvoir effectuer les formalités de publicité qui ont été fortement simplifiées par un décret du 14 mars 1986.

Le contrat de location-gérance doit être publié, dans les quinze jours de sa date, sous forme d'extraits, dans un journal d'annonces légales. Le locataire-gérant doit se faire immatriculer au registre du commerce et des sociétés. À l'inverse, le propriétaire du fonds doit se faire radier, car il n'a plus la qualité de commerçant. L'article L. 144-7 du Code de commerce prévoit une sanction particulièrement efficace en cas de défaut de publication du contrat de location-gérance : le propriétaire du fonds demeurera solidairement responsable des dettes contractées par le locataire-gérant pour l'exploitation de son commerce.

§ 2. Les effets de la location-gérance

289 La location-gérance permettra au locataire de devenir commerçant. À l'inverse, le propriétaire du fonds perdra cette qualité. Mais cette opération ne concerne pas uniquement les deux parties aux contrats. Les tiers, et notamment les créanciers, risquent de voir leur situation modifiée par cette convention[3]. Il convient donc d'envisager la protection des créanciers, avant d'étudier les rapports nés de la location-gérance et les conséquences lors de l'expiration du contrat.

1. Com. 4 févr. 1975, *D.* 1975. IR 83.
2. Com. 30 juin 1992, *Bull. civ.* IV, n° 256.
3. Le fisc, également concerné par le contrat de location-gérance, bénéficie, en vertu de l'article 1684-3 du Code général des impôts, d'une situation avantageuse, car le propriétaire du fonds est solidairement responsable avec le locataire de la taxe professionnelle, de l'impôt sur les revenus (BIC) ou de l'impôt sur les sociétés dû en raison du fonds.

A. La protection des créanciers

290 La location-gérance est susceptible de causer préjudice aux créanciers du propriétaire et à ceux du locataire-gérant. Les premiers peuvent craindre que le fait que l'entreprise soit confiée à un tiers ne diminue la valeur du fonds, voire le conduise à sa disparition. Les seconds voient leur créancier prendre un risque supplémentaire, dû à l'exercice du commerce. Pour cette raison, différentes mesures ont été prévues au début et à la fin du contrat.

1. La protection des créanciers en début de contrat

291 L'article L. 144-6 du Code de commerce prévoit que les créanciers du propriétaire du fonds de commerce, dans les trois mois à compter de la publication du contrat de location-gérance dans un journal d'annonces légales, auront la faculté de demander au juge l'exigibilité immédiate de leurs créances à terme. Ils devront démontrer que la location-gérance compromet leur chance de recevoir un paiement satisfactoire[1]. L'opportunité de la décision relève de l'appréciation du tribunal qui ne sera jamais obligé de prononcer cette mesure.

L'article L. 144-7 du Code de commerce prévoit que le propriétaire du fonds est solidairement responsable avec le locataire-gérant des dettes contractées par celui-ci pour l'exploitation de son fonds, dans les six mois suivant la publication du contrat. Les dettes doivent correspondre à une nécessité d'exploitation[2]. La jurisprudence a une conception extensive, puisque selon elle la nature juridique de la créance importe peu ; elles peuvent être contractuelles, délictuelles ou légales[3]. Ces dettes doivent être nées dans le délai de six mois ; leur date d'exigibilité importe peu[4]. Le point de départ de ce délai est fixé au jour de la publication dans un journal d'annonces légales du contrat.

1. Com. 26 nov. 1979, *Bull. civ.* IV, n° 302 ; *RTD com.* 1980. 76, obs. Derruppé.
2. Com. 8 janv. 1980, *JCP* 1980. II. 19358 ; Com. 24 juin 1986, *Bull. civ.* IV, n° 139.
3. Com. 4 mai 1999, *Bull. civ.* IV, n° 92 ; *Defrénois* 1999. 860, obs. Le Cannu.
4. Com. 19 nov. 1975, *JCP* 1976. II. 18300.

2. La protection des créanciers en fin de contrat

292 L'article L. 144-9 du Code de commerce indique qu'à compter de la publication, dans un journal d'annonces légales, de la cessation du contrat de location-gérance, les dettes du locataire-gérant résultant de l'exploitation du fonds deviennent de plein droit exigibles. Cette solution s'explique par le fait que l'on peut penser que la cessation du contrat diminue la solvabilité de l'ancien locataire-gérant.

B. Les rapports nés de la location-gérance

293 Les rapports nés de la location-gérance concernent uniquement les relations entre les parties au contrat, le propriétaire et le locataire. En revanche, il n'existe pas de rapports entre le locataire et le propriétaire des murs, s'il diffère du propriétaire du fonds de commerce. En effet, la location-gérance ne s'analyse aucunement en une sous-location. Il faut toutefois noter que le bail de l'immeuble peut interdire la mise du fonds de commerce en location-gérance[1].

En principe, les rapports entre le propriétaire du fonds et le gérant sont régis par les règles du droit commun du louage prévues par les articles 1714 et suivants, du Code civil. Il est très fréquemment stipulé une clause résolutoire de plein droit. La résiliation sera prononcée en cas de manquement par le locataire-gérant de l'une de ses obligations essentielles.

L'obligation essentielle du propriétaire consiste dans la délivrance du fonds de commerce. Il doit permettre à son cocontractant d'utiliser tous les éléments constitutifs du fonds de commerce loué. Assez souvent en pratique, certaines modalités sont prévues, comme la présentation du locataire à la clientèle. Toujours en application des règles du droit commun du bail, il est tenu d'obligations de garantie.

294 Le locataire-gérant doit exploiter le fonds loué en bon père de famille. Il doit donc l'exploiter selon la destination qui a été prévue par le contrat. En conséquence, la déspécialisation n'est pas

1. Com. 26 nov. 1986, *Gaz. Pal.* 1987. 1. Pan. 4.

admise. Il doit l'exploiter personnellement. Sauf stipulations contractuelles en sens contraire, la sous-location est interdite. Il doit également payer le montant de la location. Ce loyer peut être fixe ou comporter une participation aux bénéfices. Le plus souvent une clause d'échelle mobile sera stipulée ; elle devra se conformer aux prescriptions de l'article 79 de l'ordonnance du 30 décembre 1958. L'article L. 144-11 du Code de commerce prévoit la possibilité d'une révision du loyer quand, par le jeu de cette clause, le prix se trouve modifié de plus du quart par rapport au prix précédemment fixé[1]. Il n'existe pas en la matière de procédure de révision du loyer équivalente à la révision triennale existant pour les baux commerciaux. La question s'est posée de savoir s'il pouvait exister une location-gérance sans redevance. Après avoir considéré que, comme tout bail, elle devait comporter la stipulation d'un prix, la Cour de cassation a admis l'existence d'un contrat de location-gérance dans une hypothèse où un fonds avait été concédé à une personne qui l'exploitait à ses risques et périls dans un intérêt économique commun avec le concédant[2].

Malgré quelques hésitations, on peut estimer que l'article 1743 du Code civil, prévoyant l'opposabilité du bail à l'acquéreur du bien loué, recevra application[3]. En réalité, le problème est plus théorique que pratique, car l'acquéreur potentiel d'un fonds loué est nécessairement informé de l'existence de la location-gérance par la publication de ce contrat.

Le propriétaire du fonds, de son côté, ne doit pas faire concurrence au locataire-gérant. En pratique, les contrats de location-gérance comportent toujours des clauses de non-concurrence qui ne présentent pas en cette matière de particularisme. Hormis stipulations contraires, le propriétaire conserve le droit de vendre son fonds de commerce ou de l'apporter en société.

1. Com. 6 janv. 1993, *RTD com.* 1993. 632, obs. Pédamon.
2. Com. 23 mars 1999, *D. Affaires* 1999. 825, obs. A.-L. M.-D.
3. Com. 5 juill. 1949, *JCP* 1950. II. 5463.

C. La cessation du contrat de location-gérance

295 La cessation du contrat de location-gérance peut résulter de l'arrivée du terme, ou de la résiliation du contrat au cas d'inexécution de ses obligations par le locataire-gérant ou de la résiliation par n'importe quelle partie, si le contrat était à durée indéterminée[1], ce qui est exceptionnel pratiquement. Le contrat n'est pas résilié de plein droit par le prononcé d'un redressement judiciaire, puisque l'administrateur judiciaire a la possibilité de continuer le contrat. Le locataire-gérant est tenu de restituer le fonds de commerce et il doit répondre de la perte de valeur, lorsque cette perte de valeur est due à sa faute[2]. Dans l'hypothèse où le locataire-gérant continuerait son exploitation après l'échéance du terme, sans que le contrat ne soit renouvelé, il y aura alors tacite reconduction.

À l'issue du contrat, le locataire-gérant sera tenu de restituer le fonds de commerce, objet du contrat. Un des principaux inconvénients de la location-gérance pour le locataire est qu'il n'est pas titulaire du droit au renouvellement du contrat[3]. Le bénéfice du statut protecteur des baux commerciaux ne lui est pas accordé. En conséquence, il n'aura pas droit à une indemnité d'éviction. Il n'a également pas droit à une indemnité compensatrice pour la plus-value qu'il a pu apporter au fonds de commerce[4]. On justifie cette règle par le fait que ces plus-values se sont, en réalité, incorporées dans le fonds de commerce et qu'elles en deviennent un élément indissociable[5]. D'ailleurs le plus souvent, cette indemnisation est expressément écartée par le contrat de location-gérance.

Toutefois cette absence d'indemnisation connaît quelques timides limites. Si le bail avait pour objet à la fois les murs et le fonds de commerce, l'article L. 145-46 du Code de commerce prévoit que le bailleur devra verser au locataire, à son départ, une indemnité correspondant au profit qu'il pourra retirer de la plus-

1. Com. 9 mars 1970, *Bull. civ.* IV, n° 87.
2. Com. 6 mai 2002, *JCP* E 2002. 1509, note Leveneur.
3. Com. 29 avr. 1997, *RTD com.* 1997. 630, obs. Derruppé.
4. Fort-de-France 12 mars 1981, *RTD com.* 1982. 90, obs. Derruppé.
5. Pédamon et Kenfack, n° 363.

value apportée au fonds, ou à la valeur locative de l'immeuble par les améliorations matérielles effectuées par le locataire avec l'accord exprès du loueur. De même, s'il a créé une branche d'activité nouvelle et distincte, il n'est pas tenu de restituer la fraction de fonds créée[1], ce qui pratiquement pose des questions d'appréciation délicates.

Puisqu'il n'y a pas eu de renouvellement, le propriétaire reprend le fonds de commerce. Il le reprend avec les salariés qui y exercent leur travail. En cas de licenciements consécutifs à une location-gérance, leurs conséquences pécuniaires seront normalement supportées par le propriétaire[2]. Par exception, elles le seront par le locataire-gérant en cas de cessation d'activité de son seul fait.

Le locataire-gérant a en principe la possibilité de se réinstaller et de concurrencer le propriétaire du fonds, tout au moins lorsque cette concurrence reste loyale. Mais en pratique, il est fréquemment stipulé une clause de non-concurrence.

Section 3
Le nantissement du fonds de commerce

296 Le nantissement du fonds de commerce est une sûreté réelle n'emportant pas la dépossession du débiteur constituant. Fréquente en pratique, cette sûreté offre une faible sécurité, car la valeur du fonds est souvent relativement faible lors de sa réalisation. L'article 22 de la loi du 5 juillet 1996, relative au développement et à la promotion du commerce et de l'artisanat, prévoit que le fonds artisanal peut désormais faire l'objet d'un nantissement dans les conditions et sous les formalités prévues par le Code de commerce. On distinguera le nantissement conventionnel (**§ 1**) et le nantissement judiciaire (**§ 2**).

1. Civ. 3e, 22 mai 1968, *JCP* 1969. II. 15784, note Boccara.
2. Soc. 9 juin 1983, *Bull. civ.* V, n° 318.

§ 1. Le nantissement conventionnel du fonds de commerce

297 Le nantissement conventionnel du fonds de commerce présente des particularités tant par ses éléments constitutifs que par ses effets.

A. Les éléments constitutifs

298 Le contrat de nantissement passé entre un créancier et le débiteur qui affecte le fonds de commerce de ce dernier en garantie doit être passé par acte authentique ou par acte sous seing privé, dûment enregistré[1]. Si le fonds est un bien commun des époux, l'article 1424 du Code civil impose le consentement des deux conjoints. Il doit être inscrit au greffe du tribunal de commerce dans les quinze jours de sa constitution, à peine de nullité du nantissement, mais il ne rétroagit pas[2]. Aux termes de l'article L. 142-4 du Code de commerce, cette inscription est nécessaire pour la validité du nantissement et sa date est attributive de rang[3]. En cas d'inscriptions prises le même jour, il y aura concurrence entre les créanciers. L'inscription est valable dix ans renouvelables et elle garantit deux ans d'intérêts. Elle sera rayée sur présentation d'un jugement ou d'un acte authentique exprimant le consentement du créancier. S'il porte sur des brevets d'invention, des dessins et des modèles ou des marques de fabrique une inscription supplémentaire devra être effectuée dans les quinze jours de la précédente à l'INPI. Il ne peut plus être inscrit après le redressement ou la liquidation judiciaire du débiteur, en raison de l'arrêt du cours des inscriptions.

Pour l'assiette du nantissement, trois catégories de biens doivent être distinguées. Les marchandises sont nécessairement exclues du nantissement, puisque celles-ci sont destinées à la

1. Rouzet, « Le point sur la virgule (L. 17 mars 1909, art. 10, al. 1) », *Mélanges Derruppé*, p. 355.
2. Pour un rappel de l'importance de ce délai Com. 15 févr. 2012, *JCP* E 2012. 1425, note Brault.
3. Sur les conséquences d'une omission ou d'une erreur, Com. 19 mai 1998, *D.* 1998. Somm. 377, obs. Piedelièvre.

vente. Ensuite, à défaut de désignation expresse et précise dans l'acte constitutif, le nantissement ne comprend que l'enseigne, le nom commercial, le droit au bail, la clientèle et l'achalandage. Enfin, les autres éléments, comme le matériel et les droits de propriété industrielle peuvent être intégrés dans l'assiette, à condition qu'ils aient été expressément visés dans l'acte constitutif.

En application des règles de la subrogation réelle, le nantissement peut porter sur des indemnités d'assurance. La subrogation joue uniquement lorsque les indemnités couvrent la perte directe d'un élément du fonds englobé dans la garantie[1].

B. Les effets du nantissement

Sont garantis non seulement le paiement du créancier, mais aussi la conservation de l'assiette de la sûreté.

1. La garantie de paiement

299 Le créancier titulaire d'un nantissement sur fonds de commerce bénéficie d'un droit de préférence et d'un droit de suite.

Par le droit de préférence, les créanciers ont la possibilité de faire saisir le fonds et de se faire payer de façon prioritaire sur la valeur ainsi dégagée. Si plusieurs créanciers bénéficient d'un nantissement sur fonds de commerce, préférence sera donnée à celui qui sera le premier inscrit. Ce droit de préférence n'est pas, en réalité, toujours très intéressant pour lui. Certes, il lui permet de primer les créanciers chirographaires, mais en cas de procédure de sauvegarde des entreprises sa situation devient précaire, car il est notamment primé par le super-privilège des salariés, par le privilège des frais de justice, par les privilèges généraux du Trésor et par le privilège des créanciers qui ont permis la continuation de l'exploitation. Pratiquement, après le paiement de ces privilèges, il ne reste plus rien.

Comme le fonds de commerce est un bien incorporel, le créancier ne bénéficie pas d'un droit de rétention[2] qui aurait amélioré sa position en cas d'ouverture d'une procédure collective à

1. Pour l'absence de subrogation en cas d'assurance perte d'exploitation, Com. 9 nov. 1999, *RTD com.* 2000. 72, obs. Derruppé ; *D.* 2000. Somm. 390, obs. Piedelièvre.
2. Com. 26 oct. 1971, *D.* 1972. 61, note Derrida.

l'encontre du débiteur. De même, l'article L. 142-1 du Code de commerce ne lui permet pas de se faire attribuer le fonds de commerce en paiement[1].

Le créancier bénéficie d'un droit de suite qui lui permet de suivre le bien en quelques mains qu'il se trouve. Concrètement cela signifie que ce droit permettra au créancier d'exiger le paiement de l'acquéreur du fonds. En cas de sommation de payer, l'acquéreur a, dans les quinze jours de cette sommation, la faculté de purger.

Le tiers acquéreur notifiera aux créanciers inscrits les caractéristiques du fonds et le prix qu'il est prêt à payer. Les créanciers inscrits ont la possibilité d'accepter cette offre ou de la refuser. Dans ce dernier cas, ils devront requérir la mise en vente aux enchères publiques du fonds en offrant de porter le prix principal, non compris le matériel et les marchandises, majoré d'un dixième. La vente judiciaire vaudra purge des privilèges inscrits.

2. La conservation de l'assiette du privilège

300 Différents événements peuvent diminuer la valeur du fonds de commerce et par là même diminuer le gage du créancier inscrit. Pour éviter ce résultat, différentes mesures protectrices ont été prises.

L'article L. 143-1 du Code de commerce prévoit que le débiteur qui désire déplacer son fonds de commerce doit en avertir le créancier au moins quinze jours auparavant, sous peine d'exigibilité immédiate de la créance. Le créancier ainsi averti peut accepter le déplacement et il devra alors régulariser une nouvelle inscription. S'il refuse, il peut demander l'exigibilité immédiate de sa créance. Le créancier est tenu de régulariser son inscription en cas de déplacement du fonds de commerce dans un autre ressort[2].

Dans le même ordre d'idée, le débiteur qui vend de manière séparée un des éléments du fonds de commerce diminue le gage du créancier. Aussi la jurisprudence décide-t-elle que le débiteur qui agit ainsi, sans l'autorisation du créancier, commet le délit de détournement d'objet remis en gage qui est sanctionné par les

1. Com. 13 oct. 1998, *D.* 1999. Somm. 299, obs. Piedelièvre.
2. Com. 3 juill. 2009, *RTD com.* 2010. 182, obs. Bouloc.

peines de l'abus de confiance[1]. En cas de saisie des éléments corporels du fonds, le saisissant doit notifier la saisie au créancier inscrit qui pourra faire valoir la diminution de son gage.

La déspécialisation doit être notifiée au créancier, sans que soit prévue de sanction spécifique.

Toute demande de résiliation de bail doit être notifiée au créancier, sinon la résiliation lui serait inopposable[2]. Le créancier peut paralyser la demande en payant les loyers, si telle est la cause de résiliation. La demande de résiliation de la vente du fonds de commerce doit être également notifiée au créancier inscrit qui pourra la bloquer en payant le vendeur.

§ 2. Le nantissement judiciaire

301 Créé par une loi du 12 novembre 1955, insérée dans les articles 53 et suivants, de l'ancien Code procédure civile[3] et remplacé par l'article 77 de la loi du 9 juillet 1991 et par les articles 252 et suivants, de son décret d'application du 31 juillet 1992, le nantissement judiciaire du fonds de commerce est désormais réglementé par le Code des procédures civiles d'exécution. L'article L. 531-1 de ce code dispose qu'« une sûreté judiciaire peut être constituée à titre conservatoire sur les immeubles, les fonds de commerce, les actions, parts sociales et valeurs mobilières ». Ce nantissement s'analyse comme une mesure conservatoire permettant à un créancier de se prémunir contre les risques d'insolvabilité de son débiteur commerçant. Il englobe les mêmes éléments que le nantissement conventionnel.

Cette mesure conservatoire suppose en principe une autorisation judiciaire. Le demandeur doit justifier d'une créance paraissant fondée dans son principe. Comme la nature de la créance est indifférente, le juge compétent sera, selon cette nature, le président du tribunal de grande instance, le juge d'instance ou le

1. Crim. 6 janv. 1966, *Gaz. Pal.* 1966. 1. 244.
2. Com. 11 juill. 2006, *JCP* E 2006. 2824, n° 19, obs. Delebecque ; Com. 16 oct. 2007, *LPA* 30 nov. 2007 8, note Guedj.
3. Weill et Maus, « Le nantissement judiciaire du fonds de commerce », *D.* 1956. 87.

président du tribunal de commerce. En tout état de cause, il sera saisi par requête. Le recouvrement de la créance doit sembler en péril et l'inscription paraître urgente. L'ordonnance détermine le montant des sommes garanties et elle désigne le fonds grevé.

Le créancier peut faire directement inscrire cette sûreté, s'il possède un titre exécutoire, une lettre de change acceptée, un chèque ou un billet à ordre impayés, un loyer impayé résultant d'un contrat écrit de louage d'immeuble.

Une inscription provisoire de nantissement sera effectuée auprès du tribunal de commerce. L'article R. 532-2 du Code des procédures civiles d'exécution précise les formalités nécessaires pour l'inscription. La publicité provisoire est effectuée sans que le débiteur n'ait été informé de la mesure prise contre lui. Le but des sûretés judiciaires est d'empêcher ce dernier d'organiser son insolvabilité. Une fois la formalité de publicité effectuée, ce risque est écarté et il est alors nécessaire de l'informer dans un bref délai de la mesure qui a été prise contre lui. Le caractère secret de la procédure n'a plus de raison d'être. Cette information est réglementée par l'article R. 532-5.

Le créancier doit alors introduire, dans le mois de cette inscription, une action au fonds lui permettant d'obtenir un titre exécutoire. Une fois celui-ci obtenu, il doit procéder dans les deux mois à l'inscription définitive de son nantissement qui rétroagira à la date de l'inscription provisoire.

SYNTHÈSE

Le fonds de commerce permet à son titulaire de **retirer les bénéfices résultant de son exploitation.** Il est également un **objet du commerce** qui peut être vendu, loué ou donné en garantie.

La vente du fonds de commerce

La vente du fonds de commerce nécessite, pour sa formation, la **réunion de conditions de fond et des conditions de forme.** Les conditions de fond présentent une **spécificité relativement à la capacité, au consentement et à l'objet.** Pour le vendeur et pour l'acquéreur, la vente est considérée comme **un acte de commerce.** Le consentement doit être **exempt de vices. L'erreur sur l'importance de la clientèle** est fréquemment invoquée. Assez souvent, la jurisprudence opère une **réduction du prix.** L'objet pose les questions de la **consistance du fonds cédé** et celle du **prix de cession.** Il appartient normalement aux parties de s'entendre sur les **éléments du fonds englobés dans la vente.** En tout état de cause, **l'élément générateur de la clientèle** doit être transmis. Le principal problème posé par le prix est celui du **dessous-de-table** destiné à frauder le fisc. L'État bénéficie **d'un droit de préemption,** s'il juge le prix inférieur à la valeur du fonds. Il doit alors offrir le **prix stipulé majoré du dixième.** Même si la vente du fonds de commerce est en théorie un **contrat consensuel,** il est indispensable, ne serait-ce que pour des **raisons de publicité,** qu'elle soit **passée par écrit.** De toute façon, le vendeur est tenu, **à peine de nullité,** de fournir à l'acquéreur **certaines indications.**

La vente du fonds de commerce doit faire l'objet de **mesures de publicité.** Celles-ci sont effectuées par un **système d'insertion dans les journaux d'annonces légales.** Leur but est de susciter l'éventuelle **opposition des créanciers du vendeur.** L'opposition consiste dans le fait **d'interdire à l'acquéreur de payer le prix**

entre les mains du vendeur. Les créanciers inscrits qui jugent le prix insuffisant ont la possibilité **d'effectuer la surenchère du sixième.**

Le principal effet de la vente du fonds de commerce est de **transférer la propriété du fonds vendu.** Le vendeur a une **obligation de délivrance et une obligation de garantie.** De son côté, l'acheteur est tenu de **payer le prix.**

La location-gérance

La location-gérance est le contrat par lequel un **commerçant donne en location son fonds à un autre commerçant.** Les **fonds artisanaux** peuvent également faire l'objet d'un tel contrat. Elle permettra au locataire de **devenir commerçant.** À l'inverse, le propriétaire du fonds **perdra cette qualité.** Le locataire-gérant doit exploiter le fonds selon la **destination prévue par le contrat,** la **déspécialisation n'étant pas admise,** et payer le prix de location. Il n'a pas droit au **renouvellement du contrat,** car il ne bénéficie pas du **statut protecteur des baux commerciaux.** Il ne peut pas prétendre, en fin de contrat, à une **indemnité compensatrice pour la plus-value apportée au fonds de commerce.**

Le nantissement du fonds de commerce

Le nantissement du fonds de commerce est une **sûreté réelle n'emportant pas la dépossession du débiteur constituant.** Le fonds artisanal peut également être grevé par un nantissement. Ce contrat doit être passé par **acte authentique ou par acte sous seing privé enregistré.** Le créancier muni de cette sûreté bénéficie **d'un droit de préférence et d'un droit de suite.** Par le droit de préférence, les créanciers ont la possibilité de **faire saisir le fonds et de se faire payer de façon prioritaire sur la valeur ainsi dégagée.** Le droit de suite lui permet **de suivre le bien en quelque main qu'il se trouve pour le faire vendre.**

TITRE 2

LES RAPPORTS NÉS DE L'ACTIVITÉ COMMERCIALE

302 L'activité commerciale a un objectif bien déterminé, la recherche et la fidélisation de la clientèle, puisque c'est elle qui permettra le chiffre d'affaires, donc les bénéfices que peut espérer le commerçant. La distribution, par un commerçant, de ses produits est primordiale. Assez souvent, il s'adressera à des intermédiaires qui seront chargés de les placer (CHAPITRE 1). Dans l'immense majorité des cas, l'entreprise commerciale ne jouit pas d'un monopole de fait ou de droit. Elle exerce son activité en concurrence avec d'autres entreprises. Cette concurrence peut être bénéfique, mais à condition d'être saine, ce qui nécessitera une réglementation (CHAPITRE 2). Mais si le commerçant a des concurrents, il a surtout des clients qui doivent être protégés. Pour éviter un mauvais fonctionnement des rapports avec la clientèle, ce qui serait néfaste à celle-ci, la tendance actuelle est au développement d'un droit de la consommation très protecteur de la partie réputée faible (CHAPITRE 3).

CHAPITRE 1

La distribution des produits

303 Il est assez rare en pratique qu'un commerçant puisse traiter directement avec tous ses fournisseurs et tous ses clients. Il arrive même parfois qu'il ne les connaisse pas tous. Il ne peut alors les atteindre que par des intermédiaires professionnels dont le rôle consiste à rapprocher des parties et donc à faciliter la conclusion d'opérations commerciales. Le Code de commerce avait prévu deux contrats permettant à un commerçant de distribuer ses produits (SECTION 1). Mais ils sont devenus insuffisants compte tenu de l'essor que la distribution a pris ces dernières années. Aussi a-t-on assisté à l'apparition de nouveaux contrats[1] (SECTION 2).

1. V. Behar-Touchais et Virassamy, *Droit de la distribution*, 1re éd., 1999 ; Beauchard, *Droit de la distribution et de la consommation*, 1re éd., 1996 ; Ferrier, *Droit de la distribution*, 6e éd., 2012.

SECTION 1

LES CONTRATS DE DISTRIBUTION PRÉVUS PAR LE CODE DE COMMERCE

304 Le Code de commerce avait originairement prévu deux contrats permettant de rapprocher de futurs contractants : la commission (**§ 1**) et le courtage (**§ 2**).

§ 1. La commission

305 L'article L. 132-1, alinéa 1, du Code de commerce définit le commissionnaire comme « celui qui agit en son propre nom ou sous un nom social pour le compte d'un commettant ». Ce contrat institue une représentation imparfaite[1]. Le commissionnaire agit sous son propre nom et pour le compte du commettant. La situation diffère de celle résultant d'un mandat qui est le contrat par lequel un mandant donne à un mandataire le pouvoir d'accomplir en son nom et pour son compte des actes juridiques[2]. Le commissionnaire est véritablement un intermédiaire, car il déclare qu'il agit en son nom et pour le compte d'une autre personne dont il ne révèle pas l'identité. « Ce procédé a été imaginé pour permettre à un commerçant de faire des opérations commerciales en utilisant les services d'un autre commerçant »[3]. L'article L. 110-1 du Code de commerce répute acte de commerce tout entreprise de commission.

Cette opération est toujours très usitée dans la vie des affaires, par exemple dans le droit des transports, avec notamment le nouveau contrat type de commission publié par le décret du 5 avril 2013 en matière de douanes ou en matière de bourse. Elle a reçu ces dernières années de nouvelles applications. Les centrales

1. Dumont, *L'opération de commission*, 2000; Le Tourneau, *Les contrats de distribution*, 2e éd., 2010.
2. Sur la distinction entre la commission et le mandat, Com. 3 mai 1965, *Bull. civ.* III, n° 280 ; Civ. 1re, 10 févr. 1998, *Bull. civ.* I, n° 59.
3. Ripert et Roblot par Delebecque et Germain, *Traité de droit commercial*, t. 2, 16e éd., n° 2635.

d'achat utilisent parfois cette technique. Il arrive fréquemment que des commerçants se groupent pour leurs achats, afin d'obtenir les meilleurs prix. Ils créent, le plus souvent sous la forme d'une société anonyme, une centrale d'achat qui est commissionnaire, puisqu'elle achète pour le compte des associés. On assiste actuellement au développement de la commission-affiliation[1]. Il s'agit d'une opération de distribution par laquelle une personne commerçante, dite commissionnaire, vend des produits appartenant à une autre personne (commettant), pour le compte de cette dernière et sous son enseigne, avec en contrepartie le versement d'une commission calculée sur le chiffre d'affaires réalisé.

L'étude de l'opération de commission nécessite que l'on envisage successivement les rapports des parties à ce contrat, avant de voir les rapports des parties avec les tiers.

A. Les rapports des parties au contrat de commission

306 Le contrat de commission met des obligations à la charge du commissionnaire et à la charge du commettant.

1. Les obligations du commissionnaire

307 La principale obligation du commissionnaire consiste à exécuter sa mission. Cela signifie qu'il doit exécuter en son nom l'opération dont il a été chargé, en respectant les ordres qui lui ont été transmis par le commettant. Le plus souvent, ils concernent les prix. Parmi ces ordres, certains sont impératifs pour lui, alors que d'autres dits indicatifs lui offrent une liberté de manœuvres. On s'interroge fréquemment pour savoir si l'obligation pour le commissionnaire de conclure l'opération stipulée s'analyse en une obligation de moyens ou en une obligation de résultat. Selon la jurisprudence, tout dépend de la volonté des parties[2]. Étant un professionnel de la représentation, sa responsabilité sera rigoureusement appréciée[3]. Il devra également rendre compte en fin de mission.

1. Sur lequel par ex. Ferrier, « La commission-affiliation : Charybe ou Scylla ? », *D.* 2008. 2908 ; Mainguy et Respaud, « À propos du contrat de commission-affiliation », *Mélanges Le Tourneau*, p. 706.
2. Com. 26 févr. 1980, *Bull. civ.* IV, n° 100.
3. Com. 5 oct. 1965, *Gaz. Pal.* 1966. 1. 218.

En principe, le commissionnaire ne garantit pas l'exécution de l'opération convenue. Il est cependant possible d'insérer une convention de ducroire. En ce cas, le commissionnaire prend à sa charge la bonne fin de l'opération, sauf en principe en cas de force majeure, moyennant une rémunération supplémentaire. La jurisprudence a précisé que l'obligation résultant d'une convention de ducroire ne se limite pas à la solvabilité du tiers avec lequel il contracte[1].

Le commissionnaire pourrait envisager de prendre à son compte l'opération prévue par le contrat de commission. Par exemple, s'il est chargé d'acheter des marchandises, il serait tentant pour lui de vendre celles dont il est propriétaire. Le droit commercial interdit cette pratique appelée contrepartie, car il considère que cette opération est trop dangereuse pour le commettant[2]. Le non-respect de cette règle entraîne la nullité du contrat de commission[3]. Toutefois, la contrepartie devient possible en cas de clause expresse prévue par le contrat de commission.

2. Les obligations du commettant

308 Le commettant a une obligation essentielle qui consiste dans le paiement de la rémunération due au commissionnaire. Elle prend le nom de commission ; elle peut être fixe ou proportionnelle à l'opération convenue. Il doit également rembourser les frais que le commissionnaire a engagés pour l'exécution de sa mission. Le commissionnaire bénéficie de plusieurs garanties. Tant qu'il est encore en possession des marchandises, il bénéficie d'un droit de rétention. Mais surtout l'article L. 132-2 du Code de commerce, lui octroie un privilège « sur la valeur des marchandises faisant l'objet de son obligation et sur les documents qui s'y rapportent pour toutes ses créances de commission sur son commettant, même nées d'opérations antérieures ».

1. Com. 6 janv. 1981, *Bull. civ.* IV, n° 4 ; *Gaz. Pal.* 1981. 2. Pan. 180, obs. A. Piedelièvre.
2. Dans le but de soutenir les cours de bourse, il existe une dérogation à cette règle pour les sociétés de bourse qui ont la possibilité d'acquérir les titres qu'elles sont chargées de vendre.
3. Req. 28 mars 1904, *DP* 1905. 1. 65, note Lacour.

B. Les rapports des parties au contrat de commission avec les tiers

309 La commission s'analyse en un contrat de représentation imparfaite. Il en résulte qu'en principe les tiers ne connaissent que le commissionnaire. De même, le commettant ne connaît pas les tiers avec lesquels le commissionnaire traite. Par conséquent, il n'existe pas d'action directe des tiers contre le commettant ou du commettant contre les tiers[1]. Pour autant, les effets du contrat se produiront dans le patrimoine du commettant. Par exemple, en cas de commission d'achat, le commissionnaire ne devient pas propriétaire des marchandises ; il les détient pour le compte du commettant qui est devenu propriétaire.

Par exception, le droit de la sauvegarde des entreprises admet une action directe du commettant envers les tiers, dans l'hypothèse où le commissionnaire fait l'objet d'une telle procédure. L'article L. 622-1 du Code de commerce envisage l'hypothèse où le commissionnaire s'était porté acquéreur de marchandises pour le compte du commettant. Ce dernier peut alors les revendiquer chez le tiers ou chez le commissionnaire, si elles se retrouvent en nature. De son côté l'article 622-7 de ce même Code vise le cas où le commissionnaire a vendu des marchandises pour le compte du commettant. Ce dernier a la faculté de réclamer au tiers le prix ou la partie du prix qui n'a pas été payé.

§ 2. Le courtage

310 Le courtage se définit comme l'opération par laquelle une personne dite courtier met en contact des personnes qui désirent contracter pour les amener à passer un acte. Les services du courtier sont sollicités par une personne dénommée donneur d'ordre. Contrairement au commissionnaire, le courtier ne contracte pas avec des tiers[2]. Le Code de commerce ne définit pas ce contrat. Son article L. 131-1 prévoit trois catégories de courtiers : ceux de

1. Civ. 20 juill. 1871, *DP* 1871. 1. 232 ; Com. 15 juill. 1963, *Bull. civ.* III, n° 378.
2. Com. 16 juill. 1964, *Bull. civ.* III, n° 376.

marchandises, ceux interprètes et conducteurs de navires et ceux de transport par terre et par eau. Il existe d'autres variétés de courtiers, comme les agences matrimoniales. On se limitera au courtage de marchandises qui consiste à rapprocher des vendeurs et des acheteurs. Selon l'article 1er du décret du 29 avril 1994, « le courtage en marchandises peut être effectué par tout commerçant ». Les courtiers, qu'ils soient personnes physiques ou personnes morales agissent donc en toute indépendance.

De nouvelles formes de courtage sont apparues récemment avec les centrales de référencement. Il s'agit d'un groupement de commerçants qui créent une société qui a pour objet de rechercher et de négocier des offres de fournisseurs, afin d'obtenir les meilleurs prix et de bonnes conditions de paiement. Ici contrairement à la solution existant en cas de centrale d'achat, les commandes seront passées directement par les commerçants. Les contrats liant ces derniers à la centrale de référencement sont analysés par la jurisprudence comme des contrats de courtage[1]. On assiste également à un fort développement du courtage en ligne. Tel est le cas par exemple avec les plates-formes électroniques d'enchères[2].

Les obligations du courtier tournent autour de l'idée que celui-ci doit exécuter la mission qui lui a été confiée. Étant un professionnel, on exige de lui une diligence particulière. Il doit informer de manière exacte les différentes parties sur l'opération à conclure. Il devra présenter à son client un partenaire sérieux[3]. En revanche, il ne répond pas de la non-conclusion ou de l'inexécution du contrat[4]. Une fois sa mission terminée, il doit en rendre compte.

Le courtier a droit à une rémunération appelée courtage. Normalement, elle est due par les deux parties que le courtier a rapprochées, puisque chacune d'entre elles a bénéficié de l'intervention. Mais il arrive assez fréquemment qu'il soit convenu

1. Colmar 15 juill. 1988, *LPA* 30 sept. 1988. 8.
2. V. Ferrier, *Droit de la distribution*, n° 270.
3. Pour la responsabilité d'un courtier qui a mis son client en rapport avec une personne notoirement insolvable, Civ. 1re, 19 janv. 1988, *Bull. civ.* I, n° 9 ; *RTD civ.* 1988. 734, obs. Mestre.
4. Com. 26 mai 1982, *Bull. civ.* IV, n° 209.

qu'elle sera uniquement versée par le donneur d'ordre. Le courtage sera dû dès la conclusion du contrat[1]. Contrairement à la solution existant en matière de commission, le courtier ne bénéficie pas du privilège de l'article L. 132-2 du Code de commerce.

SECTION 2
LES NOUVEAUX CONTRATS DE DISTRIBUTION

311 La commission et le courtage se sont rapidement révélés insuffisants pour permettre une bonne distribution des produits d'un commerçant. Ce phénomène s'est accentué ces dernières années avec l'apparition des commerçants de la grande distribution qui exploitent des supermarchés ou des hypermarchés. Aussi la pratique a imaginé de nouvelles formes de distribution. L'une des caractéristiques de ces nouvelles techniques tient à ce que les distributeurs n'ont pas tous le même statut. Certains sont salariés (**§ 1**), d'autres mandataires (**§ 2**) ou d'autres enfin commerçants (**§ 3**).

§ 1. La distribution par un salarié

312 Les commerçants peuvent recourir pour placer leurs produits à des voyageurs, représentants et placiers. Leur fonction consiste à prospecter et à recueillir des commandes pour une entreprise. Ayant la qualité de salariés, leur statut, qui est d'ordre public, est prévu par les articles L. 7311-1 et suivants du Code du travail. Cette profession nécessite la possession d'une carte d'identité professionnelle.

Pour bénéficier du statut légal, le VRP doit remplir trois conditions. Il faut d'abord qu'il travaille pour une ou plusieurs personnes. Il est donc subordonné à son employeur. Lorsqu'il

1. Com. 3 févr. 1958, *D.* 1958. 433.

travaille pour plusieurs employeurs, il est dit « multicarte ». Mais sauf clause contraire, il doit demander l'autorisation de son employeur pour prendre une nouvelle représentation. L'article L. 7313-6 du Code du travail prévoit que le contrat de travail peut interdire au VRP de représenter des entreprises ou des produits déterminés. Ensuite, il lui est interdit de faire pour son compte personnel des opérations, faute sinon pour lui de devenir commerçant. Il a la possibilité de cumuler cette fonction avec une autre activité salariée. Enfin, il est nécessaire qu'il soit lié à son employeur par un engagement déterminant la nature des prestations de services ou des marchandises offertes à la vente ou à l'achat, la région dans laquelle il doit exercer leur activité ou les catégories de clients qu'il est chargé de visiter et le taux de la rémunération.

Le VRP est tenu d'exécuter sa mission avec loyauté. Il doit également rendre compte de sa mission. Comme tous les salariés, il bénéficie des lois applicables à cette catégorie, par exemple les congés payés, la sécurité sociale ou les allocations familiales. Sa rémunération présente pourtant un certain particularisme. Elle comporte principalement des commissions qui sont proportionnelles aux commandes passées par les clients prospectés[1]. Les commissions sont dites directes, lorsqu'elles résultent de commandes reçues directement par le VRP. Elles sont dites indirectes, lorsque les commandes résultent de l'activité du VRP mais qu'elles ont été adressées directement à l'entreprise. Elles ne sont dues que si le contrat de travail ou les usages le prévoient. Il a également droit au remboursement de ses frais.

L'un des particularismes du statut de VRP tient à l'indemnité de clientèle[2]. Comme ils développent une clientèle propre au profit de l'entreprise qui les emploie, ils bénéficient, en cas de rupture de leur contrat de travail non provoquée par une faute grave, d'une indemnité dont le montant est calculé en tenant compte de l'importance de la clientèle apportée, créée ou développée par eux. La loi du 9 mai 1973 leur a offert une option entre cette indemnité

1. Blaise, n° 937.
2. Camerlynck, « L'indemnité de clientèle des représentants de commerce », *JCP* 1957. I. 1347.

dite de clientèle et l'indemnité de licenciement prévue par une convention collective applicable dans l'entreprise qui les emploie. L'article L. 7313-17 du Code du travail leur permet d'exiger la plus forte de ces deux indemnités. Les parties ont la possibilité de conventionnellement lui substituer une indemnité de rupture, dont le calcul est effectué en tenant compte de l'ancienneté et de la rémunération au cours de la dernière année. Toutefois, cette indemnité n'est pas due en cas de faute grave du VRP[1].

§ 2. La distribution par un mandataire

313 L'article L. 134-1 du Code de commerce définit l'agent commercial comme « le mandataire qui, à titre indépendant, sans être lié par un contrat de louage de services, est chargé, de façon permanente, de négocier et éventuellement, de conclure des contrats de vente, d'achat, de location ou de prestations de services, au nom et pour le compte de producteurs, d'industriels, de commerçants ou d'autres agents commerciaux »[2]. L'agent commercial n'a pas la qualité de commerçant[3]. Ce mandat d'intérêt commun s'analyse en un acte mixte. L'agent doit représenter son mandant à titre de profession permanente, ce qui exclut la qualification d'agent commercial pour un mandataire qui ne traiterait que des opérations isolées. Professionnel indépendant, il exerce son activité sous forme individuelle ou sous forme sociétaire. Il est souvent multi-cartes ; toutefois, il ne peut accepter la représentation d'une entreprise concurrente de l'un de ses mandants sans accord de ces derniers.

L'agent commercial est tenu de se faire immatriculer sur un registre spécial tenu au greffe du tribunal de commerce. Cette formalité s'analyse en une mesure de police administrative ; elle ne conditionne pas l'application du statut protecteur du Code de

1. Soc. 5 juin 1991, *Bull. civ.* V, n° 285 ; *JCP* E 1991. II. 206, note Taquet.
2. V. Leloup, « La directive européenne sur les agents commerciaux », *JCP* G 1987. I. 3308 ; El Hage, « La nouvelle réglementation du contrat d'agence commerciale », *RTD com.* 1994. 197.
3. Com. 24 oct. 1995, *D. Affaires* 1995. 195.

commerce[1]. Comme tous les mandataires, il est tenu de se conformer aux instructions de son mandant qui est obligé de le mettre en mesure d'exécuter son mandat[2]. Il est rémunéré pour son activité par une commission. Selon l'article L. 134-5, alinéa 3, de ce même Code, dans le silence du contrat, il a droit à une rémunération conforme aux usages pratiqués, dans le secteur d'activité couvert par son mandat, là où il exerce cette activité. En l'absence d'usage, une rémunération raisonnable lui sera versée. Elle tient compte de tous les éléments qui ont trait à l'opération.

S'il est chargé d'un secteur géographique ou d'un groupe de personnes déterminées, l'agent commercial percevra une commission pour toute opération conclue pendant la durée du contrat avec une personne appartenant à ce secteur ou à ce groupe. La question s'est posée de savoir si l'agent commercial avait droit à une commission, lorsque, dans son secteur géographique, une opération est conclue sans son intervention. La Cour de cassation avait commencé par répondre par l'affirmative[3]. La Cour de justice des communautés européennes, saisie d'une question préjudicielle par la Cour de cassation, a considéré que l'agent commercial chargé d'un secteur géographique déterminé n'a pas droit à la commission pour les opérations conclues par des clients appartenant à ce secteur avec un tiers en l'absence d'intervention, directe ou indirecte, du commettant[4].

314 La réforme du 25 juin 1991, intégrée dans le Code de commerce, a renforcé les droits de l'agent commercial en fin de contrat. Conclu pour une durée déterminée, le mandat s'achève avec la survenance du terme. En application de l'article L. 134-11 du Code de commerce, s'il continue à être exécuté après son terme, le contrat se transforme en contrat à durée indéterminée. Si le contrat d'agence est à durée indéterminée, chacune des parties peut y mettre fin moyennant un préavis d'un mois pour la première année du contrat, de deux mois pour la deuxième année commencée et de trois mois pour la troisième année commencée

1. CJCE 30 avr. 1998, *D. Affaires* 1998. 998.
2. Com. 24 nov. 1998, *Bull. civ.* IV, n° 277 ; *Defrénois* 1999. 373, obs. Mazeaud.
3. Com. 23 janv. 2007, *Bull. civ.* IV, n° 5 ; *D.* 439, obs. Chevrier ; *RTD com.* 2007. 588, obs. Bouloc.
4. CJCE 17 janv. 2008, *D.* 2008. 408, obs. Chevrier ; *Europe* 2008. 95, obs. Idot.

et les années suivantes. L'agent commercial ne doit pas avoir un comportement déloyal vis-à-vis de son ancien partenaire[1]. Il est fréquent que le contrat contienne une clause de non-concurrence. Elle est licite, si elle est établie par écrit et elle concerne le secteur géographique ou les personnes démarchées par l'agent commercial. En aucun cas, elle ne peut avoir une durée supérieure à deux ans, délai qui court du jour de la cessation du contrat.

En cas de cessation de ses relations avec le mandant, l'agent commercial a droit à une indemnité compensatrice en réparation du préjudice subi. La loi est peu précise pour indiquer la manière dont l'indemnité se calcule. Il appartiendra aux juges du fond d'apprécier l'importance du préjudice subi[2]. Toutefois, l'indemnité ne sera pas due en cas de rupture du contrat à l'initiative de l'agent commercial ou de cessation due à sa faute.

§ 3. La distribution par un commerçant

315 Pour assurer la distribution de ses produits, un commerçant a la possibilité de mettre en place une structure organisée composée d'autres commerçants qui vont acheter ses produits et les revendre. Vont alors être créés des réseaux de commerçants intégrés. En théorie, cette structure profite aux deux parties qui vont collaborer pour développer une clientèle dont chacune d'elle bénéficiera. Mais en pratique, il existe une inégalité contractuelle contre laquelle le législateur tente parfois de lutter. Le commerçant à l'initiative du réseau impose des contraintes parfois importantes aux revendeurs qui aliènent une partie de leur liberté. On a d'ailleurs parlé de contrat de dépendance[3]. Les deux principales catégories de réseaux sont la concession exclusive et la franchise. Il existe également pour les produits de luxe ou ceux à forte technicité des réseaux dits de distribution sélective.

1. Com. 25 juin 1991, *Bull. civ.* IV, n° 236.
2. Com. 20 mai 1969, *JCP* 1970. II. 16189, note P.L.
3. Virassamy, *Les contrats de dépendance. Essai sur les activités professionnelles exercées dans une dépendance économique*, 1986.

A. La concession exclusive

316 Le contrat de concession exclusive a été défini comme le contrat par lequel « un commerçant appelé concessionnaire met son entreprise de distribution au service d'un commerçant ou industriel appelé concédant pour assurer exclusivement, sur un territoire déterminé, pendant une période limitée et sous la surveillance du concédant, la distribution de produits dont le monopole de revente lui est concédé »[1]. L'élément essentiel de ce contrat tient à l'exclusivité de distribution concédée au concessionnaire. Avant d'envisager le contenu et la fin de ce contrat, il convient d'envisager l'obligation contractuelle d'information.

1. L'obligation précontractuelle d'information

317 Depuis l'article 1er de la loi du 31 décembre 1989, le concédant est tenu de fournir au concessionnaire une information précontractuelle qui figure désormais à l'article L. 330-3 du Code de commerce.

Actuellement, toute personne qui met à la disposition d'une autre personne un nom commercial, une marque ou une enseigne, en exigeant d'elle un engagement d'exclusivité ou de quasi-exclusivité pour l'exercice de son activité, est tenue, préalablement à la signature de tout contrat conclu dans l'intérêt commun des deux parties, de fournir à l'autre partie un document donnant des informations sincères, qui lui permettent de s'engager en connaissance de cause.

Ce document précise notamment, l'ancienneté et l'expérience de l'entreprise, l'état et les perspectives de développement du marché concerné, l'importance du réseau d'exploitants, la durée, les conditions de renouvellement, de résiliation et de cession du contrat ainsi que le champ des exclusivités. Ce document ainsi que le projet de contrat doivent être communiqués vingt jours au minimum avant la signature du contrat.

Est puni des peines d'amende prévues pour les contraventions de la cinquième classe le fait de mettre à la disposition d'une personne un nom commercial, une marque ou une enseigne en

1. Champaud, « La concession commerciale », *RTD com.* 1964. 451, n° 24.

exigeant d'elle un engagement d'exclusivité ou de quasi-exclusivité pour l'exercice de son activité sans lui avoir communiqué, vingt jours au moins avant la signature du contrat, le document d'information et le projet de contrat.

2. Le contenu du contrat de concession exclusive

318 Le contrat de concession exclusive comporte une convention-cadre et des conventions d'application. La convention cadre comporte des précisions sur l'exclusivité. Il est nécessaire que soient précisés le territoire et les produits sur lesquels elle porte. Parfois l'exclusivité est réciproque et le concessionnaire s'engage à s'approvisionner exclusivement chez le concédant. En ce cas, une difficulté, qui s'est aussi posée pour la franchise, est apparue pour la détermination du prix des produits vendus par le concédant. Dans un premier temps, la jurisprudence avait décidé que ce prix devait être déterminé dans le contrat-cadre à partir d'éléments objectifs soustraits de la volonté de l'une ou de l'autre des parties. Cette solution a été abandonnée par l'Assemblée plénière de la Cour de cassation, le 1er décembre 1995. Actuellement, la seule limite à la libre détermination du prix réside dans l'abus dans la fixation[1].

La convention-cadre indique également les obligations de chacune des parties. Les obligations du concessionnaire sont les plus importantes et les plus lourdes. Il se voit imposer des quotas d'achats ou des objectifs de pénétration du marché. Il doit suivre la politique commerciale du concédant et participer aux opérations publicitaires de ce dernier. De son côté, le concédant a l'obligation d'approvisionner le concessionnaire. Il ne doit pas concurrencer déloyalement ce dernier dans la zone de vente qu'il lui a concédée. Toute fois cette obligation ne protège pas le concessionnaire contre la méconnaissance par un tiers de la convention d'exclusivité[2]. Les conventions d'application mettent en œuvre pour chacune des opérations conclues par les parties les principes posés par le contrat-cadre.

1. Ass. plén. 1er déc. 1995, *Bull. civ.*, n° 9 ; *D.* 1996. 13, concl. Jéol, note Aynès ; *JCP* 1996. II. 22565, concl. Jéol, note Ghestin ; *RTD civ.* 1996. 153, obs. Mestre.

2. Cette méconnaissance ne constitue d'ailleurs plus en lui-même un acte de concurrence déloyale, Com. 13 janv. et 10 févr. 1998, *CCC* 1998. 61, obs. Vogel.

La question se pose fréquemment de savoir si les contrats de concession exclusive ne heurtent pas le principe de la liberté de la concurrence. En droit interne, tout dépend des conséquences de ce contrat. Il y aura atteinte au droit de la concurrence, si la concession exclusive a ou peut avoir pour effet de restreindre la concurrence sur le marché. En droit européen, il existe un règlement d'exemption n° 1475/95 du 28 juin 1995 pour la concession automobile qui pose un certain nombre de conditions, comme la durée du contrat ou celle du préavis, pour que ce contrat soit déclarée valide. Dans les autres hypothèses, il faut vérifier si le contrat de concession exclusive ne restreint pas le jeu de la concurrence.

3. La fin du contrat de concession exclusive

319 Étant un mandat d'intérêt commun, le contrat de concession exclusive est fait pour durer. Pourtant cette question a suscité de nombreuses difficultés et elle a généré un important contentieux. En cas de contrat à durée indéterminée, la résiliation unilatérale du contrat peut intervenir à tout moment, sans qu'il soit nécessaire d'invoquer un juste motif[1], sous réserve d'observer le préavis prévu par le contrat ou un préavis raisonnable. La seule limite résulte du jeu de l'abus de droit[2]. Les contrats à durée déterminée ne peuvent pas être résiliés unilatéralement, sauf en cas de faute grave de l'une des parties. Il prend fin avec l'arrivée du terme. Le concédant n'a pas alors l'obligation de renouveler le contrat[3].

Le concessionnaire, hormis stipulation contractuelle en sens contraire, n'a pas droit à une indemnisation, sauf en cas d'abus. La conséquence essentielle de la fin du contrat de concession exclusive est qu'il ne recevra plus les produits du concédant. Mais il est possible que le concessionnaire ait un stock de produits[4]. Il est généralement tenu à une obligation de non-concurrence. Le concédant n'est pas tenu de le reprendre et le concessionnaire n'a plus le droit de l'écouler.

1. Par ex., Com. 13 nov. 1972, *Bull. civ.* IV, n° 286.
2. Par ex., Com. 5 avr. 1994, *Bull. civ.* IV, n° 149 ; *RTD civ.* 1994. 604, obs. Mestre.
3. Com. 9 mars 1970, *Bull. civ.* IV, n° 89.
4. M. Cabrillac, « Le sort des stocks détenus par le revendeur lors de l'expiration de la concession », *D.* 1964. 181.

B. La franchise

320 Par le contrat de franchise, une personne appelée franchiseur s'engage à transmettre à une autre personne dite franchisée un savoir-faire, à lui faire profiter de sa marque et parfois à le fournir en marchandises[1]. En contrepartie, le franchisé s'engage à payer une redevance, à utiliser le savoir-faire et la marque et parfois à s'approvisionner chez le franchiseur.

L'ancêtre de la franchise actuelle a vu le jour au début du XXe siècle. La Lainière de Roubaix a développé ce type de distribution dès les années trente par le biais d'une enseigne appelée Pingouin. La franchise va se développer d'abord aux États-Unis. Le secteur de l'automobile, vente de voitures, mais aussi distribution d'essence, est le premier à se développer par ce type de partenariat. Il s'agit en fait pour les constructeurs de s'adapter à la loi antitrust de 1929 qui leur interdit d'être propriétaires des points de vente. La formule connaît un tel succès que d'autres branches de l'économie américaine, comme la restauration ou la location d'outils, s'engagent à leur tour dans la franchise. Elle est réapparue en France à la fin des années 1960. Cette technique s'est fortement développée ces dernières années, par exemple pour des hôtels, des restaurants ou des salons de coiffure.

321 Pour la Cour de justice des communautés européennes, « plutôt qu'un mode de distribution, il s'agit d'une manière d'exploiter financièrement sans engager de capitaux propres, un ensemble de connaissances »[2]. La Cour a distingué trois types de franchise :

- les contrats de franchise de service, « en vertu desquels le franchisé offre un service sous l'enseigne, le nom commercial voire la marque du franchiseur, et en se conformant aux directives de ce dernier » ;

- les contrats de franchise de production, « en vertu desquels le franchisé fabrique, lui-même, selon les indications du franchiseur, des produits qu'il vend sous la marque de celui-ci » ;

1. Guyenot, « Le contrat de franchise », *RTD com.* 1973. 161 ; Le Tourneau, « Le franchisage », *JCP CI* 1980. II. 13362 ; Ferrier, « La franchise internationale », *JDI* 1989. 625.
2. CJCE 28 janv. 1986, *RTD eur.* 1986. 298, note Boutarde-Labarde.

- les contrats de franchise de distribution, « en vertu desquels le franchisé se borne à vendre certains produits dans un magasin qui porte l'enseigne du franchiseur »[1].

Ce contrat est innommé en droit interne, alors qu'il a été défini en droit européen dans l'article 1 du règlement communautaire du 30 novembre 1988 qui met l'accent sur le savoir-faire. Le nouveau règlement du 20 avril 2010, entré en vigueur le 1er juin 2010, confirme la définition de ce savoir-faire qui depuis le règlement d'exemption catégorielle du 30 novembre 1988 « doit être entendu comme un ensemble secret, substantiel et identifié d'informations pratiques non brevetées, résultant de l'expérience du fournisseur et testées par celui-ci ».

322 Ce contrat comporte deux éléments essentiels qui le distinguent du contrat de concession exclusive, même si pratiquement cette dissociation est parfois délicate à mettre en œuvre. Le franchiseur s'engage à transmettre un savoir-faire, ce qui implique une collaboration étroite entre les deux parties. Le franchisé est tenu de payer une redevance qui comprend un droit d'entrée et des sommes proportionnelles au chiffre d'affaires réalisé.

Pour l'essentiel, ce contrat suscite des difficultés voisines de celles posées par le contrat de concession exclusive, que ce soit pour l'obligation précontractuelle d'information du franchiseur, la détermination du prix ou la fin du contrat. Il pose également certaines interrogations vis-à-vis du droit de la concurrence. En droit interne, elle ne doit pas avoir pour conséquence de fausser le jeu normal de la concurrence. En droit communautaire, le règlement d'exemption du 30 novembre 1988 pose des conditions permettant à une franchise d'être en conformité avec le droit de la concurrence communautaire.

C. La distribution sélective

323 En cas de distribution sélective, le distributeur choisit ses revendeurs en fonction de critères objectifs[2]. Le fabricant souhaite que

1. CJCE 28 janv. 1986, préc.
2. Pigassou, « La distribution sélective », *JCP* E 1985. II. 14423 ; Bonet, « La distribution sélective des parfums », *D.* 1991. 9 ; Vogel et Canivet, « La distribution sélective de produits de marque dans la jurisprudence judiciaire », *D.* 1991. 283.

ses produits soient offerts au public dans des locaux et des conditions de présentation luxueux ou qu'ils soient, en raison de leur technicité, distribués par des revendeurs présentant un certain degré de compétence.

On s'est interrogé sur la validité de cette technique qui revient à refuser la vente de produits à toutes les personnes qui sont extérieurs au réseau. Elle forme une variété d'entente. La validité de cette variété de distribution nécessite la réunion de deux conditions. Le droit communautaire a eu en la matière une grande influence. Il est nécessaire, d'une part, que le choix des revendeurs soit effectué en fonction de critères objectifs, comme la compétence ou l'installation des locaux et que ces critères soient appliqués à tous les candidats revendeurs[1]. D'autre part, ces réseaux doivent contribuer à l'amélioration de la distribution[2].

Il arrive parfois qu'un tiers au réseau de distribution sélective vende des produits sans autorisation. La revente hors réseau n'est pas en elle-même un acte de concurrence déloyale[3]. Mais le revendeur hors réseau doit démontrer qu'il s'est régulièrement approvisionné. Tel est le cas du revendeur qui refuse d'indiquer auprès de qui il s'approvisionne ou qui crée une société dont le seul objectif est d'acheter des produits auprès de revendeurs agréés[4].

1. CJCE 25 oct. 1977, *Rec. CJCE* 1967. 1875.
2. Com. 16 févr. 1988, *Bull. civ.* IV, n° 76.
3. Com. 10 févr. 1988, *D.* 1998. Somm. 331.
4. Com. 27 oct. 1992, *D.* 1992. 505, note Bénabent ; *JCP* E 1993. I. 248, note Azéma.

Synthèse

Le commerçant ne traite pas toujours directement avec tous ses fournisseurs et tous ses clients. Il **recourt alors à des intermédiaires professionnels** dont le rôle consiste à **faciliter la conclusion d'opérations commerciales.** Le Code de commerce a prévu **deux contrats permettant à un commerçant de distribuer ses produits.** Ils sont devenus insuffisants, ce qui a amené **l'apparition de nouveaux contrats.**

Les contrats de distribution prévus par le Code de commerce

Le Code de commerce de 1807 avait prévu deux contrats permettant de rapprocher de futurs contractants : **la commission et le courtage.** Le commissionnaire est une personne qui **agit en son propre nom pour le compte d'un commerçant.** Ce contrat institue un système de **représentation imparfaite.** Le commissionnaire est tenu de **respecter les ordres qui lui ont été donnés par le commettant. Sauf convention de ducroire,** il ne garantit pas l'exécution de l'opération convenue. Le commettant doit **payer la rémunération due au commissionnaire.**

Le courtage se définit comme le contrat par lequel une personne dite **courtier met en contact des personnes qui désirent contracter pour les amener à passer un acte.** Il n'existe pas de représentation. Le courtier devra présenter à son client un **partenaire sérieux.** Le courtier a **droit à une rémunération.**

Les nouveaux contrats de distribution

La pratique a imaginé de nouveaux contrats de distribution. **Les distributeurs n'ont pas tous le même statut.** Certains sont salariés, d'autres mandataires et d'autres enfin commerçants.

Les voyageurs représentants placiers ont la **qualité de salariés.** Pour **bénéficier du statut légal,** ils doivent remplir trois conditions. Ils doivent **travailler pour une ou plusieurs personnes** ; il leur est interdit de **faire pour leur compte personnel des opérations** et ils se lient à leur employeur par un **engagement précisant les services qu'ils doivent rendre.**

L'agent commercial est un mandataire qui, **à titre indépendant, est chargé de négocier et de conclure des contrats** pour le compte de producteurs, d'industriels ou de commerçants. Il n'a pas la **qualité de commerçant.** Indépendant, il exerce son activité sous forme **individuelle ou sous forme sociétaire.** En fin de contrat, il a droit à une **indemnité compensatrice.**

La distribution par des commerçants suppose la **mise en place de réseaux de commerçants intégrés.** Par un contrat de **concession exclusive**, un concessionnaire met **son entreprise de distribution au service d'un commerçant dit concédant** pour assurer sur un territoire donné et pour une période limitée **la distribution de produit dont le monopole de revente lui est concédé.** Ce contrat comporte une **convention cadre et des conventions d'application.** En fin de contrat, le concessionnaire n'aura droit à **aucune indemnité.** Par un contrat de **franchise**, un franchiseur met à la disposition d'un franchisé un **savoir-faire** et il le fait **profiter de sa marque.** Il existe également des réseaux de **distribution sélective** où le distributeur choisit ses revendeurs en **fonction de critères objectifs**, par exemple de compétence technique.

CHAPITRE 2

La réglementation de la concurrence

324 La concurrence est très généralement considérée comme bénéfique pour la clientèle qui pourra comparer la qualité des produits et des services offerts, les prix demandés et se décider ainsi au mieux de ses intérêts[1]. On comprend alors que la concurrence soit libre (SECTION 3), mais également que cette liberté ne soit pas totale, une concurrence ne pouvant être bénéfique que si elle est loyale (SECTION 2). L'Autorité de la concurrence veille au respect des règles essentielles du droit de la concurrence (SECTION 1).

SECTION 1

L'AUTORITÉ DE LA CONCURRENCE

325 L'Autorité de la concurrence a remplacé l'ancien Conseil de la concurrence. Selon l'article L. 461-1 du Code de commerce, « l'Autorité de la concurrence est une autorité administrative indépendante. Elle veille au libre jeu de la concurrence. Elle apporte son concours au fonctionnement concurrentiel des marchés aux

1. A. et G. Decocq, *Droit de la concurrence interne et communautaire*, 2e éd. ; pour d'importants développements historiques et comparés, P. et Ph. Didier, n° 525 s.

échelons européen et international ». Sa nature juridique est clairement indiquée par le législateur. Même si le Code de commerce ne lui reconnaît pas expressément la personnalité morale, cette prérogative lui est sans doute accordée ; elle est en tout cas nécessaire pour l'exercice de ses fonctions. Sa mission est conçue de manière large. Il importe de préciser sa composition (**§ 1**) et ses attributions (**§ 2**).

§ 1. La composition de l'Autorité de la concurrence

326 Les attributions confiées à l'Autorité de la concurrence sont exercées par un collège composé de dix-sept membres, dont un président, nommés pour une durée de cinq ans par décret pris sur le rapport du ministre chargé de l'économie. Le président est nommé en raison de ses compétences dans les domaines juridique et économique.

Le collège comprend également : six membres ou anciens membres du Conseil d'État, de la Cour de cassation, de la Cour des comptes ou des autres juridictions administratives ou judiciaires, cinq personnalités choisies en raison de leur compétence en matière économique ou en matière de concurrence et de consommation et cinq personnalités exerçant ou ayant exercé leurs activités dans les secteurs de la production, de la distribution, de l'artisanat, des services ou des professions libérales. Quatre vice-présidents sont désignés parmi les membres du collège. Le mandat des membres du collège est renouvelable, à l'exception de celui du président qui n'est renouvelable qu'une seule fois.

§ 2. Les attributions de l'Autorité de la concurrence

327 L'un des objectifs de la loi sur la modernisation de l'économie a été d'élargir les attributions de l'Autorité de la concurrence. Cela est particulièrement net pour ses fonctions juridictionnelles et à un degré moindre pour ses fonctions consultatives.

A. Les fonctions consultatives

328 L'Autorité de la concurrence peut être consultée dans un certain nombre d'hypothèses énumérées par les articles L. 462-1 et suivants du Code de commerce. Elle peut l'être par les commissions parlementaires sur les propositions de loi ainsi que sur toute question concernant la concurrence. Elle donne son avis sur toute question de concurrence à la demande du Gouvernement. Elle peut également donner son avis sur les mêmes questions à la demande des collectivités territoriales, des organisations professionnelles et syndicales, des organisations de consommateurs agréées, des chambres d'agriculture, des chambres de métiers ou des chambres de commerce et d'industrie, pour les intérêts dont elles ont la charge.

Les juridictions civiles et administratives ont la faculté de la consulter dans les affaires dont elles sont saisies. Elle ne peut donner un avis qu'après une procédure contradictoire. Le cours de la prescription est suspendu par la consultation de l'Autorité. L'avis de l'Autorité peut être publié après le non-lieu ou le jugement. Enfin, elle peut être consultée par le ministre de l'économie sur les opérations de concentration.

Dans certaines hypothèses prévues par l'article L. 462-2 du Code de commerce, l'Autorité de la concurrence doit obligatoirement être consultée par le gouvernement. Tel est le cas pour tout projet de texte réglementaire instituant un régime nouveau ayant directement pour effet : de soumettre l'exercice d'une profession ou l'accès à un marché à des restrictions quantitatives, d'établir des droits exclusifs dans certaines zones et d'imposer des pratiques uniformes en matière de prix ou de conditions de vente.

L'Autorité de la concurrence peut prendre l'initiative de donner un avis sur toute question concernant la concurrence. Cet avis est rendu public. Elle peut également recommander au ministre chargé de l'économie ou au ministre chargé du secteur concerné de mettre en œuvre les mesures nécessaires à l'amélioration du fonctionnement concurrentiel des marchés.

B. Les fonctions juridictionnelles

329 Les fonctions juridictionnelles de l'Autorité de la concurrence ont été accrues par l'ordonnance du 13 novembre 2008 qui lui a octroyé certaines prérogatives jusque-là réservées au ministre de l'Économie. La loi du 17 mars 2014 a renforcé ses pouvoirs. Elle peut être saisie par le ministre chargé de l'économie, les entreprises, les collectivités territoriales, les organisations et chambres professionnelles, les organisations syndicales, les organisations de consommateurs, les maires dans le cadre de leurs prérogatives en matière d'urbanisme commercial. Ses attributions concernent les ententes, les abus de position dominante, les prix exclusivement bas et les exemptions.

Les pouvoirs d'enquête de l'Autorité de la concurrence sont importants. Les agents des services d'instruction de l'Autorité de la concurrence, habilités à cet effet par le rapporteur général, peuvent procéder à toute enquête nécessaire. Ils peuvent opérer sur la voie publique, pénétrer entre 8 heures et 20 heures dans tous lieux utilisés à des fins professionnelles et dans les lieux d'exécution d'une prestation de services, ainsi qu'accéder à tous moyens de transport à usage professionnel. Ils peuvent également pénétrer en dehors de ces heures dans ces mêmes lieux lorsque ceux-ci sont ouverts au public, ou lorsqu'à l'intérieur de ceux-ci sont en cours des activités de production, de fabrication, de transformation, de conditionnement, de transport ou de commercialisation. Lorsque ces lieux sont également à usage d'habitation, les contrôles ne peuvent être effectués qu'entre 8 heures et 20 heures, et avec l'autorisation du juge des libertés et de la détention du tribunal de grande instance dans le ressort duquel sont situés ces lieux, si l'occupant s'y oppose. Ils peuvent exiger la communication des livres, factures et autres documents professionnels et obtenir ou prendre copie de ces documents par tout moyen et sur tout support. Ils peuvent également recueillir, sur place ou sur convocation, tout renseignement, document ou toute justification nécessaires au contrôle.

En vertu de l'article L. 450-4 du Code de commerce, ils « ne peuvent procéder aux visites en tous lieux ainsi qu'à la saisie de documents et de tout support d'information que dans le cadre d'enquêtes demandées par la Commission européenne, le ministre chargé de l'économie ou le rapporteur général de l'Autorité de la concurrence sur proposition du rapporteur, sur autorisation judiciaire donnée par ordonnance du juge des libertés et de la détention du tribunal de grande instance dans le ressort duquel sont situés les lieux à visiter. Ils peuvent également, dans les mêmes conditions, procéder à la pose de scellés sur tous locaux commerciaux, documents et supports d'information dans la limite de la durée de la visite de ces locaux ». Le juge doit vérifier que la demande d'autorisation qui lui est soumise est fondée ; cette demande doit comporter tous les éléments d'information en possession du demandeur de nature à justifier la visite. La visite et la saisie s'effectuent sous l'autorité et le contrôle du juge qui les a autorisées.

330 L'instruction et la procédure devant l'Autorité de la concurrence sont contradictoires. Il existe deux procédures d'instruction, l'une dite ordinaire et l'autre dite simplifiée. En cas d'instruction ordinaire, le rapporteur général notifie les griefs aux intéressés ainsi qu'au commissaire du Gouvernement, qui peuvent consulter le dossier et présenter leurs observations dans un délai de deux mois. Une fois le rapport établi, il est ensuite notifié aux parties, au commissaire du Gouvernement et aux ministres intéressés. Il est accompagné des documents sur lesquels se fonde le rapporteur et des observations faites, le cas échéant, par les intéressés. Les parties ont un délai de deux mois pour présenter un mémoire en réponse qui peut être consulté dans les quinze jours qui précèdent la séance par les parties intéressées. En cas d'instruction simplifiée, le rapporteur général peut, lors de la notification des griefs aux parties intéressées, décider que l'affaire sera examinée par l'Autorité sans établissement préalable d'un rapport. Cette décision est notifiée aux parties.

La communication des pièces fait l'objet d'une réglementation spéciale. L'article L. 463-4 du Code de commerce prévoit que, sauf dans les cas où la communication ou la consultation de ces documents est nécessaire à l'exercice des droits de la défense d'une partie mise en cause, le rapporteur général de l'Autorité de la concurrence peut refuser à une partie la communication ou la consultation de pièces ou de certains éléments contenus dans ces pièces mettant en jeu le secret des affaires d'autres personnes. Dans ce cas, une version non confidentielle et un résumé des pièces ou des éléments en cause lui sont accessibles. En outre, les juridictions d'instruction et de jugement peuvent communiquer à l'Autorité, sur sa demande, les procès-verbaux rapports d'enquête ou autres pièces de l'instruction pénale ayant un lien direct avec des faits dont elle est saisie.

Avant de se prononcer sur le fond, l'Autorité de la concurrence a le pouvoir de prendre des mesures conservatoires. Ce type de mesure ne se justifie qu'en cas d'atteinte grave et immédiate à un secteur économique ou à une entreprise. Ces mesures sont de divers ordres, comme une injonction, la modification de dispositions statutaires ou la cessation du dénigrement des concurrents...

331 À l'issue d'une procédure contradictoire, l'Autorité de la concurrence peut décider qu'il n'y a pas lieu de poursuivre la procédure (décision de non-lieu), ou de rejeter la saisine pour défaut d'éléments probants (décision de rejet). Elle peut également constater l'existence d'infractions. Elle dispose alors d'un important arsenal de sanctions. Les sanctions pécuniaires sont parfois considérables. Elle peut infliger une sanction pécuniaire applicable immédiatement, en cas d'inexécution des injonctions ou en cas de non-respect des engagements qu'elle a acceptés. La sanction peut aller jusqu'à 10 % du chiffre d'affaires mondial de l'entreprise. Si le contrevenant n'est pas une entreprise le montant maximum de la sanction est limité à trois millions d'euros. Elle est proportionnée dans chaque affaire à la gravité de la pratique, au dommage porté à l'économie du secteur, à la situation de l'entreprise et à l'éventuelle réitération de faits. En cas de pluralité des contrevenants, les sanctions doivent être individualisées et motivées. En cas de procédure simplifiée, le montant maximum de la sanction est de 750 000 euros.

L'Autorité de la concurrence peut également enjoindre à l'auteur des pratiques anticoncurrentielles de cesser la pratique anticoncurrentielle incriminée ou, de façon positive, de modifier ses comportements afin de se conformer au droit de la concurrence. Si l'auteur ne respecte pas cette injonction, elle a la possibilité de prononcer une décision pour non-respect d'injonction et éventuellement l'accompagner d'astreintes. Elle a enfin la faculté d'ordonner par voie de presse la publication de sa décision.

Les décisions de l'Autorité de la concurrence sont susceptibles de recours devant la Cour d'appel de Paris. Ce recours tend à l'annulation ou à la réformation de la décision. Sauf décision du premier président, ce recours n'a pas d'effet suspensif. La décision de la Cour d'appel de Paris peut être frappée d'un pourvoi en cassation.

SECTION 2
LA LOYAUTÉ DE LA CONCURRENCE

332 Le fait que la concurrence ne doive pas être déloyale n'est pas douteux. Mais concrètement, avant de déterminer la sanction de la concurrence déloyale (**§ 2**), il convient d'envisager sa notion même (**§ 1**).

§ 1. La notion de concurrence déloyale

333 Tout commerçant doit s'attendre à subir une concurrence de la part d'exploitations voisines. Mais il ne pourra s'en plaindre que dans la mesure où elle revêt un caractère déloyal. À défaut de texte précis, les tribunaux se sont fondés sur l'article 1382 du Code civil pour sanctionner la concurrence déloyale qui est une faute obligeant à réparation[1]. Mais la détermination des actes de concurrence déloyale est concrètement délicate, même si leur finalité est constante : l'appropriation frauduleuse de la clientèle d'autrui. Classiquement, on distingue le dénigrement, l'imitation, le parasitisme et l'exploitation contraire aux usages professionnels.

1. Com. 19 juill. 1971, *D.* 1971. 691 ; Com. 17 oct. 1984, *D.* 1985. IR 384, obs. Serra.

A. Le dénigrement

334 Le dénigrement résulte de manœuvres destinées à jeter le doute dans l'esprit du public sur tel ou tel concurrent désigné ou identifiable ou sur ses produits[1]. Peu importe d'ailleurs que les propos soient ou non fondés. Il peut porter sur la personne du commerçant ou sur ses produits.

Le problème le plus important est celui de la publicité comparative qui est, en principe, considérée comme illicite malgré sa timide introduction en droit français par la loi du 18 janvier 1992, devenu l'article L. 121-8 du Code de la consommation[2]. Sa définition a été élargie par l'ordonnance du 23 août 2001 portant transposition de directives communautaires en matière de droit de la consommation. Elle se limite à des comparaisons objectives. Il est nécessaire d'établir que le message publicitaire comporte une identification implicite ou explicite du concurrent ou des produits ou services qu'il offre. De là, il en résulte une conséquence simple : il n'y a pas publicité comparative dès lors qu'un annonceur se contente de vanter la supériorité de son produit ou de son service, même si parfois cela revient indirectement à dire que son produit est meilleur que celui de ses concurrents.

De plus, selon l'article L. 121-9 du Code de la consommation, « la publicité comparative ne peut : 1° Tirer indûment profit de la notoriété attachée à une marque de fabrique, de commerce ou de service, à un nom commercial, à d'autres signes distinctifs d'un concurrent ou à l'appellation d'origine ainsi qu'à l'indication géographique protégée d'un produit concurrent ». Cette disposition s'oppose à ce que, sous couvert de comparaison publicitaire, un annonceur puisse de différentes façons porter atteinte à une marque de fabrique notoire.

Cette publicité est dangereuse, si la comparaison a uniquement pour but de faire ressortir les qualités des produits et des services de celui qui l'effectue. En ce cas, il existe un dénigrement.

1. Par ex., Versailles 12 févr. 1990, *D.* 1990. 284, note Serra.
2. Serandour, « L'avènement de la publicité comparative en France, article 10 de la loi n° 92-60 du 18 janvier 1992, renforçant la protection des consommateurs », *JCP* 1992. I. 3596 ; Luby, « Propos critiques sur la législation de la publicité comparative », *D.* 1993. 53.

À l'inverse, si elle porte sur les prix de produits identiques vendus dans des conditions semblables, elle ne constituerait pas un dénigrement[1] ; elle devient même utile, car elle stimule la concurrence et elle présente une vertu informative. De même ne sera pas considérée illicite la reproduction des résultats de tests faits par un organisme indépendant, comme l'Institut national de la consommation, dans la mesure où ceux-ci sont rapportés exactement[2].

Il existe également certaines règles spécifiques. Toute publicité comparative faisant référence à une offre spéciale doit mentionner clairement les dates de disponibilité des biens ou des services offerts, le cas échéant la limitation de l'offre à concurrence des stocks disponibles et les conditions spécifiques applicables. Si le produit bénéficie d'une appellation d'origine ou d'une indication géographique protégée, la comparaison ne sera possible qu'entre des produits bénéficiant chacun de la même appellation ou de la même indication.

B. L'imitation

335 L'imitation consiste dans la reproduction à l'identique d'un produit ou d'un service déjà existant. Elle est répréhensible lorsqu'elle a pour résultat un détournement de la clientèle par la confusion créée. Les imitations peuvent être extrêmement variées[3] et porter sur la personne du commerçant ou sur ses produits et services en eux-mêmes ou par leurs signes distinctifs.

Les imitations concernent tous les droits de propriétés incorporelles ; mais elles portent très fréquemment sur des noms commerciaux et des marques. On aboutit alors parfois à la protection de certains éléments du fonds de commerce par l'action en contrefaçon. Ces imitations posent d'ailleurs de très importants problèmes, du fait d'imitations serviles de marques notoires, souvent effectuées dans les pays où la main-d'œuvre est faiblement rémunérée.

1. Com. 29 mars 1989, *D.* 1989. 409, note Serra.
2. Com. 19 janv. 1988, *JCP* 1988. IV. 135.
3. Pour une hypothèse d'imitation d'une émission télévisée conçue par une chaîne et utilisée par une autre, Versailles 1er mars 1993, *JCP* 1993. II. 22271, note Galloux.

Cette technique se retrouve désormais en matière de commerce électronique où elle consiste le plus souvent dans le fait d'adopter un Code d'accès semblable à celui d'un tiers[1].

C. Le parasitisme

336 Le parasitisme commercial consiste dans le fait pour une entreprise de profiter de la réputation d'une entreprise, pour exploiter une clientèle identique ou distincte. On a parfois fait valoir que cette notion était de nature à limiter le jeu de la libre concurrence et sur le régime de droits de propriété industrielle[2]. Il n'existe pas, *a priori*, véritablement concurrence déloyale, car les entreprises ne sont pas concurrentes entre elles, puisqu'elles n'appartiennent pas au même secteur d'activité. Le but de l'auteur de ces agissements est d'essayer d'obtenir à des coûts relativement faibles certaines parts de marché. Il ne cherche pas à créer une confusion dans l'esprit du public entre son entreprise ou ses produits avec ceux d'une entreprise concurrente, mais seulement à tirer parti d'une notoriété[3]. Comme l'avait indiqué Roubier, « les manœuvres de ce genre ont pour objet d'assurer la place qu'occupe une maison rivale dans la confiance du public, et, à la faveur des procédés hypocrites et perfides, d'essayer de dériver la clientèle à son profit »[4].

Pour cela, on se demande parfois si les fondements traditionnels de l'action en concurrence déloyale sont suffisants pour y inclure le parasitisme[5]. Pourtant la jurisprudence analyse souvent

1. Com. 23 janv. 2007, *CCC* 2007. 100.
2. Passa, « Propos dissidents sur la sanction du parasitisme économique », *D.* 2000. 403 ; v. également Azéma, « L'incidence des dérives du parasitisme sur le régime des droits de propriété industrielle », *Mélanges Didier*, Economica, p. 1.
3. Par ex., le fait pour un parfumeur de lancer un parfum de luxe baptisé « champagne », Paris 15 déc. 1993, *D.* 1994. 145, note Le Tourneau.
4. Roubier, « Théorie générale de l'action en concurrence déloyale », *RTD com.* 1948. 541, p. 564 ; également Le Tourneau, *Le parasistisme*, 1998.
5. V. Dupichot, « Pour une réflexion doctrinale sur la (nécessaire) sanction du parasitisme économique : vers un particularisme des sanctions ou un retour au droit commun ? », *Gaz. Pal.* 1987. 1. Doctr. 348 ; égal. Frison-Roche, « Les principes originels du droit de la concurrence déloyale et du parasitisme », *RJDA* 1994. 483 ; I. et G. Parléani, « La tentation du Moyen-Âge. L'exemple du parasitisme », *Mélanges Gavalda*, p. 243 ; Le Tourneau, « De la modernité du parasitisme », *Gaz. Pal.* 28-30 oct. 2001, p. 4.

les agissements parasitaires comme des actes constitutifs de concurrence déloyale[1]. Malgré tout, ils s'en dissocient. En effet, il n'existe pas de rapport de concurrence directe entre les deux entreprises qui peuvent appartenir à des secteurs différents d'activité. L'une ne détourne pas la clientèle de l'autre, tout du moins de manière directe. L'évaluation du préjudice de l'entreprise victime est pour cette raison difficile à effectuer. La Cour de cassation a précisé que le parasitisme pouvait exister en l'absence de risque de confusion ou si celui-ci n'est pas certain[2].

D. L'exploitation contraire aux usages professionnels

337 En cas d'exploitation contraire aux usages professionnels, les tribunaux vont sanctionner des procédés commerciaux contribuant à la désorganisation du marché.

Certains de ces agissements sont sanctionnés pénalement, ce qui facilitera alors la mise en jeu de l'action en concurrence déloyale qui se cumule souvent avec ces sanctions pénales.

La vente à perte (*dumping*) consiste dans la revente à un prix inférieur au prix d'achat majoré des coûts annexes. Elle permet d'éliminer les concurrents qui n'ont pas de force financière leur permettant, eux aussi, de vendre à perte pendant un certain temps. Elle est exceptionnellement autorisée pour les produits démodés, saisonniers ou périssables ou dans des périodes précédant un changement d'activité. Le prix d'appel, c'est-à-dire des prix très bas sur des articles de faible quantité faisant l'objet d'une large publicité, est parfois constitutif du délit de vente à perte.

De même, la revente à prix imposé est prohibée. Selon l'article L. 442-5 du Code de commerce, « est puni d'une amende de 15 000 euros le fait pour toute personne d'imposer, directement ou indirectement, un caractère minimal au prix de revente d'un produit ou d'un bien, au prix d'une prestation de service ou à une marge commerciale ». On considère qu'une telle fixation serait un

1. *Cf.* Com. 27 oct. 1992, *D.* 1992. 505, note Bénabent.
2. Com. 30 janv. 2001, *Bull. civ.* IV, n° 27 ; *D.* 2001. 1939, note Le Tourneau.

frein à la concurrence dans la mesure où le commerçant n'est alors plus maître de sa politique tarifaire[1]. En revanche, la pratique dite du prix conseillé est licite[2].

L'interdiction de la vente à perte a conduit certaines grandes surfaces à geler le prix d'acquisition des biens auprès de leurs fournisseurs. Dans le même temps, ils ont augmenté la facturation des services rendus. On parle alors de marges arrières. Une circulaire du 16 mai 2003, dite circulaire Dutreil a essayé de moraliser par la transparence cette pratique[3]. Elle n'a pas eu les résultats escomptés. La loi du 2 août 2005, pour limiter le phénomène des marges arrières, prévoit d'intégrer certains avantages financiers dans la fixation du prix des produits. L'article L. 442-2, alinéa 2 du Code de commerce avait prévu que « le prix d'achat effectif est le prix unitaire net figurant sur la facture majoré des taxes sur le chiffre d'affaires, des taxes spécifiques afférentes à cette revente et du prix du transport et minoré du montant de l'ensemble des autres avantages financiers consentis par le vendeur exprimé en pourcentage du prix unitaire net du produit, et excédant un seuil de 20 % à compter du 1er janvier 2006 ». Le seuil avait été abaissé à 15 % à compter du 1er janvier 2007.

La loi du 3 janvier 2008 pour le développement de la concurrence au service des consommateurs a modifié cette disposition[4]. Le nouvel article L. 442 alinéa 2 dispose que « le prix d'achat effectif est le prix unitaire net figurant sur la facture d'achat, minoré du montant de l'ensemble des autres avantages financiers consentis par le vendeur, exprimé en pourcentage du prix unitaire net du produit et majoré des taxes sur le chiffre d'affaires, des taxes spécifiques afférentes à cette revente et du prix du transport ». Le but de cette nouvelle disposition est que la concurrence par les prix entre opérateurs s'effectue sur une base plus réaliste,

1. Legeais, n° 843.
2. Crim. 31 oct. 2000, *Bull. crim.*, n° 326.
3. Ferrier et Ferré, « La circulaire Dutreil du 16 mai 2003 : une nouvelle approche de la négociation entre fournisseur et distributeur », *D.* 2003. 1751.
4. Ferrier, « La réforme des pratiques commerciales », *D.* 2008. 429.

c'est-à-dire en tenant compte du prix réellement payé par le distributeur au fournisseur en prenant en compte toutes les contreparties financières obtenues.

Certaines dérogations sont prévues par l'article 442-4 du Code de commerce. Il en est ainsi des ventes volontaires ou forcées motivées par la cessation ou le changement d'une activité commerciale, des produits dont la vente présente un caractère saisonnier marqué, pendant la période terminale de la saison des ventes et dans l'intervalle compris entre deux saisons de vente, des produits qui ne répondent plus à la demande générale en raison de l'évolution de la mode ou de l'apparition de perfectionnements techniques, des produits, aux caractéristiques identiques, dont le réapprovisionnement s'est effectué en baisse, le prix effectif d'achat étant alors remplacé par le prix résultant de la nouvelle facture d'achat, des produits alimentaires commercialisés dans un magasin d'une surface de vente de moins de 300 m^2 et aux produits non alimentaires commercialisés dans un magasin d'une surface de vente de moins de 1 000 m^2, dont le prix de revente est aligné sur le prix légalement pratiqué pour les mêmes produits par un autre commerçant dans la même zone d'activité et des produits soldés. Il en est également de même pour l'offre de prix réduit à condition qu'elle ne fasse l'objet d'une quelconque publicité ou annonce à l'extérieur du point de vente, aux produits périssables à partir du moment où ils sont menacés d'altération rapide.

338 On peut également mentionner la méconnaissance de la législation sociale ou fiscale : il faut par exemple citer ici l'emploi des salariés non déclarés. Il en va de même pour la paracommercialité qui s'analyse comme le fait pour des personnes bénéficiant de charges allégées, comme des associations ou des comités d'entreprise, d'exercer une activité de nature commerciale, concurrençant de manière abusive les véritables commerçants. On peut enfin citer la divulgation des secrets d'affaires.

Certains autres agissements seront sanctionnés uniquement sur le fondement de l'action en concurrence déloyale. Tel est le cas des manœuvres en direction du personnel de l'entreprise concurrente, comme en cas de signature, en connaissance de cause d'un contrat de travail, alors que le salarié était tenu envers son ancien employeur par une clause de non-concurrence.

Mais les hypothèses les plus fréquentes sont celles de la désorganisation commerciale de l'entreprise concurrente, voire celles de désorganisation d'un marché. La frontière entre le licite et l'illicite est parfois difficile à trouver. Le démarchage de la clientèle d'un concurrent est considéré comme licite. Mais accompagné de manœuvres, il devient déloyal. Dans le même ordre d'idée, la désorganisation du réseau commercial du concurrent n'est pas constitutive d'un fait de concurrence déloyale, sauf faute précise démontrée. La Cour de cassation a considéré que l'abus de la liberté du commerce causant un trouble commercial constitue une concurrence déloyale[1]. La démonstration d'un tel abus et de ses conséquences est incontestablement délicate. D'autres hypothèses posent moins de difficultés. Tel est le cas par exemple de l'utilisation des plans d'un concurrent[2].

§ 2. L'action en concurrence déloyale

339 On peut hésiter sur les fondements de l'action en concurrence déloyale, car son exercice et ses effets sont relativement particuliers. Sa répression et les contours de cette action ont été l'œuvre de la jurisprudence. Certains souhaitent que le législateur intervienne en ce domaine[3].

A. Les fondements de l'action

340 L'action en concurrence déloyale était classiquement fondée sur les articles 1382 et 1383 du Code civil. Mais cette analyse est parfois remise en cause. Pour certains, il s'agirait d'une action réelle destinée à protéger le fonds de commerce, dont l'élément

1. Com. 22 oct. 1985, *Bull. civ.* IV, n° 245.
2. Civ. 1re, 5 juill. 2006, *Bull. civ.* I, n° 360.
3. Picod, « Plaidoyer pour une consécration législative de la concurrence déloyale », *Mélanges Serra*, p. 359.

essentiel est la clientèle[1]. Pour d'autres, il s'agirait d'une sorte d'action disciplinaire sanctionnant le non-respect des usages commerciaux[2].

Malgré tout la jurisprudence se rattache toujours aux règles de la responsabilité des articles 1382 et 1383, du Code civil, quitte d'ailleurs à infléchir plusieurs règles, ce qui démontre une certaine inadaptation de ces dispositions.

Cela suppose d'abord l'existence d'une faute qui n'a pas nécessairement à être intentionnelle[3], même si la déloyauté semble impliquer une mauvaise foi. On se demande parfois si la faute existe véritablement pour certaines actions en concurrence déloyale, notamment celle exercée en cas d'homonymie, par un commerçant utilisant son nom patronymique. Il faut, ensuite, démontrer l'existence d'un préjudice qui consiste dans la diminution, voire la perte de la clientèle. Cette démonstration s'avère parfois délicate à effectuer, expliquant que le préjudice soit apprécié de manière plus ou moins rigoureuse[4] et les nombreuses condamnations au franc symbolique. En pratique, cette évaluation du préjudice est difficile à opérer. Enfin, il faudra un lien de causalité : la diminution de la clientèle doit bien résulter de l'acte de concurrence déloyale. Il existe une tendance de la jurisprudence à déduire ce lien de causalité dès lors qu'une faute et qu'un préjudice ont été établis.

B. L'exercice et les effets de l'action

341 Le tribunal compétent pour connaître de l'action en concurrence déloyale sera normalement le tribunal de commerce. Si le défendeur, auteur des agissements de concurrence déloyale, est un non-commerçant, l'action sera portée devant le tribunal de grande instance, voire le tribunal d'instance. L'action civile peut égale-

1. Ripert, *Les aspects du capitalisme moderne*, 2e éd., n° 86.
2. Par ex., Champaud, « Les sources du droit de la concurrence au regard du droit commercial et des autres branches du droit applicable en France », *Mélanges Houin*, p. 65.
3. Com. 6 mai 1986, *D.* 1987. Somm. 339.
4. Com. 9 févr. 1993, *CCC* 1993. 49, obs. Vogel ; Com. 29 juin 1993, *D.* 1995. Somm. 211, obs. Picod ; sur l'ensemble de cette question, Le Tourneau, « De la spécificité du préjudice concurrentiel », *RTD com.* 1998. 83.

ment être portée devant les juridictions répressives. La juridiction saisie peut surseoir à statuer, lorsqu'elle estime nécessaire de consulter, à titre préjudiciel, l'Autorité de la concurrence, pour des difficultés de droit interne, ou la Cour de justice des Communautés européennes, pour des difficultés de droit communautaire.

L'action est introduite par le commerçant victime des agissements. Elle peut également être intentée par les syndicats ou les associations professionnelles, en raison du préjudice causé aux intérêts de la profession. En revanche, cette faculté est refusée aux associations de consommateurs.

L'auteur de l'acte de concurrence déloyale pourra être condamné à des dommages-intérêts. Leur montant doit être calculé au jour du prononcé de la décision. Il pourra être aussi ordonné la cessation des agissements déloyaux sous astreinte. Le juge des référés s'estime compétent pour mettre fin à ces agissements, lorsqu'ils sont manifestement illicites ou lorsqu'ils exposent à un dommage imminent. Enfin, la publication du jugement de condamnation pourra être prescrite.

Section 3
La liberté de la concurrence

342 La règle de la liberté de la concurrence signifie que chacun peut exercer l'activité commerciale de son choix. Elle apparaît comme la nécessaire conséquence de la liberté du commerce et de l'industrie. La concurrence est libre dans une réglementation étroite. Ce qui semble un paradoxe est une réalité, tant il est vrai que l'abus de liberté tue la liberté. Si donc en principe la concurrence est libre, comme l'indiquent le Code de commerce et le traité de Rome du 25 mars 1957, cette liberté est surveillée quant aux prix (**§ 1**), elle ne doit pas porter atteinte au marché (**§ 2**) ni à la concurrence entre entreprises (**§ 3**).

§ 1. La liberté des prix

343 La liberté des prix est redevenue le principe depuis une ordonnance du 1er décembre 1986 intégrée dans le Code de commerce[1]. L'article L. 410-2 du Code de commerce dispose que « sauf dans les cas où la loi en dispose autrement, les prix des biens, produits et services relevant antérieurement au 1er janvier 1987 de l'ordonnance n° 45-1483 du 30 juin 1945 sont librement déterminés par le jeu de la concurrence ». On a affirmé, sans doute de manière un peu excessive, que l'économie française avait enfin basculée dans le camp du libéralisme[2].

Le droit européen impose aussi indirectement cette règle. En effet, la Cour de justice de l'Union européenne considère qu'un prix autoritairement fixé par un État membre constitue une mesure d'effet équivalent à une restriction quantitative, condamné par l'article 30 du traité de Rome du 25 mars 1957, si son niveau rend impossible ou difficile l'écoulement des produits étrangers[3]. Pourtant malgré tout, il existe de nombreuses dérogations, d'ailleurs prévues par le Code de commerce.

La loi, dans certaines hypothèses, prévoit le contrôle ou la fixation des prix. À titre d'illustration, on peut citer le régime des prix agricoles qui dépend des instances européennes, le plafonnement du montant des loyers pour les baux commerciaux et les baux d'habitation, les tarifs des officiers ministériels ou les honoraires de certaines professions libérales...

Le Code de commerce prévoit la possibilité de dérogations par voie réglementaire. Son article L. 410-2, alinéa 2 prévoit cette faculté dans les secteurs ou dans les zones où la concurrence des

1. Sur laquelle par ex., Decocq et Pédamon, « L'ordonnance du 1er décembre 1986 relative à la liberté des prix et de la concurrence », *J.-Cl. Com.*, n° spéc. 1 *bis*, 1987 ; Hémard et Bouloc, « Liberté des prix et de la concurrence », *RTD com.* 1987. 94 ; Gavalda et Lucas de Leyssac, « Prix et concurrence », *ALD* 1988, n° spéc. ; Jeantet, « L'esprit du nouveau droit de la concurrence », *JCP* 1987. I. 3277 ; Selinsky, *Le nouveau droit de la concurrence*, 2e éd. ; Azéma, *Le droit français de la concurrence*, 2e éd., 1989 ; A. et G. Decocq, *Droit de la concurrence interne et communautaire*, 6e éd. ; Serra, *Le droit français de la concurrence*, 1re éd.

2. Decocq et Pédamon, *L'ordonnance du 1er décembre 1986 relative à la liberté des prix et de la concurrence*, n° 6.

3. Par ex., CJCE 23 janv. 1975, *Rec. CJCE* 1975. 47 ; CJCE 24 févr. 1978, *Rec. CJCE* 1978. 25.

prix est limitée en raison de situation de monopole ou de difficultés durables d'approvisionnement, par exemple EDF-GDF ou les médicaments. De son côté, l'article L. 410-2, alinéa 3 réglemente certains prix en cas d'urgence dans des situations de crises exceptionnelles, de calamité publique ou des situations manifestement anormales du marché dans un secteur déterminé.

§ 2. L'interdiction de porter atteinte au marché

344 Les atteintes possibles au marché sont essentiellement, mais pas uniquement, les refus de vente, la revente à perte et les pratiques discriminatoires.

A. Les refus de vente

345 Le refus de vente ou de prestation de service consiste pour un commerçant à ne pas honorer les commandes qui lui sont adressées. Ces pratiques risquent parfois de conduire à l'élimination de certains commerçants. On se limitera ici au refus de vente uniquement dans les rapports entre professionnels.

L'ordonnance du 1er décembre 1986 a dépénalisé les refus à caractère purement économique. Mais son article 36-2° prévoyait que tout commerçant, industriel ou artisan, engageait sa responsabilité, s'il refusait de satisfaire aux demandes des acheteurs de produits ou aux demandes de prestation de services, lorsque ces demandes ne présentaient aucun caractère anormal, qu'elles étaient faites de bonne foi et que le refus n'était pas justifié par les dispositions de l'article 10, c'est-à-dire en cas d'entente licite. Le principe demeurait celui de l'interdiction du refus de vente.

La loi du 1er juillet 1996 a abrogé l'article 36-2° de l'ordonnance du 1er décembre 1986 et elle a ainsi supprimé le délit civil de refus de vente[1]. Désormais, le principe est devenu celui de la validité d'un tel refus. On a affirmé que cette loi « a réalisé un

1. Decocq, « Sur l'abolition du délit civil de refus de vente », *JCP* 1997. I. 3997.

progrès puisque les fabricants ont désormais la maîtrise de principe de leurs produits »[1].

La question se pose cependant de savoir si, par exception, le refus de vente pourrait toujours être sanctionné[2]. On ne voit pas pour quelles raisons les règles du droit commun de la responsabilité délictuelle ne s'appliqueraient pas. Le refus s'analyse parfois en un acte de concurrence déloyale et il doit être sanctionné comme tel. Le changement avec la solution telle qu'elle résultait de l'article 36-2° de l'ordonnance du 1er décembre 1986 risque pratiquement d'être assez faible. Son intérêt est essentiellement de type probatoire. Il appartiendra à celui qui conteste un refus de vente qui lui est opposé de démontrer son caractère d'acte de concurrence déloyale.

B. Les reventes à perte

346 Le principe de la prohibition de la revente à perte a été posé dans les articles 1er et 4 de la loi de finances rectificative du 2 juillet 1963. Il a été repris par l'article 32 de l'ordonnance du 1er décembre 1986. Ces règles figurent désormais aux articles L. 442-2 et suivants du Code de commerce. Selon l'article L. 442-2, alinéa 1er, « le fait, pour tout commerçant, de revendre ou d'annoncer la revente d'un produit en l'état à un prix inférieur à son prix d'achat effectif est puni de 75 000 euros d'amende. Cette amende peut être portée à la moitié des dépenses de publicité dans le cas où une annonce publicitaire, quel qu'en soit le support, fait état d'un prix inférieur au prix d'achat effectif ». La Cour de justice des communautés européennes a jugé la réglementation française conforme au droit communautaire[3].

1. Guyon, n° 866.
2. Sur les différentes opinions émises, v. Mainguy, *Les contrats spéciaux*, 1re éd., n° 45.
3. CJCE 24 nov. 1993, *CCC* 1993. 210, obs. Vogel ; *Gaz. Pal.* 1994. 2. 414, note Wachsmann ; *D.* 1994. 185, note Voinot qui précise que le fait que des entreprises ayant une activité de vente dans des Etats membres différents soient soumises à des législations différentes, les unes interdisant la revente à perte et les autres la tolérant, n'est pas constitutif d'une discrimination au sens de l'article 7 du traité CEE dès lors que la législation nationale qui est en cause dans le litige au principal s'applique à toute activité de vente menée sur le territoire national, quelle que soit la nationalité des personnes qui l'exercent.

Le principe de la prohibition de la vente à perte n'est pas aussi évident qu'il n'y paraît au premier abord, tout du moins si l'on se place dans une perspective économique. En effet, dans certaines hypothèses, il est préférable pour un producteur de vendre à perte, plutôt que de ne pas vendre du tout[1]. Mais il s'agit là de situations individuelles. Si l'on se place sur un plan plus général, on s'aperçoit que l'article L. 442-2 du Code de commerce figure dans le chapitre II du Titre IV du Code de commerce intitulé « Des pratiques restrictives de concurrence ». La vente à perte risque de désorganiser le marché ; elle est constitutive d'une concurrence déloyale. On se trouve en présence une nouvelle fois d'un ordre public économique qui limite la liberté qu'a normalement un professionnel de librement fixer ses prix et qui a pour objectif de permettre un bon fonctionnement des marchés. Son but essentiel est de protéger le petit commerce contre les grands distributeurs et notamment contre le système dit des marges arrières.

La question essentielle est celle de connaître le seuil de la revente à perte. Selon l'article L. 442-2 alinéas 2 et 3 du Code de commerce, « Le prix d'achat effectif est le prix unitaire net figurant sur la facture d'achat, minoré du montant de l'ensemble des autres avantages financiers consentis par le vendeur exprimé en pourcentage du prix unitaire net du produit et majoré des taxes sur le chiffre d'affaires, des taxes spécifiques afférentes à cette revente et du prix du transport.

Le prix d'achat effectif tel que défini au deuxième alinéa est affecté d'un coefficient de 0,9 pour le grossiste qui distribue des produits ou services exclusivement à des professionnels qui lui sont indépendants et qui exercent une activité de revendeur au détail, de transformateur ou de prestataire de services final. Est indépendante au sens de la phrase précédente toute entreprise libre de déterminer sa politique commerciale et dépourvue de lien capitalistique ou d'affiliation avec le grossiste ».[2]

347 Des exceptions à la prohibition de la vente à perte sont prévues par l'article L. 442-4 du Code de commerce. On se trouve en pré-

1. Parléani et Lucas de Leyssac, *Droit des marchés*, 1re éd., PUF, 2002, p. 537.
2. Ferrier, « La réforme des pratiques commerciales. Loi n° 2008-3 du 3 janvier 2008 », *D.* 2008. 429.

sence de faits justificatifs qui rendent licites une vente à perte. L'interdiction ne s'applique pas aux ventes volontaires ou forcées motivées par la cessation ou le changement d'une activité commerciale. Cette solution se justifie par le fait que le commerçant est tenu de se débarrasser le plus rapidement possible de ses stocks. La même dérogation s'applique aux produits dont la vente présente un caractère saisonnier marqué, pendant la période terminale de la saison des ventes et dans l'intervalle compris entre deux saisons de vente ; à ceux qui ne répondent plus à la demande générale en raison de l'évolution de la mode ou de l'apparition de perfectionnements techniques et à ceux, aux caractéristiques identiques, dont le réapprovisionnement s'est effectué en baisse.

Une des exceptions les plus spécifiques concerne ce que l'on appelle l'exception d'alignement[1] ; elle est désormais réservée aux petits commerçants. Elle s'applique aux produits alimentaires commercialisés dans un magasin d'une surface de vente de moins de trois cents mètres carrés et aux produits non alimentaires commercialisés dans un magasin d'une surface de vente de moins de mille mètres carrés, dont le prix de revente est aligné sur le prix légalement pratiqué pour les mêmes produits par un autre commerçant dans la même zone d'activité.

La dernière exception concerne les produits périssables. Les règles relatives à la vente forcée sont mises à l'écart, à condition que l'offre de prix réduit ne fasse l'objet d'une quelconque publicité ou annonce à l'extérieur du point de vente, aux produits périssables à partir du moment où ils sont menacés d'altération rapide.

C. Les pratiques discriminatoires

348 Les pratiques discriminatoires, prévues par l'article L. 442-6 du Code de commerce, faussent le jeu normal de la concurrence, car elles ont pour objet de pratiquer à l'égard d'un partenaire ou d'obtenir de lui des prix, des délais de paiement, des conditions

1. Brieuc de Maissiac, « L'alignement sur la concurrence : élément constitutif ou fait justificatif de la revente à perte ? », *RJDA* 1991. 330.

de vente ou des modalités de vente ou d'achat discriminatoires et non justifiées par des contreparties réelles. Dans la mesure où la discrimination entraîne un avantage ou un désavantage dans la concurrence, l'auteur de la pratique pourra voir sa responsabilité civile engagée. Toute pratique discriminatoire n'est pas obligatoirement illicite. Elle le devient, lorsque deux conditions sont réunies : l'absence de contrepartie réelle et sérieuse et l'octroi d'un avantage ou d'un désavantage dans la concurrence.

La loi du 15 mai 2001 sur les nouvelles régulations économiques a considérablement étendu le nombre de ces pratiques prévues par l'article L. 442-6 qui a été modifié par l'ordonnance du 13 novembre 2008 puis par la loi du 17 mars 2014[1]. Cette réglementation tend à remédier à l'infériorité économique de certains professionnels qui se voyaient imposer des conditions particulièrement strictes par leurs partenaires commerciaux.

Désormais engage également la responsabilité de son auteur, le fait d'obtenir ou de tenter d'obtenir d'un partenaire commercial un avantage quelconque ne correspondant à aucun service commercial effectivement rendu ou manifestement disproportionné au regard de la valeur du service rendu. Un tel avantage peut notamment consister en la participation, non justifiée par un intérêt commun et sans contrepartie proportionnée, au financement d'une opération d'animation commerciale, d'une acquisition ou d'un investissement, en particulier dans le cadre de la rénovation de magasins ou encore du rapprochement d'enseignes ou de centrales de référencement ou d'achat. Un tel avantage peut également consister en une globalisation artificielle des chiffres d'affaires ou en une demande d'alignement sur les conditions commerciales obtenues par d'autres clients. Il est prohibé de soumettre ou de tenter de soumettre un partenaire commercial à des obligations créant un déséquilibre significatif dans les droits et obligations des parties, d'obtenir ou de tenter d'obtenir un avantage, condition préalable à la passation de commandes, sans l'assortir d'un engagement écrit sur un volume d'achat propor-

1. V. par ex., Ahrel, « Modernisation du droit français de la concurrence », *JCP* E 2001. 938 ; Claudel, « Loi du 15 mai 2001 relative aux nouvelles régulations économiques », *RTD com.* 2001. 663.

tionné et, le cas échéant, d'un service demandé par le fournisseur et ayant fait l'objet d'un accord écrit ou d'obtenir ou de tenter d'obtenir, sous la menace d'une rupture brutale totale ou partielle des relations commerciales, des conditions manifestement abusives concernant les prix, les délais de paiement, les modalités de vente ou les services ne relevant pas des obligations d'achat et de vente. Il est interdit de rompre brutalement, même partiellement, une relation commerciale établie, sans un préavis écrit conforme aux usages professionnels ou aux accords interprofessionnels.

Il est aussi prohibé de soumettre un partenaire à des conditions de règlement manifestement abusives, compte tenu des bonnes pratiques et des usages commerciaux. Certains distributeurs imposaient à leurs clients des délais particulièrement longs, alors qu'ils revendaient assez vite le produit livré. Désormais, tout producteur, prestataire de services, grossiste ou importateur est tenu de communiquer ses conditions générales de vente à tout acheteur de produits ou tout demandeur de prestations de services qui en fait la demande pour une activité professionnelle. Ses conditions comprennent les conditions de vente, le barème des prix unitaires, les réductions de prix et les conditions de règlement. Sauf dispositions contraires figurant aux conditions de vente ou convenues entre les parties, le délai de règlement des sommes dues est fixé au trentième jour suivant la date de réception des marchandises ou d'exécution de la prestation demandée. Le délai convenu entre les parties pour régler les sommes dues ne peut dépasser quarante-cinq jours fin de mois ou soixante jours à compter de la date d'émission de la facture. Il existe certaines dérogations, par exemple pour les transports, la location de voiture ou les achats de produits périssables. En tout état de cause, l'article L. 441-3 du Code de commerce prescrit de faire figurer la date de règlement sur la facture. On s'aperçoit que dans le but de limiter les pratiques discriminatoires, le législateur a multiplié les obligations de transparence[1].

349 La loi sur les nouvelles régulations économiques a également créé une Commission d'examen des pratiques commerciales. Son but

1. V. Houtcieff, n° 806 s.

est de donner des avis ou de formuler des recommandations sur les questions, les documents commerciaux ou publicitaires, y compris les factures et les contrats couverts par un secret industriel ou commercial, et les pratiques concernant les relations commerciales entre les producteurs, les fournisseurs et les revendeurs. Pour le moment, elle a seulement une mission consultative. Elle rend des recommandations. Elle est soumise au secret professionnel, ce qui lui interdit de rendre public le nom des entreprises sur lesquels elle a enquêté. Elle établit chaque année un rapport d'activité. Reste à savoir si son autorité sera comparable à celles de la Commission des clauses abusives.

Cette commission est composée d'un député et d'un sénateur, de membres des juridictions administratives et judiciaires, de représentants des secteurs agricoles, industriel artisanal, de la transformation, des grossistes, de représentants des distributeurs, des membres de l'administration et des personnalités qualifiées. Elle comprend un nombre égal de représentants des producteurs et des distributeurs. Le président de la commission est désigné parmi ses membres par décret. Lorsque celui-ci n'est pas membre d'une juridiction, un vice-président appartenant à une juridiction administrative ou judiciaire est également désigné dans les mêmes conditions.

Plusieurs personnes peuvent saisir cette commission. Il s'agit du ministre chargé de l'Économie, du ministre chargé du secteur économique concerné, du président de l'Autorité de la concurrence, de toute personne morale, comme les organisations professionnelles ou syndicales, les associations de consommateurs agréées, les chambres consulaires ou d'agriculture et de fournisseurs ou revendeurs s'estimant lésés par une pratique commerciale. La commission a la faculté de se saisir elle-même.

350 La loi du 2 août 2005 a tenté de réglementer les contrats de coopérations commerciales. Ces nouvelles dispositions ont été retouchées par la loi du 4 août 2008. Les fournisseurs sont souvent obligés par leurs distributeurs d'effectuer des opérations promotionnelles de leurs produits, dans un but de stimuler les ventes.

Ce procédé, qui en lui-même n'est pas répréhensible, a parfois donné lieu à des abus, notamment de la part des grandes surfaces.

Le contrat de coopération se définit comme une convention par laquelle un distributeur ou un prestataire de services s'oblige envers un fournisseur à lui rendre, à l'occasion de la revente de ses produits ou de ses services aux consommateurs, des services propres à favoriser leur commercialisation ne relevant pas des obligations d'achat et de vente, en précisant l'objet, la date prévue, les modalités d'exécution, la rémunération des obligations ainsi que les produits ou services auxquels elles se rapportent. Il doit également mentionner les autres obligations destinées à favoriser la relation commerciale entre le fournisseur et le distributeur ou le prestataire de services, en précisant pour chacune l'objet, la date prévue et les modalités d'exécution... Le non-respect de ces dispositions est sanctionné par une amende de 75 000 euros.

§ 3. Les interdictions de porter atteinte à la concurrence entre entreprises

351 Les pratiques anticoncurrentielles sont sanctionnées une fois que les agissements prohibés sont apparus. Mais il existe aussi des mesures de prévention par le contrôle des concentrations.

A. La prévention des agissements anticoncurrentiels

352 Les concentrations d'entreprises sont *a priori* une bonne chose. Compte tenu de la mondialisation des échanges commerciaux, elles permettent de renforcer la compétitivité. Mais elles constituent également une menace importante pour la concurrence, puisqu'une entreprise risque de se retrouver en situation monopolistique ou quasi monopolistique. Pour cette raison, le législateur est intervenu dans ce domaine pour réglementer ces opérations, dans les articles L. 430-1 et suivants du Code de commerce qui ont été modifiés à plusieurs reprises et notamment par la loi du 4 août 2008. Il existe également un règlement européen du 20 janvier 2004 relatif au contrôle des concentrations des entreprises.

L'article L. 430-1 du Code de commerce distingue deux catégories de concentration. Cette opération sera réalisée si deux ou plusieurs entreprises antérieurement indépendantes fusionnent ou lorsqu'une ou plusieurs personnes, détenant déjà le contrôle d'une entreprise au moins ou lorsqu'une ou plusieurs entreprises acquièrent, directement ou indirectement, que ce soit par prise de participation au capital ou achat d'éléments d'actifs, contrat ou tout autre moyen, le contrôle de l'ensemble ou de parties d'une ou plusieurs autres entreprises. La concentration résulte donc d'une fusion ou d'un contrôle.

L'opération doit aussi avoir certaines dimensions. Les trois conditions suivantes sont nécessaires. Il faut que le chiffre d'affaires total mondial hors taxes de l'ensemble des entreprises ou groupes de personnes physiques ou morales parties à la concentration soit supérieur à 150 millions, que le chiffre d'affaires total hors taxes réalisé en France par deux au moins des entreprises ou groupes des personnes physiques ou morales concernés soit supérieur à 50 millions d'euros et que l'opération n'entre pas dans le champ d'application du règlement du 20 janvier 2004. Des seuils moins importants s'appliquent au commerce de détails (75 millions d'euros et 15 millions d'euros).

353 L'opération de concentration doit être notifiée à l'Autorité de la concurrence avant sa réalisation. La notification peut intervenir dès lors que la ou les parties concernées sont en mesure de présenter un projet suffisamment abouti pour permettre l'instruction du dossier. L'obligation de notification incombe aux personnes physiques ou morales qui acquièrent le contrôle de tout ou partie d'une entreprise ou, dans le cas d'une fusion ou de la création d'une entreprise commune, à toutes les parties concernées qui doivent alors notifier conjointement.

Il existe deux types d'examen par l'Autorité de la concurrence. Dans ces deux hypothèses, la réalisation effective d'une opération de concentration ne peut intervenir qu'après l'accord de l'Autorité de la concurrence ou dans quelques hypothèses par le ministre chargé de l'économie. Il existe une procédure dite normale. L'Autorité se prononce sur l'opération de concentration dans un délai de vingt-cinq jours ouvrés à compter de la date de réception de la notification complète. Pendant ce délai, les parties à l'opération peuvent s'engager à prendre des mesures visant notamment à remédier, le cas échéant, aux effets anticoncurrentiels de l'opération. L'Autorité peut interroger des tiers sur l'opération de concentration projetée en tenant compte de l'intérêt légitime des parties qui procèdent à la notification ou des personnes citées à ce que leurs secrets d'affaires ne soient pas divulgués. Elle prend alors l'une des trois décisions suivantes : considérer que l'opération qui lui a été notifiée n'entre pas dans le champ du contrôle des concentrations, autoriser l'opération, en subordonnant éventuellement, par décision motivée, cette autorisation à la réalisation effective des engagements pris par les parties ou passer à la procédure d'examen approfondi.

En cas de procédure d'examen approfondi, l'Autorité de la concurrence a un délai de soixante-cinq jours pour se prononcer sur la concentration. Elle examine si elle est de nature à porter atteinte à la concurrence, notamment par création ou renforcement d'une position dominante ou par création ou renforcement d'une puissance d'achat qui place les fournisseurs en situation de dépendance économique. Elle apprécie si l'opération apporte au progrès économique une contribution suffisante pour compenser les atteintes à la concurrence. Par une décision motivée, elle peut interdire l'opération de concentration et enjoindre, le cas échéant, aux parties de prendre toute mesure propre à rétablir une concurrence suffisante, ou autoriser l'opération en enjoignant aux parties de prendre toute mesure propre à assurer une concurrence suffisante ou en les obligeant à observer des prescriptions de nature à apporter au progrès économique une contribution suffisante pour compenser les atteintes à la concurrence. Si aucune décision n'a été prise dans le délai de soixante-cinq jours, le ministre de l'économie doit en être informé et passé un nouveau délai de vingt-cinq jours, l'opération de concentration est réputée avoir été autorisée.

Des sanctions pécuniaires importantes sont prévues, lorsqu'une opération de concentration a été réalisée sans notification. Leur montant s'élève au maximum pour les personnes morales à 5 % de leur chiffre d'affaires hors taxes réalisé lors du dernier exercice clos, augmenté le cas échéant, de celui qu'a réalisé en France pour la même période la partie acquise et pour les personnes physiques à 1,5 million d'euros. D'autres sanctions sont prévues et notamment l'Autorité de la concurrence peut enjoindre sous astreinte aux parties de notifier l'opération ou de revenir à l'état antérieur à la concentration.

354 Selon l'article 3 § 1 du règlement du 20 janvier 2004, une concentration sera réalisée, si un changement durable du contrôle issu de la fusion de deux ou plusieurs entreprises ou partie d'entreprises ou de l'acquisition d'une entreprise par une ou plusieurs entreprises, de contrôle direct ou indirect de l'entreprise ou de partie d'une ou de plusieurs entreprises, au moyen de prise de participation au capital ou d'achat d'éléments d'actif, de contrat ou de tout autre moyen[1].

Il existe également des seuils européens qui, lorsqu'ils sont atteints, en font une opération pour laquelle il existe une compétence communautaire exclusive. Il est en principe nécessaire que le chiffre d'affaires total réalisé sur le plan mondial par l'ensemble des entreprises concernées représente un montant supérieur à 5 milliards d'euros et que le chiffre d'affaires total réalisé individuellement dans l'Union européenne par au moins deux des entreprises concernées réalise plus des deux tiers de son chiffre d'affaires total dans l'Union européenne à l'intérieur d'un seul et même État membre. Lorsque ces seuils ne sont pas atteints, il est possible qu'il existe concentration communautaire dans certaines hypothèses strictement définies.

B. La répression des agissements anticoncurrentiels

355 Le domaine des interdictions de porter atteinte à la concurrence doit être délimité, avant d'envisager leur répression au cas où elles seraient transgressées.

1. L. et J. Vogel, « Contrôle des concentrations : ce qui va changer le 1er mai 2004 », *JCP* E 2004. 331.

1. Le domaine des interdictions

356 Sont aujourd'hui principalement visés les ententes, les abus de domination et les prix anormalement bas.

L'article L. 420-1 du Code de commerce prohibe, même par l'intermédiaire d'une société du groupe implantée hors de France, les actions concertées, les ententes expresses ou tacites ou coalitions, lorsqu'elles ont pour objet ou peuvent avoir pour effet d'empêcher, de restreindre ou de fausser le jeu de la concurrence sur un marché. Il faut relever que le risque que font courir à la concurrence ces ententes suffit à les condamner. La suite de l'article donne une liste indicative de ces principales ententes. Leurs formes juridiques peuvent être très variées : simple pratique, syndicat professionnel, groupement d'intérêt économique par exemple. Peu importe qu'elles soient apparentes ou occultes.

On distingue les ententes dites verticales et les ententes dites horizontales. Les premières rapprochent des personnes qui n'interviennent pas à un même stade du processus économique. Les secondes unissent des personnes situées à un même stade de production.

Le Code de commerce distingue les bonnes et les mauvaises ententes. Son article L. 420-4 du Code de commerce prévoit que les bonnes ententes sont celles résultant de l'application d'un texte législatif ou réglementaire et celles « dont les auteurs peuvent justifier qu'elles ont pour effet d'assurer un progrès économique, y compris par la création ou le maintien d'emplois, et qu'elles réservent aux utilisateurs une partie équitable du profit qui en résulte, sans donner aux entreprises intéressées la possibilité d'éliminer la concurrence pour une partie substantielle des produits en cause. Ces pratiques qui peuvent consister à organiser, pour les produits agricoles ou d'origine agricole, sous une même marque ou enseigne, les volumes et la qualité de production ainsi que la politique commerciale, y compris en convenant d'un prix de cession commun ne doivent imposer des restrictions à la concurrence, que dans la mesure où elles sont indispensables pour atteindre cet objectif de progrès »... Il prévoit également que certaines catégories d'accords, notamment ceux améliorant la gestion des PME peuvent parfois être considérées comme de bonnes ententes. Dans les autres hypothèses, les ententes sont réputées mauvaises.

Reprenant une idée issue du droit communautaire, l'ordonnance du 25 mars 2004 écarte les règles relatives aux ententes, lorsqu'elles affectent une part minime du marché. Selon l'article L. 464-6-2 du Code de commerce, l'Autorité de la concurrence peut décider qu'il n'y a pas lieu à poursuite si l'accord ou la pratique ne dépasse pas 10 % sur l'un des marchés affectés par l'accord ou la pratique lorsqu'il s'agit d'un accord ou d'une pratique entre des entreprises ou organismes qui sont des concurrents, existants ou potentiels sur l'un des marchés en cause ou 15 % sur l'un des marchés affectés par l'accord ou la pratique lorsqu'il s'agit d'un accord ou d'une pratique entre des entreprises ou organismes qui ne sont pas des concurrents existants ou potentiels sur l'un des marchés en cause. Toutefois l'article L. 464-6-2 écarte cette possibilité de tenir compte des seuils dans certaines hypothèses.

357 Les ententes sont également réglementées par l'article 101 du traité sur le fonctionnement de l'Union européenne. Cette disposition prohibe « tous accords entre entreprises, toutes décisions d'association d'entreprises et toutes pratiques concertées qui sont susceptibles d'affecter le commerce entre États membres et qui ont pour objet ou pour effet d'empêcher, de restreindre ou de fausser le jeu de la concurrence à l'intérieur du marché commun... ». Ici encore, il est nécessaire de distinguer les bonnes et les mauvaises ententes. Il importe que l'entente affecte effectivement le marché. Un accord ne sera pas sanctionné « lorsqu'il n'affecte le marché que de manière insignifiante, compte tenu de la faible position qu'occupent les intéressés sur le marché des produits en cause »[1]. Toute la difficulté est alors de déterminer un seuil.

358 Les abus de domination ont été prévus par l'article 8 de l'ordonnance du 1er décembre 1986[2]. L'influence du droit communautaire a été encore ici très importante, puisque l'article 86 du traité de Rome du 25 mars 1957 avait prohibé « le fait pour une ou

1. CJCE 9 juill. 1969, *Völk Vervaecke*, *Rec. CJCE* 1969. 277.
2. Pédamon, « Les abus de domination », *Cah. dr. entr.* janv. 1987. 15.

plusieurs entreprises d'exploiter de façon abusive une position dominante sur le marché commun ou dans une partie substantielle de celui-ci », si le commerce d'un État membre en est affecté. On est proche de la violence morale de l'article 1112 du Code civil[1].

L'article L. 420-2 du Code de commerce envisage deux hypothèses. Selon la première, est prohibée l'exploitation abusive par une entreprise ou un groupe d'entreprises d'une position dominante sur le marché intérieur ou une partie substantielle de celui-ci. Ces abus peuvent notamment consister en des refus de vente, en des ventes liées ou en des conditions de vente discriminatoires ainsi que dans la rupture de relations commerciales établies, au seul motif que le partenaire refuse de se soumettre à des conditions commerciales injustifiées.

La seconde prohibe, dès lors qu'elle est susceptible d'affecter le fonctionnement ou la structure de la concurrence, l'exploitation abusive par une entreprise ou un groupe d'entreprises de l'état de dépendance économique dans lequel se trouve à son égard une entreprise cliente ou fournisseur. Ces abus peuvent notamment consister en des refus de vente, en des ventes liées ou des pratiques discriminatoires.

359 Dans le but de protéger les petits commerçants face à la grande distribution, le Code de commerce prohibe les prix abusivement bas. Selon son article L. 420-5, « sont prohibées les offres de prix ou pratiques de prix aux consommateurs abusivement bas par rapport aux coûts de production, de transformation et de commercialisation, dès lors que ces offres ou pratiques ont pour objet ou peuvent avoir pour effet d'éliminer d'un marché ou d'empêcher d'accéder à un marché une entreprise ou l'un de ses produits ». Cette disposition nécessite pour son application qu'une entreprise ait une surface économique telle qu'elle puisse en réalité influer sur le marché et éliminer des concurrents. Seules sont prises en considération les ventes aux consommateurs.

1. Montels, « La violence économique, illustration du conflit entre droit commun des contrats et droit de la concurrence », *RTD com.* 2002. 417 ; Nourissat, « La violence économique, vice du consentement : beaucoup de bruit pour rien ? », *D.* 2000. 369.

2. La répression de la transgression des interdictions

360 La répression de la transgression des interdictions s'effectue classiquement par les juridictions pénales et de façon plus spécifique par l'Autorité de la concurrence. De plus, les victimes de tels agissements peuvent obtenir réparation de leur préjudice sur le fondement de l'article 1382 du Code civil.

L'article L. 420-6 du Code de commerce indique que sera punie d'un emprisonnement de quatre ans et d'une amende de 75 000 euros ou de l'une de ces deux peines seulement toute personne physique qui, frauduleusement, aura pris une part personnelle et déterminante dans la conception, l'organisation ou la mise en œuvre de pratiques anticoncurrentielles. Une publication de tout ou partie de la décision pourra être ordonnée par le tribunal.

La loi du 17 mars 2014 a introduit une possibilité d'actions de groupe en cas de comportement anticoncurrentiel. Elle peut être intentée lorsque les manquements reprochés au professionnel portent sur le respect des règles définies au titre II du livre IV du Code de commerce ou des articles 101 et 102 du traité sur le fonctionnement de l'Union européenne. Le législateur a utilisé le système dit du *follow-on*. L'action de groupe n'intervient qu'après le constat de l'infraction par l'Autorité de concurrence ou des autorités de l'Union européenne. Cette action ne peut être engagée au-delà d'un délai de cinq ans à compter de la date de la constatation de l'infraction.

On peut se demander quel est l'intérêt d'une telle procédure qui risque d'être assez longue à mettre en œuvre en pratique. Plutôt que d'attendre une décision définitive de ces différentes autorités, la victime de l'agissement a plutôt intérêt à saisir directement le juge. Là encore, seules les associations de consommateurs agréés pourront intervenir en cette matière.

SYNTHÈSE

La concurrence permet aux clients du commerçant de **comparer la qualité des produits et des services offerts et les prix qui lui sont demandés**. Pour pouvoir remplir ce rôle, elle doit être à la fois loyale et libre.

La loyauté de la concurrence

Normalement, un commerçant s'attend à subir une concurrence de la part **d'exploitations voisines**. Il ne pourra s'en plaindre uniquement si elle est **déloyale**. La concurrence déloyale revêt quatre formes : le dénigrement, l'imitation, le parasitisme et l'exploitation contraire aux usages professionnels. Le **dénigrement** s'analyse comme des **manœuvres destinées à jeter le doute dans l'esprit du public** sur un produit d'un concurrent. **L'imitation** consiste dans la **reproduction à l'identique d'un produit** déjà existant. Par le **parasitisme**, une entreprise **profite de la réputation d'un commerçant pour exploiter une clientèle identique ou distincte**. En cas **d'exploitation contraire aux usages commerciaux**, on sanctionne des **procédés commerciaux contribuant à la désorganisation du marché**.

L'action en concurrence déloyale est fondée sur le **droit commun de la responsabilité délictuelle**. Il est nécessaire qu'une **faute** soit commise et qu'un **préjudice** en résulte. L'auteur de l'acte délictueux pourra être condamné à des **dommages-intérêts**. La **cessation des agissements déloyaux** est parfois prononcée sous **astreinte**.

La liberté de la concurrence

Le principe de la liberté de la concurrence signifie que **chacun peut exercer l'activité commerciale de son choix**. Mais cette **liberté est surveillée** quant aux prix et elle ne doit pas porter atteinte au marché ni à la concurrence entre entreprises. La **liberté des prix** est redevenue **le principe** depuis l'ordonnance du 1er décembre 1986. Le **droit communautaire** impose indirectement cette règle. Il existe **quelques dérogations. Les atteintes au marché** sont essentiellement le refus de vente et les pratiques discriminatoires. Le **refus de vente** consiste pour un commerçant à **ne pas honorer les commandes qui lui sont adressées.** Les **pratiques discriminatoires** faussent le jeu normal de la concurrence, car elles ont pour objet de **pratiquer à l'égard d'un de ses partenaires ou d'obtenir de lui des conditions non justifiées par des délais de paiement.** Les **interdictions de porter atteinte à la concurrence entre entreprises** résultent de la réglementation des **ententes et des abus de domination.** Les ententes sont prohibées, lorsqu'elles ont pour objet **d'empêcher, de restreindre ou de fausser** le jeu de la concurrence sur un marché. Les abus de domination sanctionnent le fait pour une entreprise **d'exploiter de façon illicite une position dominante sur un marché.**

CHAPITRE 3

Le droit de la consommation

361 Le commerçant, s'il doit être protégé contre le jeu d'une concurrence déloyale, bénéficie de clients à qui il va pouvoir vendre ses marchandises et ses productions. Ses clients se répartissent en deux catégories. Certains sont des professionnels, et d'autres non. On a depuis longtemps considéré que cette dernière catégorie devait être protégée, en raison de sa moindre connaissance technique. On s'aperçoit d'ailleurs que le droit de la consommation prend une place de plus en plus importante dans le droit commercial[1].

La question s'est longtemps posée de savoir comment il fallait définir le consommateur[2]. Il existait une définition stricte où est considérée comme un consommateur toute personne qui conclue un contrat de vente ou de prestation de service pour un usage non professionnel. À l'inverse, il existait une définition plus extensive où est réputé également consommateur le professionnel qui conclut un contrat en dehors de sa sphère d'activité. Depuis la loi du 17 mars 2014, avant le livre Ier du Code de la consommation, il est ajouté un article préliminaire disposant qu'« est consi-

1. Piedelièvre, *Droit de la consommation*, Economica, 2ème éd., 2014.
2. Sur cette question, *cf.* Calais-Auloy et Steinmetz, *Droit de la consommation*, 6e éd., n° 2 s. ; Picod et Davo, *Droit de la consommation*, 2 ^e^ éd., n° 32 s. ; également, Chazal, « Le consommateur existe-t-il ? », *D.* 1997. 260.

dérée comme un consommateur toute personne physique qui agit à des fins qui n'entrent pas dans le cadre de son activité commerciale, industrielle, artisanale ou libérale ».

Par certains côtés, le Code de la consommation se rapproche de la conception européenne du consommateur qui refuse de considérer qu'une personne morale ait la qualité de commerçant. Le plus souvent, le droit européen définit le consommateur comme toute personne physique qui agit à des fins n'entrant pas dans son activité professionnelle. Dans le même temps, il définit généralement le professionnel comme toute personne physique ou morale qui agit à des fins professionnelles qui entrent dans le cadre de son activité professionnelle. Il est vrai que l'idée de vulnérabilité n'est pas le seul apanage des consommateurs, et que certaines personnes morales doivent être protégées. Le législateur peut tout à fait étendre certaines règles du droit de la consommation à certaines personnes morales. Mais surtout, il appartient à d'autres matières d'y remédier.

Pendant longtemps, le droit de la consommation a hésité entre une conception finaliste selon laquelle cette matière devait s'appliquer à toutes les personnes qui en ont besoin en raison de leur situation d'infériorité, et une conception personnaliste qui limitait l'application de cette matière aux seules personnes qui agissent en dehors de toute fin professionnelle. Avec la définition du consommateur posée par l'article préliminaire du Code de la consommation, on s'oriente vers une conception personnaliste qui limitera le domaine d'application du Code de la consommation. Ce droit à la protection (SECTION 1) doit lui permettre une liberté contractuelle (SECTION 2). En tout état de cause, il bénéficie d'une défense de ses intérêts collectifs (SECTION 3).

SECTION 1

LE DROIT À LA PROTECTION DU CONSOMMATEUR

362 Le droit à la protection du consommateur impose que le professionnel n'utilise pas des pratiques commerciales déloyales. Selon l'article L. 120-1 du Code de la consommation, « les pratiques commerciales déloyales sont interdites. Une pratique commerciale est déloyale lorsqu'elle est contraire aux exigences de la diligence professionnelle et qu'elle altère, ou est susceptible d'altérer de manière substantielle, le comportement économique du consommateur normalement informé et raisonnablement attentif et avisé, à l'égard d'un bien ou d'un service ». Il en va de même des pratiques trompeuses, définies à l'article L. 121-1 comme celles créant une confusion avec un autre bien ou service, une marque, un nom commercial, ou un autre signe distinctif d'un concurrent, celles reposant sur des allégations, indications ou présentations fausses ou de nature à induire en erreur et celles ne permettant pas d'identifier la personne pour le compte de qui la pratique est mise en œuvre[1].

1. Selon l'article L. 121-1, « I.-Une pratique commerciale est trompeuse si elle est commise dans l'une des circonstances suivantes : 1° Lorsqu'elle crée une confusion avec un autre bien ou service, une marque, un nom commercial, ou un autre signe distinctif d'un concurrent ; 2° Lorsqu'elle repose sur des allégations, indications ou présentations fausses ou de nature à induire en erreur et portant sur l'un ou plusieurs des éléments suivants : a) L'existence, la disponibilité ou la nature du bien ou du service ; b) Les caractéristiques essentielles du bien ou du service, à savoir : ses qualités substantielles, sa composition, ses accessoires, son origine, sa quantité, son mode et sa date de fabrication, les conditions de son utilisation et son aptitude à l'usage, ses propriétés et les résultats attendus de son utilisation, ainsi que les résultats et les principales caractéristiques des tests et contrôles effectués sur le bien ou le service ; c) Le prix ou le mode de calcul du prix, le caractère promotionnel du prix et les conditions de vente, de paiement et de livraison du bien ou du service ; d) Le service après-vente, la nécessité d'un service, d'une pièce détachée, d'un remplacement ou d'une réparation ; e) La portée des engagements de l'annonceur, la nature, le procédé ou le motif de la vente ou de la prestation de services ; f) L'identité, les qualités, les aptitudes et les droits du professionnel ; g) Le traitement des réclamations et les droits du consommateur ; 3° Lorsque la personne pour le compte de laquelle elle est mise en oeuvre n'est pas clairement identifiable. II.-Une pratique commerciale est également trompeuse si, compte tenu des limites propres au moyen de communication utilisé et des circonstances qui l'entourent, elle omet, dissimule ou fournit de façon inintelligible, ambiguë ou à contretemps une information substantielle ou lorsqu'elle n'indique pas sa véritable intention commerciale dès lors que celle-ci ne ressort pas déjà du contexte. Dans toute communication commerciale constituant une invitation à l'achat et destinée au consommateur mentionnant le prix et les caractéristiques du bien ou du service proposé, sont considérées comme substantielles les informations suivantes : 1° Les caractéristiques principales du bien ou du service ; 2° L'adresse et l'identité du professionnel ; 3° Le prix toutes taxes comprises et les frais de livraison à la charge du consommateur, ou leur mode de

Cette protection nécessite également qu'on lui fournisse une information complète (**§ 1**) et un produit de qualité (**§ 2**). Mais cette protection s'avérerait illusoire s'il n'existait pas une protection judiciaire spéciale proche, rapide et efficace (**§ 3**).

§ 1. La protection par l'information

363 La protection du consommateur par l'information a pour but d'éclairer son consentement. Cela vise aussi bien les obligations légales d'information que la réglementation de la publicité.

A. Les obligations légales d'information

364 Le Code civil de 1804 prévoyait déjà dans son article 1602 que « le vendeur est tenu d'expliquer clairement ce à quoi il s'oblige ». Désormais, le droit de la consommation impose de manière systématique au professionnel qu'il fournisse à son cocontractant profane des renseignements de nature à lui permettre de se décider en toute connaissance de cause[1]. L'existence d'une obligation légale d'informations ne dispense pas le professionnel de son devoir de conseil[2], ce qui revient à lui imposer, lorsque des circonstances l'exigent, la fourniture de renseignements complémentaires.

La loi du 17 mars 2014 a refondu les articles L. 111-1 et suivants du Code de la consommation. L'un des objectifs a été de transcrire les obligations d'information du consommateur prévues par l'article 5 de la directive 2011/83 relatif aux contrats autres que les contrats à distance ou hors établissement.

Le nouvel article L. 111-1 du Code de la consommation dispose qu'« avant que le consommateur ne soit lié par un contrat de vente de biens ou de fourniture de services, le professionnel commu-

calcul, s'ils ne peuvent être établis à l'avance ; 4° Les modalités de paiement, de livraison, d'exécution et de traitement des réclamations des consommateurs, dès lors qu'elles sont différentes de celles habituellement pratiquées dans le domaine d'activité professionnelle concerné ; 5° L'existence d'un droit de rétractation, si ce dernier est prévu par la loi ».

1. Sur le mécanisme général de l'obligation d'information, Fabre-Magnan, *De l'obligation d'information dans les contrats* (essai d'une théorie), 1992.

2. Civ. 1re, 27 juin 1995, *D.* 1995. 621, note Piedelièvre ; *JCP E* 1999. II. 772, note Legeais ; *Defrénois* 1995. 1416, obs. D. Mazeaud.

nique au consommateur, de manière lisible et compréhensible, les informations suivantes :

1° Les caractéristiques essentielles du bien ou du service, compte tenu du support de communication utilisé et du bien ou service concerné ;

2° Le prix du bien ou du service, en application des articles L. 113-3 et L. 113-3-1 ;

3° En l'absence d'exécution immédiate du contrat, la date ou le délai auquel le professionnel s'engage à livrer le bien ou à exécuter le service ;

4° Les informations relatives à son identité, à ses coordonnées postales, téléphoniques et électroniques et à ses activités, pour autant qu'elles ne ressortent pas du contexte, ainsi que, s'il y a lieu, celles relatives aux garanties légales, aux fonctionnalités du contenu numérique et, le cas échéant, à son interopérabilité, à l'existence et aux modalités de mise en œuvre des garanties et aux autres conditions contractuelles. La liste et le contenu précis de ces informations sont fixés par décret en Conseil d'État ».

365 Outre cette obligation générale prévue par l'article L. 111-1 du Code de la consommation, le législateur prévoit aussi que certaines informations précises et spécifiques soient impérativement données.

L'article L. 111-2 renvoie à un décret en Conseil d'État le soin de préciser les informations complémentaires relatives aux coordonnées du prestataire de services, à son activité et aux autres conditions contractuelles. Le décret précisera également celles des informations qui sont communiquées seulement si le client en fait la demande.

L'article L. 111-3 impose à l'importateur ou au fabricant d'informer le vendeur de la période pendant laquelle les pièces détachées sont disponibles et impose au vendeur d'être en mesure de fournir ces pièces aux consommateurs pendant toute cette période.

L'article L. 111-4 reprend une règle classique en matière d'obligation d'information en fait peser sur le professionnel la charge de la preuve de l'information : il lui appartient par conséquent de prouver qu'il a exécuté toutes les obligations prévues aux articles qui précèdent en cas de litige.

366 Des obligations d'informations spécifiques sont prévues pour les ventes à distance et celles dites hors établissement. L'article L. 121-16 du Code de la consommation prévoit qu'« au sens de la présente section, sont considérés comme :

1° "Contrat à distance" tout contrat conclu entre un professionnel et un consommateur, dans le cadre d'un système organisé de vente ou de prestation de services à distance, sans la présence physique simultanée du professionnel et du consommateur, par le recours exclusif à une ou plusieurs techniques de communication à distance jusqu'à la conclusion du contrat ;

2° "Contrat hors établissement" tout contrat conclu entre un professionnel et un consommateur :

a) Dans un lieu qui n'est pas celui où le professionnel exerce son activité en permanence ou de manière habituelle, en la présence physique simultanée des parties, y compris à la suite d'une sollicitation ou d'une offre faite par le consommateur ;

b) Ou dans le lieu où le professionnel exerce son activité en permanence ou de manière habituelle ou au moyen d'une technique de communication à distance, immédiatement après que le consommateur a été sollicité personnellement et individuellement dans un lieu différent de celui où le professionnel exerce en permanence ou de manière habituelle son activité et où les parties étaient, physiquement et simultanément, présentes ;

c) Ou pendant une excursion organisée par le professionnel ayant pour but ou pour effet de promouvoir et de vendre des biens ou des services au consommateur ».

L'article L. 121-17 définit les obligations précontractuelles que le professionnel communique au consommateur avant toute vente à distance ou hors établissement. Ces informations sont pour partie les mêmes que celles qui doivent être délivrées avant un contrat de vente de bien ou de prestation de service par les articles L. 111-1 et L. 111-2 du Code de la consommation. Il existe également certaines informations spécifiques. Il en est ainsi de celles sur les conditions, le délai et les modalités d'exercice du droit de rétractation, de celles sur les frais de renvoi du bien en cas de rétractation, de celles sur l'obligation du consommateur de payer des frais – lorsque celui-ci a demandé expressément l'exécution d'un contrat avant la fin du délai de rétractation et qu'il exerce finalement son droit de rétractation d'un contrat de prestation de services, de distribution d'eau, de fourniture de gaz ou d'électricité et d'abonnement à un réseau de chauffage urbain. Il en va enfin de même de celles sur le fait que le consommateur ne bénéficie pas du droit de rétractation dans certains cas, et celles portant sur le coût d'utilisation de la technique à distance, l'existence de codes de bonne conduite.

367 En cas de recours au crédit, le Code de la consommation renforce les informations relatives à tous les crédits et il en prévoit de spécifiques à certains types de crédit consentis à des consommateurs. Le prêteur, à titre habituel, est tenu de fournir à l'emprunteur une offre de crédit qui comporte nombre de mentions obligatoires. Son but consiste à informer de manière complète et précise le consommateur sur le contenu du contrat qu'il se propose de conclure. Comme l'a indiqué la Cour de cassation, « la loi vise à garantir l'emprunteur une information précise, lui permettant, d'un seul coup d'œil, de juger de l'effort financier à consentir »[1]. Pour autant, l'existence d'une obligation légale d'information ne dispense pas le banquier, et même plus largement tout professionnel de son devoir d'information[2].

Ces obligations d'information ont été accentuées par la réforme du crédit à la consommation par la loi du 1er juillet 2010. Pour que le consommateur puisse donner un consentement éclairé, il est nécessaire qu'il soit convenablement informé sur le contrat de crédit qu'il se propose de conclure. Selon l'article L. 311-6-I du Code de la consommation, « préalablement à la conclusion du contrat de crédit, le prêteur ou l'intermédiaire de crédit donne à l'emprunteur, par écrit ou sur un autre support durable, les informations nécessaires à la comparaison de diffé-

1. Civ. 1re, 29 mai 1997, *D. Affaires* 1997. 853.
2. Civ. 1re, 27 juin 1995, *Bull. civ.* I, n° 287 ; *Defrénois* 1995. 1416, obs. D. Mazeaud ; *D.* 1995. 621, note Piedelièvre ; *RTD civ.* 1996. 385, obs. Mestre ; *JCP* E 1996. II. 772, note Legeais ; *adde* Scholastique, « Les devoirs du banquier dispensateur de crédit au consommateur : à propos d'un arrêt de la première chambre civile de la Cour de cassation », *Defrénois* 1998. 689.

rentes offres et permettant à l'emprunteur, compte tenu de ses préférences, d'appréhender clairement l'étendue de son engagement ». Le non-respect de cette disposition est sanctionné par la déchéance du droit aux intérêts, sanction particulièrement efficace.

Le prêteur doit fournir à l'emprunteur les explications lui permettant de déterminer si le contrat de crédit proposé est adapté à ses besoins et à sa situation financière, toujours sous peine de déchéance du droit aux intérêts. On impose au banquier de vérifier l'utilité du crédit et la surface financière du client.

368 Le législateur a également posé une obligation d'information spécifique du consommateur lors de la tacite reconduction d'un contrat à exécution successive. Selon l'article L. 136-1 du Code de la consommation, le consommateur doit être averti par écrit, au plus tôt trois mois et au plus tard un mois, qu'il a la possibilité de ne pas reconduire un contrat comportant une clause de tacite reconduction. Il sera alors tenu de manifester sa volonté de se dégager du contrat. S'il n'a pas dénoncé le contrat, la clause de tacite reconduction jouera son rôle normal. Lorsque l'information ne lui a pas été régulièrement transmise, le consommateur peut mettre gratuitement un terme au contrat, à tout moment à compter de la date de reconduction[1].

B. La réglementation de la publicité

369 La protection du consommateur par l'information nécessite aussi que la publicité effectuée par le commerçant ne l'induise pas en erreur. La publicité s'analyse comme un procédé adressé par un commerçant à un consommateur dans le but de l'amener à acquérir un bien ou à utiliser une prestation de service. De nombreuses dispositions réglementent ces procédés.

Il est parfois difficile de savoir si l'on est ou non en présence d'une publicité. Depuis quelques années sur internet se développent les sites de comparateurs de prix qui permettent aux

1. Sauphanor-Brouillaud, « Une nouvelle loi pour faciliter la résiliation des contrats tacitement reconductibles », *RLDC* 2005. 603 ; Stoffel-Munck, « L'encadrement de la tacite reconduction dans les contrats de consommation depuis la loi Chatel », *JCP* 2005. I. 129.

consommateurs de rechercher des produits et des services dans les bases de données de sites référencés pour trouver le produit ou le service le moins cher. Leur nature a suscité certaines incertitudes. Une première difficulté s'est posée pour le site Kelkoo qui n'est pas annoncé, contrairement à ce que prévoit l'article 20 de la loi du 21 juin 2004 pour la confiance dans l'économie numérique, comme un site publicitaire. Pour une autre société, en ne s'identifiant pas comme site publicitaire et en n'indiquant pas la durée de validité des prix, en faisant figurer des articles indisponibles et des périodes de validité non définies, la société Kelkoo se livrait à des pratiques commerciales déloyales. La Cour de cassation a admis la qualification de site publicitaire, même si elle a considéré dans cette espèce que les pratiques déloyales n'avaient pas suffisamment caractérisées[1].

À l'occasion d'une autre affaire, la Cour de cassation s'est montrée plus explicite. Elle a indiqué que, « moyennant rémunération, la société Leguide. com permet aux e-marchands bénéficiant du référencement prioritaire de voir leurs produits ou offres classés de façon prioritaire avant ceux des autres,... qu'il est nécessaire à l'internaute, pour être informé de la différence de classement entre e-commerçants "payants" ou non, de consulter les mots "en savoir plus sur les résultats" ou "en savoir plus" ou encore "espaces marchands" ». De là, elle en a conclu que, « la société Leguide.com assurait de façon indirecte la promotion des produits ou services proposés par les e-marchands bénéficiant du référencement prioritaire et que, de ce fait, elle exerçait une activité de prestataire de service commercial et publicitaire »[2].

L'une des dernières consiste dans la réglementation de la publicité par voie numérique par la loi du 21 juin 2004 pour la confiance dans l'économie numérique. Le développement de l'internet a nécessairement des répercussions sur la publicité. Les professionnels ne peuvent pas ignorer cette nouvelle technique qui leur permet de faire connaître leurs produits ou leurs services.

1. Com., 20 nov. 2011, *CCC* 2012, n° 56 ; également Larrieu, « Le comparateur de prix en ligne et les pratiques commerciales déloyales », *Propr. Ind.* 2012, n° 28.
2. Com., 4 déc. 2012, *CCC* 2013, n° 68, obs. Raymond ; *CCE* 2013, n° 14, obs. Loiseau.

On retrouve les principes classiques du droit de la publicité et notamment celui de loyauté. La matière a été en partie réglementée par la loi du 21 juin 2004 pour la confiance dans l'économie numérique. Son article 14 prévoit que toute publicité, sous quelque forme que ce soit, accessible par un service de communication au public en ligne, doit pouvoir être clairement identifiée comme telle. Elle doit rendre clairement identifiable la personne physique ou morale pour le compte de laquelle elle est réalisée. Mais surtout, la publicité par voie électronique permet de prospecter facilement une importante clientèle ; elle présente un risque important de harcèlement. Ce danger tient principalement à la technique dite du *spamming* qui consiste en des envois multiples de messages non sollicités qui vont affluer dans la messagerie du destinataire[1]. Doit-il être interdit sauf autorisation préalable, ce qui est la formule de l'*opt-in*, ou doit-il, au contraire, être autorisé sauf opposition manifestée par l'intéressé, ce qui est la formule de l'*opt-out* ?

L'article 34-5 du Code des postes et télécommunications pose en principe qu'« est interdite la prospection directe au moyen d'un automate d'appel, d'un télécopieur ou d'un courrier électronique utilisant, sous quelque forme que ce soit, les coordonnées d'une personne physique qui n'a pas exprimé son consentement préalable à recevoir des prospections directes par ce moyen ».

La publicité sera limitée, voire interdite, pour certains produits réputés dangereux comme les médicaments (CSP, art. L. 5122-1), le tabac (CSP, art. L. 3511-1) et l'alcool (CSP, art. L. 3323-2).

370 Certains supports publicitaires sont strictement encadrés. Il en va notamment ainsi pour la publicité télévisée. Elle est interdite pour certains produits, par exemple l'alcool et le tabac. Les messages publicitaires ou les séquences de messages publicitaires doivent être aisément identifiables comme tels et nettement séparés du reste du programme, avant comme après leur diffusion, par des écrans reconnaissables à leurs caractéristiques optiques et acoustiques. Le volume sonore des séquences publicitaires ainsi que des écrans qui les précèdent et qui les suivent ne doit pas excéder le

1. Varet, « Le cadre juridique du spam : états des lieux », *CCE* 2002. Chron. 21.

volume sonore moyen du reste du programme. La publicité clandestine est interdite ; il en va de même de la publicité qui utilise des techniques subliminales.

Il existe parfois certaines mentions légales d'avertissement. L'article L. 331-5 du Code de la consommation l'illustre de la manière la plus éclatante en matière de crédit à la consommation. Selon son alinéa 6 dispose que « toute publicité, à l'exception des publicités radiodiffusées, contient, quel que soit le support utilisé, la mention suivante : Un crédit vous engage et doit être remboursé. Vérifiez vos capacités de remboursement avant de vous engager ». Ce message doit figurer dans les caractères de plus grande taille de la publicité. Son objectif est de sensibiliser le consommateur. Ce faisant, on traite d'une certaine façon ce dernier comme un incapable dans l'impossibilité de comprendre la portée de ses actes. Mais il s'agit d'une tendance législative, comme le démontrent les messages sur les paquets de cigarettes ou la publicité sur l'alcool ou sur les jeux.

371 La publicité comparative est admise sous de nombreuses conditions qui condamnent en réalité son utilisation fréquente par les commerçants. Pourtant, la Cour de justice des communautés européennes considère que la publicité comparative est un élément important d'information des consommateurs qui permet d'améliorer la concurrence[1]. L'article L. 121-8 du Code de la consommation prévoit que « toute publicité qui met en comparaison des biens ou services en identifiant, implicitement ou explicitement, un concurrent ou des biens ou services offerts par un concurrent n'est licite que si :

1° Elle n'est pas trompeuse ou de nature à induire en erreur ;

2° Elle porte sur des biens ou services répondant aux mêmes besoins ou ayant le même objectif ;

3° Elle compare objectivement une ou plusieurs caractéristiques essentielles, pertinentes, vérifiables et représentatives de ces biens ou services, dont le prix peut faire partie.

Toute publicité comparative faisant référence à une offre spéciale doit mentionner clairement les dates de disponibilité des

1. Par ex., CJCE 23 févr. 2006, CCC 2006. 128, obs. Chabert.

biens ou services offerts, le cas échéant la limitation de l'offre à concurrence des stocks disponibles et les conditions spécifiques applicables ».

372 Les messages publicitaires doivent être loyaux. Les consommateurs ne doivent pas être trompés par des messages attribuant à des produits ou des services de fausses qualités. L'article 2 de la directive du 12 décembre 2006 définit la publicité trompeuse comme « toute publicité qui, d'une manière quelconque, y compris sa présentation, induit en erreur ou est susceptible d'induire en erreur les personnes auxquelles elle s'adresse ou qu'elle touche et qui, en raison de son caractère trompeur, est susceptible d'affecter leur comportement économique ou qui, pour ces raisons, porte préjudice ou est susceptible de porter préjudice à un concurrent ».

Pour autant, il ne faut pas ramener la publicité à une simple information. Elle a pour objet d'amener un consommateur à acquérir un bien ou un service ; elle doit séduire et convaincre, quitte à être parfois excessive. Elle ne doit pas se ramener à une communication aseptisée. Entre mensonge et objectivité, il est nécessaire de trouver une situation intermédiaire qui permet une certaine forme d'exagération.

Le droit civil donnait un bon exemple de cet équilibre en distinguant entre le *dolus bonus* et le *dolus malus*. Pourtant, ces dernières années, on assiste à un net recul de la notion de *bonus dolus* et de celle de publicité hyperbolique. On arrive au paradoxe que le consommateur a été éduqué à la publicité ; il devrait donc s'en méfier.

Le mouvement de protection est très sensible en matière pénale. Initialement, il n'existait pas d'infractions spécifiques en cas de publicité trompeuse. Une infraction spécifique : la publicité mensongère fut créée par une loi du 2 juillet 1963, modifiée à plusieurs reprises.

La loi du 3 janvier 2008 pour le développement de la concurrence au service des consommateurs a englobé la notion de publicité trompeuse dans la notion plus large de pratique commerciale trompeuse. L'élément matériel de l'infraction consiste dans le caractère trompeur de la publicité. Il est par conséquent nécessaire qu'il y ait un message et un destinataire de ce message.

L'article L. 121-1 du Code de la consommation vise les « allégations, indications ou présentations fausses ou de nature à induire en erreur ». La suite de cette disposition cite un certain nombre d'éléments sur lesquels la publicité doit porter.

§ 2. La protection par la qualité du produit

373 Les consommateurs ont droit à ce que leur soient fournis des produits de qualité, leur conférant une totale sécurité À cette fin, il a été instauré la Commission de la sécurité des consommateurs. Elle est une création de la loi du 23 juillet 1983. Le législateur s'est inspiré de qui existe aux États-Unis, et notamment de la *Consumer Product Safety Commission*, créée en 1972. Selon l'article L. 534-5 du Code de la consommation, elle est « chargée d'émettre des avis et de proposer toute mesure de nature à améliorer la prévention des risques en matière de sécurité des produits ou des services. Elle recherche et recense les informations de toutes origines sur les dangers présentés par les produits et services. »

Le libéralisme du XIXe siècle n'avait rien prévu pour lutter contre les commerçants qui trompaient leurs clients. Certains commerçants, afin d'éviter cette concurrence déloyale, demandèrent que soient prises des sanctions contre les fraudeurs. Pour remédier à cet état de fait, on élabora la loi du 1er août 1905 sur les fraudes et les falsifications, plusieurs fois modifiée depuis et reprise dans le Code de la consommation, dans ses articles L. 212-1 et suivants. Initialement, cette réglementation avait été conçue pour moraliser les professions commerciales. Les peines sont identiques à celles prévues en cas de publicité trompeuse.

Ces produits doivent conférer au consommateur une totale sécurité. Elle apparaît d'ailleurs comme un accessoire de la conformité du produit. Il existe d'ailleurs actuellement de nombreuses normes de sécurité, élaborées sous l'égide de l'Association française de normalisation (Afnor)[1]. L'article 1er du décret du

1. V. Fourgoux et Mihailov, « La normalisation en tant qu'instrument de la sécurité des consommateurs », *in Sécurité des consommateurs et responsabilité du fait des produits défectueux*, 1987, p. 27.

16 juin 2009 indique que « la normalisation est une activité d'intérêt général qui a pour objet de fournir des documents de référence élaborés de manière consensuelle par toutes les parties intéressées, portant sur des règles, des caractéristiques, des recommandations ou des exemples de bonnes pratiques, relatives à des produits, à des services, à des méthodes, à des processus ou à des organisations. Elle vise à encourager le développement économique et l'innovation tout en prenant en compte des objectifs de développement durable ». Le respect de ces normes permet d'utiliser la marque NF, ce qui rassure souvent le consommateur sur la sécurité d'un produit. Au plan international, il existe des normes ISO.

En cas d'atteinte portée à la sécurité des consommateurs, deux types de responsabilité peuvent être encourues, à savoir : une responsabilité pénale (**A**) et une responsabilité civile (**B**).

A. La responsabilité pénale

374 Il existe quelques infractions spécifiques prévues par le Code de la consommation. Certaines figurent dans le chapitre consacré aux fraudes et aux falsifications qui prévoit deux séries de dispositions figurant aux articles L. 213-1 et suivants. Le principal délit est celui de tromperie. Mais l'essentiel des règles prévues par le Code de la consommation consiste en des contraventions aux différents textes réglementaires prévus pour la sécurité des produits. Il s'agit alors de contraventions de la troisième, de la quatrième ou de la cinquième classe. On retrouve également en cette matière la possibilité pour le juge de prononcer des peines complémentaires. Il a notamment la possibilité d'ordonner la publication de la décision, d'interdire la commercialisation des produits ou des services ou la confiscation desdits produits et services.

Mais surtout, certaines infractions du droit commun pénal ont vocation à s'appliquer en cette matière. Il en est ainsi des infractions qui consistent à causer involontairement des dommages corporels. Parmi ceux-ci, une place spécifique doit être faite à la mise en danger[1]. Selon l'article 223-1 du Code pénal, « le fait d'exposer

1. Malabat, « Le délit de mise en danger », *JCP* 2000. I. 208 ; Puech, « De la mise en danger d'autrui », *D.* 1994. 153 ; Pralus, « Le délit de risques causés à autrui », *JCP* 1995. I. 3830.

directement autrui à un risque immédiat de mort ou de blessures de nature à entraîner une mutilation ou une infirmité permanente par la violation délibérée dune obligation particulière de sécurité ou de prudence imposée par la loi ou le règlement est puni d'un an d'emprisonnement et de 15 000 euros d'amende ».

B. La responsabilité civile

375 L'essentiel de la responsabilité des produits est d'origine civile[1]. Il existe également une obligation générale de sécurité[2] qui a été posée par la loi du 21 juillet 1983 et qui a été reprise dans les articles L. 221-1 et suivants, du Code de la consommation. Selon l'article L. 221-1, « les produits et les services doivent, dans des conditions normales d'utilisation ou dans d'autres conditions raisonnablement prévisibles par le professionnel, présenter la sécurité à laquelle on peut légitimement s'attendre et ne pas porter atteinte à la santé des personnes ».

Cette obligation de sécurité a été complétée par l'ordonnance du 9 juillet 2004 qui a transposé une directive du 3 décembre 2001. L'article L. 221-1-2 du Code de la consommation prévoit que le responsable de la mise sur le marché fournit au consommateur les informations utiles qui lui permettent d'évaluer les risques inhérents à un produit pendant sa durée d'utilisation normale ou normalement prévisible. De son côté, l'article L. 221-1-3 impose au professionnel une obligation de signalement auprès de l'administration, si le produit qu'il met sur le marché ne présente pas le degré de sécurité requis et s'il risque ainsi de porter atteinte à la santé des personnes.

La protection des victimes a été renforcée par la loi du 19 mai 1998 qui a inséré dans le Code civil un titre relatif à la responsabilité du fait des produits défectueux[3]. Le droit français est ainsi mis en conformité avec une directive européenne du 25 juillet 1985. On se trouve en présence d'une responsabilité de plein droit.

1. Borghetti, *La responsabilité du fait des produits, étude de droit comparé*, LGDJ, 2004 ; Le Tourneau, *Responsabilité des vendeurs et fabricants*, Dalloz, 2006 ; Taylor, *L'harmonisation communautaire de la responsabilité du fait des produits défectueux*, LGDJ, 1999.
2. V. Lambert-Faivre, « Fondement et régime de l'obligation de sécurité », *D.* 1994. 81.
3. V. parmi une abondante littérature, « La responsabilité du fait des produits défectueux (loi du 19 mai 1998) », colloque Paris II, 27 oct. 1998, *LPA* 28 déc. 1998.

L'article 1386-1 du Code civil prévoit que le producteur est responsable du dommage causé par un défaut de son produit, qu'il soit ou non lié avec la victime. Le produit sera considéré comme défectueux, lorsqu'il n'offre pas la sécurité à laquelle on peut légitimement s'attendre. Sa responsabilité est engagée, alors même que le produit a été fabriqué dans le respect des règles de l'art ou de normes administratives ou qu'il a fait l'objet d'une autorisation administrative.

La loi a eu une conception large du produit. Selon l'article 1386-3 du Code civil, « est un produit, tout bien meuble, même s'il est incorporé dans un immeuble, y compris les produits du sol, de l'élevage, de la chasse et de la pêche. L'électricité est considérée comme un produit ». Un produit sera considéré comme mis en circulation, lorsque le producteur s'en est dessaisi volontairement.

La responsabilité du fait des produits n'opère pas la distinction traditionnelle que fait le droit français entre la responsabilité contractuelle et la responsabilité délictuelle. L'avantage de cette unification est qu'elle conduit à ne pas traiter différemment les victimes de produits, selon qu'elles sont ou non liées par un contrat avec le producteur. Cette solution démontre bien que la responsabilité est fondée sur l'idée de risque résultant de la mise sur le marché d'un produit. La victime peut aussi bien être une victime directe qu'une victime par ricochet.

376 L'existence d'un marché unique nécessite l'existence de règles communes applicables aux contrats dits de consommation. Pour cette raison, il a été adopté, le 25 mai 1999, une directive relative à la vente et à la garantie des biens de consommation. La question de la transposition de cette directive a suscité une importante controverse entre les partisans d'une transposition étroite et ceux favorable à une transposition large[1]. L'ordonnance du 17 février 2005 a opté pour une transposition étroite[2].

1. Jourdain, « Transposition de la directive sur la vente du 25 mai 1999 : ne pas manquer une occasion de progrès », *D.* 2003. 4 ; Mazeaud, « La parole est à la défense », *D.* 2003. 6 ; Paisant et Leveneur, « Quelle transposition pour la directive du 25 mai 1999 sur les garanties dans la vente de biens de consommation ? », *JCP* 2002. I. 158 ; Tournafond, « De la transposition de la directive du 25 mai 1999 à la réforme du Code civil », *D.* 2002. 3162 ; Viney, « Quel domaine assigner à la loi de transposition de la directive européenne sur la vente ? », *JCP* 2002. I. 158.

2. Fages, « Le nouveau droit applicable à la vente de biens de consommation », *RLDC* 2005. 639.

Sont concernés les contrats de vente de biens corporels et ceux de fourniture de biens meubles à fabriquer ou à produire. Les nouvelles règles s'appliquent aux relations contractuelles entre le vendeur agissant dans le cadre de son activité professionnelle ou commerciale et l'acheteur agissant en qualité de consommateur. Selon l'article L. 211-4 du Code de la consommation, « le vendeur est tenu de livrer un bien conforme au contrat et répond des défauts de conformité existant lors de la livraison ». L'article L. 211-5 précise la notion de conformité. Pour être conforme, le bien doit être propre à l'usage habituellement attendu d'un bien semblable et le cas échéant correspondre à la description donnée par le vendeur et posséder les qualités que celui-ci a présentées à l'acheteur sous forme d'échantillon ou de modèle ou présenter les qualités qu'un acquéreur peut légitimement attendre eu égard aux déclarations publiques faites par le vendeur, par le producteur ou par son représentant. Il est également conforme, s'il présente les caractéristiques définies d'un commun accord par les parties ou être propre à tout usage spécial recherché par l'acheteur, porté à la connaissance du vendeur et que ce dernier a accepté. En cas de défaut de conformité, l'acquéreur choisit entre la réparation et le remplacement du bien.

377 Le principe dit de précaution justifie désormais l'intervention des pouvoirs publics dans un but de sécurité générale. Il présente une valeur constitutionnelle. Il se définit comme le principe selon lequel l'absence de certitude, compte tenu des connaissances scientifiques et techniques du moment, ne doit pas retarder l'adoption de mesures effectives et proportionnées visant à prévenir un risque de dommages irréversibles à l'environnement à un coût économique acceptable. Il consiste à agir de manière anticipée dès lors qu'un risque est simplement probable, même s'il n'est pas certain[1]. Cette

1. Kourilsky et Viney, *Le principe de précaution*, La documentation française, 2000 ; Kourilsky, *Du bon usage du principe de précaution*, O. Jacob, 2002 ; Baghestani-Perreyn, « Le principe de précaution, nouveau principe fondamental régissant les rapports entre le droit et la science », *D.* 1999. 457 ; Cagnollaud, « Le principe de précaution est-il soluble dans la loi ? », *D.* 2004. 1103 ; Collard-Dutilleul, « Le consommateur face aux risques alimentaires : pour une mise en œuvre raisonnable du principe de précaution », *Mélanges Calais-Auloy*, Dalloz, 2004, p. 1103 ; Favret, « Le principe de précaution ou la prise en compte par le droit de l'incertitude scientifique et du risque virtuel », *D.* 2001. 3462 ; Mazeaud, « Responsabilité civile et précaution, dans La responsabilité à l'aube du XXIe siècle : bilan prospectif », *RCA* 2001, hors série 72.

expression qui est tirée du droit de l'environnement devient depuis quelques années un concept à la mode employé aussi bien par les médias que les juristes. Pourtant, il ne figure pas dans le Code de la consommation.

Sa réception par le droit positif est mitigée. La raison en est qu'une mise en œuvre trop importante serait un frein à l'innovation technologique. Tout progrès comprend en soi un risque. Faut-il construire un avion, alors qu'il peut y avoir une catastrophe aérienne ; faut-il commercialiser un médicament qui risque d'avoir des effets secondaires sur une infime minorité de patients ? Il devient une sorte de concept général environnemental. La loi sur les produits défectueux a refusé de le consacrer. Utopie et réalisme se mêlent.

§ 3. La protection judiciaire spéciale

378 Le consommateur est réputé en état de faiblesse dès lors qu'il conclut un contrat avec un professionnel. Cette infériorité se retrouverait également dès lors qu'il est confronté à des difficultés juridiques. Il en résulterait un déséquilibre procédural qui l'empêcherait parfois de pouvoir faire valoir ses droits, ce qui conduirait à une ineffectivité partielle du droit de la consommation. Les litiges sont souvent d'un faible montant mais répétitifs, et les procédures sont relativement longues. On a assisté à l'apparition d'un contentieux de masse qui contribue d'ailleurs à accroître l'ambiguïté de la place de la justice dans notre société[1]. Le législateur a essayé de promouvoir la résolution non judiciaire des difficultés du consommateur (**A**). Celle-ci n'a cependant pas eu le succès escompté et une majorité de litige est résolue par le juge (**B**).

1. Foyer, « La judiciarisation en délire ou l'abus du droit en un sens nouveau », *Mélanges Terré*, Dalloz-Litec, p. 749.

A. La résolution non judiciaire des litiges

379 Depuis quelques années les modes de résolution non judiciaire des difficultés du consommateur se sont multipliées[1]. La recherche d'une solution amiable librement acceptée par les parties devient prépondérante. Pour autant, le rôle du juge n'est souvent pas totalement écarté ; il consistera à donner force exécutoire à un accord. Cela vise essentiellement ce que l'on appelle les modes alternatifs de règlement des litiges[2]. On y trouve notamment la médiation et la conciliation.

Cette voie est partiellement décevante. Même si l'on a quitté le domaine du juridictionnel, on se trouve en présence d'une instance qui a pour objet de trancher un litige. Il importe que certains principes essentiels soient respectés[3]. Or il n'est pas certain que tel soit toujours le cas. Surtout, on assiste à une multiplication de ces procédés qui n'ont pas tous la même force contraignante, rendant la matière particulièrement opaque[4] et par conséquent peu efficace, puisque le consommateur n'en a pas toujours connaissance. Il en apparaît régulièrement de nouvelles, comme la médiation en ligne, conséquence du développement du commerce sur internet.

B. La résolution judiciaire des litiges

380 Même si le législateur souhaite que les litiges de droit de la consommation soient réglés par des procédés non judiciaires, le recours au juge demeure très fréquent en cette matière[5]. Les actions en justice présentent en droit de la consommation deux

1. Paisant, « Libres propos sur les modes alternatifs de règlement des litiges de la consommation », *Mélanges Calais-Auloy*, p. 767.
2. De manière générale sur les modes alternatifs de règlement des litiges par ex. Bonafe-Schmidt, *La médiation une justice douce*, LGDJ, 2002 ; Cadiet, Clam et Jeuland, *Médiation et arbitrage, alternative à la justice ou justice alternative ? Perspectives comparatives*, Litec, 2005 ; *Les modes alternatifs de règlement des litiges : les voies nouvelles d'une autre justice*, dir. Chevallier, Desdevises et Milburn (dir.), Doc. fr., 2003 ; Jarrosson, « Les modes alternatifs de règlement des conflits : présentation générale », *RID comp.* 1997. 325 ; X. Lagarde, « Droit processuel et modes alternatifs de règlement des litiges », *Rev. arb.* 2001. 423.
3. En ce sens Y. Picod et H. Davo, *Droit de la consommation*, n° 581 s.
4. E. Jeuland, *Résolution des litiges, dans Faut-il recodifier le droit de la consommation ?*, Economica, p. 141 s.
5. Piédelièvre, « Remarques sur l'action en justice des consommateurs », *Mélanges Chabas*, Bruyland, 2011, p. 753.

particularités. La première particularité est que l'on retrouve au plan procédural le principe de l'infériorité du consommateur face au professionnel. Pour cette raison, de nombreuses règles procédurales sont infléchies dans le but de ne pas entraver l'action du consommateur. La seconde particularité tient à ce qu'il existe des actions fondées sur l'intérêt collectif des consommateurs (**1**) et des actions individuelles des consommateurs pour la défense de leur intérêt personnel (**2**). Une place particulière devra être faite à l'action de groupe (**3**).

1. Les actions fondées sur l'intérêt collectif des consommateurs

381 Le droit de la consommation prévoit de nombreuses infractions à l'encontre des professionnels qui ne respectent pas certaines règles. Les nombreuses incriminations que comprend le droit de la consommation expliquent l'émergence de ce l'on appelle désormais parfois le droit pénal de la consommation[1]. La sanction pénale permet de faire respecter l'intérêt général des consommateurs ; elle présente l'avantage d'être parfois plus dissuasive que la sanction civile. Elle permet également parfois de faire cesser des agissements délictueux. Mais surtout, elle comprend des sanctions complémentaires qui sont véritablement de nature à éviter le renouvellement de comportements délictueux. La publication d'une condamnation d'un professionnel, par son rôle de publicité négative, apparaît à cet égard particulièrement efficace.

382 Il existe de nombreux groupements dont le but consiste dans la protection des intérêts collectifs des consommateurs. Certains présentent un caractère public. Parmi ceux-ci, on peut citer l'Institut national de la consommation qui a été créé par une loi du 22 décembre 1966 et qui est organisé par un décret du 4 mai 1990. Son objet est triple : il est centre d'essai, il est centre d'information et de documentation, et il est un organisme d'études et de formation.

Mais les organismes les plus représentatifs sont, sans aucun doute, les associations de consommateurs. La plus connue est l'Union fédérale des consommateurs qui publie la revue *Que*

1. Jeandidier, *Droit pénal des affaires*, Dalloz, 2005, 6e éd., n° 402 s.

choisir ? Leur rôle est de conseiller et d'informer les consommateurs. Elles les représentent dans divers organismes publics et semi-publics.

Certaines d'entre elles ont la possibilité d'agir en justice dans l'intérêt des consommateurs. Pour cela, elles doivent avoir été agréées, suivant les règles posées par les articles L. 411-1 et L. 412-1 du Code de la consommation, complétés par un décret du 6 mai 1988. En ce cas, elles peuvent intenter une action exercée dans l'intérêt collectif des consommateurs. Cette notion se caractérise par une atteinte à un ensemble de consommateurs et non en une atteinte à un consommateur donné.

Il peut d'abord s'agir d'une action civile, c'est-à-dire d'une action en réparation du dommage causé par une infraction[1]. Elle sera exercée devant les juridictions civiles ou les juridictions pénales. L'important tient à ce que les faits incriminés soient constitutifs d'une infraction portant atteinte à l'action collective des consommateurs. Comme l'a indiqué la jurisprudence, « aucune infraction ayant porté un préjudice direct ou indirect à l'intérêt des consommateurs n'est exclue des prévisions de la loi... »[2]. Les condamnations sont souvent de principe. Le but consiste à supprimer l'illicite. Les décisions peuvent faire l'objet d'une publication.

Ensuite, il est possible pour les associations de consommateurs d'exercer une action en suppression des clauses abusives[3]. L'article L. 421-6, alinéa 2 du Code de la consommation prévoit que le juge, si besoin en est sous astreinte, a la faculté d'ordonner la suppression d'une clause illicite ou abusive dans tout contrat ou type de contrat proposé ou destiné au consommateur. L'action devient sans objet si le modèle de contrat a disparu ou si les clauses litigieuses ont été supprimées[4].

1. V. Putman, « La loi du 5 janvier 1988 relative aux actions en justice des associations agréées de consommateurs », *RRJ* 1988. 341 ; Viney, « Un pas vers l'assainissement des pratiques contractuelles : la loi du 5 janvier 1988 relative aux actions agréées de consommateurs », *JCP* 1988. I. 3355.

2. Crim. 24 juin 1997, *Bull. crim.*, n° 251.

3. Calais-Auloy, « Les actions en justice des associations de consommateurs, commentaire de la loi du 5 janvier 1988 », *D.* 1988. 193 ; Paisant, « Les nouveaux aspects de la lutte contre mes clauses abusives » *D.* 1988. 253 ; Viney, « Un pas vers l'assainissement des pratiques contractuelles : la loi du 5 janvier 1988 relative aux actions en justice des associations agréées de consommateurs », *JCP* E 1988. II. 15336.

4. Civ. 1re, 1er févr. 2005, *D.* 2005. 487.

Enfin, il est possible d'intenter une action en représentation conjointe[1]. Cette dernière action est recevable quand plusieurs consommateurs ont subi des préjudices individuels qui ont été causés par le fait d'un même professionnel et qui ont une origine commune. Selon l'article L. 422-1 du Code de la consommation, « lorsque plusieurs consommateurs, personnes physiques, identifiés ont subi des préjudices individuels qui ont été causés par le fait d'un même professionnel, et qui ont une origine commune, toute association agréée et reconnue représentative sur le plan national en application des dispositions du titre Ier peut, si elle a été mandatée par au moins deux des consommateurs concernés, agir en réparation devant toute juridiction au nom de ces consommateurs ».

2. Les actions personnelles

383 Du fait de l'existence d'un litige de consommation, trois grandes catégories de juridictions peuvent avoir compétence. Les juridictions administratives pourraient connaître d'un litige entre un consommateur et un service public administratif. Les juridictions répressives ont compétence dès lors qu'une infraction pénale a été commise. Le consommateur a toujours la possibilité de déclencher l'action civile. Mais il sera alors tenu de consigner une certaine somme. Il a également la faculté d'agir par voie d'intervention. L'avantage de cette voie est qu'il sera aidé par le ministère public pour l'administration de la preuve.

Deux juridictions civiles de première instance peuvent connaître des litiges de droit de la consommation : le tribunal de grande instance et le tribunal d'instance. Pendant très longtemps, le tribunal d'instance a été considéré comme le juge naturel des litiges de droit de la consommation. Pour être plus exact, il faudrait dire qu'il est le juge de l'impayé, puisque ce type de contentieux représente environ 80 % des affaires qu'il traite. Il partage désormais ce rôle avec les juridictions de proximité. Le particularisme de la procédure suivie devant le tribunal d'instance tient au

1. V. Boré, « L'action en représentation conjointe : *Class action* française ou action mort-née ? », *D.* 1995. 267 ; Franck, « Pour une véritable réparation du préjudice causé à l'intérêt collectif des consommateurs », *Mélanges Calais-Auloy*, p. 409.

caractère oral de la procédure et à l'absence de représentation obligatoire par avocat. L'office du juge est en la matière particulièrement important, puisque l'article L. 141-4 du Code de la consommation, issu de la loi du 3 janvier 2008 pour le développement de la concurrence au service des consommateurs, dispose que « le juge peut soulever d'office toutes les dispositions du présent code »[1]. Dans un but de protection du consommateur, le juge peut prendre une part active dans la procédure et se départir de son rôle d'arbitre neutre.

384 Il existe deux procédures simplifiées importantes en matière de droit de la consommation, et même pour l'une spécifique pour les consommateurs : l'injonction de payer et l'injonction de faire.

La procédure d'injonction de payer est d'abord apparue en matière commerciale ; puis elle a été étendue en matière civile. Son but est de permettre le recouvrement des petites créances dont l'existence et le montant ne suscitent pas véritablement de contestations. Elle est très utilisée en pratique.

La procédure d'injonction de faire est prévue par les articles 1425-1 et suivants, du Code de procédure civile[2]. Elle permet d'obtenir l'exécution de sa prestation par le commerçant. Elle est de la compétence du tribunal d'instance et elle n'est possible que si la prestation demandée n'excède pas 7 500 euros. Elle s'applique aux contrats conclus entre des personnes n'ayant pas toutes la qualité de commerçant.

3. L'action de groupe

385 L'une des questions les plus discutées du droit processuel de la consommation a été de savoir s'il fallait ou non introduire l'action de groupe dans notre système juridique. L'action de groupe a finalement été introduite dans notre système juridique par la loi du 17 mars 2014[3]. Mesure phare de cette réforme, l'action de groupe

1. Sur lequel, par ex., Poissonnier, « Office du juge en droit de la consommation : une clarification bienvenue », *D.* 2008. 1285. *Cf.* également Civ. 1re, 22 janv. 2009, *D.* 2009. 908, note Piedelièvre.
2. Christianos, « Injonction de faire et protection des consommateurs », *D.* 1990. 91.
3. Bacache, « Introduction de l'action de groupe en droit français. À propos de la loi n° 2014-344 du 17 mars 2014 », *JCP* 2014. 374 ; Haeri et Javaux, « L'action de groupe à la française, une curiosité », *JCP* 2014. 375 ; Hilt, « L'action de groupe consacrée par la loi n° 2014-344 du 17 mars 2014 relative à la consommation : peut-on s'en satisfaire ? », *Gaz. Pal.* 20-24 avr. 2014 ; Mainguy et Depincé, « L'introduction de l'action de groupe en droit français », *JCP* E 2014. 1176 ; Molfessis, « L'exhorbidance

fait une entrée très médiatisée, mais en réalité assez timide dans notre droit de la consommation.

L'article L. 423-1 du Code de la consommation dispose qu'« une association de défense des consommateurs représentative au niveau national et agréée en application de l'article L. 411-1 peut agir devant une juridiction civile afin d'obtenir la réparation des préjudices individuels subis par des consommateurs placés dans une situation similaire ou identique et ayant pour cause commune un manquement d'un ou des mêmes professionnels à ses obligations légales ou contractuelles ».

386 L'utilisation de l'action de groupe sera limitée puisque la loi réserve le droit d'introduire l'action de groupe aux seules seize associations nationales agréées de consommateurs. L'association doit commencer par constituer un groupe. Le législateur avait à choisir entre le système de l'*opt-in* de l'*opt-out*. Par l'option d'inclusion ou de participation volontaire dite *opt-in*, les personnes doivent manifester leur assentiment pour intégrer l'action de groupe. Par l'option d'exclusion dite *opt-out* l'ensemble des membres d'un groupe défini par un juge sur des critères objectifs est considéré comme partie à l'instance tant qu'ils ne se sont pas manifestés pour se retirer de l'instance dans une période prédéterminée.

Le législateur a recouru au système de l'*opt in*. Il faut manifester sa volonté pour bénéficier de l'action de groupe. Cette dernière sera introduite par une assignation devant le tribunal de grande instance, seul compétent, ce qui signifie qu'il y aura représentation obligatoire. La procédure va alors comprendre deux phases

D'abord, le juge devra constater que les conditions de recevabilité sont réunies et il statuera sur la responsabilité du professionnel, au vu des cas individuels présentés par l'association requérante. Il définit le groupe des consommateurs vis-à-vis de qui la responsabilité du professionnel est engagée et il en fixe les critères de rattachement.

de l'action de groupe », *D.* 2014. 947 ; Piédelièvre, « La loi du 17 mars 2014 et l'action de groupe », *Gaz. Pal.* 28-29 mars 2014. 11 ; Rebeyrol, « La nouvelle action de groupe », *D.* 2014. 940.

Puis, si le juge considère que la responsabilité du professionnel est engagée, il ordonne des mesures de publicité, qui seront à la charge du professionnel, pour informer de cette décision les consommateurs susceptibles d'appartenir au groupe. Lors de la décision prononçant la responsabilité du professionnel, le juge fixe le délai dont disposent les consommateurs pour adhérer au groupe afin d'obtenir la réparation de leur préjudice. Ce délai ne peut être inférieur à deux mois ni supérieur à six mois après l'achèvement des mesures de publicité ordonnées par lui.

Le consommateur conserve une totale liberté pour décider en quelque sorte de se joindre à l'action de groupe. Il peut également décider de « conserver sa liberté » et d'intenter une action individuelle.

Section 2
Le droit à la liberté contractuelle du consommateur

387 Le droit à la liberté contractuelle du commerçant ne sera véritablement effectif que dans la mesure où certaines pratiques seront interdites (**§ 1**) et où les clauses abusives seront supprimées (**§ 2**). Malgré toutes ces précautions, on craint encore parfois que le consentement du consommateur soit encore parfois forcé. Aussi lui permet-on parfois d'exercer des facultés de rétractation (**§ 3**). Le but de toutes ces dispositions est de le protéger, même si elles modifient les règles classiques du droit des contrats[1]. On peut douter que l'on parvienne toujours à ce résultat, et l'utilisation des possibilités offertes par la théorie générale des obligations aurait, sans doute, été souvent préférable.

1. Calais-Auloy, « L'influence du droit de la consommation sur le droit des contrats », *RTD com.* 1998. 115.

§ 1. L'interdiction de certaines pratiques

388 À partir du moment où un commerçant met sur le marché un produit ou un service, tout consommateur doit avoir la possibilité de se le procurer, à condition d'en payer le prix demandé. Contrairement au refus de vente entre professionnels qui aujourd'hui n'est constitutif ni d'une infraction pénale ni d'un délit civil, le refus de vente à un consommateur est puni des peines prévues pour une contravention de cinquième classe. Le refus n'est possible que s'il est fondé sur un motif légitime.

Mais on craint surtout que le commerçant ne force le consentement du consommateur, en lui faisant miroiter des avantages, en réalité illusoires. On redoute qu'il force en quelque sorte la décision du consommateur pour un bien ou un service dont ce dernier n'aurait en réalité pas l'utilité. Pour cela, certaines ventes sont interdites et d'autres sont réglementées. Le droit de la consommation n'est pas le seul concerné par ces pratiques. En effet, celles-ci sont de nature à fausser le jeu naturel de la concurrence. Il existe toujours le risque qu'une entreprise puissante recourt à des procédés incitatifs dans le seul but d'éliminer ses concurrents et pour acquérir une position quasi monopolistique.

389 Parmi les ventes interdites, on peut d'abord citer l'envoi forcé[1] qui a été très utilisé dans le domaine du livre. En vertu de l'article L. 122-3 du Code de la consommation, « la fourniture de biens ou de services sans commande préalable du consommateur est interdite lorsqu'elle fait l'objet d'une demande de paiement. Aucune obligation ne peut être mise à la charge du consommateur qui reçoit un bien ou une prestation de service en violation de cette interdiction ». Il est nécessaire que le consommateur ait effectué une demande auprès du commerçant. La sanction civile est peu dissuasive. Le professionnel doit restituer les sommes qu'il aurait indûment perçues sans engagement exprès et préalable du consommateur. Pénalement, il est sanctionné par l'amende prévue pour les contraventions de la 5e classe.

1. Artz, « La prohibition des envois forcés », *D.* 1975. 129.

Il s'agit ensuite des ventes « à la boule de neige ». Le procédé consiste à offrir un avantage à l'un des adhérents à condition qu'il place un produit auprès de plusieurs adhérents qui deviendront clients du fournisseur initial et qui à leur tour s'ils veulent profiter d'avantages devront recruter de nouveaux adhérents. Il est fondé sur une progression géométrique du nombre des acheteurs, mais le marché devient vite saturé, n'étant pas indéfiniment extensible.

La vente à prime est celle qui comprend l'attribution gratuite d'un bien ou d'un service différent de celui qui a été acquis. Le principe est celui de la prohibition, même si l'article L. 121-35 du Code de la consommation a élargi le nombre de ventes avec primes licites et enfin des ventes liées, c'est-à-dire celles subordonnant l'achat d'un produit à l'achat d'un autre produit. Selon cette disposition, « est interdite toute vente ou offre de vente de produits ou de biens ou toute prestation ou offre de prestation de services faite aux consommateurs et donnant droit, à titre gratuit, immédiatement ou à terme, à une prime consistant en produits, biens ou services, dès lors que la pratique en cause revêt un caractère déloyal au sens de l'article L. 120-1 ».

Il existe quelques dérogations à l'interdiction de ventes avec primes. Cela concerne des produits d'une faible valeur. La loi du 17 mars 2014 a abrogé la première phrase de l'article L. 121-35 alinéa 2 qui disposait que « cette disposition ne s'applique pas aux menus objets ou services de faible valeur ni aux échantillons ». Faut-il en déduire que désormais ce procédé est condamné ? Une réponse négative s'impose. L'utilisation de produits de faible valeur comme primes demeure possible dans la mesure où le procédé ne revêt pas un caractère déloyal au sens de l'article L. 120-1. On ne craint pas alors que le consommateur s'engage en raison de l'existence de cette prime qui est dérisoire.

Il en va de même des primes qui présentent une véritable utilité pratique pour l'acquéreur. Tel est notamment le cas pour le conditionnement habituel du produit, pour les biens, produits ou prestations de services qui sont indispensables à l'utilisation normale du produit, du bien ou du service faisant l'objet de la vente.

La pratique dite du prix d'appel n'est pas prohibée, même si elle est parfois constitutive d'une concurrence déloyale. Elle consiste à faire de la publicité pour la vente d'un produit, le plus souvent de marque, à un très faible prix. Ces produits sont en nombre très limité. Le consommateur risque de ne pas pouvoir se les procurer et d'être incité par le vendeur d'acquérir un produit similaire, mais à un prix beaucoup plus élevé.

390 Certaines ventes promotionnelles sont strictement réglementées, car on craint que le consommateur n'effectue des achats irréfléchis ou ne correspondant pas à ses besoins, sous le prétexte que les prix proposés seraient particulièrement intéressants. Pour éviter cela, les articles L. 310-1 et suivants du Code de commerce définissent et ils réglementent les liquidations, les ventes au déballage, les soldes et les ventes en magasins d'usine[1]. Le non-respect de ces dispositions est pénalement sanctionné.

Par liquidation, il faut entendre les ventes accompagnées ou précédées de publicité et annoncées comme tendant, par une réduction de prix à l'écoulement accéléré de la totalité ou d'une partie des marchandises d'un commerçant à la suite d'une décision de cessation, de suspension saisonnière, de changement d'activité, ou de modification substantielle des conditions d'exploitation. Ces liquidations sont soumises à une déclaration préalable auprès du préfet dont relève le lieu de liquidation. Cette déclaration comporte la cause et la durée de la liquidation qui ne peut excéder deux mois. Elle est accompagnée d'un inventaire des marchandises à liquider. Pendant la durée de la liquidation, il est interdit de proposer à la vente d'autres marchandises que celles figurant dans l'inventaire.

Sont considérées comme des ventes au déballage, les ventes de marchandises effectuées dans des locaux ou des emplacements non destinés à la vente au public de ces marchandises, ainsi qu'à partir de véhicules spécialement aménagés à cet effet. Elles ne peuvent excéder deux mois par année civile dans un même local ou sur un même emplacement. Une autorisation préalable est nécessaire. Suivant la taille de la surface de vente, elle émane du préfet ou du maire.

1. Auque, « Les ambiguïtés de la réglementation des soldes », *JCP* E 1998. 648.

391 Selon l'article L. 310-3 I du Code de commerce, « sont considérées comme soldes les ventes qui, d'une part, sont accompagnées ou précédées de publicité et sont annoncées comme tendant, par une réduction de prix, à l'écoulement accéléré de marchandises en stock et qui, d'autre part, ont lieu durant les périodes définies, pour l'année civile »[1]. Elles ne peuvent porter que sur des marchandises proposées à la vente et payées depuis au moins un mois à la date de début de la période de solde considérée. Les rabais annoncés à l'occasion des soldes doivent être conformes aux dispositions de l'arrêté du 31 décembre 2008. Ainsi, l'importance de la remise indiquée en valeur absolue ou en pourcentage doit être calculée par rapport à un prix de référence, qui ne peut excéder le prix le plus bas effectivement pratiqué au cours des trente derniers jours précédant le début de la période des soldes. L'annonceur peut également utiliser comme prix de référence le prix conseillé par le fabricant ou l'importateur du produit sous réserve que ce prix soit couramment pratiqué par les autres distributeurs.

Leur périodicité a évolué. Initialement, ces ventes ne pouvant être réalisées qu'au cours de deux périodes par année civile d'une durée maximale de cinq semaines. Cette règle subsiste toujours, avec cependant une modification de durée à partir du 1er janvier 2015, puisque celle-ci sera de six semaines. Depuis le 1er janvier 2009, on avait assisté à la création de deux semaines complémentaires de soldes choisies librement par les commerçants. Cette possibilité a été supprimée par la loi du 18 juin 2014. La loi du 17 mai 2011 aligne la période des soldes dans le secteur de la vente à distance sur les dates nationales de démarrage des soldes.

Les limitations de garanties sur les soldes sont illégales. Un article soldé bénéficie des mêmes garanties en matière de défauts de fabrication non apparents ou de service après-vente que tout autre article. En cas de vice caché, le vendeur est tenu de remplacer l'article ou de le rembourser.

1. Auque, « Les ambiguïtés de la réglementation des soldes », précité ; Mouligner, « Ventes en solde : interprétation jurisprudentielle de la définition légale », *D.* 2004. 259.

La dénomination de magasin ou de dépôt d'usine peut être utilisée par les producteurs vendant directement au public la partie de leur production non écoulée dans le circuit ou faisant objet de retour. Ces ventes directes concernent exclusivement les productions de la saison antérieure de commercialisation, justifiant ainsi une vente à prix minoré.

§ 2. L'interdiction des clauses abusives

392 La notion de clause abusive a été longtemps inconnue dans notre système juridique. Leur réglementation date d'une loi du 10 janvier 1978. Afin d'harmoniser les législations des pays membres de l'Union européenne, le Conseil des communautés européennes a adopté le 5 avril 1993 une directive concernant « les clauses abusives dans les contrats conclus avec les consommateurs[1] ». La Cour de justice de l'Union européenne est de plus en plus fréquemment amenée à se prononcer sur la compatibilité des réglementations internes avec cette directive.

La Cour a ainsi considéré que la présence d'une clause abusive dans un contrat de consommation n'entraîne pas la nullité du contrat dans son ensemble, alors même que celle-ci serait plus profitable au consommateur[2]. Selon elle, sont conformes à la directive du 5 avril 1993 les législations nationales qui étendent la portée des actions collectives en suppression de clauses abusives à tous les consommateurs auxquels s'appliquent les mêmes conditions générales contractuelles[3]. Pour elle, la directive du 5 avril 1993 sur les clauses abusives s'oppose à une législation nationale qui ne permettrait pas au juge interne d'apprécier d'office, dès le début du procès, dans une procédure d'injonction de payer, le caractère abusif d'une clause et qui l'autoriserait à réviser la stipulation déclarée abusive[4].

1. Sur laquelle, Huet, « Propos amers sur la directive du 5 avril 1993 relative aux clauses abusives », *JCP* E 1994. I. 309 ; Trochu, « Les clauses abusives dans les contrats conclus avec les consommateurs (directive n° 93-13 CEE du Conseil du 5 avr. 1993) », *D.* 1993. 315.
2. CJUE 15 mars 2012, *JCP* 2012. 720, note Paisant.
3. CJUE 26 avr. 2012, *JCP* 2012. 840, note Paisant.
4. CJUE 14 juin 2012, *JCP* 2012. 975, note Paisant.

Cette directive de 1993 a été transposée en droit français par une loi du 1er février 1995[1] qui a légèrement modifié le système instauré en 1978. Ces clauses sont désormais réglementées par les articles L. 132-1 et suivants, du Code de la consommation qui ont été retouchés par la loi du 4 août 2008.

Au centre du système figure la Commission des clauses abusives[2]. Elle est régie par les articles L. 132-2 et suivants du Code de la consommation. La Commission émet de simples recommandations. Pourtant pratiquement ces recommandations ont une grande importance. Les professionnels modifient parfois leurs contrats. Le législateur s'en inspire quelquefois. Le juge, saisi du caractère abusif d'une clause, a la faculté de solliciter pour avis la Commission des clauses abusives.

Le système ainsi institué s'applique à tous les contrats conclus entre un professionnel et un non-professionnel. Selon l'article 132-1 du Code de la consommation, « sont abusives les clauses qui ont pour objet de créer, au détriment du non-professionnel ou du consommateur, un déséquilibre significatif entre les droits et les obligations des parties au contrat ». La clause sera alors réputée non écrite. La protection n'a pas pour objet de remédier à un éventuel déséquilibre économique. Pour cette raison son alinéa 7 prévoit que « l'appréciation du caractère abusif des clauses au sens du premier alinéa ne porte ni sur la définition de l'objet principal du contrat ni sur l'adéquation du prix ou de la rémunération au bien vendu ou au service offert pour autant que les clauses soient rédigées de façon claire et compréhensible ». Une nouvelle fois, cette règle est relativement ambiguë, car elle pose un principe qui peut facilement être contourné par le biais de l'interprétation. Mais elle permet de faire respecter le principe suivant lequel la lésion n'est admise que dans des hypothèses exceptionnelles en droit français.

---

1. Sur laquelle par ex. Paisant, « Les clauses abusives et la présentation des contrats dans la loi du 1er février 1995 », *D.* 1995. 99 ; Ghestin et Marcheschaux-Van Melle, « L'application en France de la directive visant à éliminer les clauses abusives après l'adoption de la loi du 1er février 1995 », *JCP* 1995. I. 3854 ; Mazeaud, « La loi du 1er février 1995 relative aux clauses abusives : véritable réforme ou simple réformette ? », *Dr. et patr.* juin 1995. 42.
2. Paisant, « À propos des vingt-cinq ans de la commission des clauses abusives en France », *Mélanges Béguin*, p. 605.

Cette définition doit être complétée par des règles plus précises. Le système français apparaît alors particulièrement complexe, puisqu'il peut exister plusieurs catégories de clauses abusives[1]. Certaines d'entre elles peuvent être prohibées par un décret pris en Conseil d'État, après avis de la commission des clauses abusives. Un décret du 18 mars 2009 a déterminé la liste de ces clauses dans les articles R. 132-1 et suivants du Code de la consommation[2]. Il existe désormais douze clauses noires et dix clauses grises. Les premières sont présumées de manière irréfragable être abusives, car elles portent une atteinte grave à l'équilibre du contrat. Les secondes sont seulement présumées de manières simples abusives, ce qui permet au professionnel de prouver qu'elles n'apportent pas un déséquilibre significatif à son profit.

D'autres clauses figurent dans une liste indicative reproduite en annexe du Code de la consommation. Le juge devra alors apprécier si elles répondent au critère général des clauses abusives définies par l'article L. 132-1, alinéa 1er, du Code de la consommation et, dans l'affirmative, il les réputera non écrites.

Enfin, et pratiquement la solution est très importante, les juges ont la faculté de déclarer abusive une clause ne figurant pas dans un décret ou dans la liste, mais présentant les éléments constitutifs de la clause abusive[3]. Cette possibilité pour le juge de déclarer une clause abusive a pour avantage de permettre une meilleure application des règles relatives aux clauses abusives. La décision du juge, en application de l'article 5 du Code civil, ne vaudra que pour l'espèce qui lui est déférée. Mais, compte tenu de la standardisation et de la multiplication de contrats similaires, une telle décision est également une sorte d'avertissement qui est donné au professionnel.

1. Pour la liste des clauses abusives, *cf.* Piedelièvre, *Droit de la consommation*, n° 456 s.

2. Sauphanor-Brouillaud, « Clauses abusives : les nouvelles clauses noires et grises », *JCP* 2009. Act. 168.

3. Sur cette possibilité, antérieurement à la loi du 1er février 1995, Civ. 1re, 14 mai 1991, *D.* 1991. 449, note Ghestin ; *RTD civ.* 1991. 526, obs. Mestre ; *JCP* 1991. II. 21763, note Paisant.

§ 3. Les facultés de rétractation

393 Les facultés de rétractation, encore appelées délais de réflexion, ont été introduites dans notre système juridique, lors de la réglementation de la vente par démarchage par la loi du 22 décembre 1972. Un délai de réflexion avait été instauré parce que l'on s'était aperçu que les démarcheurs parvenaient, par un mélange d'habileté et d'insistance, à faire contracter les consommateurs démarchés. L'article 3 de cette loi, devenu l'article L. 121-25 du Code de la consommation, prévoyait que dans les sept jours de sa commande, le client pouvait renoncer à sa commande, en renvoyant un formulaire détachable que devait nécessairement comporter le contrat. L'idée sous-jacente à ces facultés de rétractation est simple. On offre au client une période lui permettant de vérifier que l'objet ou le produit qu'il a acquis lui sera utile.

Même si le fondement juridique de ce délai de rétractation demeure incertain, il est apparu très protecteur des intérêts des consommateurs, surtout lorsqu'un week-end est nécessairement compris dans ce délai[1]. Pour cela, cette technique a été étendue à de nombreux autres secteurs. Sans être exhaustif, on peut citer, à titre d'illustration, les crédits à la consommation, les crédits immobiliers, les contrats d'assurance-vie et les ventes par correspondance. Il en résulte que le contrat ne sera véritablement ou définitivement formé qu'une fois le délai de réflexion ou celui de repentir expiré. Un nouveau délai résulte d'une ordonnance du 6 juin 2005 qui a transposé dans notre système juridique la directive du 23 septembre 2002 relative à la commercialisation à distance de services financiers auprès des consommateurs. La mesure sans doute la plus novatrice consiste dans l'octroi au consommateur d'un délai de rétractation cette fois de quatorze jours. Il est porté à trente jours en matière d'assurance-vie par le nouvel article L. 112-2-1-II du Code des assurances. Ce délai commence à courir du jour où le contrat à distance est conclu ou du jour où le consommateur a reçu les documents obligatoires.

1. Baillod, « Le droit de repentir », *RTD civ.* 1984. 227 ; Christianos, « Délai de réflexion : théorie juridique et efficacité de la protection des consommateurs », *D.* 1993. 28.

La tendance générale est à l'allongement de ces délais, comme le démontre la nouvelle réglementation du crédit à la consommation. On ralentit encore plus que par le passé le processus de formation du contrat, toujours avec le même objectif, faire réfléchir le consommateur et lui permettre de comparer les différents crédits qui lui sont proposés. Désormais, l'emprunteur peut se rétracter sans motifs dans un délai de 14 jours calendaires révolus à compter du jour de l'acceptation de l'offre de contrat de crédit. Cette faculté s'exercera par écrit au moyen d'un formulaire détachable. Le délai antérieur de 7 jours était sans doute suffisant.

394 Bien que le fondement soit différent, on peut rapprocher de ces délais de réflexion la disposition de l'article L. 114-1, alinéa 2, du Code de la consommation. Le consommateur peut dénoncer le contrat de vente d'un bien meuble ou de fourniture d'une prestation de service par lettre recommandée avec avis de réception, en cas de dépassement de la date de livraison du bien ou d'exécution de la prestation excédant sept jours et non dû à un cas de force majeure. De simples difficultés d'exécution du contrat ne sont pas constitutives d'une circonstance de force majeure[1]. Les évènements doivent être imprévisibles, irrésistibles et extérieures au vendeur. L'article R. 114-1 de ce même Code vise seulement les contrats d'un montant supérieur à 500 euros ayant pour objet la vente d'un bien meuble ou la fourniture d'une prestation de services.

Dans le démarchage téléphonique, le consommateur est tenu de signer une lettre de confirmation. Le consommateur dispose d'un délai de quatorze jours pour exercer son droit de rétractation d'un contrat conclu à distance, à la suite d'un démarchage téléphonique ou hors établissement, sans avoir à motiver sa décision. On peut également citer la vente à distance qui comprend aussi bien les ventes par correspondance que le téléachat. L'acheteur bénéficie d'une faculté de repentir, lui permettant de renvoyer, sans pénalité, le produit commandé au vendeur dans les sept jours de la livraison.

1. Com., 13 févr. 1950, *Bull. civ.* III, n° 48.

Synthèse

Depuis plusieurs années, on considère que les **clients non professionnels** d'un commerçant doivent **être protégés, en raison de leur moindre connaissance technique**. Le consommateur bénéficie d'un droit à la protection, d'une liberté contractuelle et d'une défense de ses intérêts collectifs.

Le droit à la protection du consommateur

Le droit à la protection du consommateur nécessite qu'on lui fournisse **une information complète et un produit de qualité**. Il bénéficie d'une **protection judiciaire spéciale**. La protection par l'information a pour but **d'éclairer le consentement** du consommateur. Elle comprend des renseignements sur **les prix, les limitations éventuelles de la responsabilité contractuelle et les conditions particulières de vente et une réglementation de la publicité**. Le Code de la consommation a posé une obligation générale de sécurité. Les produits et les services doivent, **dans des conditions normales d'utilisation, présenter la sécurité à laquelle on peut légitimement s'attendre** et ne pas porter atteinte à la santé des personnes. Il existe une protection spécifique du consommateur par la **procédure d'injonction de faire**.

Le droit à la liberté contractuelle du consommateur

Le législateur a craint que parfois un commerçant ne **force le consentement** du consommateur en lui faisant miroiter des **avantages en réalité illusoires**. Pour cette raison, certaines ventes sont **interdites**, par exemple celles par **envoi forcé**, ou **réglementées**, comme celles **promotionnelles**. De même, il a **prohibé les clauses abusives**. Elles se définissent comme celles qui ont pour **objet de créer, au détriment du consommateur, un**

déséquilibre significatif entre les droits et les obligations des parties au contrat. Enfin, il a introduit des **facultés de rétractation.** Elles donnent au consommateur un délai de réflexion qui lui permet de **revenir sur le consentement qu'il a donné.**

Bibliographie

Ouvrages cités du seul nom des auteurs.

ALFANDARI, *Droit des affaires*, Litec, 1993.

BLAISE, *Droit des affaires*, 7e éd., LGDJ, 2013.

CHARTIER, *Droit des affaires*, t. I : *L'entreprise commerciale*, 4e éd., PUF, 1993.

CLAVIER et LUCAS, *Droit commercial*, Champs Université, 2003.

DECOCQ ET BALLOT-LENA, *Droit commercial*, 6e éd., Dalloz, 2013.

DEKEUWER-DÉFOSSEZ et BLARY-CLÉMENT, *Activités commerciales, commerçants, fonds de commerce, concurrence, consommation*, 10e éd., Montchrestien, 2010.

DIDIER P. et Ph., *Droit commercial*, t. I : *Introduction générale l'entreprise commerciale*, Economica, 2005.

GUÉVEL, *Droit du commerce et des affaires*, 4e éd., LGDJ, 2012.

GUYON, *Droit des affaires*, t. I : *Droit commercial général et sociétés*, 12e éd., Economica, 2003.

HAMEL, LAGARDE et JAUFFRET, *Traité de droit commercial*, t. I, vol. 1, 2e éd., Dalloz, 1980.

HOUTCIEFF, *Droit commercial*, 3e éd., Sirey, 2011.

JORGE, *Droit des affaires*, 2e éd., Armand Colin, 2001.

DE JUGLART et IPPOLITO, par DUPICHOT et DU PONTAVICE, *Traité de droit commercial*, t. I, 1re partie : *Actes de commerce et entreprise. Commerçants. Fonds de commerce*, 11e éd., Montchrestien, 1995.

LEGEAIS, *Droit commercial*, 21e éd., Sirey, 2014.

LUCAS, *Actes de commerce, commerçants, fonds de commerce*, 2e éd., Montchrestien, 2000.

MASSART, *Droit commercial*, Gualino, 2007.

MENJUCQ, *Droit des affaires*, 8e éd., Gualino, 2013.

MESTRE, PUTMAN et VIDAL, *Grands arrêts du droit des affaires*, Dalloz, 1995.

MESTRE, PANCRAZI, ARNAUD-GROSSI, MERLAND ET TAGLIARIMO-VIGNAL, *Droit commercial*, 29e éd., LGDJ, 2012.

PÉDAMON et KENKACK, *Droit commercial. Commerçants et fonds de commerce*, 3e éd., Dalloz, 2011.

PETIT, *Droit commercial*, 5e éd., Litec, 2012.

REYGROBELLET et DENIZOT, *Fonds de commerce*, Dalloz, 2012-2013.

REINHARD, THOMASSET-PIERRE et NOURISSAT, *Actes de commerce, commerçants, fonds de commerce*, 8e éd., Litec, 2012.

RIPERT et ROBLOT par VOGEL, *Traité de droit des affaires, Du droit commercial au droit économique* t. I, 19e éd., LGDJ, 2010.

SAINTOURENS, *Droit des affaires*, 2e éd., PUG, 2002.

VIANDIER et VALLANSAN, *Actes de commerce, commerçants, fonds de commerce*, 2e éd., PUF, 1992.

INDEX

Les chiffres renvoient aux numéros de paragraphes

A

Abus de domination, **358**
Achalandage, **203 s.**
Achat pour revendre, **56 s.**
Actes de commerce, **49 s.**
- formation, **75 s.**
- preuve, **81 s.**
Actes mixtes, **91 s.**
Agents commerciaux, **313 s.**
Agriculteur, **56**
Anatocisme, **87**
Arbitrage, **32**, **91**
Artisans, **131 s.**
Association, **143**
Autorité de contrôle prudentiel, **37**
Autorité des normes comptables, **189**
Autorités administratives indépendantes, **35**
Autorités de la concurrence, **325 s.**
- attribution, **327**
- composition, **325**
- enquête, **329**
- sanctions, **331**
Autorités des marchés financiers, **36**, **45**

B

Bail commercial, **210 s.**
- bailleur, **213**
- clause résolutoire, **227**
- convention d'occupation précaire, **217**
- durée, **216 s.**
- extension conventionnelle, **214**
- indemnité d'éviction, **240 s.**
- loyer, **230 s.**
- renouvellement, **235 s.**
Brevet d'invention, **243 s.**
- droits du breveté, **248**
- obligations de breveté, **249**
- procédure, **247 s.**

C

Centres de formalités des entreprises, **177**
Cession de fonds de commerce, **259 s.**
- conditions de fond, **261 s.**
- conditions de forme, **268 s.**
- consistance du fonds, **265**
- formalités, **268 s.**
- prix, **266**, **278**
- publicité, **270 s.**
Chambre de commerce et d'industrie, **38 s.**
Clauses abusives, **392**
Clientèle, **203 s.**
CNUDCI, **19**
COB, **35**
Code de commerce, **7**
Comité consultatif de la législation et de la réglementation financière, **44**
Comité consultatif du secteur financier, **44**
Commerçant, **101 s.**
- conjoint, **111 s.**
- mariage, **128 s.**
Commercialité
- par accessoire, **70 s.**
- par la forme, **49 s.**
- par l'objet, **54 s.**
Commission, **305 s.**
Commission bancaire, **37**
Commission des clauses abusives, **392**
Commission départementale d'aménagement, **166 s.**
Commission d'examen des pratiques commerciales, **43**, **349**
Comptabilité commerciale, **189**
- livres comptables, **191 s.**
- principes généraux, **196 s.**
Concentration, **352 s.**
Concession exclusive, **316 s.**
Concurrence, **333 s.**
- action en concurrence déloyale, **338 s.**
- clauses de non -, **168 s.**
Conseil de la concurrence, **36**
Conseil économique et social, **43**
Conseil national des tribunaux de commerce, **22**
Consommateurs, **361 s.**
- défense des intérêts collectifs, **336**
Contrôle de référencement, **310**
Coopérative, **142**
Courtage, **61**, **310**

D

Déclaration d'insaisissabilité, **121 s.**
Décret d'Allarde, **150**
Déspécialisation, **221**
Dessins et modèles, **250 s.**
Dessous de table, **266**
Distribution sélective, **323**
Documents comptables, **191 s.**
Droit au bail, **227 s.**
- droits du locataire, **217 s.**
- durée, **216**
- obligations du locataire, **229 s.**

E

EIRL, **124, 257**
Enseigne, **209**
Ententes, **357**
Étrangers, **159 s.**
Euro, **20**

F

Facturation, **173**
Faits juridiques, **74**
Fonds de commerce, **200 s.**
- éléments corporels, **253**
- éléments incorporels, **203 s.**
Franchise, **320**

G

Gage des stocks, **256 s.**
GIE, **143**
Grande surface, **166 s.**

I

Incapacités, **154**
Indépendance professionnelle, **107**
Intermédiaires de commerce, **108 s.**
Interventionnisme, **8**
Investissements étrangers, **161**

L

Lettre de change, **49**
Liberté d'entreprendre, **150 s.**
- restrictions conventionnelles, **168 s.**
- restrictions légales, **151 s.**
Liberté des prix, **343 s.**
Location-gérance, **283 s.**
- cessation du contrat, **295**
- conditions de fond, **286 s.**
- conditions de forme, **288**
- protection des créanciers, **290 s.**

M

Marques, **251**
Matériel, **253 s.**
Mineur, **77, 154**

N

Nantissement du fonds de commerce, **296 s.**
- nantissement conventionnel, **296 s.**
- nantissement judiciaire, **301 s.**
Nom commercial, **207 s.**

O

Opérations commerciales, **58 s.**
Organisation judiciaire du commerce, **20 s.**
Outillage, **253 s.**

P

Parasitisme, **336**
Pratiques discriminatoires, **348 s.**
Prescription, **90**
Preuve, **82 s.**
- preuve électronique, **84**
Propriété commerciale, **210 s.**
Propriété industrielle, **243 s.**
Publicité, **174 s.**
- BALO, **187**
- BODACC, **187**
Publicité comparative, **369**

Q

Qualité, **373 s.**

R

Refus de vente, **345**
Registre du commerce et des sociétés, **175 s.**
- effets de l'inscription, **184 s.**
- formalités de l'immatriculation, **180 s.**
Règles déontologiques, **13**
Répertoire des métiers, **133**

S

SAS, **9**
Signature informatique, **84**
Société d'exercice libérale, **52**
Sociétés commerciales, **52**, **142**
Solidarité, **86**
Sources du droit commercial, **13 s.**
Syndicats, **41**

T

Traités internationaux, **18**
Tribunaux de commerce, **9**, **22 s.**

U

Unidroit, **19**
Unité du patrimoine, **121**
Usages, **15**, **17**
Usages du commerce international, **19**

V

Vente à perte, **337**
Vente à prix imposé, **337**
Ventes de fonds de commerce, **259 s.**
VRP, **108**, **312**

TABLE DES MATIÈRES

ABRÉVIATIONS V

INTRODUCTION 1

SECTION 1 LE DOMAINE DU DROIT COMMERCIAL 3

SECTION 2 L'HISTOIRE DU DROIT COMMERCIAL 6

§ 1. La période antérieure au Code de commerce 6

§ 2. Le Code de commerce de 1807 8

§ 3. La période postérieure au Code de commerce de 1807 9

SECTION 3 LES SOURCES DU DROIT COMMERCIAL 14

§ 1. Les sources nationales 14

A. La loi 14

B. La jurisprudence 15

C. Les usages 16

§ 2. Les sources internationales 18

A. Les traités internationaux 19

B. Les usages du commerce international 20

§ 3. Les sources européennes 21

SECTION 4 L'ORGANISATION DU COMMERCE 23

§ 1. L'organisation judiciaire 24

A. Les tribunaux de commerce 24

B. L'arbitrage 32

C. Les autorités administratives indépendantes 36

§ 2. L'organisation professionnelle 39
A. Les chambres de commerce et d'industrie 39
B. Les autres organismes professionnels 42
§ 3. L'organisation administrative 42
A. Les organismes sans fonction normative 43
B. Les organismes avec fonction normative 44

Première partie **LA COMMERCIALITÉ** 45

Titre 1 **LA COMMERCIALITÉ PAR L'ACTIVITÉ** 47

Chapitre 1 **Les différents actes de commerce** 48

Section 1 LES ACTES DE COMMERCE À TITRE PRINCIPAL 49
§ 1. Les actes de commerce par la forme 49
A. La lettre de change 50
B. Les sociétés commerciales 51
§ 2. Les actes de commerce par nature 53
A. Les actes de commerce en raison de leur objet 54
B. Les actes de commerce effectués dans le cadre d'une entreprise 60

Section 2 LES ACTES DE COMMERCE À TITRE ACCESSOIRE 64
§ 1. Les actes juridiques 65
A. La commercialité due à la qualité de l'auteur 65
B. La commercialité due à un rattachement à un acte de commerce 66
§ 2. Les faits juridiques 67

• SYNTHÈSE DU CHAPITRE 69

Chapitre 2 **Le régime des actes de commerce** 71

Section 1 LA FORMATION DES ACTES DE COMMERCE 72
§ 1. L'aptitude à passer des actes de commerce 72
§ 2. Le consentement pour passer des actes de commerce 73
A. L'expression du consentement 73
B. Le rôle spécifique des règles de forme 75
§ 3. La preuve des actes de commerce 76

Section 2 L'EXÉCUTION DES ACTES DE COMMERCE 80
§ 1. La solidarité 81

§ 2. Les intérêts 82
§ 3. L'inexécution des actes de commerce 84
§ 4. La prescription extinctive 85

SECTION 3 LES LITIGES RELATIFS AUX ACTES DE COMMERCE 87

• SYNTHÈSE DU CHAPITRE 90

CHAPITRE 3 **Les actes mixtes** 92

SECTION 1 L'APPLICATION DISTRIBUTIVE DES RÈGLES CIVILES ET DES RÈGLES COMMERCIALES 94
§ 1. Les règles de preuve 94
§ 2. La compétence judiciaire 96

SECTION 2 LES EXCEPTIONS À L'APPLICATION DISTRIBUTIVE DES RÈGLES CIVILES ET DES RÈGLES COMMERCIALES 98

• SYNTHÈSE DU CHAPITRE 100

TITRE 2 **LA COMMERCIALITÉ PAR LA QUALITÉ DE LA PERSONNE** 101

CHAPITRE 1 **La qualité de commerçant** 102

SECTION 1 LE COMMERÇANT, PERSONNE PHYSIQUE 103
§ 1. La définition du commerçant 103
A. Les éléments constitutifs de la définition du commerçant 103
B. Le particularisme de la situation du conjoint du commerçant 109
C. Le particularisme de la situation du partenaire du commerçant 115
D. Les conséquences de la qualité de commerçant sur le statut privé de la personne 115
§ 2. La distinction des commerçants et des artisans 127
A. La définition de l'artisan 130
B. Le statut de l'artisan 134

SECTION 2 LE COMMERÇANT, PERSONNE MORALE 136
§ 1. Les personnes morales de droit privé 136
A. Les sociétés 136
B. Les groupements d'intérêt économique 137
C. Les associations 138
§ 2. Les personnes morales de droit public 140
A. Les organismes publics 140

B. Le contrôle de sociétés 141
C. Les États étrangers 141

• SYNTHÈSE DU CHAPITRE 142

CHAPITRE 2 **Le principe de la liberté d'entreprendre** 144

SECTION 1 LES RESTRICTIONS LÉGALES À LA LIBERTÉ D'ENTREPRENDRE 146
§ 1. Les restrictions liées à la personne 146
A. Les restrictions liées à la qualité de la personne 146
B. Les restrictions liées à la profession 151
C. Les restrictions liées à la nationalité 152
§ 2. Les restrictions liées à l'activité exercée 156
A. Les activités interdites 156
B. Les activités soumises à conditions 156

SECTION 2 LES RESTRICTIONS CONVENTIONNELLES À LA LIBERTÉ D'ENTREPRENDRE 160

• SYNTHÈSE DU CHAPITRE 163

CHAPITRE 3 **Les obligations du commerçant** 165

SECTION 1 LA PUBLICITÉ LÉGALE 167
§ 1. La publicité par le registre du commerce et des sociétés 168
A. L'inscription au registre du commerce et des sociétés 169
B. Les effets de l'inscription au registre du commerce et des sociétés 175
C. Les sanctions du défaut d'inscription au registre du commerce et des sociétés 177
§ 2. Les autres mesures de publicité 178

SECTION 2 LA COMPTABILITÉ 179
§ 1. Les différents documents comptables 181
A. La tenue des différents documents comptables 181
B. Les sanctions en cas de non-tenue des différents documents comptables 184
§ 2. Les principes généraux de la comptabilité 185
A. Les principes comptables 185
B. La comptabilité en partie double 186

• SYNTHÈSE DU CHAPITRE 188

SECONDE PARTIE **L'ACTIVITÉ COMMERCIALE** 191

TITRE 1 **LE SUPPORT DE L'ACTIVITÉ COMMERCIALE : LE FONDS DE COMMERCE** 193

CHAPITRE 1 **Le fonds de commerce, moyen de la commercialité** 195

SECTION 1 LA CLIENTÈLE ET L'ACHALANDAGE 198
§ 1. La clientèle, élément nécessaire du fonds de commerce 199
§ 2. La clientèle, élément dépendant du fonds de commerce 202

SECTION 2 LE NOM COMMERCIAL 203

SECTION 3 L'ENSEIGNE 205

SECTION 4 LE DROIT AU BAIL 206
§ 1. Les conditions du statut des baux commerciaux 208
A. Les conditions relatives aux parties 208
B. Les conditions relatives à l'exploitation 211
C. Les conditions relatives à la durée du bail 213
§ 2. Les éléments classiques du bail commercial 217
A. Les droits du locataire 219
B. Les obligations du locataire 227
§ 3. Le droit au renouvellement 235
A. La procédure du renouvellement 236
B. Le refus de renouvellement 238

SECTION 5 LES DROITS DE PROPRIÉTÉ INDUSTRIELLE 243
§ 1. Les brevets d'invention 243
A. Le champ d'application de la propriété industrielle 243
B. La procédure d'obtention du brevet 245
C. Les droits et les obligations du titulaire du brevet 245
D. La protection internationale du brevet 247
§ 2. Les dessins et les modèles 248
§ 3. Les marques de fabrique, de commerce ou de service 250

SECTION 6 LES ÉLÉMENTS CORPORELS 251

• SYNTHÈSE DU CHAPITRE 257

CHAPITRE 2 **Le fonds de commerce, valeur économique** 260

SECTION 1 LA VENTE DU FONDS DE COMMERCE 261

§ 1. Les conditions de formation de la vente 263

A. Les conditions de fond 263

B. Les conditions de forme 269

§ 2. La publicité de la vente 274

A. Les formes de la publicité 275

B. Le droit d'opposition des créanciers 276

§ 3. Les effets de la vente du fonds de commerce 278

A. Les obligations du vendeur 278

B. Les obligations de l'acheteur 280

SECTION 2 LA LOCATION-GÉRANCE 283

§ 1. Les conditions de la location-gérance 285

A. Les conditions de fond 285

B. Les conditions de forme 287

§ 2. Les effets de la location-gérance 287

A. La protection des créanciers 288

B. Les rapports nés de la location-gérance 289

C. La cessation du contrat de location-gérance 291

SECTION 3 LE NANTISSEMENT DU FONDS DE COMMERCE 292

§ 1. Le nantissement conventionnel du fonds de commerce 293

A. Les éléments constitutifs 293

B. Les effets du nantissement 294

§ 2. Le nantissement judiciaire 296

• SYNTHÈSE DU CHAPITRE 298

TITRE 2 **LES RAPPORTS NÉS DE L'ACTIVITÉ COMMERCIALE** 301

CHAPITRE 1 **La distribution des produits** 302

SECTION 1 LES CONTRATS DE DISTRIBUTION PRÉVUS PAR LE CODE DE COMMERCE 303

§ 1. La commission 303

A. Les rapports des parties au contrat de commission 304

B. Les rapports des parties au contrat de commission avec les tiers 306

§ 2. Le courtage 306

Section 2 Les nouveaux contrats de distribution ... 308
§ 1. La distribution par un salarié ... 308
§ 2. La distribution par un mandataire ... 310
§ 3. La distribution par un commerçant ... 312
A. La concession exclusive ... 313
B. La franchise ... 316
C. La distribution sélective ... 317

• Synthèse du chapitre ... 319

Chapitre 2 **La réglementation de la concurrence** ... 321

Section 1 L'Autorité de la concurrence ... 321
§ 1. La composition de l'Autorité de la concurrence ... 322
§ 2. Les attributions de l'Autorité de la concurrence ... 322
A. Les fonctions consultatives ... 323
B. Les fonctions juridictionnelles ... 324

Section 2 La loyauté de la concurrence ... 327
§ 1. La notion de concurrence déloyale ... 327
A. Le dénigrement ... 328
B. L'imitation ... 329
C. Le parasitisme ... 330
D. L'exploitation contraire aux usages professionnels ... 331
§ 2. L'action en concurrence déloyale ... 334
A. Les fondements de l'action ... 334
B. L'exercice et les effets de l'action ... 335

Section 3 La liberté de la concurrence ... 336
§ 1. La liberté des prix ... 337
§ 2. L'interdiction de porter atteinte au marché ... 338
A. Les refus de vente ... 338
B. Les reventes à perte ... 339
C. Les pratiques discriminatoires ... 341
§ 3. Les interdictions de porter atteinte à la concurrence entre entreprises ... 345
A. La prévention des agissements anticoncurrentiels ... 345
B. La répression des agissements anticoncurrentiels ... 348

• Synthèse du chapitre ... 353

CHAPITRE 3 **Le droit de la consommation** 355

SECTION 1 LE DROIT À LA PROTECTION DU CONSOMMATEUR 357
§ 1. La protection par l'information 358
A. Les obligations légales d'information 358
B. La réglementation de la publicité 362
§ 2. La protection par la qualité du produit 367
A. La responsabilité pénale 368
B. La responsabilité civile 369
§ 3. La protection judiciaire spéciale 372
A. La résolution non judiciaire des litiges 373
B. La résolution judiciaire des litiges 373

SECTION 2 LE DROIT À LA LIBERTÉ CONTRACTUELLE DU CONSOMMATEUR 379
§ 1. L'interdiction de certaines pratiques 380
§ 2. L'interdiction des clauses abusives 384
§ 3. Les facultés de rétractation 387

• SYNTHÈSE DU CHAPITRE 389

BIBLIOGRAPHIE 391

INDEX 393

Photocomposition Nord Compo
59650 Villeneuve d'Ascq

715172 (I) OSB - P 60g NOR (CDR)
Achevé d'imprimer en avril 2015
N° 2200410Y - Dépôt légal : avril 2015
Imprimé en France par Jouve
1 rue du Docteur Sauvé, 53100 MAYENNE